Kohlhammer

Friedrich Johannsen
Wiegand Wagner

Systematische Theologie für Religionspädagogen

Verlag W. Kohlhammer

1. Auflage 2014

Print:
ISBN 978-3-17-022237-3

E-Book-Formate:
pdf: ISBN 978-3-17-028858-4
epub: ISBN 978-3-17-028859-1
mobi: ISBN 978-3-17-028860-7

Inhaltsverzeichnis

Vorwort

Langjährige Erfahrungen in der Lehre zeigen, dass gerade der Zugang zur Systematischen Theologie von Lehramtsstudierenden als schwieriger empfunden wird als der zu den anderen theologischen Fächern. Schon aus diesem Grund ist eine adressatenbezogene Einführung in diese Disziplin sinnvoll. Daher will das Buch das Verständnis dieser wichtigen theologischen Disziplin erleichtern und einen ersten Zugang schaffen. Es will Impulse geben, die für die Arbeit von Religionslehrerinnen und Religionslehrern entscheidende systematisch-theologische Kompetenz auszubilden und zu vertiefen. Ziel ist es, nicht nur Basiswissen zu vermitteln, sondern auch Interesse zu wecken und zu selbstständigem, systematisch-theologischem Denken anzuregen.

Neben einem Zugang über die Geschichte der christlichen Lehrbildung und der exemplarischen Erschließung des Apostolischen Glaubensbekenntnisses werden die besonderen Herausforderungen der modernen, pluralen sowie postsäkularen Gesellschaft thematisiert. Bei der Erschließung der Lehrtraditionen werden unterschiedliche Wege gewählt. Neben Quellentexten wird ein Zugang über bildende Kunst und Literatur aufgezeigt. Unterschiedliche systematische Denkmodelle werden an den Beispielen ausgewählter Theologen wie Luther, Melanchthon, Schleiermacher, Barth, Tillich sowie Bonhoeffer betrachtet und im Blick auf theologische Bildung erörtert.

Zugleich ergibt sich die Möglichkeit, den Aspekt „Theologie und Bildung" zu akzentuieren sowie die für Lehr-Lernprozesse relevanten lebensweltlichen Anknüpfungen zu thematisieren. Auch wenn nicht immer dezidiert darauf hingewiesen wird, bildet der Zusammenhang von Glaube und Bildung den roten Faden der Darstellung, die aus protestantischer Perspektive erfolgt.

Da der Religionsunterricht zunehmend konfessionell-kooperativ erteilt wird, liegt ein besonderer Akzent auf der Herausarbeitung von konfessionellen Gemeinsamkeiten und Differenzen.

Durch diesen Band wird die Reihe der religionspädagogischen Arbeitsbücher abgeschlossen.

Für die Anfertigung der Skizzen danken wir Frau Helga Menzel, für die Mithilfe bei der Bearbeitung Herrn Dr. Jens Riechmann, für die Vorbereitung der Drucklegung Herrn Jörn Neier und für die intensive Betreuung des Verlages Frau Julia Zubcic.

Hannover, 24.07.2014

Friedrich Johannsen   *Wiegand Wagner*

I. Hinführung

I.1. Vorbemerkungen

Dieses Arbeitsbuch ist im Kontext von systematisch-theologischen Lehrveranstaltungen mit Blick auf die Studierenden entstanden. Es soll nicht an die Stelle eines dogmatischen Lehrbuches treten, sondern Lehramtsstudierende grundlegend zu fachlicher Orientierung anleiten. Es bietet Basiswissen und Orientierungshilfen für die eigene Urteilsbildung und für theologische Diskursfähigkeit. In diesem Sinne will das Arbeitsbuch anregen, eine eigenständige systematisch-theologische Kompetenz im Kontext von religiösem Lehren und Lernen auszubilden.

Theologie hat eine lange Tradition, entsprechend groß ist der Umfang theologischer Schriften und Gedanken. Wenn in diesem komplexen Dschungel ein eigener theologischer Weg gefunden werden soll, ist zunächst eine Beschränkung der Stoff- und Themenauswahl notwendig. Eine solche Reduktion steht immer wieder vor dem Problem, Komplexität angemessen abzubilden. Das bedeutet, dass in den folgenden Darstellungen immer wieder um eine sowohl verständliche, als auch zutreffende Darstellung gerungen wird. Ein Reduktionskriterium ist die konfessionelle Perspektive der protestantischen Theologie, von der her auch die Besonderheiten der anderen Konfessionen in den Blick genommen werden.

Jede Wissenschaft entwickelt eine Fachsprache, die dem Gegenstand angemessen ist und zugleich der Verständigung unter Fachleuten dient. Was der internen Verständigung dienlich ist, kann die Verständigung mit Nichtfachleuten erschweren. Im Bildungsbereich sind Fach- und Umgangssprache in Beziehung zu setzen. Die Darstellung ist von dem Interesse geleitet, den Zusammenhang von Glaube und Bildung abzubilden. Somit spielt auch die didaktische Perspektive eine Rolle, allerdings nicht in Form von ausgearbeiteten unterrichtspraktischen Anregungen, sondern in Gestalt von „fachwissenschaftlicher" Analyse. Ziel des Studiums, zu dem das Arbeitsbuch einen Beitrag leisten möchte, ist die theologisch gebildete Lehrkraft, die in Glaubensfragen reflexions- und diskursfähig ist.

Ein Lutherzitat mag daran erinnern, dass das Erlernen theologischer Kompetenz nicht erst heute Zeit und gedankliche Mühe beansprucht:

„Ich hab mein theologiam nit auff ein mal gelernt, sondern hab ymmer tieffer grubeln mussen".[1]

I.2. Struktur und Besonderheiten des Arbeitsbuchs

Nach knapp gefassten Vorklärungen zum Verständnis und zur Funktion Systematischer Theologie im Kontext von Lehrerbildung in Teil II wird in Teil III in Grundzügen skizziert, wie sich christliche Lehre im Zusammenhang geschichtlicher Auseinandersetzungen entwickelt und profiliert hat. Besondere Aufmerksamkeit wird hier dem Apostolischen Glaubensbekenntnis gewidmet (III.4.1.-5.), das sich schon wegen seiner konfessionsübergreifenden Gültigkeit als Medium der Verständigung und Auseinandersetzung über den christlichen Glauben eignet.

Es folgt eine Vertiefung der am Apostolischen Glaubensbekenntnis gewonnenen Einsichten an ausgewählten Schwerpunkten der „Glaubenslehre" wie dem trinitarischen Gottesverständnis (III.5.) und dem Verständnis des Wirken Gottes (III.6.).

---

[1] WA TR I, NR. 352.

Eine weitere Vertiefung erfolgt hinsichtlich der reformatorischen Erkenntnis Luthers vor ihrem situativen Hintergrund (III.7.).

Kurze Betrachtungen der theologischen Herausforderungen u.a. durch Aufklärung (III.8.) und „Postmoderne"(III.9.) schließen dieses Kapitel ab.

Teil IV dient der Vertiefung ausgewählter Themen. Im ersten Teil werden für die Ausformung und Auslegung reformatorischer Lehre relevante Theologen vorgestellt. Spezielle Aufmerksamkeit wird der religiösen Sprache, dem Verständnis der Sakramente, dem christlichen Festzyklus (Kirchenjahr) als feierlicher Begehung wichtiger Glaubensaspekte, dem Handeln aus Glauben (Ethik), dem Pluralismus, der Ökumene und der Globalisierung sowie dem Verhältnis von Religion und Bildung gewidmet.

In Teil V werden zusammenhängend zwölf Themen theologisch erschlossen, die für evangelische Bildungsarbeit relevant sind.

Wie jede Geisteswissenschaft ist die Theologie von der Vorherrschaft des Sprachlichen bestimmt. Als Abwendung von der Vorherrschaft des Sprachlichen hat der amerikanische Literatur- und Kulturwissenschaftler William J.T. Mitchell 1992 einen „pictorial turn" festgestellt und konstatiert, dass „das Nachdenken über Bilder wie das Denken mit Hilfe von Bildern" aufzuwerten sei.[2]

Erfahrungen in der Lehre bestätigen, dass sich künstlerische Gestaltungen früherer Epochen neben Texten zur Erschließung und Vertiefung systematischer Themen eignen. Es handelt sich jeweils um Kunstwerke, die ihrerseits ein an konkretem Ort und in konkreter Zeit inszenierter Ausdruck und eine Interpretation einer theologischen Tradition sind. Klaas Huizing spricht von „epochentypische[r] Umgehensweise mit dem Heiligen".[3]

In Anlehnung an die Intention des „iconic turn", in dem es nicht darum geht, Bilder zu verstehen, sondern die Welt durch Bilder zu erschließen[4], soll theologische Deutung auch durch Bilder angeregt werden.

Die Einbeziehung der geschichtlichen Perspektive, die wechselseitige Erschließung von theologischer Deutung durch Text und Kunstwerke, Thematisierung christlicher Feste als „Begehung" christlicher Lehre sowie lebensweltliche „Anknüpfungspunkte" erweitern die übliche Begrenzung systematischer Lehrbücher. Diese Erweiterungen sind den spezifischen Herausforderungen theologischer Kommunikation in Bildungsprozessen geschuldet.

I.3. Christlicher Glaube und Bildung[5]

„Seid allezeit bereit zur Verantwortung vor jedermann, der von euch Rechenschaft fordert über die Hoffnung, die in euch ist" (1Petr 3,15).

„Prüfet alles, und das Gute behaltet" (1Thess 5,21).[6]

---

[2] Bachmann-Medick, Doris: Cultural Turns. Neuorientierungen in den Kulturwissenschaften, Reinbek bei Hamburg ⁴2010, 329.

[3] Huizing, Klaas: Handfestes Christentum. Eine kleine Kunstgeschichte christlicher Gesten, Gütersloh 2007, 11.

[4] Bachmann-Medick, Doris: Cultural Turns, 349.

[5] Das spezifische Bildungsverständnis des christlichen Glaubens wird in IV.7. dargestellt.

[6] Falls nicht anders vermerkt, wird die Bibel zitiert nach der Lutherübersetzung (Revision 1984).

Die beiden Bibelzitate machen auf folgende Aspekte aufmerksam:

Der christliche Glaube und die aus ihm resultierende Lebensorientierung wollen erklärt, im Kontext anderer Orientierungen reflektiert und verantwortet werden. Daraus folgt, dass Glaube und Bildung untrennbar zusammen gehören. (→ IV.7.)

Dieser Zusammenhang bildet die Grundlage der folgenden Ausführungen.

Dass Glaube auch erkennender Glaube ist und Einsicht wie Verstehen umfasst, ist in der Reformationszeit wieder akzentuiert und gegen die Trennung von Fachleuten und Laien gewendet worden.[7]

Mit dem Phänomen „Christlicher Glaube" verbindet sich alltagsweltlich immer auch die Vorstellung von einer Summe von Lehrsätzen und Begriffen, die für den Menschen der Gegenwart schwer zu fassen sind und als überholt oder als Fremdkörper empfunden werden.

Daher fordert Jürgen Habermas mit Blick auf die postsäkulare Situation, dass der Gehalt wichtiger religiöser Begriffe in weltliche Formen übersetzt werden müsse, damit er einem breiteren Forum zugänglich würden.[8]

Der Zusammenhang von Glaube und Bildung fordert somit eine theologische Kompetenz, die auf beide Seiten bezogen ist: Zum einen geht es um theologische Fachkompetenz im engeren Sinn, zum anderen um die Fähigkeit, theologische Sachverhalte und Fachbegriffe in die Alltagssprache bzw. andere Sprachwelten zu „übersetzen".

Christlicher Glaube ist geprägt durch ein bestimmtes Gottes- und Weltverständnis. Das heißt, dass der Glaube Gott, sich selbst und die Welt in einer bestimmten Perspektive wahrnimmt: z.B. Gott als befreienden und rechtfertigenden Schöpfer, sich selbst als befreites und gerechtfertigtes Geschöpf, die Welt als Schöpfung und zu bewahrenden und zu gestaltenden Lebensraum.

Seine inhaltliche Struktur erhält der Glaube, durch einen spezifischen* Bezug auf die Offenbarung** Gottes in der Geschichte Israels und in der Geschichte Jesu von Nazareth, wie sie in der biblischen Überlieferung*** bezeugt sind.

> * der „spezifische Bezug" wird durch den verwendeten Erkenntnisschlüssel bzw. das hermeneutische Verfahren hergestellt, mit dem die Überlieferung erschlossen wird.
> ** „Offenbarung" verweist darauf, dass der Glaube nicht hinterfragbare Grundlagen/Voraussetzungen (Axiome) darin hat, dass davon ausgegangen wird, dass Gott sich in der Geschichte Israels und der Geschichte Jesu offenbart hat.
> *** „Biblische Überlieferung" verweist auf einen Kanon von Schriften, die als menschlicher Reflex auf die Offenbarung verfasst wurden.

Erste inhaltliche Konturen hat der Glaube in konkreten historischen Situationen erhalten und will im Prozess der geschichtlichen Veränderungen immer neu artikuliert, ausgelegt und zum Ausdruck gebracht werden.

Nur so kann die Lebens- und Weltdeutung des christlichen Glaubens in Anknüpfung und Abgrenzung zu anderen Weltanschauungen und Weltdeutungen in konkreter geschichtlicher Situation Ausdruck finden.

Inhaltlich geht es um die Auseinandersetzung mit der Frage, welche Gewissheiten unsere Wirklichkeitsdeutung, Wirklichkeitsgestaltung und Handlungen bestimmen, und davon abgeleitet um Orientierungswissen und Orientierungsfähigkeit.

---

[7] Vgl. Busch, Eberhard: Credo. Das Apostolische Glaubensbekenntnis, Göttingen 2003, 73.
[8] Vgl. Habermas, Jürgen: Glaube und Wissen, Frankfurt a. M. 2001.

I.4. Systematische Theologie als Wissenschaft – Ein erster Zugang

Theologie ist vom Wortsinn her Lehre/Rede von Gott. Christliches Denken tat sich anfangs schwer mit diesem Wort. Das hat seine Ursache u.a. darin, dass der Begriff „Theologie" in der Antike verbunden war mit einem Verständnis von Gott als kosmologischem Prinzip. Dieses stand im Gegensatz zum Verständnis der jüdischen Tradition, die Gott als souverän handelnde Person verstand.[9]

Seine spezifisch christliche Bedeutung hat der Begriff „Theologie" erst ab dem 13. Jh. im Kontext der Entwicklung des Bildungswesens mit der Ausdifferenzierung wissenschaftlicher Disziplinen gewonnen. Auf der Grundlage von Aristoteles wurde Theologie im Mittelalter als spekulative Wissenschaft verstanden, in der es um Erkenntnis und Beziehung von himmlischer und irdischer Welt ging.

Die reformatorische Theologie nahm dann eine Begrenzung und Konzentration auf das Heilswirken Gottes vor:

> „Eigentlicher Gegenstand der Theologie ist der Mensch als der in Sünde verschuldete und verlorene und Gott als der Gott, der den Sünder rechtfertigt und rettet."[10]

Im Kontext der Aufklärung zerbricht das Wissenschaftssystem des Mittelalters, in dem die Theologie integrierende Leitwissenschaft war. In Abkehr von allen spekulativen Ansätzen begründet Schleiermacher zu Beginn des 19. Jh.s die Wissenschaftlichkeit der Theologie als positive Wissenschaft. Erkenntnisgegenstand war für ihn der christliche Glaube als empirisches Phänomen. Damit gelingt es Schleiermacher, der Theologie einen Platz im akademischen Bildungszusammenhang der staatlichen Universität zu erhalten.

Der christliche Glaube hat nach evangelischem Verständnis seine Grundlage in der Selbstbekundung Gottes (→ Exkurs Offenbarung), die wissenschaftlich als Grundvoraussetzung (Axiom/Basisannahme) zu werten ist. Indem die Theologie auf dieser Basis Erkenntnisinteresse, Erkenntnisgegenstand und Methoden klärt, kann sie den Anspruch auf Wissenschaftlichkeit erheben.

Im Blick auf das Verständnis von Theologie als Wissenschaft kommt allerdings noch ein spezifischer Aspekt hinzu. Im Unterschied zur Religionswissenschaft, die Erkenntnisse über „Glauben" aus einer Außenperspektive gewinnen will, geht es in der Theologie um so etwas wie teilnehmende Beobachtung. Das wissenschaftliche Interesse liegt darin, den Glauben aus der Perspektive des Glaubens im Interesse des Glaubens kritisch-konstruktiv zu reflektieren und verständlich zu machen. Eine wichtige Frage ist, woran sich die Gültigkeit theologischer Aussagen bemisst.

Ihren Ursprung hat theologische Wissenschaft in der Schriftauslegung. Dabei ging es darum, in ihren Sätzen die Wahrheit der Schrift zum Ausdruck zu bringen. So war die christliche Theologie zunächst wesentlich Bibelwissenschaft. Schleiermacher gliederte die theologische Wissenschaft bei der Gründung der Humboldtuniversität in drei Disziplinen mit unterschiedlichen Aufgaben: Philosophische Theologie, Praktische Theologie und Historische Theologie. Wie in anderen Wissenschaften erfolgten bald weitere Spezialisierungen. Im 20. Jh. haben sich im Bereich der Evangelischen Theologie die

---

[9] Dahlfert, Ingolf: Von der Mythenkritik zur Entmythologisierung. Eine Erinnerung an unverzichtbare Aufgaben der Theologie, in: Hörner, Volker/Leiner, Martin (Hg.): Die Wirklichkeit des Mythos. Eine theologische Spurensuche, Gütersloh 1998, 70.
[10] Luther WA 40/II, 328.

Differenzierungen in Bibelwissenschaft/Exegese (AT/NT), Kirchengeschichte, Praktische Theologie und Systematische Theologie durchgesetzt.

Systematische Theologie ist ganz allgemein die wissenschaftliche Disziplin, die die Besonderheit des christlichen Glaubens im Zusammengang und in Abgrenzung von anderen „Glaubensweisen" herausarbeitet.

Systematische Theologie umfasst die drei Bereiche:

- *Apologetik/Fundamentaltheologie** (Reflexion der Situation/des Kontextes/Wahrheitsbewusstseins),
- *Dogmatik* (Reflexion der Lehre)[11] und
- *Ethik* (Reflexion des Handelns).

* In der katholischen Theologie hat sich der Begriff „Fundamentaltheologie" durchgesetzt, dieser Bereich beschreibt nicht das Gliederungsprinzip der Systematischen Theologie sondern Aufgaben, die auch innerhalb der dogmatischen und auch ethischen Reflexion aufgegriffen werden. In der Apologetik (bzw. Fundamentaltheologie) geht es um die Reflexion des christlichen Glaubens und seiner Lehre im Kontext des allgemeinen Wahrheitsbewusstseins der konkreten Zeit. Das impliziert auch die Rechenschaft über die Wahrheit christlichen Glaubens im Kontext anderer Weltanschauungen.[12]

---

[11] Schleiermacher verwendete den Begriff „Glaubenslehre" und wollte damit der Tatsache Rechnung tragen, dass nicht Gott, sondern nur der Glaube an ihn Gegenstand wissenschaftlicher Reflexion sein kann. In jüngeren Veröffentlichungen wird (wieder) überwiegend der Begriff „Dogmatik" verwendet.
[12] Vgl. Petzoldt, Matthias: Fundamentaltheologie. 2. Ev. Tradition, in RGG⁴ Bd. 3, Sp. 429f.

Aufgabe

Arbeiten Sie aus den folgenden Definitionen von Dogmatik bzw. Systematischer Theologie Unterschiede und Gemeinsamkeiten heraus:

> Korsch: Die Dogmatik hat die Funktion, die Identität des Christlichen im Blick auf innerchristliche Verständigung und im Blick auf „außen" zu bestimmen und zu erläutern. Ihre Aufgabe ist es, die Lebens- und Weltdeutung sowie die Lebensdienlichkeit des christlichen Glaubens auf die Gegenwart bezogen in Anknüpfung und Abgrenzung zu anderen Religionen/Weltanschauungen aufzuzeigen (vgl. Korsch 2000, 2ff.).

> Schneider-Flume: „Dogmatik hat zu bedenken, wie unter der Vielzahl der Geltungsansprüche von Theorien und Behauptungen in der postmodernen pluralistischen Gesellschaft die Geschichte Gottes als Wahrheit zur Sprache gebracht werden kann" (Schneider-Flume 2004, 13).

> Barth: „Dogmatik ist die Wissenschaft, in der sich die Kirche entsprechend dem jeweiligen Stand ihrer Erkenntnis über den Inhalt ihrer Verkündigung kritisch, d.h. am Maßstab der hl. Schrift und nach Anleitung ihrer Bekenntnisse Rechenschaft gibt" (Barth 1947, 9).

> Härle: Er nennt als Intention seiner Darstellung von Dogmatik, dazu anzuleiten, vor dem Hintergrund der pluralen Situation über den eigenen Glauben gedanklich Rechenschaft zu geben, gegenüber anderen Auffassungen gesprächsfähig zu werden und in kritischer Anknüpfung einen eigenen Weg der Urteilsbildung zu finden (vgl. Härle ⁴2012, XXI).

> Fischer: „Systematische Theologie ist diejenige Gestalt von Theologie, die auf dem Boden des biblischen Zeugnisses und im Horizont der (kirchen-) geschichtlichen Tradition als Funktion der Kirche den auf Offenbarung beruhenden Glauben nach seinen zentralen Inhalten (Dogmatik) und nach seiner praktischen Handlungsorientierung (Ethik) auf wissenschaftliche Weise, d.h. methodisch, begründet und kritisch, und systematisch, also als klares und gegliedertes Ganzes, denkend entfaltet, auf die jeweilige Situation bezieht und so die christliche Wahrheit als eine gegenwärtige verantwortet" (Fischer 2002, 305).

> Danz: „Die theologische Dogmatik hat die Aufgabe, den christlichen Glauben als das Geschehen des Sich-Verstehens des Menschen in seiner Endlichkeit und Geschichtlichkeit darzustellen und in seinen einzelnen Aufbauelementen zu explizieren" (Danz 2010, 31).

> * Vollständige Literaturangaben: siehe Literaturliste am Ende des Bandes.

I.5. Die „Systematik" der Dogmatik

In der Dogmatik geht es um die denkende Verantwortung des Glaubens in der Gegenwart und den Versuch einer systematischen Darstellung der Glaubensinhalte als Ganzes.[13]

Ein Blick in die Geschichte[14] zeigt, dass sich in der Darstellung der Dogmatik ein bestimmter Aufbau herausgebildet hat, der mit Variationen und unterschiedlichen Schwerpunktsetzungen immer wiederkehrt:

- Vorbemerkungen (Prolegomena)
- Lehre von Gott, Schöpfung, Vorsehung
- Anthropologie (Wie es um den Menschen bestellt ist bzw. der Mensch im Widerspruch zu seiner Bestimmung?)
- Christologie (Person und Werk des Christus)
- Soteriologie (Wie der Mensch sein Heil erlangt?)
- Ekklesiologie (Was ist die Kirche: Verwaltung von Wort und Sakrament.)
- Eschatologie (Was können wir hoffen?)

Dieser Aufriss folgt mit Variationen dem sogenannten *heilsgeschichtlichen Schema*. In diesem wird die Bedeutung des heilsamen Handelns Gottes in geschichtlicher Folge von der Schöpfung bis zur Endzeit erschlossen.

Eine andere Darstellung wählte z.B. *Wilfried Joest*. Er orientiert sich an *Gott in Christus* als „Erkenntnisweg"[15] und folgt der Entwicklung der christlichen Lehre, die in ihrem Ursprung als Christologie entfaltet wurde.

Ähnlich schlägt *Friederike Nüssel* vor, die dogmatischen Darstellungen heute von der Christologie her zu entwerfen, weil etwa im Unterschied zu der Situation zur Zeit Schleiermachers christliche Glaubensinhalte weitgehend nicht mehr bekannt sind. Von der Christologie her wäre dann die Gotteslehre und Bedeutung von beiden für Selbstverständnis und Lebensführung des Menschen zu entfalten.[16]

Jürgen Moltmann entwirft Dogmatik ganz unter dem Aspekt der Eschatologie als „Theologie der Hoffnung".[17]

Einige spezifische Darstellungsformen von Dogmatik bzw. Systematischer Theologie werden in Teil IV., insbesondere an den Beispielen Schleiermacher, Barth und Tillich beschrieben.

Friederike Nüssel stellt im Blick auf gegenwärtige Dogmatik folgende Grundfragen, die durch neuzeitliche Problemstellungen bedingt sind:

- Muss sich Dogmatik auf Grundsätze der Kirche oder auf gelebte Frömmigkeit beziehen?
- Wie kann Dogmatik gelebte Religion wahrnehmen?[18]

---

[13] Vgl. Zehner; Joachim: Arbeitsbuch Systematische Theologie, Gütersloh 1998, 14.
[14] Zur Geschichte der Systembildung s. II.7.
[15] Vgl. Joest, Wilfried: Dogmatik. Bd. 1. Die Wirklichkeit Gottes, Göttingen ³1989, 108.
[16] Nüssel, Friederike: Das traditionelle heilsgeschichtliche Schema der Dogmatik – Leitfaden oder Fessel, in: Deuser, Hermann/Korsch, Dietrich (Hg.): Systematische Theologie heute. Zur Selbstverständigung einer Disziplin, Gütersloh 2004, 41-59, 58.
[17] Moltmann, Jürgen: Theologie der Hoffnung, München 1963.
[18] Vgl. ebd.

Es sei nochmals betont, dass Selbstaufklärung über Wesen und Inhalt des christlichen Glaubens und Auskunftsfähigkeit in Glaubensfragen zugleich zentrale Bildungsthemen sind.

Erforderlich sind dazu:

- Grundwissen über die der Dogmatik zugrundeliegenden biblischen Überlieferungen,
- Orientierung über wesentliche dogmatische Strukturen/Themen,
- Übersetzungsfähigkeit zwischen Alltagsvorstellungen und dogmatischen Aussagen.

Schneider-Flume formuliert die Aufgabe wie folgt:

> „In der dogmatischen Arbeit muss es darum gehen, verfestigte Großbegriffe zu 'zerbrechen', um die Wahrheit und den Sinn, den sie überliefern, neu zur Sprache zu bringen."[19]

Für eine religionspädagogisch relevante Dogmatik ist es notwendig, die Lehre so zu entfalten, dass sie im Blick auf gegenwärtige Verstehens- und Verständnisbedingungen angeeignet werden kann.

I.6. Systematische Theologie als Wissenschaft

(Geschichte, Erkenntnisinteresse, Quellen und Methoden Systematischer Theologie.)

Systematische Theologie ist ein wissenschaftliches Unternehmen, das eine Vorgeschichte und eine Geschichte hat.

Wissenschaftlichkeit zeichnet sich aus durch Offenlegung von Erkenntnisinteresse, Erkenntnisgegenstand und Methoden, wie Wissen/Erkenntnis gewonnen wird, durch Kategorienbildung, die Unterscheidung(en) ermöglicht, sowie durch Nachvollziehbarkeit bzw. Plausibilität der Argumentation und durch eine dem Gegenstand angemessene Sprache. Ein wesentlicher Motor wissenschaftlichen Denkens ist der Zweifel.

Das hier vorgetragen Verständnis von Wissenschaftlichkeit ist eine normative Setzung, die nicht unumstritten ist. Wissenschaftstheoretische Auseinandersetzungen werden (auch in der Theologie) kontrovers geführt.[20]

Dogmatische Konzepte in der protestantischen Theologie unterscheiden sich durch unterschiedliche Ansätze (a) und unterschiedliche Bezüge (b) auf die Bibel.

a) Folgende *Ansätze* haben sich in den letzten Jahrhunderten herausgebildet:
- Es gilt, die in der biblischen Überlieferung bekundete Selbstmitteilung Gottes (Offenbarung) zu erschließen. Bestreitung der Möglichkeit philosophischer Erkenntnis über das Heil (Beispiel: Karl Barths Dogmatik → IV.1.4.).
- Es gilt, die gelebte Frömmigkeit des christlichen Glaubens zu strukturieren und wissenschaftlich zu erschließen (Beispiel: Schleiermachers Glaubenslehre → IV.1.3.).
- Es gilt, die Selbstmitteilung Gottes in Bezug (in Korrelation) zur gegenwärtigen Situation/zum gegenwärtigen Wahrheitsbewusstsein zu erschließen (Beispiel: Paul Tillichs Systematische Theologie → IV.1.5.).

---

[19] Schneider-Flume, Gunda: Grundkurs Dogmatik, Göttingen 2004, 25.
[20] Einen Überblick über diese Kontroversen gibt Härle, Wilfried: Dogmatik, Berlin/New York, ⁴2012.

b) Der biblische Kanon ist „Entdeckungspotential" (Quelle) systematischer Sätze.

Das Entdeckungspotential der Dogmatik ist der biblische Kanon. Der Rückbezug auf den biblischen Kanon ist für (protestantische) Theologie grundlegend.

Da bekanntlich auch der Teufel die Bibel zitiert (Mt 4,6) und zwischen den biblischen Texten Differenzen bestehen, ist ein kritischer Umgang mit der Bibel unhintergehbar.

Ein Rückblick auf die Dogmengeschichte zeigt, dass unterschiedliche Wahrnehmungsperspektiven bzw. „Hermeneutische Schlüssel" zu unterschiedlichen Lehraussagen führen.

Die ersten großen Auseinandersetzungen entzündeten sich an unterschiedlichen Deutungen der Person des Christus und ihrer Teilhabe an Göttlichkeit und/bzw. Menschlichkeit.

Es ist zu beachten, dass alle geschichtlichen Ausdrucksformen des christlichen Glaubens die Bibel immer unter ausgewählten Perspektiven wahrnehmen, die sich im Laufe der Geschichte unterscheiden und ändern.

Die Entstehung der Vielzahl von christlichen Denominationen und Konfessionen hat hierin ihren Grund. In den reformatorischen Kirchen wurde die durch das Werk Christi bewirkte Rechtfertigung des Sünders zu dem „hermeneutischen Schlüssel" des Verständnisses der Bibel. Luther fasste das in dem oft missverstandenen Kriterium zusammen: „Was Christum treibet"[21].

I.7. Zugänge zur Systematischen Theologie durch Kunstwerke

Bildhafte Darstellungen sind fester Bestandteil religiöser Weltdeutungen. Das Verhältnis von Religion und Kunst ist in den monotheistischen Religionen nicht ohne Spannungen.

In der christlichen Tradition waren die ersten Jahrhunderte in den Spuren des biblischen Bilderverbotes durch die Ablehnung des heidnischen Bildkultes geprägt.

Da das Bild bzw. die Statue als sinnliche Präsenz der unsichtbaren Gottheit verstanden wurde, geht die Entmachtung mit dem Sturz des Götterbildes einher.

Im 4. Jh., in Folge der sogenannten Konstantinischen Wende werden trotz bleibender Kritik Christus und Märtyrer bildlich dargestellt (s.a. III. 2.3.).

Die anhaltenden Auseinandersetzungen um den Bilderkult kumulierten im sogenannten byzantinischen Bilderstreit im 8. Jh. in Bilderverbot und Bilderzerstörung.

In Anlehnung an Kol 1,15, wo Christus als Bildnis des unsichtbaren Gottes bezeichnet wird, entwickelte sich auf der Basis der Inkarnationslehre in der Ostkirche die Ikonentheologie.

Grundlage war das neuplatonische Verständnis vom Zusammenhang und Unterschied von Urbild und Abbild. Durch das Abbild hindurch erreicht die Verehrung das Urbild.

Abgesehen von wenigen Berührungen folgte die Westkirche dieser Entwicklung nicht. Hier blieb das religiöse Bild weitgehend auf Erbauung und Belehrung beschränkt.

Im Hochmittelalter wurden ohne erkennbare theologische Kritik auch Bilder des „Gottvaters" üblich. Erst in der Reformationszeit kommt es zu einem neuen theologischen Bilderstreit, der zu einer konfessionellen Differenzierung führt. Die traditionelle lutherische Position zum religiösen Kunstwerk ist die Einordnung in die sogenannten

---

[21] Aus Luthers Vorrede auf die Epistel S. Jacobi 1522, in: WA. Deutsche Bibel 7, 385,26.

Adiaphora [= Dinge, die für den Bekenntnisstreit neutral/gleichgütig sind], aus der eine „wohlwollende Akzeptanz der Bilder in der Kirche" folgte.[22]

In reformierter Tradition hat sich im Anschluss an *Zwingli* weitgehend eine generelle Ablehnung von Bildern durchgesetzt, obwohl *Calvin* lediglich einschränkende Weisungen machte: „Weil Skulptur und Malerei […] Gaben Gottes [sind], verlange ich nur einen reinen und berechtigen Gebrauch beider […]".[23] In der Folgezeit wurde die Bedeutung von Kunstwerken besonders in ihren katechetischen Möglichkeiten gesehen.

Im Katholizismus gab das Tridentinum als Konzil der Gegenreformation (1545-1563) deutliche Signale für eine kunstfreundliche Entwicklung. Es erklärte die Bilder von Christus und den Heiligen für verehrungswürdig und öffnete der sakralen Kunst des Barock, die das 17. Jh. bestimmen sollte, weit die Tore.

Wenn der Kunst die Fähigkeit zur Manifestation des Transzendenten zugeschrieben wird, wird sie zum Verbündeten oder Konkurrenten des Religiösen.

„Kunst gibt nicht das Sichtbare wieder, sondern macht sichtbar", kommentierte 1920 *Paul Klee* (1879-1940) in seiner „Schöpferischen Konfession" die Intention seines Kunstschaffens.[24]

Damit wird dem Kunstwerk eine unvergleichliche Ermöglichung der Welterschließung zugeschrieben. Noch pointierter bringt das der Kunsthistoriker Gottfried Boehm zum Ausdruck, der 1994 den *iconic turn* ausrief. Bilder, so lautet seine These „entfalten eine eigene Wirkmacht, die sich der Sprache zu entziehen scheint".[25]

Eine produktive Synthese im Blick auf die Bedeutung von Bildern im Kontext des christlichen Glaubens zeigt *Wilhelm Gräb* auf:

> „Der christliche Glaube braucht Bilder – innere Bilder und äußere Bilder. Er hängt zwar am Wort. Aber das ist kein Widerspruch gegen die Angewiesenheit auf Bilder. Auch der am Wort hängende Glaube lebt und leibt in Bildern, den inneren Bildern, die zugleich immer schon mitgeformt sind durch die äußeren Bilder, die an uns herankommen. Der Glaube lebt damit auch durch die Bilder der Kunst. Die Kunst hat mit ihren Bildern an der Symbolwelt des Christentums seit jeher gearbeitet […]. Anders als in Bildern gewinnt der Glaube keine Auffassung von dem, worauf er sich richtet. Aber er weiß auch, wenn er echter Glaube ist, also Vertrauen auf Gott, den kein Auge gesehen hat, dass die Bilder bloße Bilder sind."[26]

In diesem Arbeitsbuch wird angeregt, Bilder in Analogie zu Texten mit spezifischen Methoden zu erschließen.[27]

Literatur
- Johannsen, Friedrich: Du sollst dir kein Bildnis machen…, in: Ders.: Religion im Bild, (Fs Liselotte Corbach), Göttingen 1981, 13-31.
- Lange, Günter: Bilder zum Glauben. Christliche Kunst sehen und verstehen, München 2002.
- Schoberth, Wolfgang: Art. Kunst und Religion. IV. Christliche Theologie, 1. Fundamentaltheologisch, in: RGG[4] Bd. 4, Sp. 1885f.

---

[22] Wipfler, Esther: Theologie und Kunstgeschichte. Zum Beitrag der Protestanten, in: EvTh 69. (Jg. 2009), 46-58, 46.
[23] Calvin: zit. nach Wipfler, a.a.O., 46.
[24] Klee, Paul: „Über die moderne Kunst". In: Ders., Kunst-Lehre. Aufsätze, Vorträge, Rezensionen und Beiträge zur bildnerischen Formlehre, Leipzig 1995, 84.
[25] Vgl. Bachmann-Medick, Doris: Cultural Turns, 329f.
[26] Gräb, Wilhelm: Ästhetik, in: Gräb, Wilhelm/Weyel, Birgit (Hg.): Handbuch Praktische Theologie, Gütersloh 2007, 737-747 (743).
[27] Beispiel in Anlehnung an Alex Stocks „Strukturale Bildanalyse" in III.6.2.

- Schwebel, Horst: Die Kunst und das Christentum, Geschichte eines Konflikts, München 2002.
- Stock, Alex: Keine Kunst. Aspekte der Bildtheologie, Paderborn 1996.
- Sundermeier, Theo: Christliche Kunst – Weltweit. Eine Einführung, Frankfurt a. M. 2007.
- Wichelhaus, Manfred/Stock, Alex: Bildtheologie und Bilddidaktik. Studien zur religiösen Bilderwelt, Düsseldorf 1981.
- Wipfler, Esther: Theologie und Kunstgeschichte. Zum Beitrag der Protestanten, in: EvTh 69. Jg. (2009), 46-58.

II. Vorklärungen

II.1. Studium der Systematischen Theologie im Kontext des Lehramtsstudiums

1. Warum (und in welcher Gestalt) ist Systematische Theologie für Lehrende wichtig?

Drei Antworten von Systematischen Theologen, die nach der Relevanz ihrer Disziplin für die Religionspädagogik befragt wurden:

Nach *Christine Axt-Piscalar* entfaltet Systematische Theologie das Spezifische der christlichen Religion im Zusammenhang von Gottesverhältnis (des Einzelnen), Selbstwahrnehmung und Weltverhältnis. (97) Betont wird, dass Religion in ihrer Besonderheit (nicht als Ethik, Denken und Handeln) zur Geltung kommt als *„Gegengift gegen die Verzweckung des Individuums"* durch *„Unterbrechung des alles beherrschenden Zweckrationalismus des gesellschaftlichen Lebens".* (101)[28]

Wolfgang Schoberth sieht die Aufgabe der Systematischen Theologie in der *„Selbstreflexion der Praxis des Glaubens"* und kritisiert ihre Perversion zu einem sich selbstumkreisenden Denk- und Satzsystem. (145) Ebenso kritisiert er eine Reduktion auf Grundwissen und plädiert für eine „offene, methodisch angeleitete Auseinandersetzung um den Wahrheitsanspruch des Glaubens. (147)" Ziel des Studiums sei die Fähigkeit zum selbstständigen Urteilen. Lernwege zu diesem Ziel werden erschlossen, indem „die Themen der Systematischen Theologie als Reflexion […] einfacher Fragen des Glaubens erkennbar werden."[29] (148)

Nach *Dietrich Korsch* ist Dogmatik (Ordnung von) Lebensdeutung auf der Basis von Religion[30]. Dogmatik habe die Funktion, die Identität des Christlichen im Blick auf innerchristliche Verständigung und im Blick auf „außen" zu bestimmen und zu erläutern. Da Verständnis und Verständigung immer nur in einem sprachlich erschlossenen

---

[28] Axt-Piscalar, Christine: Religion existenzerschließend und vernunftplausibel verantworten. Überlegungen zum Verhältnis von Systematischer Theologie und Religionspädagogik, in: Rothgangel, Martin/Thaidigsmann, Edgar (Hg.): Religionspädagogik als Mitte der Theologie? Theologische Disziplinen im Diskurs, Stuttgart 2005, 93-104.

[29] Schoberth, Wolfgang: Das religionspädagogische Studium und seine theologische Mitte. In: Rothgangel u.a., a.a.O., 2005, 140-148.

[30] Vgl. 117

Denk- und Verstehenshorizont möglich sind, ist theologische Reflexion immer auf eine konkrete geschichtliche Situation bezogen. D.h., es ist gleichermaßen für biblische Texte wie für das Glaubensbekenntnis Auslegungskompetenz gefordert, die im Sinne wechselseitiger Erschließung von Vergangenheits- und Gegenwartsdeutung erfolgen muss.[31]

> **Aufgabe**
> Stellen Sie Gemeinsamkeiten und Differenzen der Positionen zusammen und vergleichen Sie diese mit den Zitaten in I.4.

Das Studium der Systematischen Theologie ist für die Bildung religionspädagogischer Professionalität unerlässlich.
Es soll anleiten, den christlichen Glauben in Bildungsprozessen kompetent zu kommunizieren sowie die Welt- und Lebensdeutung dieses Glaubens vor dem heutigen Wahrheitsbewusstsein/-verständnis nachvollziehbar zum Ausdruck zu bringen.

II.2. Systematisch-theologische Kompetenz von Religionspädagoginnen und -pädagogen

Wer nicht über Religion nachdenkt, glaubt alles.[32]

Dieses in Amsterdam gefundene Graffiti gibt einen allgemeinen Hinweis darauf, warum systematisch-theologische Kompetenz für Religionspädagoginnen und Religionspädagogen relevant ist. Es geht um das Erlernen von Kriterien, die im Blick auf den Glauben begründete Unterscheidungen ermöglichen.

Einen weiteren Hinweis gibt die folgende Feststellung:

> Wenn Glaubensfragen in der Öffentlichkeit diskutiert werden, geht es in der Regel um Themen, die auf die Irrationalität des Glaubens verweisen sollen (Jungfrauengeburt, Allmacht etc.), nicht um Fragen nach seiner Rationalität, nach dem, worauf die Symbole und Zeichen des Glaubens verweisen.

Drei Argumente stützen die Notwendigkeit des Kompetenzerwerbs:

1. Christlicher Glaube ist denkender Glaube – Glaube und Bildung hängen in dem Sinne zusammen, dass das Selbstverständnis des Glaubens reflektiert und kommuniziert werden will.
2. Der christliche Glaube hat das gegenwärtige Selbst- und Weltverständnis sowie Kultur und Gesellschaft entscheidend geprägt.
3. Der christliche Glaube birgt ein Symbol- und Erinnerungspotenzial, das sowohl für die Selbst- und Weltdeutung vor dem heutigen Wahrheitsverständnis als auch für die Zukunftsorientierung relevant ist.

Zu 1.: Diese Feststellung ist nicht vereinbar mit der Annahme, dass Bibel und Bekenntnisse unmittelbar zeitlose Wahrheiten zum Ausdruck bringen.

---

[31] Korsch, Dietrich: Deuten Lehren – Deuten Lernen, in: Rothgangel u.a., a.a.O., 2005 114-124.
[32] Starke, Ekkehard (Hg.), Christsein konkret, Neukirchen-Vluyn 2005, VII.

Daher will bedacht und geklärt werden, wie mit intellektueller Redlichkeit alte Bekenntnissätze wie z.B. „geboren von der Jungfrau Maria ..." im Kontext der Gegenwart verstanden und mitgesprochen werden können.

Zu 2.: Religiöser Glaube ist ein Modus, sich vertrauensvoll zu den Grundstrukturen des Lebens ins Verhältnis zu setzten. Die Grundstrukturen umfassen das Gottesverhältnis, das Selbstverhältnis und das Verhältnis zu anderen und zur Welt.[33] Es ist Aufgabe von Bildung, die Prägungen der Gegenwart durch christliche Tradition aufzuklären und ihre gegenwärtige Prägekraft zu erschließen.

Zu 3.: Theologische Aufgabe ist es, den Wirklichkeitsbezug, die Deutungs- und die Verstehensdimension der metaphorischen religiösen Sprache zu klären. Es ist Aufgabe der Dogmatik, die Lebensdienlichkeit des Glaubens heute aufzuzeigen (Korsch) und die Lebens- und Weltdeutung des christlichen Glaubens in Anknüpfung und Abgrenzung zu anderen Deutungen zu klären. Systematisch-theologische Reflexion kommt erst zum Ziel, wenn über den Beitrag des Glaubens für die gegenwärtige Lebensorientierung hinaus die damit verbundene Zukunftshoffnung thematisiert wird.

II.2.1. Die Situation von Glaube und Religion in der sog. Postmoderne

Die Auslegung des Glaubens war und ist ohne Bezug zur Lebenswelt nicht möglich. Daher ist eine Klärung der die gegenwärtige Lebenswelt konstituierenden Faktoren eine unabdingbare Aufgabe allzumal für eine religionspädagogisch relevante Theologie.

Die wohl bedeutsamste Kennzeichnung der gegenwärtigen Lebenswelt ist „Postmoderne" (→ III.9.), deren Charakteristikum „Vielfalt" ist. Zu den Signaturen der Postmoderne gehört u.a. die Pluralisierung von Religionen und das Abnehmen verallgemeinerungsfähiger Wahrheitsansprüche.

Eine weitere Signatur der Postmoderne ist „Individualisierung", die sich im Bereich des Religiösen u.a. in der synkretistischen Verbindung heterogener Traditionselemente aber auch in verstärkter Tendenz zu subjektiver Aneignung in Bildungsprozessen abzeichnet.

Der christliche Glaube hat mit seinem Symbolsystem eine kulturprägende Wirkung entfaltet, die in ihrer Gesamtwirkung (deutlich) abnimmt. Aus einer Einheitskultur hat sich eine kulturelle Vielfalt entwickelt, die aus unterschiedlichen kulturellen Überlieferungen gewissermaßen wie aus einem Steinbruch schöpft, um neue kulturelle Mischwerke zu kreieren. Dass die Kultur über Kunst, Musik, Literatur bis in die Popkultur aus religiöser Tradition schöpft, ist hinreichend deutlich.[34] Begleitet wird dieser Prozess von einer Vergleichgültigung. Religion ist Konsumgut geworden, Religion ist auf dem Markt (P. L. Berger). Die Kulte der Alltagskultur und der „Marktreligion" mit ihren Ikonen, Symbolen, Ritualen, Räumen und Sinndeutungsangeboten wenden sich geschickt an ungestillte Sehnsüchte nach Freundschaft, Liebe, Sicherheit, Selbständigkeit und greifen dabei auf die Ressourcen religiöser Traditionen zurück. Der Freiheit zum eigenen Lebensstil und der Vielfalt an Sinnangeboten steht allerdings der Verlust an Gewissheiten gegenüber.

---

[33] Vgl. Korsch, Dietrich: Dogmatik im Grundriß, Tübingen 2000, 19.
[34] Vgl. z.B. Gutmann, Hans-Martin: Der Herr der Heerscharen, die Prinzessin der Herzen und der König der Löwen. Religion lehren zwischen Kirche, Schule und populärer Kultur, Gütersloh 1998.

Die Sehnsucht nach Beheimatung, nach tragfähiger Bindung und nach lebendiger Hoffnung ist durch Waren/Verbrauchsgüter nicht zu stillen. Zudem werden überkommene Selbstverständlichkeiten auf allen Ebenen aufgebrochen. Daraus folgt für die Subjekte die Notwendigkeit, Lebensstil und Lebensorientierung selbst zu bestimmen.

Als Konsumgut hat „Religion" noch ein weiteres Defizit: Indem sie zu gelingender selbstbestimmter individueller Identität beitragen soll, rückt die Frage nach gelingender Sozialität in den Hintergrund. Das betrifft nicht nur christlich geprägte Gemeinschaftsmodelle, sondern auch den Zusammenhalt der Gesellschaft insgesamt.

Vor dem Hintergrund der religionssoziologisch skizzierten Situation ergibt sich die religionspädagogische Aufgabe, die Phänomene von Marktreligion zu identifizieren und aktuelle mediale Religionsinszenierungen als „religiös" zu deuten und zu verstehen.[35]

Diese Verstehensbemühungen sind von theologischer Deutung zu unterscheiden. Religionspädagogische Bildung kommt erst zum Ziel, wenn im Zusammenhang dieser Identifizierung auf die aktuelle religiöse Bedürfnisse überbietende Lebensorientierung des christlichen Glaubens aufmerksam gemacht wird.

Bedingt durch Migrationsbewegungen begegnen uns heute in unserer Nachbarschaft andere traditionelle, jedoch für uns fremde Religionen wie der Islam und fordern gleichermaßen eine Klärung von übergreifenden Umgangsregeln und den Umgang mit Differenzen. (→ IV.6.)

Zu beobachten ist einerseits ein zunehmendes öffentliches Interesse an Religion, besonders im Kontext politischer und sozialer Konflikte, andererseits werden religiöse Begriffe und Rituale sowie Feste und ihre Bedeutungen immer weniger verstanden. In einer TV-Sendung, in der auf der Straße nach dem Sinn christlicher Feste gefragt wurde, konnte nur ein älterer Muslim eine befriedigende Antwort geben.

Signifikant ist der Bedeutungswandel beim Verständnis von Sünde. Die „kleinen" Sünden beim Essen, im Straßenverkehr etc. überlagern die traditionelle fundamentale religiöse Bedeutung. „Das ist nicht mehr Sünde, wenn es über eine Million Euro geht", kommentierte der nordrheinwestfälische Finanzminister Dr. Norbert Walter-Borjans in der Fernsehsendung „Günther Jauch" am 21.04.2013 die Steuerhinterziehung von Uli Hoeneß.

II.2.2. Kommunikation über den Glauben vor dem Hintergrund des Relevanzverlustes der Glaubensymbole

Eine wesentliche Aufgabe im Studium der Religionspädagogik ist der Kompetenzerwerb im Bereich der Sprache des Glaubens und der Erschließung seiner Symbole unter den Bedingungen ihres gesellschaftlichen Relevanzverlustes.

Da wir von der Annahme ausgehen, dass der christliche Glaube mit protestantischem Profil auch heute für die Lebensorientierung Relevanz hat und zur Unterscheidung von Lebensförderlichem und Lebensfeindlichem beitragen kann, ist die zentrale religionspädagogische Aufgabe, den Glauben unter Beachtung der konkreten Kommunikationsbedingungen in seiner Lebensrelevanz so auszulegen, dass eine Aneignung der christlichen Lebensorientierung und die Unterscheidung von anderen Lebensorientierungen möglich wird.

Für das religiöse Lernen von angehenden Lehrkräften gilt analog wie für die Schülerinnen/Schüler, dass eine lernende Begegnung und Auseinandersetzung mit der religiös-kulturellen in der postmodernen Lebenswelt bei der Klärung der Religiosität beginnt,

---

[35] Vgl. Korsch, Dietrich: Deuten lehren – Deuten lernen,122f.

die den eigenen personalen und gesellschaftlichen Hintergrund mehr oder weniger geprägt hat.[36] Das Koordinatensystem dieser Klärung ist im Blick auf die berufliche Qualifikation im Bereich der ev. Religionspädagogik nicht ein allgemeines Konstrukt von Religion/Religiosität, sondern der Glaube in protestantischer Tradition. Ziel ist theologische Kompetenz für eine Bildungsarbeit in evangelischer Verantwortung.

Für die Glaubenskommunikation gilt prinzipiell der Satz: *„Darstellbar und mitteilbar ist die religiöse Erfahrung nur symbolisch.“*[37] Weil Gott und seine Wirklichkeit nur narrativ oder metaphorisch zur Sprache gebracht werden können, ist Einsicht in die metaphorische Kommunikation des Glaubens und die Unverzichtbarkeit symbolischer Sprache konstitutiv (→ IV.2.).

Wie bereits angedeutet, ist das Erlernen religiöser Sprachfähigkeit im Kontext der gegenwärtigen Lebenswelt dadurch erschwert, dass die traditionelle religiöse Symbolsprache unter einem zunehmenden Relevanzverlust leidet:

> „Tradierte christliche Symbole – Versöhnung, Auferstehung von den Toten, Ewiges Leben – galten und gelten gerade vielen Gebildeten als schwer verständlich und nicht vereinbar mit sonstigen Deutungsmustern und elementaren Lebenserfahrungen“.[38]

Aus dieser Feststellung folgen die Aufgaben:

- die Grundlagen der symbolischen Kommunikation des Glaubens zu kennen,
- den „Mehrwert“ traditioneller Deutungsmuster für die Deutung grundlegender Erfahrungen und Lebensorientierung zu erschließen.

1958 hat Paul Tillich in einem Vortrag mit dem Titel „Religion und freie Gesellschaft“ für eine gleichermaßen inhaltlich profilierte wie kritische religiöse Erziehung in drei Stufen plädiert[39]:

1. Vermittlung der Symbole der eigenen religiösen Tradition.
2. Klärung, dass Symbole nicht wörtlich zu nehmen sind, sondern Antworten auf die Fragen der Jugendlichen geben.
3. Wahrnehmung der Prägungen und Formungen durch die religiöse Substanz der Kultur.

Aufgabe

Nehmen Sie aus heutiger Sicht Stellung zu diesen drei Punkten. Was ist unter den Bedingungen der Postmoderne zu modifizieren bzw. zu ergänzen?

Zu 1. Auch wenn der Vermittlungsbegriff inzwischen in Misskredit geraten ist und der Symbolbegriff der Präzisierung bedarf, ist das Grundanliegen, auf das Tillich hier verweist wahrscheinlich aktueller denn je. Allerdings ist das Dreistufenmodell vor dem Hintergrund der Pluralisierung zu erweitern, wie im folgenden Abschnitt gezeigt wird.

Zu 2. Es ist davon auszugehen, dass Schüler bereits auch eigene Antworten zu existentiellen Fragen haben, die ernst zu nehmen sind. Zu 3. ist die Bedeutung und Herausforderung der zunehmenden kulturellen Pluralität zu thematisieren.

---

[36] Gründe einer Favorisierung des Modells *konfessioneller* religiöser Bildung habe ich dargelegt in: Ist Artikel 7 GG zukunftsfähig? In: Johannsen Friedrich (Hg.) Postsäkular? Religion im Zusammenhang gesellschaftlicher Transformationsprozesse, Stuttgart 2010, 149-165.

[37] Gräb, Wilhelm: Sinnfragen. Transformationen des Religiösen in der modernen Kultur, Gütersloh 2006, 33.

[38] Graf, Friedrich Wilhelm: Die Wiederkehr der Götter. Religion in der modernen Kultur, München 2004, 98.

[39] Tillich, Paul: Religion und freie Gesellschaft, in: GW, Bd. X 1968, 303-312, 304.

II.2.3. Wahrnehmung und theologische Deutung von „Schülertheologie"

Für Lehrende in religionspädagogischen Arbeitsfeldern reicht es nicht aus, einen persönlichen Zugang zu systematisch-theologischen Fragestellungen zu gewinnen. Es geht zudem darum, die Lebensorientierung Heranwachsender und ihre religiösen- bzw. nicht religiösen Wahrnehmungsmuster zu verstehen, um sie als Anknüpfungspunkte für je eigene religiöse Lernprozesse fruchtbar machen zu können.

Grundlegend ist zu beachten, dass „[d]as Lernen von Religion als Orientierung des Lebens […] traditionalen Beständen nur in dem Maße [folgt], wie sie sich auf die Unmittelbarkeit des individuellen Lebens beziehen lassen."[40]
Aus dieser Feststellung folgt, dass religionspädagogisch relevante christliche Lehre so zu erschließen ist, dass Glaubenssätze im Blick auf gegenwärtiges Verständnis so zur Sprache kommen, dass sie als Zugewinn an Selbst- und Weltdeutung angeeignet werden können.
→ Das Problem wird in Kap. IV.2. näher behandelt.

Empirische Befunde zeigen, dass Schülerdeutungen typisch religiöser Semantik wie Gott, Schöpfung, Segen, Sünde oft deutlich von theologischen Deutungsmustern abweichen und spezifische Deutungskompetenz der Lehrkraft erfordern. Heranwachsende deuten ihr Leben heute in der Regel ohne Bezug auf tradierte religiöse Muster.
Zur Orientierung können dafür empirische Studien hilfreich sein, wenn sie Religiosität hinreichend differenziert erfassen. Die Anzahl aktueller Studien hält sich noch in Grenzen, es ist aber zu erwarten, dass das zunehmende Interesse empirischer Wissenschaften am Phänomen „Religion/Religiosität" positive Veränderungen bewirkt.
Aus drei Studien werden wichtige Ergebnisse skizziert:

A) 2006 bezieht die große Shell-Jugendstudie (15. Studie) erstmals auch Fragen nach der Religiosität von 16-25-jährigen ein.
Dabei wird allerdings ein sehr grobes Raster verwendet, wie die folgende Grafik aus der 16. Studie von 2010 zeigt.
Woran Jugendliche glauben: Drei religiöse Kulturen[41]

Jugendliche insgesamt [Angaben in%]
●26   ▶21   ↓24   ○27   □2

Alte Bundesländer (nur Jugendliche ohne Migrationshintergrund)
●23   ▶24   ↓29   ○21   □3

Neue Bundesländer (nur Jugendliche ohne Migrationshintergrund)
●8   ▶7   ↓19   ○63   □3

Jugendliche mit Migrationshintergrund
●44   ▶22   ↓14   ○19   □1

---

[40] Korsch, Dieter: Deuten Lehren- Deuten Lernen, In: Rothgangel u.a., a.a.O., 2005 114-124 (120).
[41] Quelle: 16. Shell-Jugendstudie, Stand 2010. Befragt wurde Jugendliche im Alter von 12 bis 25 Jahren.

● Persönlicher Gott   ○ Weder Gott noch überirdische Macht
▶ Überirdische Macht   □ Keine Angaben
↓ Weiß nicht, was ich glauben soll

B) Differenziertere Auskünfte zu Alltagsethik, Moral und Religion/Religiosität, bezogen auf Schülerinnen und Schülern im berufsbildenden System liefert die Studie von Andreas Feige und Carsten Gennerich.[42]

Im Zusammenhang dieser Studie wurden ca. 8.000 konfessionsgebundene, konfessionslose sowie muslimische Schülerinnen und Schüler befragt, welche Bedeutung Religion und Ethik für sie im Alltagsleben haben. Mit Einschränkung können auf dieser Basis auch Einstellungen von Schülerinnen und Schülern anderer Schulsysteme vermutet werden.

1. Eine wichtige Voraussetzung der Studie liegt darin, dass sie Religion (religiös) nicht als definierbare Größe versteht, sondern als einen *Erfahrungsmodus*, als ein Wahrnehmungsmodell, das beschrieben werden will.
Aufgabe der Ausbildung ist es demnach, angehende Religionslehrkräfte dafür zu sensibilisieren und entsprechende Diskurskompetenz zu fördern.
Ein Beispiel für diesen Erfahrungsmodus ist die dem Wahrnehmungsmodell des Schöpfungsglaubens entsprechende Erkenntnis, dass jeder von Voraussetzungen lebt, die er nicht selbst geschaffen hat.

2. Die Studie macht auf die Diskrepanz von Schülervorstellungen/Schülereinstellungen und theologischen Deutemustern aufmerksam.
Diese Diskrepanz ist fast durchgehend hinsichtlich der typisch religiösen Semantik feststellbar: Mit den Begriffen Gott, Schöpfung, Segen, Sünde werden Vorstellungen verbunden, die sich vom (fach-)theologischem Verständnis deutlich unterscheiden.

3. Daraus wird die Folgerung gezogen, dass die notwendige Kompetenz zur Deutung der Schülervorstellungen und der theologischen Semantik für die Begleitung von Lernprozessen unabdingbar ist. Die Autoren betonen, dass eine Fixierung auf dogmatisch korrekte Aussagen in diesem Zusammenhang kontraproduktiv sei. So sei zu vermeiden, den empirisch erhobenen Sündenbegriff („Alltagsvergehen") abzuwerten. Es geht vielmehr darum, ihn theologisch-produktiv zu erweitern.

4. Das erfordert die Kompetenz, die Bedeutung elementarer christlich-religiöser Semantik in Lernprozessen durch wechselseitige Erschließung auf die vorgängigen Werthaltungen und Deutungen zu beziehen. Bedeutsam dafür ist die Klärung des Erfahrungsbezugs theologischer Symbole.
Grundlagen für die theologisch-produktive Erschließung sind elementare Schülerfragen wie: „Ist Jesus der Sohn Gottes?"

5. Die Chance theologischer Bildung liegt u.a. in der Erschließung der radikal-nichtmoralischen theologischen Bedeutung von Sünde, die nur in der Dialektik von

---

[42] Feige, Andreas/Gennerich, Carsten: Lebensorientierungen Jugendlicher. Alltagsethik, Moral und Religion in der Wahrnehmung von Berufsschülerinnen und -schülern in Deutschland, Münster 2008.

Schuld und Vergebung bzw. Sünde und Versöhnung in ihrer Radikalität wahrgenommen werden kann. Ebenso in der Erschließung einer theologisch sachgemäßen Semantik des Trostes und der Hoffnung.

Allenthalben verweist die Studie auf die Diskrepanz zwischen systematisch-theologischer Semantik und den Wahrnehmungs- und Deutungsmustern der Heranwachsenden.

Ein spezifisches Beispiel ist der Umgang mit *Schuld*.

Schuld bzw. Schuldfolge hat in der Erfahrung eine transzendierende Bedeutung, sie entzieht sich oft der Gestaltungsmächtigkeit. Im Alltagsverständnis von Jugendlichen ist Schuld ein juristisch regelbarer Begriff und fällt als religiöse Kategorie weitgehend aus. Damit entfallen aber indirekt auch Bezüge zu Gnade, Vergebung und Erlösung.

Die Religionspädagogin Marie Veit hat als Konsequenz dieses Schuldverständnisses einmal in einem Vortrag formuliert: „Wegen meiner kleinen Sünden hätte der Herr Jesus nicht sterben müssen."

Die Autoren sehen im Kontext dieser Vorverständnisse die Plausibilität der Kategorie „Erlösung" in Frage gestellt. Im Blick auf die Wahrnehmung, dass bei Jugendlichen Ängste vor Krankheit, Tod, Leid, Beziehungsproblemen und Arbeitslosigkeit dominieren, schlagen die Autoren der Studie eine Anknüpfung an das Thema „Sünde" vor. Begründet wird das damit, dass in den Ängsten so etwas wie ein säkularisiertes Sündenbewusstsein oder eine zum Sündenbegriff alternative Semantik für menschliche Begrenztheit begegnet.[43] „Angst" wie „Sünde" böten somit Ansatzpunkte, die Selbstwahrnehmung kritisch zu erweitern.

Ein weiteres Beispiel für eine Diskrepanz von Schülereinstellung und theologischer Wirklichkeitsinterpretation ist die *Sinnfrage*. Vermutungen bzw. Vorstellungen von weitgehenden Sinnlosigkeitserfahrungen werden nicht bestätigt. Die Antwort nach dem „woher" der Sinnerfahrung variiert jedoch deutlich. Theologische Bildungsarbeit bietet nach Meinung der Autoren eine Basis, die „selbstbewirkten" Sinnkonstruktionen *kritisch* zu reflektieren und die Dimension der Vorausgesetztheit des eigenen Daseins konstruktiv im Blick auf die Lebensperspektive zu symbolisieren.

Da nur stabiler Sinn Halt gibt, dieser sich aber letztlich der Verfügungsmacht des Sinnkonstrukteurs entziehe, stelle sich damit letztlich Luthers Frage nach dem Grund möglicher Heilsgewissheit und nach der Rechtfertigung.[44]

Für die religionspädagogische Praxis ist der wichtigste Hinweis der, dass das von theologischer Deutung deutlich abweichende alltagsweltliche Verständnis von theologischen Begriffen und Symbolen nicht kritisiert, sondern im Unterrichtsprozess produktiv erweitert werden sollte.

Das setzt voraus, dass Kompetenz sowohl im Blick auf das theologische wie das alltagsweltliche Verständnis angeeignet wird.

C) In ihrer Studie zu „*Impliziter Religiosität*" stellt *Tatjana Schnell*[45] bei Jugendlichen zunächst eine innerweltliche Orientierung mit einem Fokus auf gelingende menschliche Beziehungen fest, während die explizite Frage nach Gott und Religion mit wohlwollen-

---

[43] Vgl. a.a.O., 166.

[44] Vgl. a.a.O., 193.

[45] Schnell, Tatjana: „Für meine Freunde könnte ich sterben". Implizite Religiosität und die Sehnsucht nach Transzendenz, in: Kropac, Ulrich/Meier, Uto/König, Klaus (Hg.): Jugend, Religion, Religiosität. Resultate, Probleme und Perspektiven der aktuellen Religiositätsforschung, Regensburg 2012, 87-106.

der Distanz beantwortet wird. (vgl. 85) Anders verhalte es sich im Blick auf das, „was Jugendlichen persönlich ‚heilig‘ ist". (86)

Die festgestellte ausgeprägte Diesseitsorientierung korrespondiert mit der Identitätsbildungsphase, in der jedoch auch „Hinweise auf eine Sehnsucht nach Transzendenz" zu finden seien. *Selbsttranszendenz* impliziert die Bereitschaft, unmittelbare Bedürfnisse zu überschreiten und von sich abzusehen. (vgl. 89) Interessant ist die Feststellung, dass Religion und Religiosität mit organisierter Kirche und Dogmen in Verbindung gebracht wird, *Spiritualität* dagegen mit Authentizität, persönlichem Zugang und Integration ins Selbst. Ihre Gültigkeit wird nicht durch Tradition o.a. bestätigt, sondern durch eigenes Erleben bzw. eigene Erfahrung. (vgl. 90)

Heranwachsende orientieren sich auf das hin, was sie unmittelbar berührt: „*Implizite Religiosität* ermöglicht Sinnstiftung (auch) im Diesseits: durch eine am persönlich Bedeutsamen ausgerichtete kohärente Biographie (*persönlicher Mythos*), eine auf das persönlich Bedeutsame verweisende Praxis (*persönliche Rituale*) und dadurch ermöglichte *Transzendierungserlebnisse*." (91)

Es geht um das im Sinne von Paul Tillich persönlich Bedeutsame, das was eine Person ‚*unbedingt angeht*'. Identität kann nur im Paradigma der „*narrativen Identität*" Ausdruck finden. Es geht dabei um das, was im Kontext von Wechsel stimmig ist, was das offene Werden des Selbst beschreibt und im persönlichen Mythos sinnstiftend ist. (vgl. 92)

Aus theologischer Perspektive fällt eine Entsprechung dieses postmodernen Identitätsverständnisses zur Offenheit des biblischen Gottesverständnisses auf („Ich werde sein, der ich sein werde").

Ebenso wie sich das für die Person Bedeutsame vom traditionellen religiösen Mythos zum persönlichen Mythos verlagert, tritt an die Stelle der kirchlichen Rituale das Alltagsritual, durch das das Bedeutsame praktisch ins eigene Leben integriert wird. (vgl. 93)

Sinnstiftende *Transzendierungserlebnisse* im Sinne von kurzen Unterbrechungen gewohnter Wahrnehmung lassen sich vier Richtungen zurechnen: „*von der Eigenwelt zum wahren Selbst, zur Mitwelt, zur Umwelt und zum ganz Anderen (einer übernatürlichen Wirklichkeit)*.". (95) Die Sinnstiftung hat ihre Ursache in der durch das Erlebnis beförderten Gewissheit einem größeren Ganzen zuzugehören. (vgl. ebd.)

Als primäre Sinnquellen werden von heutigen Jugendlichen vertrauensvolle, verlässliche Beziehungen in Familie, Freundschaft und Liebe benannt und bewusst positiv wahrgenommen: „sie prägen den Alltag und werden rituell zelebriert: sie sind Garanten für positive emotionale Erfahrungen und Transzendierungserlebnisse". (ebd.)

Tatjana Schnell trifft die Feststellung, dass „zwischenmenschlich[e] Beziehungen mit Merkmalen und Erfahrungen verknüpft sind, die die Gottesbeziehung im Christentum kennzeichnen: Sie stehen für absolute Verlässlichkeit und bedingungslose Annahme, für Orientierung und Halt in Notsituationen. Sie spenden Zugehörigkeit, Geborgenheit und Nähe. Dabei wird besonderer Wert auf die Gegenseitigkeit der Beziehung gelegt: So sind Jugendliche bereit, für andere Verantwortung zu übernehmen, sich einzusetzen, gar Opfer zu bringen." (102)

Ob Jugendliche künftig wieder einen Zugang zum christlichen Glauben finden, hängt nach Ansicht der Autorin von der Weise der Vermittlung ab. Relevant sind drei Faktoren:

1. Dass das Angebot der Gottesbeziehung sich mit bedingungsloser Annahme auch der spezifischen sexuellen Prägung, dem Zweifel etc. verbindet, dass Gott verlässlich ist und Halt in Notsituationen bietet und sich Glaubensorientierung als kompatibel mit der eigenen grundsätzlichen Lebensdeutung erweist.

2. Dass „die individuelle Lebenswelt von Jugendlichen verstanden und anerkannt und das ,persönlich Heilige' integriert wird".
3. Dass „das Bedürfnis nach Selbsttranszendenz und Verantwortungsübernahme Jugendlicher ernst" genommen wird. (103)

Da in religiösen Lernprozessen die spezifische Lebensdeutungen heutiger Jugendlicher mit den spezifischen Deutungen der Glaubenstradition in Beziehung zu setzen sind, ist die Aneignung von systematisch-theologischem Orientierungswissen eine notwendige Voraussetzung.

II.2.4. Aneignung von Orientierungswissen

Zu einer lehramtsbezogenen systematisch-theologischen Kompetenz gehört die Fähigkeit eigener theologischer Urteilsbildung. Dazu ist als Grundlage ein Orientierungswissen unabdingbar, das gewissermaßen die Funktion eines Koordinatensystems hat.

Das folgende Kapitel will anregen, auf der Basis der Lehrtradition ein eigenes Koordinatensystem aufzubauen. Um die Bedeutung der konkreten historischen Situation als Hintergrund der Entwicklung von Glaubenslehre bewusst zu machen, wird die Geschichte der Bekenntnisbildung in groben Zügen skizziert und auf die reformatorische Perspektive fokussiert. Auf Gemeinsamkeit und Differenz zu anderen christlichen Konfessionen wird aufmerksam gemacht und diese werden an wichtigen Beispielen illustriert.

III. Kurze Geschichte der Entwicklung christlicher Lehre

III.1. Die Verwurzelung des Christentums im Judentum des ersten Jahrhunderts

> **These**
> *Der christliche Glaube wurzelt im Judentum der Zeitenwende.*
> „Nicht du trägst die Wurzel, sondern die Wurzel trägt dich"
> (Röm 11,18b; Zürcher Bibel 2005).

Nach gegenwärtigem Erkenntnisstand gilt es als sicher, dass die historische Gestalt Jesus keine neue Religion stiften wollte. Jesus stand auf dem Boden des Judentums und richtete seine Botschaft im Bewusstsein einer endzeitlichen Situation an das jüdische Volk.

In der Zeit der Apostel begann dann, wahrscheinlich ausgehend von der alten syrischen Hauptstadt Antiochia, die Ausweitung der Mission auf Menschen nichtjüdischer Herkunft.

Die Frage nach Kontinuität und Differenz zum Judentum wird in der Theologie kontrovers diskutiert.

Dabei geht es um die Frage nach Anknüpfung/Analogie und Differenz zwischen jüdischer Bekenntnistradition und der Entwicklung des christlichen Bekenntnisses.

Es ist davon auszugehen, dass sich im 1. Jh. Frühjudentum und frühes Christentum parallel in Gemeinsamkeit und Spannung zueinander entwickelt haben.

Die folgenden Texte sollen den Übergang vom jüdischen zum christlichen Credo veranschaulichen.

Beispiele alttestamentlich-jüdischer Bekenntnisse:

> Dtn 6,20: Wenn dich nun dein Sohn morgen fragen wird: Was sind das für Vermahnungen, Gebote und Rechte, die euch der HERR, unser Gott, geboten hat?, 21 so sollst du deinem Sohn sagen: Wir waren Knechte des Pharao in Ägypten, und der HERR führte uns aus Ägypten mit mächtiger Hand; 22 und der HERR tat große und furchtbare Zeichen und Wunder an Ägypten und am Pharao und an seinem ganzen Hause vor unsern Augen 23 und führte uns von dort weg, um uns hineinzubringen und uns das Land zu geben, wie er unsern Vätern geschworen hatte. 24 Und der HERR hat uns geboten, nach all diesen Rechten zu tun, dass wir den HERRN, unsern Gott, fürchten, auf dass es uns wohlergehe unser Leben lang, so wie es heute ist. 25 Und das wird unsere Gerechtigkeit sein, dass wir alle diese Gebote tun und halten vor dem HERRN, unserm Gott, wie er uns geboten hat.

> Dtn 26,5-9: Mein Vater war ein Aramäer, dem Umkommen nahe, und zog hinab nach Ägypten und war dort ein Fremdling mit wenig Leuten und wurde dort ein großes, starkes und zahlreiches Volk. 6 Aber die Ägypter behandelten uns schlecht und bedrückten uns und legten uns einen harten Dienst auf. 7 Da schrien wir zu dem HERRN, dem Gott unserer Väter. Und der HERR erhörte unser Schreien und sah unser Elend, unsere Angst und Not 8 und führte uns aus Ägypten mit mächtiger Hand und ausgerecktem Arm und mit großem Schrecken, durch Zeichen und Wunder, 9 und brachte uns an diese Stätte und gab uns dies Land, darin Milch und Honig fließt.

Beispiele frühchristlicher Bekenntnisse/Lehre:

> Röm 10,9: Denn wenn du mit deinem Munde bekennst, dass Jesus der Herr ist, und in deinem Herzen glaubst, dass Gott ihn von den Toten auferweckt hat, so wirst du gerettet.

> 1Kor 8,6: So haben wir doch nur einen Gott, den Vater, von dem alle Dinge sind und wir zu ihm; und einen Herrn, Jesus Christus, durch den alle Dinge sind und wir durch ihn.

> Mt 5,17: Ihr sollt nicht meinen, dass ich gekommen bin, das Gesetz oder die Propheten aufzulösen; ich bin nicht gekommen aufzulösen, sondern zu erfüllen.

Aufgabe
Welche Gemeinsamkeiten und Differenzen lassen sich feststellen?

	Gemeinsamkeiten	Unterschiede
AT	– Bekenntnis zum einen Gott	– Bezug auf Glaubensgeschichte – Bezug auf göttliche Lebensregeln
NT	– Bekenntnis zum einen Gott	– Bekenntnis zu Jesus als Herrn, Erlöser/Retter und zu seiner Auferweckung – Bestätigung und (neue) Auslegung der göttlichen Lebensregeln (Bergpredigt)

Zur Frage der Trennung/Abgrenzung von Christentum und Judentum

Der Neutestamentler Gerd Theißen vertritt in seiner Theorie der urchristlichen Religion die Position, dass das Zeichensystem des Judentums des 1. Jh.s auf die Erlösergestalt Jesus v. N. bezogen und von hierher neu strukturiert und universalisiert wird. Während an den Monotheismus des Judentums angeknüpft wird, ist der Erlöserglaube ein neues Axiom. Weil dabei der Erlöser neben Gott rückt, wird aus jüdischer Sicht der Monotheismus in Frage gestellt.[46]

Es ist daher nicht verwunderlich, dass die Frage nach der Person des Erlösers ins Zentrum der Auseinandersetzungen rückte. Wer ist der als Christus (Messias) bekannte Jesus? (→ *Christologie*/Lehre von der Person des Erlösers). Der christologische Streit stand im Mittelpunkt des ersten Konzils in Nicäa 325 (→ III.3).

Differenzierter als Theißen listet der katholische Neutestamentler Hubertus Frankemölle (in Anlehnung an Franz Mußner 1979) gemeinsame jüdisch-christliche Grundüberzeugungen auf[47]:

- der Monotheismus,
- die Schöpfungsidee,
- der Mensch, das „Abbild" Gottes,
- Grundhaltungen vor Gott wie Heiligkeit, Gehorsam, Gottesfurcht, Gotteserkenntnis, Liebe, Emuna, Umkehr, der Lobpreis Gottes,
- der Bund,
- die messianische Idee,
- die Entdeckung der Zukunft,
- die Sehnsucht nach einer gerechten Welt mit der prophetischen Kritik an bestehendem Unrecht und mit der prophetischen Ansage einer kommenden Weltordnung in Recht, Gerechtigkeit und Frieden,
- Sühne und Stellvertretung,
- das Gewissen und der Dekalog,
- das Gedenken mit den besonderen Aspekten: JHWH, der gedenkende Gott, sowie Israel, das „gedenkende" Volk,
- der Sabbat und
- die Auferweckung der Toten.

Die Trennungsprozesse sind wegen der Vielgestaltigkeit von Judentum und Christentum im 1. Jh. komplex. Für die christliche Entwicklung wurde vor allem die hellenistisch ausgerichtete jüdische Diaspora bedeutsam.[48]

Im Blick auf das 1. Jh. ist von einer wechselseitigen Beeinflussung auszugehen.[49]

Ein Beispiel zugleich für den fortschreitenden Ablösungsprozess wie für die Pluralität des frühen Christentums ist die „Didache" (Lehre der zwölf Apostel).[50] Hierbei handelt es sich um eine nicht in den Kanon des NT aufgenommene frühchristliche Lehrschrift (Ende des ersten/Anfang des zweiten Jh.s).

---

[46] Vgl. Theißen, Gerd, Die Religion der ersten Christen, Gütersloh ³2003, 38.
[47] Frankemölle, Hubert: Frühjudentum und Urchristentum, Stuttgart 2006, 371.
[48] Vgl. a.a.O., 426.
[49] Vgl. a.a.O., 35.
[50] Vgl. a.a.O., 337.

III.1.1. Verhältnis des Christentums zum Judentum

Die Abbildungen zeigen die Gestalten „Synagoga" und „Ecclesia" am Straßburger Münster (ca. 1235).[51]

Heutiges Christentum und heutiges Judentum haben eine gemeinsame Wurzel.

Das Verhältnis des Christentums zum Judentum hat christliche Lehre und christliches Denken bis in die jüngste Geschichte geprägt. Unterschiedliche Deutungen des Zusammenhangs von Christentum und Judentum werden jeweils zur Basis unterschiedlicher dogmatischer Ansätze. Die bis zum letzten Jahrhundert vorherrschende Verhältnisbestimmung war geprägt vom Modell der Ablösung Israels durch die Kirche („*Enterbungsthese*"), die sinnbildlich in den metaphorischen Gestalten der siegenden Kirche und der geschlagenen blinden Synagoge Ausdruck gefunden hat. Damit verbunden war eine Schuldzuschreibung an *die* Juden u.a. als „Christusmörder", die Grundlage antijudaistischer Haltungen wurde.

---

[51] „Statues 'L'Église' et 'La Synagogue' de la Cathédrale de Strasbourg, original gothique conservé au Musée de l'Oeuvre Notre-Dame" Foto: Rama, zu finden unter: http://commons.wikimedia.org/wiki. [07.07.14].

Noch 1964 wurde in Religionsbüchern die Schuld der Juden am Tod Jesu betont:

> „Als der Herr Jesus Christus auf Veranlassung der Juden durch das römische Gericht zum Tode verurteilt und am Kreuz hingerichtet worden war, hinterließ er eine völlig entmutigte und zusammengebrochene Jüngerschar."[52]

Der theologisch fundierte Antijudaismus hat seinen Ursprung in wechselseitigen Verwerfungen in den Trennungsprozessen, die auch Spuren in den neutestamentlichen Schriften hinterlassen haben.

Die nach dem 2. Weltkrieg in jüdisch-christlichen Begegnungen begonnene theologische Neubestimmung des Judentums fand auf katholischer Seite Ausdruck in der Erklärung „Nostrae aetate" und auf evangelischer Seite in den EKD-Studien: Christen und Juden (1975); Christen und Juden II (1991); Christen und Juden III (2000).

Modelle der Zuordnung

Substitutionsmodell (bis ins 20. Jh.):
Heilsgeschichtliche Ablösung Israels durch die Kirche als neues Israel: Die heilsgeschichtliche Rolle Israels wird von der Kirche übernommen.

Substitution Israels durch die Kirche   **Parallelentwicklung von Christentum und Judentum**

Zeit Israels   Zeit der Kirche   Zeit Israels

Zeit Jesu

Christentum

Judentum

Biblische Grundlage für das Modell der *Parallelentwicklung* ist die theologische Deutung der getrennten Entwicklung von Judentum und Christentum in den Erörterungen des Paulus im Römerbrief (Kap. 9-11) zu dem Ölbaumgleichnis, das die Kirche im Bild des auf den Baumstamm Israel aufgepfropften Zweiges interpretiert und dadurch eine Perspektive der Rettung Israels ausdrückt.

Theologisch wird die Rolle Israels unter dem Aspekt bleibender „Erwählung" thematisiert.

> Dtn 7,6b: Dich hat der HERR, dein Gott, erwählt zum Volk des Eigentums aus allen Völkern, die auf Erden sind. 7 Nicht hat euch der HERR angenommen und euch erwählt, weil ihr größer wäret als alle Völker – denn du bist das kleinste unter allen Völkern –, 8 sondern weil er euch geliebt hat und damit er seinen Eid hielte, den er euren Vätern geschworen hat. Darum hat er euch herausgeführt mit mächtiger Hand

---

[52] Rang, Martin: Die Geschichte der Kirche. Unser Glaube. Ausgabe A, Band 2, [10]Göttingen 1964, 5.

und hat dich erlöst von der Knechtschaft, aus der Hand des Pharao, des Königs von Ägypten.

III.2. Entscheidungen in den ersten drei Jahrhunderten

III.2.1. Auseinandersetzungen mit Marcion und der sog. Gnosis

Das 2. Jh. ist gekennzeichnet als Zeit der Klärung bzw. als „Theologisches Laboratorium".[53] Insgesamt erscheint das Christentum in dieser Zeit als plurales Gebilde, in dem sich einige gemeinsame Tendenzen ausmachen lassen, die im Folgenden skizziert werden:

a) Nach der Abgrenzung vom Judentum bestand die nächste Entscheidung darin, das den jüdischen Wurzeln entsprechende monistische Weltverständnis beizubehalten und nicht durch ein dualistisches zu ersetzen. Zugleich wurde gegen platonische Vorstellungen von überzeitlicher Wahrheit an der Geschichtlichkeit des Glaubens festgehalten.

Diese Entscheidung für die Geschichtlichkeit des Glaubens (Heilsgeschichte) gegen ein dualistisches Wirklichkeitsverständnis wurde im Zuge der Auseinandersetzung mit *Marcion* (ca. 85-160 n. Chr.) und der sog. *Gnosis* (Erkenntnislehre) getroffen.

> „Gnosis" ist ein Sammelbegriff für dualistisch-religiöse Orientierungen, die auf *Erkenntnis* (gr. gnosis) eines fundamentalen Gegensatzes von materieller und geistiger Welt beruhen, die jeweils in unterschiedlichen Gottheiten ihren Ursprung haben.

Marcion wollte bis auf das Lukasevangelium und einige Paulusbriefe das ganze AT und die übrigen heute im NT zu findenden christliche Literatur aus dem Kanon der glaubensrelevanten Schriften ausschließen. Marcions Anliegen bestand darin, die Kirche durch die radikale Trennung von den jüdischen Wurzeln zu ihrem Wesen zu bringen. Geleitet wurde er von gnostisch-dualistischen Ideen.

Der Dualismus, die prinzipielle Aufteilung der Welt in die Gegensätze von Gut und Böse, wurde gegen Marcion als Irrlehre abgelehnt. Der Dualismus impliziert die Tendenz, nicht nur radikal zwischen Gut und Böse zu unterscheiden, sondern das Böse zu bekämpfen und zu vernichten. Mit der Entscheidung gegen eine dualistische Weltsicht verbindet sich die Einsicht, dass die Vernichtung des Bösen allein Gottes Sache ist.

Marcions Erlösungslehre war verbunden mit einem ethischen Rigorismus, der Forderung nach einer radikal-asketischen Lebensform.

b) Strenge Askese forderte auch der *Montanismus,* der nach dem Phrygier Montanus (gest. ca. 180) benannt ist. Er forderte eine ethisch rigide Lebensweise in Anbetracht des kurz bevorstehenden Weltendes. Authentische Schriftauslegung wird nicht durch Amtsautorität sondern unmittelbar vom Hl. Geist gelenkt. Gegen die sich in Ämtern und Tradition konservierende Kirche plädierten die Montanisten für die Lehre, dass alle Christen eine prophetische Begabung und die Verpflichtung zum ursprünglichen christusförmigen Leben (asketisch, leidensbereit, friedlich) haben.

> Nach urgeschichtlicher Erkenntnis (Gen 3,22a) steht nur Gott und nicht dem Menschen eine Fundamentalunterscheidung zwischen Gut und Böse zu. Nach Bonhoeffer geht es bei ethischen Entscheidungen von Menschen darum, das relativ Bessere dem relativ Schlechteren vorzuziehen (Bonhoeffer).

---

[53] Markschies, Christoph: Art. „Alte Kirche", RGG[4], Bd. 1, Sp. 353.

Die Haltung des Glaubens gegenüber dem Bösen umfasst das Vermeiden, die Bitte um Erlösung vom Bösen und die Hoffnung auf das göttliche Urteil, das von Menschen nicht vorwegzunehmen ist.[54]

Die Auseinandersetzung mit der dualistischen Gnosis und anderen Weltanschauungen forderte christliches Denken heraus, institutionelle Strukturen zu stärken und führte zur Bildung von:

- Kanon
- Amt
- Bekenntnis

III.2.2. Kanonbildung

Unter *Kanonbildung* ist die Begrenzung der Sammlung normativer Schriften zu verstehen. In der pluralen Grundstruktur des römischen Reiches, die auch eine Pluralität des christlichen Denkens und christlicher Lebenspraxis begünstigte, war die Kanonisierung der normativen Schriften eine wesentliche Leistung der alten Kirche.

Grundlinien sind Bewahrung und Begrenzung der Pluralität:

1. Das Alte Testament wird bewahrt und um eine neue Sammlung ergänzt.
2. Es werden vier Evangelien kanonisiert, daneben paulinische sowie katholische Briefe und die Offenbarung des Johannes.

Mit der Kanonisierung verbunden ist die Ausgrenzung nicht aufgenommener frühchristlicher Schriften.

Auf dem Boden der Ende des 2. Jh.s weitgehend abgeschlossenen Kanonisierung des NT und Übernahme der griechischen Fassung der kanonisierten Schriften des Judentums (*Septuaginta = LXX*) entwickelte sich die plurale Gestalt christlicher Gemeinden im Römischen Reich weiter. Bemerkenswert ist, dass in den Kanon Schriften unterschiedlicher theologischer Orientierung aufgenommen wurden, zugleich aber gnostische, „extremjohanneische" und extrem judenchristliche Positionen (z.B. das Thomasevangelium) ausgegrenzt werden.

Mit der Kanonbildung ist eine *Textsammlung als Bezugsgröße und Koordinatensystem* festgestellt worden, auf das jede auf neue Situationen bezogene Sprachentwicklung des christlichen Glaubens zurückzubeziehen ist.

Im Unterschied zu dem in der islamischen Welt weitgehend übereinstimmenden Verständnis des Korans als göttliche Offenbarung ist der biblische Kanon nicht identisch mit göttlicher Offenbarung, sondern sprachliche Gestaltung des Offenbarungsgeschehens. Christliche Fundamentalisten sehen das anders.

Aufgabe

Bedenken Sie die These des Alttestamentlers Frank Crüsemann, dass die Erneuerungsfähigkeit von Theologie und Kirche an der Spannung zwischen Schrift und Tradition hängt.[55]

---

[54] Literatur: Kap. „Das Böse", in: Biehl, Peter/Johannsen, Friedrich: Einführung in die Ethik. Ein religionspädagogisches Arbeitsbuch, Neukirchen-Vluyn 2003, 134-154.

[55] Crüsemann, Frank: Das Alte Testament als Wahrheitsraum des Neuen, Gütersloh 2011, 75. Crüsemann macht darauf aufmerksam, dass reformatorische Aufbrüche in der Geschichte der Kirche auf Rückgriffe auf die Schrift basieren.

Der Neutestamentler Ernst Käsemann hat Mitte des letzten Jahrhunderts die These aufgestellt, dass das Neue Testament nicht die Einheit der Kirche, sondern die Vielzahl der Konfessionen begründe.[56]

Diese Feststellung verweist darauf, dass in der Geschichte des Christentums unterschiedliche Bibelauslegungen wirksam wurden, die in unterschiedlichen Konfessionen Gestalt gewannen. Einheit der Kirche ist vor diesem Hintergrund nur zu gewinnen, wenn die Differenzen nicht ausgeklammert werden, sondern Gemeinsamkeit trotz der Differenzen gesucht wird.[57]

Exkurs: Offenbarung

Offenbarung (gr. apokalypsis; lat: revelatio) ist der Begriff für die Selbstmitteilung Gottes, ohne die nach protestantisch-theologischem Grundverständnis keine Aussagen über Gott möglich sind. Es ist ein christlich-theologisches Axiom, dass Gott sich in Jesus Christus dem Menschen selbst mitteilt (erschließt). Diese Selbstmitteilung findet ihren literarischen Niederschlag im Kanon, der als Basis aktualisierender Auslegung dient. Ob und wie weit Gott sich außerhalb des Christusgeschehens offenbart (z.B. durch die Vernunft) ist teilweise strittig.

Nach Luther kann der Mensch die auf ihn bezogene heilvolle Zuwendung Gottes durch Vernunft nicht erkennen und nur ohne eigenes Zutun empfangen.

Die klassische Dogmatik unterscheidet des Weiteren zwischen der allgemeinen bzw. *natürlichen Offenbarung* (revelatio generalis) durch die Werke der Schöpfung und der *Offenbarung in Christus* (revelatio specialis).

Als biblische Begründung für eine „natürliche Offenbarung" wird auf Röm 1,20 verwiesen. Eine radikale Abkehr von jedem Versuch Theologie auf „natürlicher Offenbarung" aufzubauen hat Karl Barth vorgenommen (Barths „Nein!"[58]). Im kritischen Anschluss und durch eine Modifizierung von Barths These hat Christian Link die positiven Aspekte natürlicher Theologie rehabilitiert.[59]

Der Begriff Offenbarung verweist darauf, dass die Basis jeder christlichen Theologie die Glaubenserfahrung ist, dass Gott sich selbst mitteilt. D.h. Gott nimmt von sich aus Beziehung zum Menschen auf und Glaube ist demnach Antwort. Dieses Verständnis wehrt zwei Missverständnisse ab:

1. Glaube ist nicht identisch mit einer (religiösen) Vorstellung von Gott.
2. Glaube ist nicht identisch mit der Anerkennung bestimmter wahrer Sätze oder historischer Wahrheiten.[60]

III.2.3. Entwicklung von Ämtern und Amtsverständnis

Das Neue Testament kennt keine *Ämter* im Sinne rechtlich beschriebener Aufgaben, sondern nur im Sinne von Funktionen in der Gemeinde (Jünger, Apostel).

Nach Paulus gibt es Dienste und Funktionen, die als Teilaufgaben des einen Geistes (*Charismen*) an der Gemeinde als Leib Christi verstanden werden.

---

[56] Härle, Wilfried: Dogmatik, 134.
[57] Vgl. a.a.O., 142.
[58] In einer „Nein!" betitelten Schrift aus dem Jahre 1934 wendet sich Barth gegen den Versuch Emil Brunners einen Rest von natürlicher Theologie zu bewahren.
[59] Link, Christian: Die Welt als Gleichnis. Studien zum Problem der natürlichen Theologie, München 1976.
[60] Vgl. Busch, Eberhard: Credo, 70f.

Seit der Bildung der ersten christlichen Gemeinden stehen sich zwei „Amtstypen" gegenüber, die bis heute in den konfessionellen Differenzen eine Rolle spielen: Eine Ämterordnung, die sich an einer z.B. schon im alten Ägypten bekannten Heiligen Ordnung (*Hierarchie*) orientiert und eine funktionale Ämterordnung als Gemeindeordnung, die sich im Judentum nach der Zerstörung des Tempels entwickelte.

Früh wurde das jüdische Ältestenamt (*Presbyter*) übernommen: In den Pastoralbriefen (erstmals Phil 1,19) wird das *Presbyteramt* durch die hellenistischen Ämter *Episkopos* und *Diakon* ergänzt.

Die formale Amtseinsetzung durch Ordination (1Tim 4,14; 2Tim 1,6; Ritus: Handauflegen) sollte die Kontinuität der Tradition betonen (2Tim 2,2) und Irrlehren vorbeugen. Dadurch wurde die Grundlage für die institutionelle Entwicklung der Kirche geschaffen. Daneben findet sich vor allem in den johanneischen Schriften die Grundlage einer amtskritischen Tradition, nach der der Heilige Geist unmittelbar auf alle wirkt. Beide Traditionen haben spätere Kirchenverfassungen jeweils unterschiedlich geprägt.

Der Bischof (Episkopos) war als Gemeindeleiter zunächst „primus inter pares". Ab dem frühen 2. Jh. begann die Entwicklung zum Monepiskopat (siehe dazu die Ignatiusbriefe unten). D.h., die Leitungsverantwortung wird von einem Einzelnen ausgeübt, der von den anderen unterstützt wird. Aus dem Ältestenamt entwickelte sich das Priesteramt.

Um die *Stärkung der Ämter* im Interesse der Einheit der Gemeinde geht es in den Schriften der sogenannten „apostolischen Väter" (90-150): zwei Clemensbriefe, sieben Ignatiusbriefe, Hirte des Hermas, Didache, Barnabasbrief.[61]

Auf drei soll hier genauer eingegangen werden.

Clemens von Rom (Ende des 1. Jh.s; nach kath. Tradition der 3. Nachfolger des Petrus) protestiert gegen die Absetzung von Presbytern (in Korinth) und plädiert für deren Wiedereinsetzung. Im Rückgriff auf die griechische Kosmologie (Ordnung und Harmonie) und die Schriften (AT) beschreibt er den Gehorsam gegenüber der hierarchischen Gemeindeleitung als Gehorsam gegenüber Gott.

Ignatius von Antiochia (sieben Briefe zwischen ca. 107-117 auf dem Weg ins Martyrium unter Kaiser Trajan) versteht Martyrium als wahre Nachfolge Jesu. Er begründet als erster das hierarchische Amtsverständnis als Ausdruck der Einheit der Kirche. Der Bischof als Vorsteher der Gemeinde vertritt Gott. Ihm stehen Presbyter zur Seite, unter diesen stehen die Diakone.

In einer Situation innerkirchlichen Streits und der ersten reichsweiten Christenverfolgung unter Kaiser Decius (um 250) entwickelte *Cyprian von Karthago* (ca. 200/210-258) die Lehre von der Kirche als Garantin der Lehre und des Heils. Von ihm stammt der Satz: Außerhalb der Kirche gibt es kein Heil (extra ecclesiam salus non est). Das Amt des Bischofs schafft Einheit in der Vielfalt. Cyprian sah die ordnungsgemäße Leitung der Kirche in einem Verbund gleichberechtigter Bischöfe („*Episkopalismus*"). In den letzten Amtsjahren wurde Papst Stephan I. von Rom immer mehr ein Gegenspieler. Er forderte für sich als Bischof von Rom den Primat unter den Bischöfen und vertrat eine „monarchische" Auffassung der Kirche.[62]

---

[61] *Texte*: Das Neue Testament und Frühchristliche Schriften. Übersetzt und kommentiert von Berger, Klaus und Christiane Nord, Leipzig 1999. *Literatur*: Weyer, Adam: Frühe Denker der Christenheit, Gütersloh 1979.
[62] Vgl. Campenhausen, Hans Freiherr von: Lateinische Kirchenväter, Stuttgart 1960, 49ff.

III.2.4. Verteidigung christlicher Lehre (Apologeten)

Das sog. Spottkreuz (Eselkreuz) weist auf die Einschätzung des Christentums durch „gebildete" Römer hin. Bereits Paulus hatte darauf hingewiesen, dass das Wort vom gekreuzigten Christus den Juden ein Ärgernis und den Griechen eine Torheit ist (vgl. 1Kor 1,23). Der schändliche Kreuzestod war für die Kirche bis ins 4. Jh. ein Problem.[63]

Sogenanntes Spottkreuz: Alexamenos verehrt [seinen] Gott.[64]

Es geht den *Apologeten* darum, gegen die Vorwürfe philosophischer Defizite und staatsfeindlicher Haltung den christlichen Glauben als (einzig) vernünftige Religion darzustellen. Die Apologeten waren gleichermaßen am Erweis philosophischer Überlegenheit interessiert wie an der staatlichen Duldung der christlichen Gemeinschaften. Zudem waren sie maßgeblich an der Entwicklung der ersten Bekenntnisformeln beteiligt (→ III.2.5.).

Justin (Märtyrertod ca. 165) versuchte, in Anknüpfung an den Logosgedanken der griechischen Philosophie, den gebildeten Verächtern des Christentums die Vernünftigkeit und ewige Wahrheit der christlichen Lehre plausibel zu machen: Christus ist der präexistente Logos.

Irenäus von Lyon (177 Bischof; gest. 202) verteidigte die ursprüngliche Wahrheit des Christentums gegen Verfälschungen und Irrlehren durch gnostische Strömungen, durch Rückbindung an die apostolische Lehre und die als Einheit verstandene Schrift (AT/NT).

Clemens von Alexandria (ca. 150-215) u.a. entwarfen auf Grundlage der platonischen Philosophie ein Denksystem (eine Dogmatik) christlicher Lehre, die sie als einzig wahre Philosophie auswiesen. Im Unterschied zu den Gnostikern blieb Clemens streng auf der Grundlage der Schrift.

Origenes (ca. 185-254) gilt als der Begründer theologischer Wissenschaft. Er verfasste die erste Dogmatik: Peri archon/de principiis, (Von den Grundlagen). Glaube wird in Verknüpfung von heilsgeschichtlicher Erlösungstradition und philosophischen Begriffen dargestellt. An die Stelle des Eschatons tritt die ungeschichtliche Wiederkehr der Seele zu Gott.

Tertullian (ca. 160-225) gilt als der erste lateinische Kirchenvater. Die Apologeten vor ihm hatten ihre Werke in griechischer Sprache abgefasst. Tertullian hat sich vor allem um die Klärung des trinitarischen Gottesgedankens bemüht. Gott ist für ihn eine Sub-

---

[63] Vgl. Markschies, Christoph.: Art. „Alte Kirche"; in: RGG[4] Bd.1, Sp. 351.
[64] Abbildung und Übersetzung aus: Gutschera, Herbert und Joachim Maier und Jörg Thierfelder: Geschichte der Kirchen, Freiburg im Breisgau 2006, 24.

stanz, unterschieden in drei Personen: *Eins, nicht Einer.* Er verstand die Trinitätsvorstellung als philosophisch nicht zwingend, sah darin aber eine optimale Beschreibung des heilsamen Wirken Gottes.

Nachdem er sich ca. 204 dem Montanismus anschloss, wurde er weitgehend ignoriert.

In den Schriften der Apologeten zeichnet sich eine Konzentration auf zwei Erkenntnisquellen und Argumentationsmuster ab, die die Theologiegeschichte bestimmten: Die in philosophischer (neuplatonischer) Tradition wurzelnde *Vernunftorientierung* („natürliche Gotteserkenntnis") und die Orientierung an der die Vernunft überbietende *Offenbarung Gottes.* Eine ausgeprägte Gestalt hat die Orientierung an den zwei Quellen (Vernunft und Offenbarung) im Hochmittelalter bei Thomas von Aquin gefunden (1225-1274). Je mehr der Heilswille Gottes (anstelle der allgemeinen Gottesfrage) ins Zentrum der Theologie rückt, gewinnt die Orientierung an der Offenbarung für die theologische Erkenntnis den Vorrang.

Literatur
– Campenhausen, Hans Freiherr von: Griechische Kirchenväter, Stuttgart 1956; Ders.: Lateinische Kirchenväter, Stuttgart 1960.

III.2.5. Entwicklung von Bekenntnissen

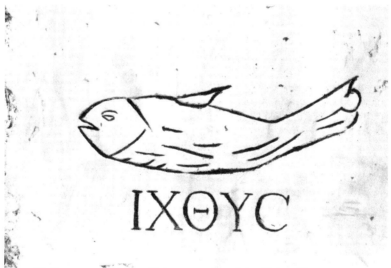

Die Abbildung zeigt ein frühes „Erkennungszeichen" der Christen.[65]

ICHTYS – Fisch (als Symbol/Geheimzeichen/Erkennungszeichen):

Iesus	Jesus (ist der)
Christos	Christus/Messias
Theou	Gottes
Hyos	Sohn
Soter	(der) Retter

---

[65] Bildquelle: Friedrich Johannsen (Foto).

„*Symbolon*" bedeutet das Zusammengeballte, das Zusammengefügte. Der Begriff wird für christliche Bekenntnisse verwendet und weist über die genannten Bedeutungen auf etwas letztlich Unbedingtes hin.

Neben der Auseinandersetzung mit anderen (Welt-)Anschauungen ist die frühe Kirche zunächst regional, im 3. Jh. auch reichsweit immer wieder Verfolgungen ausgesetzt. In dieser Zeit war das Martyrium der Ernstfall des Bekenntnisses (Bekennen durch Leiden).

Formale Glaubensbekenntnisse sind erst ab dem 4. Jh. überliefert. Diese Bekenntnisse hatten Vorformen, die vermutlich in der gottesdienstlichen (liturgischen) Praxis früher Gemeinden ihren Ort hatten. Früh nachweisbar sind neben der Anrufung Gottes (Vater) die Anrufung von Jesus als Kyrios Christus, die ins Apostolikum aufgenommen wurden, sowie auch triadische Formeln, in denen Vater, Sohn und Geist angerufen werden. Die älteste und bekannteste Vorform eines formalen Glaubensbekenntnisses ist die sog. *regula fidei* (bzw. *regula veritatis* oder *tēs alētheías*), eine Formulierung die besonders durch Tertullians Schriften geprägt wurde.

Woran es festzuhalten gilt ist für Tertullian (1) der Glaube an den einen Schöpfergott, und (2) der Glaube an Christus, der geboren ist, gelitten hat, auferstanden ist und richten wird. Diese Formulierung nannte er Glaubensregel.

Die regula fidei (auch kanon pisteos) findet sich in binitarischer, z.T. trinitarischer Form:

> Gott, Vater, Pantokrator (Allmächtiger)
> Jesus, Christus, eingeborener Sohn, Herr (Kyrios)
> Heiliger Geist, Kirche, Auferstehung

Bekenntnisformeln wie diese hatten ihren „*Sitz im Leben*" wahrscheinlich in der Taufe und wohl auch in der Ordination (Amtseinführung). Hier veränderte sich der Sinn über die Anrufung Gottes hinaus zu einer Kurzformel des Glaubens und dadurch zu einem Symbol und Erkennungszeichen.

Wie für Tertulian sichert auch für *Irenäus* die Orientierung an apostolischer Tradition, die durch Apostel und Schüler weitergegeben wird, die rechte Lehre. Wenn wahre Lehre formuliert wird, korrespondiert damit notwendig die Abgrenzung von Irrlehre (*Häresie*). „Zum Begriff des Bekenntnisses gehört notwendig und unaufgebbar der der Häresie".[66]

Eine Vorform des *Apostolikums* findet sich in einer Kirchenordnung der römischen Gemeinde, die 215 von Hippolyt verschriftlicht wurde, vermutlich aber älter ist. Der Grundgehalt des späteren Apostolikums wird in Frageform dem Täufling vorgelegt und ist mit einem dreifachen „Credo" (ich glaube) zu beantworten.

Um 250 wurde das Taufbekenntnis als zusammenhängender Text gesprochen. Aus diesem sog. „*Romanum*" entwickelte sich das Apostolikum (6./7. Jh. n. Chr.), das ohne offiziellen Beschluss in der Westkirche allgemeine Anerkennung fand.

---

[66] Bonhoeffer, Dietrich: Wer ist und wer war Jesus Christus? Seine Geschichte und sein Geheimnis, Hamburg 1963, 69.

III.3. Der christologische Streit

Im Mittelpunkt der Auseinandersetzungen des zweiten und dritten Jahrhunderts stand die Frage nach der Vereinbarkeit des Monotheismus mit dem Christusglauben. Im Zentrum der Kritik stand die Deutung der Gottessohnschaft Christi. Bei dieser Auseinandersetzung um die *Christologie* wird an drei neutestamentliche Aussagen angeknüpft:

1. Mk 1,11: wurde als Übertragung der Gottessohnschaft durch „Adoption" interpretiert.[67]
2. Mt 1,18ff.: diese Aussage wurde als Beschreibung der physischen Gottessohnschaft (geistgezeugt, von einer Jungfrau geboren) gedeutet.
3. Joh 1,1ff.: wird zur Basis der Lehre von Christus als dem fleischgewordenen, ewigen (präexistenten) Logos.

– Auf (1.) stützte sich die Position antiochenischer Theologie: Die *Monarchianer* (um 190) vertreten im Anschluss an Mk 1,1 die Lehre, dass Christus in der Taufe „adoptiert" und geistbegabt wird. *Paul von Samosata* 268 wird in Antiochien als Bischof exkommuniziert, weil er in Christus (nur) einen von Gottes Geist inspirierten Menschen sieht (s.u. adoptianische Häresie). Sein Schüler *Lukian* hält an dieser Lehre fest. Zu dieser Zeit fehlte der Kirche die Machtinstanz, um Häretikern wirksam zu begegnen. Aus der Schule Lukians stammt *Arius*.
– Die Überlieferung (2.) vom geistgezeugten Gottessohn diente (z.B. bei Origenes) als Beleg des *homoousios* (der wesensmäßigen Gottgleichheit).
– Justin (gest. 165) erklärte Christus als den präexistenten Logos (3.). Er verwendete das Bild, dass Christus als Fackel an der göttlichen Fackel entzündet wird.

Die Entwicklung des christologischen Dogmas erfolgte auf der Basis von wenigen neutestamentlichen Stellen, in denen die Person Jesu mit Gott identifiziert wird (Joh 1,1 u. 20,28). Sie führte von einer funktionalen Gottessohndeutung zur Wesensbeschreibung.

In der Folge wird zwischen zwei gegensätzlichen (christologischen) *Irrlehren* unterschieden: der *doketischen* und der *adoptianischen* Häresie.

> Doketisch: In Christus wird Gott nur scheinbar Mensch.
> (Grundlage ist die philosophische Unterscheidung von Idee/Wesen und Erscheinung/Akzidenz.)
> Adoptianisch: Jesus ist als Geschöpf Gottes wirklicher Mensch, der durch den Geist in der Taufe zu Gottes Sohn wird, bzw. von Gott als Sohn adoptiert wird.
> (Grundlage ist das jüdische Verständnis vom strengen Monotheismus.)

---

[67] Die Auslegung geschah durch Anlehnung an Ps 2,7: „Du bist mein lieber Sohn, heute habe ich dich gezeugt" und Ps 89,28: „Ich will ihn zum erstgeborenen Sohn machen" (dabei wird das „heute gezeugt" als Adoptionsformel verstanden). Die Berechtigung der Deutung als Adoption wird in der neueren Exegese weitgehend bestritten. „Man kann der Perikope Mk 1,9-11 nicht schlimmer mißverstehen, als wenn man in ihr die *Adoption* des Menschen Jesus von Nazareth zum »Sohn Gottes« berichtet findet." (Hofius, Otfried: Neutestamentliche Studien, Tübingen 2000, 56, Anm. 72. Vgl. auch: Eckey, Wilfried: Das Markusevangelium. Orientierung am Weg Jesu. Ein Kommentar, Neukirchen-Vluyn 1998, 63.

III.3.1. Der „Kampf" ums Jota

Homoiousios vs. Homoousios Arius vs. Athanasius[68] Antiochien vs. Alexandia

Im 4. Jh. spitzte sich der christologische Streit zu. Die umstrittenen Positionen wurden durch die Personen des Presbyters *Arius* (260-336) und dem Bischof von Alexandrien *Athanasius* (300-373) repräsentiert. Für Arius und die Arianer, die besonders im Westen des Reiches eine große Anhängerschaft hatten, war die Einheit und Vollkommenheit Gottes nicht vereinbar mit dem Gedanken eines (wesensmäßigen) göttlichen Sohnes. Im Hintergrund dieser Ablehnung stand die in der Antike verbreitete Vorstellung von der Götterzeugung, von der sie sich absetzen wollten. Christus war für sie (herausgehobenes) Geschöpf, also dem Vater untergeordnet (Subordinatianismus). Dem wiedersprach Athanasius und betonte die Wesensgleichheit von Vater und Sohn. Die mit wechselseitigen Verwerfungen verbundene Vielfalt von gelebtem und geglaubtem Christentum wurde zum politischen Problem, als in der konstantinischen Zeit das Christentum den Status der bekämpften Religion hinter sich gelassen hatte und über den Status der geduldeten Religion zur Staatsreligion mutierte (380 unter Theodosius).

Bereits 325 verpflichtete Kaiser Konstantin alle Bischöfe zu einem ersten Konzil in Nicäa. Unter seiner Führung sollte die Grundfrage entschieden werden, ob der Sohn gottgleich (*homoousios*) oder (nur) gottähnlich (*homoiousios*) sei. Die beiden Worte unterscheiden sich nur durch den griechischen Buchstaben Jota. Gegen die Lehre des Arius entschied das Konzil für die *Wesensgleichheit des Sohnes* mit dem Vater und brach damit das neue Problem auf, wie das Verhältnis von Vater und Sohn und das Verhältnis von göttlicher und menschlicher Natur in der Person des Sohnes zu denken sei.

---

[68] Abbildungen zu finden unter: http://commons.wikimedia.org/wiki/ [07.07.14].

Das nächste ökumenische Konzil, das 381 von Theodosius nach Konstantinopel einberufen wurde, klärte dann die Beziehung der drei Personen (Vater, Sohn und Geist) als Verschiedenheit in der Einheit (Dreifaltigkeit). Der Ertrag war das sog. *Nicäno-Konstantinopolitanum*, das als Glaubensbekenntnis deutlich gegen die Arianer formuliert wurde und das in den westlichen Kirchen bis heute an hohen Feiertagen Verwendung findet.

Einen relativen Abschluss fanden die frühen Lehrbildungen auf dem *Konzil von Chalcedon* (einem Vorort Konstantinopels) 451 unter dem Kaiser Marcian.

Die Frage nach dem Verhältnis von göttlicher und menschlicher Natur in der Person Christi wurde durch paradoxe Formulierungen „gelöst": Wahrhaft Gott – wahrhaft Mensch in zwei Naturen.

III.3.2. Die Lehrentscheidungen von Nicäa bis Chalcedon und ihre Hintergründe

Gotteslehre (Theologie) – Christologie – Trinität

Nach der Entscheidung von Chalcedon sind die *zwei Naturen* in der Person des Erlösers

unvermischt – unverwandelt; ungetrennt – ungesondert.

Diese Kompromissformel von Chalcedon wird von der *armenischen* und der *koptischen* Kirche nicht mitgetragen. Nach ihrer Lehre hat Christus nur eine Physis (Natur).

Für die anderen Kirchen bildete fortan die dialektische Formel von Christus als zugleich *wahrem Menschen und wahrem Gott* die Grundorientierung der christologischen Frage.

Auf der Verliererseite standen die aus der antiochenischen Schule hervorgegangenen *Nestorianer*, für die die biblische Überlieferung von Jesus als individuellem Menschen nicht in Einklang zu bringen war mit der Lehre von der Verbindung von göttlicher und menschlicher Natur in einer Person. Der Namensgeber *Nestorius* war bis 431 Patriarch von Konstantinopel und wurde auf dem Konzil von Ephesus (431) verurteilt.

Noch in der Auseinandersetzung zwischen Reformierten und Lutheranern in der Reformationszeit spielte das Verständnis des Zusammenhangs von Menschsein und Gottsein in der Person Christi eine Rolle: Für die Lutheraner ist der ganze Christus anbetungswürdig, für die Reformierten ist es nur die göttliche Natur Christi (*Extracalvinisticum*).

In aktuellen Jesusbüchern spiegelt sich die Auseinandersetzung um eine ontologische vs. geschichtlich-funktionale Deutung Christi. Ein Beispiel bietet das Jesusbuch von Papst Benedikt XVI., der sich u.a. mit der Position Bultmanns auseinandersetzt, dass Gott uns (nur) in Christus begegne.

Die frühchristlich-theologische Entwicklung wird besonders im 20. Jh. kontrovers beurteilt. Folgende Vorwürfe werden erhoben:

- Die zu enge Beziehung zum Staat (sog. Konstantinischer Sündenfall).
- Die Tendenz vom befreienden Evangelium zur kirchlichen Hierarchie.[69]

---

[69] „Jesus hat das Reich Gottes verkündet und gekommen ist die Kirche" (Alfred Loisy 1857-1940).

–   Die Hellenisierung des Christentums als Anpassungsprozess und Abkehr von
    der Geschichtlichkeit des Heils.

Exkurs: Christologische Aspekte in frühchristlicher Kunst

Unterschiedliche Deutungen des Christus spiegeln sich auch in der frühchristlichen
Kunst.

Kreuzesdarstellungen finden sich wegen der in
III.2.2.3 angedeuteten Problematik erst ab dem 5.
Jh.
In der christlichen Kunst sind in Katakombenbil-
dern[70] erstmals im 3. Jh. Darstellungen von Christus als dem „guten Hirten" entstanden. Besonders
auf Grabplatten. Damit wird die beschützende und
führende Funktion Christi betont.

Ein anderer Bildtyp aus der Katakombenmalerei
zeigt (einen bartlosen) Christus als den jugendlichen Lehrer, der die Apostel belehrt. Hier spiegelt
sich die Intention der Apologeten von einem
Verständnis christlicher Lehre als wahrer Philosophie.

---

[70] Quelle Katakombenbilder 4. Jh.: Thomas, Denis: Jesus Christus – sein Bildnis in der Kunst, Zollikon 1980,
26; 24.

Apsismosaik um 410 (Santa Pudenziana, Rom)[71]

Das Apsismosaik in der römischen Kirche Santa Pudenzia (Hl. Weisheit) zeigt Christus nicht als jugendlichen Lehrer, sondern als inthronisierten Kyrios im Kreis der Apostel, der göttliche Würde ausstrahlt. Die beiden Frauengestalten mit Siegerkranz symbolisieren die Heidenchristen und Judenchristen als zwei Gruppen, die die Kirche konstituieren. Gleichwohl bleibt auch die menschliche Natur des Christus u.a. durch seine Gestik wahrnehmbar. Die oben erkennbare Signatur eines philosophischen Weisheitslehrers wird verstärkt. Die Kulisse zeigt die Wandelhalle als den typischen philosophischen Lehr- und Lernort der Antike. Darüber ist die Silhouette Jerusalems mit dem Kreuz als Rettungszeichen zu erkennen. Im Hintergrund sieht man die Gestalten aus der Vision Ezechiels (Ez 1,5-11), die Prototypen der Symbolfiguren der vier Evangelisten (Engel, Löwe, Stier, Adler).

Auf dem Spruchband steht (in Latein): *Herr der Kirche und Bewahrer der Weisheit.*

Die ersten Kreuzigungsdarstellungen verbinden das Zeigen der Wundmale mit der Segensgeste. Möglicherweise ein Versuch, menschliche und göttliche Seite gleichermaßen zur Anschauung zu bringen.
Die älteste bekannte bildliche Darstellung der Kreuzigungsszene findet sich an der Holztür der Kirche Santa Sabina in Rom (um 430).[72]

---

[71] Bildquelle: Friedrich Johannsen (Foto).
[72] Bildquelle: Koch, Guntram: Frühchristliche Kunst. Eine Einführung, Stuttgart 1995, Tafel 31, 3.

III.3.3. Die altkirchlichen Bekenntnisse

In die Bekenntnisschriften der evangelisch-lutherischen Kirche wurden drei altkirchliche Symbole aufgenommen:

- das Apostolikum,
- das Nicäno-Constantinopolitanum und
- das Athanasium (5.-6. Jh.: fälschlich Athanasius zugeschrieben).

Diese altkirchlichen Bekenntnisse werden von der orthodoxen Kirche, der röm.-katholischen Kirche und von den Kirchen der Reformation anerkannt.

Nach katholischem Verständnis gilt das Bekenntnis als *Dogma*, das geglaubt werden muss (1. Vaticanum). Für die *römisch-katholische* Kirche ist das Dogma im weiteren Sinne „das verbindliche lehrhafte Zeugnis der Kirche von der im Alten Testament verheißenen, durch Jesus Christus endgültig und in ihrer Fülle geoffenbarten und im Heiligen Geist bleibend in der Kirche präsenten Heilswahrheit Gottes."[73] Und im engeren Sinn „eine Lehre, in der die Kirche eine Offenbarungswahrheit in endgültiger u. universalkirchlich verbindlicher Weise so verkündet, dass ihre Leugnung als Häresie verworfen und mit dem Anathem [Kirchenbann] belegt wird."[74]

Nach evangelischem Verständnis sind Bekenntnisse *Zeugnisse und Erklärungen des Glaubens* (Konkordienformel 1577). Das Apostolikum ist aus dem Romanum (4. Jh.) hervorgegangen. Man schrieb jedem der 12 Apostel einen Satz zu. Der Ursprung des Nicänums liegt im Konzil von Nicäa 325. Es wird ab 350 verwendet. Das Nicäno-Constantinopolitanum ist ab 451 (Konzil von Chalcedon) belegt und wird ab dem 6. Jh. in Liturgien verwendet.

Soweit die *evangelische* Theologie den Begriff „Dogma" für verbindliche Lehre verwendet, unterscheidet sie kirchliches Dogma von der Offenbarung Gottes. Kirchliche Lehre ist immer neu kritisch an der in der Schrift bezeugten aber nicht mit ihr identischen Offenbarung Gottes zu messen. Das gilt auch für den Begriff „Bekenntnis", der den Charakter von Anleitung zum Verständnis der Schrift, „Zeugnis und Erklärung des Glaubens" (Konkordienformel) hat.[75]

---

[73] Internationale Theologenkommission. Zit. n. Drumm, Joachim: Art. „Dogma", in: LThK Bd.3, 284.
[74] Ebd., 284.
[75] Vgl. Härle, Wilfried: Dogmatik, 148-152.

Aufgabe
Vergleichen Sie das Nicänum und das Nicäno-Constantinopolitanum.

Nicänisches Bekenntnis	Nicäno-Constantinopolitanum
Wir glauben an einen Gott, den Vater, den Allmächtigen,	Ich glaube an einen Gott, den Vater, den Allmächtigen,
	der alles geschaffen hat, Himmel und Erde,
der alles Sichtbare und Unsichtbare geschaffen hat.	die sichtbare und die unsichtbare Welt.
Und an den einen Herrn Jesus Christus,	Und an den einen Herrn Jesus Christus,
den Sohn Gottes,	den Sohn Gottes,
der als Einziggeborener aus dem Vater gezeugt ist <d.h. aus dem Wesen des Vaters>[76]	der als Einziggeborener aus dem Vater gezeugt ist *vor aller Zeit*,
Gott von Gott, Licht vom Licht,	Licht vom Licht,
<wahrer Gott vom wahren Gott, gezeugt, nicht geschaffen, eines Wesens mit dem Vater;>	wahrer Gott vom wahren Gott, gezeugt, nicht geschaffen, eines Wesens mit dem Vater;
durch den alles geworden ist, was im Himmel und was auf Erden ist;	durch den alles geworden ist;
der für uns Menschen und wegen unseres Heils herabgestiegen	der für uns Menschen und wegen unseres Heils *vom Himmel* herabgestiegen
und Fleisch geworden ist,	und Fleisch geworden ist *durch den Heiligen Geist von der Jungfrau Maria*,
Mensch geworden ist,	Mensch geworden ist,
	für uns gekreuzigt wurde unter Pontius Pilatus
gelitten hat	gelitten hat *und begraben worden ist*,
und am dritten Tage auferstanden ist	und am dritten Tage auferstanden ist *nach der Schrift*
und aufgestiegen ist zum Himmel,	und aufgestiegen ist zum Himmel.
	Er sitzt zur Rechten des Vaters
und wird wiederkommen, zu richten die Lebenden und die Toten.	und wird wiederkommen *in Herrlichkeit*, zu richten die Lebenden und die Toten;
Und an den Heiligen Geist.	seiner Herrschaft wird kein Ende sein.
	Und an den Heiligen Geist,
Diejenigen aber, die da sagen „es gab eine Zeit, da er nicht war" und „er war nicht, bevor er gezeugt wurde", und er sei aus dem Nichtseienden geworden, oder die sagen, der Sohn Gottes stamme aus einer anderen Person oder Wesenheit, oder er sei geschaffen oder wandelbar oder veränderbar, die verdammt die allgemeine Kirche.	*der Herr ist und lebendig macht, der aus dem Vater hervorgeht, der mit dem Vater und dem Sohn angebetet und verherrlicht wird, der gesprochen hat durch die Propheten, und die eine, heilige, allgemeine und apostolische Kirche. Ich bekenne die eine Taufe zur Vergebung der Sünden. Ich erwarte die Auferstehung der Toten und das Leben der kommenden Welt.*

---

[76] < > Zusätze der Kommission zur Vorlage.

III.4. Das Apostolische Glaubensbekenntnis

III.4.1. Vorbemerkungen

Zwei Grundmuster der Deutung des Apostolikums lassen sich unterscheiden:
1. Die zwölf Glaubenssätze werden als Glaubenswahrheiten interpretiert.[77]
2. Die Deutung erfolgt vom Lebensvollzug her, wie Martin Luther in der Auslegung im Kleinen Katechismus im Nachvollzug der trinitarischen Gestalt des Credos ausgeführt hat.

Hier wird zum Ausdruck gebracht, dass das christliche Glaubensbekenntnis eine spezifische Deutung des Lebens impliziert. „Gott" ist hier Inbegriff der Erschießung der Welt und des Lebens überhaupt, als alles umfassende Wirklichkeit die Basis aller Deutungen.

In einer für den Schulunterricht angefertigten Auslegung des Apostolischen Glaubensbekenntnisses findet sich der Satz:

> „Das apostolische Glaubensbekenntnis ist die gültige Zusammenfassung des christlichen Glaubens in der Sprache und Vorstellungswelt der Bibel." [78]

Dieser Satz lässt außer Acht, dass der für die frühe Kirche maßgebliche Wortlaut des Apostolikums die lateinische Fassung ist. Durch die andere Sprache verschieben sich zwangsläufig auch die „Vorstellungswelten". Präziser müsste es heißen:

Das apostolische Symbol intendiert bzw. wurde/wird verstanden als Zusammenfassung des christlichen Glaubens auf der Grundlage der Bibel.

Die Entstehung dieses Bekenntnisses (Symbols) lässt sich aus Mangel an frühen Quellen nicht genau klären. Seine Ursprünge liegen vermutlich im 3. Jh.

Eine Legende führt das Bekenntnis auf die zwölf Apostel zurück, von denen jeder einen Satz beigetragen haben soll.

Im Folgenden geht es um zwei Auslegungsperspektiven:
- Die kritische Auslegung des Symbols im Blick auf sein historisches Verständnis.
- Deutungsmöglichkeiten des Symbols im Blick auf gegenwärtige Weltverständnis und Lebensorientierung.

Eine für die Neuzeit relevante Vorlage hat z.B. Martin Luther in seinem Großen und Kleinen Katechismus gegeben. Diese orientiert sich am trinitarischen Gliederungsprinzip und erschließt die Aussagen des Bekenntnisses im Blick auf das Verstehen des Glaubens. Neuere Auslegungen arbeiten den Erfahrungs- und Lebensbezug der Bekenntnisaussagen heraus.

In katholischer Tradition steht das Modell der Erklärung von zwölf Glaubenswahrheiten im Vordergrund.

---

[77] Exemplarisch: Hans Küng: Credo. Das Apostolische Glaubensbekenntnis – Zeitgenossen erklärt, München 1992.
[78] Missfeld, Friedrich-Ernst und Uwe Steffen: Ich glaube an den dreieinigen Gott. Eine Auslegung des Apostolischen Glaubensbekenntnisses, Frankfurt/ M. u.a. 1960, V.

Exkurs: Streit um das Bekenntnis

Um die Jahrhundertwende zum 20. Jh. kam es in verschiedenen ev. Landeskirchen zu einem Grundsatzstreit über die Verwendung des Apostolikums im Gottesdienst und bei Amtshandlungen.

Liberale Theologen meinten Aussagen wie Jungfrauengeburt und Höllenfahrt Christi seien für gebildete Menschen problematisch und nicht mehr zumutbar. Konservative Theologen forderten dagegen Sanktionen für diejenigen Pfarrer, die diese Bekenntnissätze nicht sprechen wollten.

Beide Positionen werden dem Charakter des Bekenntnisses nicht gerecht: Das Bekenntnis beschreibt nicht Glaubenswirklichkeit in gleichsam objektiver Weise. Es deutet sie durch symbolische Sprache.

In den letzten Jahrzehnten wurde eine Fülle von neuen Bekenntnissen entworfen. Im Zusammenhang zunehmender Individualisierung stellt sich die Frage: auslegen oder neu formulieren?

> **Aufgabe**
> Versuchen Sie jeweils eine Antwort vor und nach dem Durchgang durch die Kapitel.

III.4.2. „Ich glaube."

a) Glaubensaussagen sind immer subjektiv und enthalten somit eine individuelle Perspektive. Diese Perspektive aber hat immer schon Anteil an transsubjektiver Symboltradition.[79]

b) Das „ich glaube" zielt darauf, dass in dem Ausgesprochenen eine Verbindung von Selbstverhältnis, Weltverhältnis und Gottesverhältnis zur Sprache kommt.[80]

Wie sind die Formulierungen (a und b) zu verstehen?

In der Alltagssprache schwingt in der Formulierung „ich glaube" ein „ich weiß es nicht" bzw. „ich weiß es nicht genau" mit. Was man nicht weiß, muss man glauben. Glaube ist nach dieser Logik gekennzeichnet durch ein Defizit an Wissen.

Entsprechend wurde Glaube in abendländischer Tradition von Platon bis hin zu Kant gerne als mindere Form von Erkenntnis verstanden. Dieses Verständnis hat auch in 1Kor 13,12 Niederschlag gefunden.

Neben dem „Fürwahrhalten" dessen, was man nicht sicher weiß, kennt die Alltagssprache auch ein Verständnis von Glauben, das z.B. in der Formulierung „ich glaube fest an dich" Ausdruck findet. In diesem Sinn ist *Glaube* ein Synonym für *Vertrauen*.

In der theologischen Tradition wird von zwei Weisen (Modi) des Glaubens gesprochen, die in der lateinischen Bezeichnung als *fides qua* (Genetivus objektivus) und *fides quae* (Genetivus subjektivus) differenziert werden. Glaube im Sinne umfassenden Vertrauens und Glaube als kognitive inhaltliche Beschreibung.

Der jüdische Religionsphilosoph Martin Buber (Zwei Glaubensweisen, 1950) unterscheidet streng zwischen Glauben als personalem Vertrauensverhältnis und Glauben als Anerkennung von Sachverhalten.

---

[79] Vgl. Gräb, Wilhelm: Sinnfragen. Transformationen des Religiösen in der modernen Kultur, Gütersloh 2006, 3.

[80] Korsch, Dietrich: Dogmatik im Grundriss. Eine Einführung in die christliche Deutung menschlichen Lebens mit Gott, Tübingen 2000, 24.

Die Verhältnisbestimmung von Glauben im Sinne von Glaubenswissen und existentiellem Vertrauen wurde in der Geschichte des Christentums unterschiedlich ausgelegt. Zwar gebührt der Vorrang dem Vertrauen, dieses kann sich aber ohne dialektischen Bezug auf die Erfahrungsgeschichte des Christentums nicht artikulieren. (1Petr 3,15)
Der Glaube ist als Phänomen der Theologie vorgegeben. Christliche Theologie steht in der Perspektive des christlichen Glaubens und arbeitet im Interesse des Glaubens.
Für *Christian Danz* ist es Aufgabe der Dogmatik, „den christlichen Glauben als Geschehen des Sich-Verstehens des Menschen in seiner Endlichkeit und Geschichtlichkeit darzustellen."[81]
Ob Glaube das Grundverhältnis des Menschen zu Gott umfassend beschreibt oder, wie das Tridentinum (Konzil der Gegenreformation von 1545-1563) fordert, Liebe und Hoffnung hinzukommen müssen, ist zwischen den christlichen Konfessionen strittig.
Für das protestantische Verständnis ist Glaube „schlechterdings das, was auf Seiten des Menschen der Wirklichkeit Gottes entspricht. Er ist die Gesamtheit des menschlichen Verhältnisses zu Gott. Außer dem Glauben gibt es menschlicherseits nur noch den Unglauben. Es gibt keine legitime Neutralität."[82]
Diese Feststellung ist zu präzisieren und zu ergänzen um die Feststellung, dass Zweifel zum Glauben untrennbar dazu gehört (Tillich). Zudem ist das Verhältnis von Glaube und Handeln zu bestimmen.

> „Der Glaube ist ein Weg, der den Zweifel einschließt. Es handelt sich zugleich um einen Weg, auf dem Glaube und Lebensführung sich nicht voneinander trennen lassen"[83]

Korsch spricht davon, dass im Glauben das Selbst- und Weltverhältnis in das Gottesverhältnis (Verhältnis zum Unbedingten) eingebunden und dadurch bestimmt sind.[84]
Nach Luther gilt: „fides facit personam", d.h. dass nicht die Person glaubt, sondern der Glaube (als Geschehen) konstituiert die Person (den Glaubenden/die Glaubende). Vermittelt wird das durch die Begegnung mit der Geschichte Gottes.
Die biblischen Wundergeschichten weisen darauf hin, dass Glaube etwas mit Ganzwerden/Heilwerden zu tun. Dabei ist die Differenz zu modernen ganzheitlichen Heilungen zu sehen: Heil ist nicht die in sich ruhende, auf sich bezogene Person, sondern die durch Christus vermittelte Überwindung der Trennung von Gott und neue Rückbindung an Gott.

Aufgabe
Vergleichen Sie folgende Übersetzungen von Habakuk 2,4:
- Siehe, wer halsstarrig ist, der wird keine Ruhe in seinem Herzen haben, der Gerechte aber wird
- durch seinen Glauben leben (Luther 1984).
- Siehe, die <verdiente> Strafe für den, der nicht aufrichtig ist! Der Gerechte aber wird durch seinen
- Glauben leben (Elberfelder 1993).
- Sieh her: Wer nicht rechtschaffen ist, schwindet dahin, der Gerechte aber bleibt wegen seiner Treue
- am Leben (Einheitsübersetzung 1980).
- Siehe der Ungerechte – seine Seele verschmachtet in ihm; der Gerechte aber wird kraft seiner Treue
- {gegen Gott} am Leben bleiben (Zürcher 2007).

---

[81] Danz, Christian: Einführung in die evangelische Dogmatik, Darmstadt 2010, 31.
[82] Ott, Heinrich: Art. „Glaube", in: Westermann, Claus (Hg.): Arbeitsbuch Religion und Theologie, Stuttgart 1976, 227.
[83] Huber, Wolfgang: Der christliche Glaube. Eine evangelische Orientierung, Gütersloh, 52009 (2008), 12.
[84] Vgl. Korsch, a.a.O., 17ff.

Paulus bringt das in den Kategorien von Rechtfertigung zur Sprache, durch die der (sich gegen Gott isolierende) Mensch ins rechte Gottesverhältnis gerückt wird.

Deuser beschreibt Glaube als Kategorie für ein positives Selbstverhältnis des Menschen, das Gottes- und Weltverhältnis umfasst. Der Gegenbegriff zu Glauben ist danach Verzweiflung (Kierkegaard). Glaube ist Ausdruck des in Christus geschenkten neuen Lebens und als solches Gnadengeschenk. D.h. die Entstehung des Glaubens wurzelt im Rechtfertigungsgeschehen. Darin geht dem Menschen seine Existenzverfehlung aufgrund seiner Selbstbezogenheit auf, und er wird ergriffen von der unverdienten Zuwendung Gottes als Schöpfer, Versöhner und Ziel des Lebens.[85]

Analyse der Verwendung im biblischen Kontext

Glaube – hebräisch: amunah – griechisch: pistis – lateinisch: fides – englisch: faith

Die hebräischen und griechischen Äquivalente für Glaube und glauben finden sich im AT 49 (Subst.: amunah) bzw. 51 (Verb: haamin) mal – im NT je 243 (pisteuen; pistis) mal.

Das hebräische Substantiv „amunah" entspricht eher den deutschen Wörtern Festigkeit und Treue. Das griechische Substantiv „pistis" umfasst Glaube und Treue.

Das Verb „haamin" bezeichnet den Prozess innerer Festigung oder das Einnehmen einer zuversichtlichen Haltung (Vertrauen in eine Zusage oder Verheißung). Singulär in Jona 3,5 wird es verwendet im Sinne von „sich bekehren" zu (ähnlich Jdt 14,10; Weish 12,2). In Hab 2,4 steht „amunah" im Zusammenhang von Durchhalten in Anfechtung (Lebensverheißung wird an „amunah" geknüpft).

Gen 15,6 weist darauf hin, dass Abraham aufgrund seiner „amunah" als Gerechter anerkannt wird.

Exkurs: Religion – Glaube[86]

Im Unterschied zu Glauben (als Orthodoxie) bezieht sich Religion bis zur Reformationszeit im Wesentlichen auf das richtige Handeln (Orthopraxie). Vor dem Hintergrund der Antike sind für das Wort „religio" zwei Ableitungen möglich:
- *relegere*: erneut lesen, genau beachten (richtiges kultisches Handeln) und
- *religare*: zurückbinden.

In Rom war der Begriff in den ersten Jahrhunderten auf die ordnungsgemäße Einhaltung des öffentlich vorgeschriebenen Kultus bezogen. Dessen Verweigerung durch Christen führte u.a. zu Anklagen und Verfolgungen.

An den Begriff „religere" knüpft Augustin an und bezieht ihn auf die Rückbindung der von Gott getrennten Seele an Gott.

In der Reformationszeit wird Religio/Religion dann ein Ausdruck für christliche Volksfrömmigkeit, aber auch kritischer Begriff gegen falsche Frömmigkeit.

In der Aufklärungszeit wurde der Religionsbegriff zunächst vor allem für das angenommene Phänomen einer *natürlichen Religion* jenseits von Konfessionalität verwendet. Daneben wurde(n) Religion(en) als Phänomen(e) gesehen, das/die sich geschichtlich entwickelt und dabei verändert hat/haben. Diese Vorstellung liegt z.B. Lessings Schauspiel „Nathan der Weise" zugrunde.

---

[85] Vgl. Deuser, Hermann: Kleine Einführung in die Systematische Theologie, Stuttgart 1999, 122.
[86] Vgl. Hock, Klaus: Einführung in die Religionswissenschaft, Darmstadt ⁴2006, 10ff.

Eine Neubestimmung des Religionsbegriffs nahm Friedrich Schleiermacher vor (→ IV 1.2.).

Mit der Religionskritik des 19. Jh.s ist das Bemühen um ein allgemeingültiges Religionsverständnis zerbrochen. Das was jeweils mit dem Religionsbegriff gemeint ist, muss fortan immer erst beschrieben werden.

In diesem Buch wird (in der Regel) der Glaubensbegriff auf die Innenperspektive des (protestantischen) Christentums bezogen und der allgemeine Religionsbegriff für die Außenperspektive verwendet.

Literatur

- Bammel, Ernst: Art. „Glaube III", in: TRE Bd. 13, 304f.
- Brandenburger, Egon: Pistis und Soteria. Zum Verstehenshorizont von „Glaube" im Urchristentum, in: ZThK 85 (1988), 165-198.
- Haacker, Klaus: Art. Glaube II, in: TRE Bd.13, 277-304.

III.4.3. Der erste Artikel: „Ich glaube an Gott…"

Aufgabe
Vergleichen Sie den ersten Artikel des Apostolikums und des Nicäno-Constantinopolitanum.

Apostolikum	*Nicäno-Constantinopolitanum*
Ich glaube an Gott, den Vater, den Allmächtigen, den Schöpfer des Himmels und der Erde.	Ich glaube an den einen Gott, den Vater, den Allmächtigen, der alles geschaffen hat, Himmel und Erde, die sichtbare und die unsichtbare Welt.

Signifikant für die Gotteswahrnehmung sind im AT Symbolgeschichten wie Ex 3, 1-16.

Rembrandt:
Brennender
Dornbusch[87]

Aufgabe
Lesen Sie Ex 3,1-16 und beschreiben Sie, wie Rembrandt diesen Text durch das Bild auslegt. Vergleichen Sie Text und Auslegung Rembrandts mit dem Bild „Brennender Dornbusch" von Chagall.

---

[87] Bildquelle: http://www.hansgruener.de/docs_d/krippen/begegnungen_2.htm.

Gott sprach zu Mose: „Ich werde sein, der ich sein werde" (Ex 3,14/Zürcher Bibel).
Ex 33,23b: Gott sprach zu Mose, der seine Herrlichkeit zu sehen wünschte: „du darfst hinter mir hersehen; aber mein Angesicht kann man nicht sehen."[88]

Das *NT* deutet Jesus als Gleichnis Gottes: „Wer mich kennt, der kennt den Vater" (Joh 14,7).
Es gilt der theologische Grundsatz, dass Gott nur erkennbar ist, soweit er sich zu erkennen gibt. Weil Gott nur teilweise erkannt werden kann, wird unterschieden zwischen dem verborgenen Gott (deus absconditus) und dem offenbarten Gott (deus revelatus). Für das Verständnis ist wichtig, dass beachtet wird, dass es nicht ‚allmächtiger Vater' heißt und auch nicht allmächtige (anonyme) Macht. Zuerst wird Gott als Vater bezeichnet, dann folgt attributiv die „Allmacht", die im Kontext des väterlichen Gottes eine tröstende Ausrichtung bekommt.
Die Bezeichnung „Vater" für die Gottheit ist religionsgeschichtlich bei einigen Hochreligionen belegt und wahrscheinlich älter als die Bezeichnung „Schöpfer". Im Judentum wird sie ab etwa 165 v. Chr. zunehmend üblich. Das frühe Christentum übernimmt diese Bezeichnung für Gott und präzisiert sie: Gott der Vater Jesu Christus wird als Vater aller Glaubenden bekannt.
Vater ist vor allem ein Beziehungsbegriff im Vater-Kind-Verhältnis. Aber auch „*Allmächtiger*" ist ein Beziehungsbegriff.
Die Bezeichnung „Allmächtiger" ist im Alten Testament eine unzutreffende Übersetzung der hebräischen Gottesbezeichnung „El schaddai". Der neutestamentliche Begriff „kyrios pantokrator", der über alles herrschende Herr, ist sachgemäß auszulegen als der, der Macht über alle Mächte hat. Das lateinische Wort Omnipotentia (Allmächtigkeit) hat in dogmatischen Lehrtraditionen zu einer Fülle von Deutungsproblemen geführt, weil sie sich von dem biblischen Vorstellungshintergrund gelöst hat.
Der biblischen Tradition entsprechender wäre, statt von Allmacht von Gottes großer Macht zu sprechen. Es geht um eine relative, nicht um eine absolute Machtbeschreibung in dem Sinne, dass Gott mächtiger ist als die irdischen und nicht irdischen Mächte: „Die Mächtigen stößt er vom Thron" (Lk 1,52).
Die *Schöpferaussage*, die besagt, dass durch Gott alles in das Sein gerufen ist, präzisiert das Herrschaftsverständnis und verbindet „Vater" mit „Weltherrscher".
Der biblische Schöpfungsglaube gewinnt Profil, wenn die *Differenzen* von biblischen und außerbiblischen Schöpfungsvorstellungen wahrgenommen werden:
Der Schöpfungsglaube setzt sich ab von
- Schöpfungsvorstellungen als *Urkampf*, bei dem die Schöpfung aus dem Material besiegter Feinde gestaltet wird;
- *dualistischen* Ursprungsvorstellungen, nach denen das Böse seinen eigenen Schöpfer hat;
- *Emanationsvorstellungen*, nach denen die Welt ein „Ausfluss" vom göttlichen Ursprung ist und das Böse durch den Abstand vom guten göttlichen Ursprung zu erklären ist;
- *Kosmogonien* (mythische oder wissenschaftliche) Weltentstehungstheorien;
- *Kosmologie*, dem empirischen Rückschluss von den Dingen auf den Ursprung.
Schöpfungsglaube zielt auf eine bestimmte Wahrnehmung von sich selbst und der Welt und das darauf bezogene Lebensverhältnis in der Welt, nicht auf Welterkenntnis.
„Ich glaube, dass Gott mich geschaffen hat, samt allen Kreaturen" (Luther). (→ V.8.)

---

[88] Gott gibt die Perspektiven vor, in denen er erkannt werden kann.

Michelangelos Erschaffung Adams

Michelangelo hebt die Beziehung (Bezogenheit) von Schöpfer und Mensch hervor, aber auch die Unterscheidung von Geschöpf und Schöpfer.
Auslegung des 1. Artikels in Luthers Kleinem Katechismus

> Ich glaube an Gott, den Vater, den Allmächtigen, den Schöpfer des Himmels und der Erde.
> Was ist das?
> Ich glaube, dass mich Gott geschaffen hat
> samt allen Kreaturen,
> mir Leib und Seele, Augen, Ohren und alle Glieder, Vernunft und alle Sinne gegeben hat
> und noch erhält;
> dazu Kleider und Schuh, Essen und Trinken,
> Haus und Hof, Weib und Kind, Acker, Vieh und alle Güter;
> mit allem, was Not tut für Leib und Leben, mich reichlich und täglich versorgt,
> in allen Gefahren beschirmt und vor allem Übel behütet und bewahrt;
> und das alles aus lauter väterlicher, göttlicher Güte und Barmherzigkeit,
> ohn' all mein Verdienst und Würdigkeit:
> für all das ich ihm zu danken und zu loben und dafür zu dienen und gehorsam zu sein
> schuldig bin.
> Das ist gewisslich wahr.

Analyse des Aufbaus von Luthers Erkärung

Luther spannt den Bogen von Selbstwahrnehmung als Geschöpf zur Wahrnehmung der Geschöpflichkeit aller, von der Wahrnehmung der geschenkten Leiblichkeit zur Wahrnehmung der Erhaltung und Beschreibung der Erhaltung mit folgenden Worten: versorgt, beschirmt, bewahrt.

Die *Grundaussage* ist dabei, dass Gott *mein* Leben, das Leben *aller* gewollt hat es bewahrt. Die Wahrnehmung, Geschöpf zu sein, hat eine Handlungsdimension: danken, loben, dienen.

Nach Luther beginnt der Schöpfungsglaube bei der Selbstgewissheit, geliebtes Geschöpf zu sein und deutet auf dieser Grundlage die Welt als Schöpfung. Wird Schöpfung allerdings als vom Glauben unabhängige, objektive Aussage über die Welt verstanden, verschiebt sich die Selbst- und Weltwahrnehmung vom Vertrauen zum Wissen. Diese Verschiebung ist ein häufig anzutreffendes Phänomen und beliebtes Medienthema, bei dem naturwissenschaftliche und religiöse Aussagen miteinander verknüpft sind. „Gottes Urknall, Kosmologie an der Grenze zur Religion" titelt beispielsweise „Der Spiegel" (52/1998).

Wenn Schöpfungsglaube aber nicht als eine spezifische Wahrnehmungsperspektive des Glaubens, sondern als *objektive Glaubenswahrheit* verstanden wird, muss argumentativ die Stimmigkeit der Schöpfungsaussagen im Kontext von Kosmologie, Evolution u.a. aufgezeigt werden. Kreationismus und andere Weltanschauungen versuchen diese Stimmigkeit zu erweisen, vernachlässigen dabei aber das Spezifische des Schöpfungsglaubens. Der Glaubende „weiß etwas" vom „Geheimnis der Welt", das sich der naturwissenschaftlichen Beobachtung entzieht. (→ V.9)

- In der biblischen Tradition ist die Fülle von *Gottesprädikaten* umfassender als im Apostolikum, die aus Glaubensgeschichten abgeleitet sind:
- im AT: befreiend, erlösend, rettend, erhaltend – Offenbarung des Namens (Beispiel Psalm 136 Dankpsalm für Gottes Freundlichkeit und Güte mit Erinnerung an: Schöpfung, Befreiung aus der Sklaverei, Führung durch die Wüste, Vernichtung der Feinde, Gabe des Landes, Speisung aller),
- im NT: Offenbarung durch den Sohn, lebendig machend, zukunfteröffnend.

In der klassischen Dogmatik war das Gottesbekenntnis völlig unstrittig. Sie expliziert die Aussagen von Gott als Schöpfer, Erhalter und Vollender der Welt. Theologen des 20. Jh.s verwenden unterschiedlich deutende Beschreibungen Gottes:

- „Grund des Seins" (Paul Tillich).[89]
- „Sein im Werden" (Karl Barth).[90]
- „Die alles bestimmende Wirklichkeit" (Rudolf Bultmann).[91]
- „Die Wahrheit des Glaubens" (Gerhard Ebeling).[92]
- „Gott als Geheimnis* der Welt" (Eberhard Jüngel).[93]

---

[89] Tillich, Paul: Systematische Theologie, Bd. 1, Stuttgart 1956, 167 (u.ö).

[90] Jüngel, Eberhardt: Gottes Sein ist im Werden. Verantwortliches Reden vom Sein Gottes bei Karl Barth, Tübingen [4]1986.

[91] Bultmann, Rudolf: Welchen Sinn hat es von Gott zu reden? In: Glaube und verstehen, Gesammelte Aufsätze 1, Tübingen 1933, 26-37.

[92] Überschrift des Gotteskapitels in Ebelings Schrift „Das Wesen des christlichen Glaubens", Tübingen 1959.

[93] Jüngel, Eberhard: Gott als Begründung der Welt. Zur Begründung der Theologie des Gekreuzigten im Streit zwischen Theismus und Atheismus, Tübingen 1977.

*Ein Geheimnis ist im Unterschied zum Rätsel nicht lösbar, kann aber in angemessener Sprache Ausdruck finden. Auf die Wahrung des Geheimnisses und damit der Unverfügbarkeit Gottes zielt die Bilderlosigkeit der Gottesverehrung.

Exkurs: Gottesbeweise

Gottesbeweise sind Versuche, unabhängig vom Nachdenken der Offenbarung die Existenz Gottes durch vernünftige Argumentation zu belegen.

Immanuel Kant hat in seiner „Kritik der reinen Vernunft" die bisherigen „Beweise" analysiert und die Möglichkeit von Gottesbeweisen bestritten, weil menschliche Erkenntnis auf den Bereich der Erfahrung begrenzt sei.

In der philosophisch-theologischen Tradition werden die folgenden drei Typen unterschieden:

– *Ontologischer Gottesbeweis* (Anselm von Canterbury, 1033-1109 und René Descartes, 1596-1650)
  Basis des Gottesbeweises kann nicht Welterfahrung sein, sondern nur der Gedanke eines höchsten Wesens, das höchste Denkbare über das hinaus nichts Größeres gedacht werden kann.

– *Kosmologischer Gottesbeweis* (Thomas von Aquin, 1225-1274)
  Thomas zeigt fünf Erkenntniswege auf. Ausgangspunkt ist nicht der Begriff Gott, sondern sein Wirken. Da kein Wirken ohne Ursache ist, muss Gott als „Prima causa" (erste Ursache) erkannt werden.

– *Moralischer Gottesbeweis* (Immanuel Kant, 1724-1804)
  Während Kant die klassischen Gottesbeweise grundlegend kritisiert hat, begründet er die Notwendigkeit, Gott als Ursache der moralischen Weltordnung zu denken. In der „Kritik der praktischen Vernunft" postuliert Kant Gott als notwendigen Grund der Sittlichkeit.

These
Gott lässt sich zwar nicht aus Welterfahrungen ableiten, will aber vor dem Hintergrund der Offenbarung anhand von (allen zugänglichen) Erfahrungen ausgelegt werden.

Aufgabe
Analysieren Sie, wie Welterfahrung und Gotteserfahrung in folgenden Beispielen verbunden sind:
– „In der Natur fühle ich mich Gott nahe!"
– „Weißt du wie viel Sternlein stehen." (EG 511)
– Paul Gerhards Lied: Geh' aus mein Herz und suche Freud' (EG 503)
– Himmel, Erde, Luft und Meer (EG 504)

Literatur
– Link, Christian: Die Welt als Gleichnis, München 1976.
– Link, Christian: Art. „Natürliche Theologie II. Fundamentaltheologisch", in: RGG[4], Sp. 122ff.
– Rohls, Jan: Theologie und Metaphysik, Gütersloh 1987.
– Kreis, Guido/von Bromand, Joachim: Gottesbeweise: von Anselm bis Gödel, Frankfurt a.M. 2011.

Exkurs: Theodizeefrage

Die Theodizeefrage ist die Frage nach der Rechtfertigung Gottes angesichts des Übels in der Welt.

Der Begriff wurde von *G.W. Leibniz* (1646-1716) geprägt, das Problem ist jedoch älter. Wie vertragen sich Allmacht, Liebe und Güte Gottes mit dem Bösen, dem Leiden, den Katastrophen und dem Morden in der Welt? So wird bereits im biblischen Hiobbuch angesichts des (unschuldigen) Leidens das gerechte Handeln Gottes in Frage gestellt (Hiob 9,19f. u.ö.).

Leibniz versucht, Gott gegen die Anklage zu rechtfertigen, der Zustand der Welt erlaube nicht am Glauben eines allmächtigen und gütigen Schöpfers und Erhalters der Welt festzuhalten. Er versucht, das Problem durch drei Argumente zu „lösen".

1. Gott ist vollkommen, aber da die Welt von ihm unterschieden ist, sind Übel in ihr unvermeidlich.
2. Die von Gott geschaffene Welt ist nicht die denkbar beste, aber die bestmögliche.
3. Physische Übel in der Welt sind entweder kleinere Übel, die größere verhindern sollen, oder pädagogische Strafen von moralischen Übeln.[94] So trägt „das Böse als Strafe oder Mittel zur Verhinderung größeren Übels im Gesamtzusammenhang der Welt [letztlich] zum Guten bei."[95]

Das große Erbeben von Lissabon 1755 wird Anlass, den Versuch der Theodizee grundlegend zu kritisieren. Die Kritik wird von Kant 1791 zusammengefasst, indem er über das „Misslingen aller philosophischen Versuche in der Theodizee" schreibt.

Für Kant liegt eine fundamentale Begründung für die Möglichkeit des moralischen Übels, also der Fähigkeit des Menschen, „Böses" zu tun, in der zum Menschen gehörenden Freiheit.

Diese auch von Theologen aufgenommene Deutung des Bösen wird problematisch, wenn die Frage nach dem „warum" aus der Perspektive der Betroffenen und Opfer gestellt wird. Diese Sicht ist aus theologischen Gründen geboten.

Werfen wir einen Blick auf die *Hiobdichtung*, die für die Theodizeefrage gerne aufgerufen wird. Sie thematisiert in ihrem Gesamtduktus das Problem, dass eine traditionelle Lehre sich im Blick auf das konkrete Leben des Hiob als falsch und bedrohlich erweist. Das Buch Hiob stellt die überlieferte Weisheit in Frage, dass es Guten gut und Schlechten ihrem Tun entsprechend schlecht ergeht.

Aus philosophischer Perspektive werden zwei abstrakte Fragen gestellt:
  – Lässt sich Gottes Gerechtigkeit vereinbaren mit dem Leid Unschuldiger?
  – Lässt sich Gottes Güte vereinbaren mit dem Zustand der Welt?

Dabei bleibt leicht unbeachtet, dass diese Fragen im Hiobbuch eben nicht abstrakt und verallgemeinerbar behandelt werden, sondern eingewoben sind in die Lebensgeschichte eines konkreten einzelnen Menschen.

Hiob klagt Gott an, weil er ihn schuldlos leiden lässt. Er bekommt schließlich von Gott gegen seine Freunde Recht, dass seine Klage zulässig ist, aber: und das ist ganz wichtig für den Erzählcharakter, er wird zurechtgewiesen, weil er den Zustand der Welt aus seinem Geschick ablesen will. Die Hiobdichtung verweist darauf, dass der Mensch Gott und die Welt nicht letztgültig ergründen kann. In Lehre gefasste Vorstellung von Gottes Handeln erweist sich im Hiobbuch als verhängnisvoll für den konkreten Fall.

---

[94] Vgl. Leonhardt, Rochus: Grundinformation Dogmatik, Göttingen ⁴2009, 251f.
[95] Vgl. Biehl, Peter/Johannsen, Friedrich: Einführung in die Ethik. Ein religionspädagogisches Arbeitsbuch. Neukirchen-Vluyn 2003, 141.

Allein diese Beobachtung sollte es verbieten, aus dem Hiobbuch wieder eine neue Lehre für den Umgang mit Leid zu machen.

Wenn aus dem Hiobbuch etwas Allgemeingültiges abgeleitet werden kann, dann das, dass das Theodizeeproblem als Frage an Gott offen bleiben muss, solange es konkrete Fälle wie Hiob gibt, solange es Leid gibt. Theologische Einsicht kann nicht weiter kommen als zu der Feststellung, dass nur Gott darauf eine Antwort geben kann. So heißt es in Hiob 9,24: „Wenn nicht er, wer dann?"

Trotz der gemachten Einschränkung kann das Hiobbuch beim konkreten Umgang mit Leid hilfreich sein. Die Reaktion Hiobs auf die seinen Wohlstand, seine Mitwelt und seine Gesundheit ruinierenden Ereignisse wandelt sich von einvernehmlicher Annahme: „Der HERR hats gegeben, der HERR hats genommen, gepriesen sei der Name des HERRn" über das Verstummen zu Klage und Anklage.

Die Erfahrung von Leid, Schuld oder Tod wird nicht von Gott abgetrennt. Gott kommt aber weniger im Blick auf die Frage nach Ursprung und Erklärung zur Sprache, als der, der sich in die konkrete Problematik von Leid, Tod und Schuld verwickeln lässt, an ihr teil hat und sie letzlich überwindet. Bonhoeffer hat zu Recht festgestellt, dass wir auf die Arbeitshypothese Gott zur Erklärung von Tod, Leiden und Schuld verzichten müssen.[96] Die Erfahrung des Bösen korrespondiert mit dem „Schrei nach Erlösung", die Erfahrung des Bösen wird überboten als Erfahrungsgrundlage der Hoffnung, die sich in der Bitte ausspricht: „Erlöse uns von dem Bösen" (Mt 6,13) und in der Perspektive: „Er wird abwischen alle Tränen"(Jes 25,8; Apk 7,17)[97]. In der Perspektive des Glaubens verlagert sich die Deutung des Leids von einer Erklärung zu Klage und Protest, sowie zu dem Bemühen um Verhinderung und Verringerung und der Hoffnung auf ein Ende des Leids. Schließlich geht es darum, mit der Macht des Bösen – auch mit Blick auf sich selbst – zu rechnen, dieser Macht aber im Handeln und Denken die Zukunftsfähigkeit zu verweigern.

---

[96] Vgl. DBW 8, 532ff. 557.
[97] Vgl. Biehl/Johannsen, a.a.O., 145f.

III.4.4. Der zweite Artikel: „Ich glaube an Jesus Christus…"

Und an Jesus Christus, seinen eingeborenen Sohn, unsern Herrn,	Und an den einen Herrn Jesus Christus, den Sohn Gottes, der als Einziggeborener aus dem Vater gezeugt ist vor aller Zeit:
	Licht vom Licht, wahrer Gott vom wahren Gott, gezeugt, nicht geschaffen, eines Wesens mit dem Vater; durch den alles geworden ist. der für uns Menschen und wegen unseres Heils *vom Himmel* [98] herabgestiegen
empfangen durch den Heiligen Geist, geboren von der Jungfrau Maria,	und Fleisch geworden ist *durch den Heiligen Geist von der Jungfrau Maria,* Mensch geworden ist,
gelitten unter Pontius Pilatus, gekreuzigt, gestorben und begraben, hinabgestiegen in das Reich des Todes, am dritten Tage auferstanden von den Toten,	für uns gekreuzigt wurde unter Pontius Pilatus gelitten hat *und begraben worden ist,* und am dritten Tage auferstanden ist *nach der Schrift*
aufgefahren in den Himmel; er sitzt zur Rechten Gottes, des allmächtigen Vaters; von dort wird er kommen, zu richten die Lebenden und die Toten.	und aufgestiegen ist zum Himmel. *Er sitzt zur Rechten des Vaters* und wird wiederkommen *in Herrlichkeit,* zu richten die Lebenden und die Toten; *seiner Herrschaft wird kein Ende sein.*

Der zweite Artikel des Apostolischen Glaubensbekenntnisses hat im Unterschied zum ersten und dritten Artikel erzählenden Charakter. Er nennt die wichtigsten biographischen Stationen: Geburt, Leben, Leiden und Tod Jesu.

Nach einer kurzen Prädikation wird eine Kurzbiographie des Erlösers erzählt, die eine Bewegung von der himmlischen Welt auf die irdische Welt in die Unterwelt und wieder in die himmlische Welt zeichnet. Eine gewisse Vorlage dafür liefert der Philipperhymnus (Phil 2,5-11):

> 5 Seid so unter euch gesinnt, wie es auch der Gemeinschaft in Christus Jesus entspricht: 6 Er, der in göttlicher Gestalt war, hielt es nicht für einen Raub, Gott gleich zu sein, 7 sondern entäußerte sich selbst und nahm Knechtsgestalt an, ward den Menschen gleich und der Erscheinung nach als Mensch erkannt. 8 Er erniedrigte sich selbst und ward gehorsam bis zum Tode, ja zum Tode am Kreuz. 9 Darum hat ihn auch Gott erhöht und hat ihm den Namen gegeben, der über alle Namen ist, 10 dass in dem Namen Jesu sich beugen sollen aller derer Knie, die im Himmel und auf Erden und unter der Erde sind, 11 und alle Zungen bekennen sollen, dass Jesus Christus der Herr ist, zur Ehre Gottes, des Vaters.

---

[98] Kursiv: Ergänzungen des Nicänums.

Im Apostolikum werden die Messiastradition (Christusprädikat) und das Kyriosprädikat (Herr) aufgenommen. Die Bezeichnung als *eingeborener Sohn* geht auf das Johannesevangelium zurück und lässt sich im Sinne von ‚einzig' verstehen. Damit wird die Christusprädikation von der Benennung weltlicher Herrscher als Gottessöhne abgegrenzt. Mit der Bezeichnung „*Herr*" (gr. Kyrios) wird die in jüdischer Tradition gebräuchliche Umschreibung des Gottesnamens (adonaj/HERR) auf Jesus Christus übertragen.

San miniato al Monte, Florenz (Foto: Johannsen)

Die Pantokratordarstellungen nehmen diese Übertragung auf und weisen auf die Glaubensüberzeugung hin, dass Christus die Herrschaft von Gott übertragen wurde und er allein herrscht.

Zur Deutung des Wirkens Jesu wird auch auf das Motiv der Einwohnung zurückgegriffen, das die Präsenz Gottes in seiner Schöpfung zum Ausdruck bringt. Beim *Einwohnungsmotiv* geht es in seinem Ursprung in der Exilszeit Israels um die Beantwortung der Frage, nach der Gegenwart Gottes auf Erden, nachdem der Tempel als Ort seiner Präsenz zerstört ist. Die neue Deutung von Gottes Präsenz lautet: Gott zieht mit seinem Volk und ist unter ihm (auch in der Fremde) gegenwärtig. Diese Gegenwart Gottes unter seinem Volk konzentriert das Urchristentum auf die Person Jesu Christi und zieht zur Deutung dieser Präsenz die in hellenistischen Religionen gebräuchliche Vorstellung der Götterzeugung und *Jungfrauengeburt* heran.

Geboren von der Jungfrau Maria
Es fällt auf, dass neben Lukas auch der Judenchrist Matthäus auf die Vorstellung von Geistzeugung und Jungfrauengeburt zurückgreift, obwohl in jüdischer Tradition die Mischung von menschlichen und göttlichen Wesen vor dem Hintergrund von Gen 6,1ff. ein Gräuel ist. Matthäus bringt so zum Ausdruck, dass der irdische Jesus seine Würde dem Handeln Gottes verdankt. Zugleich bekommen Herkunft und Zukunft den Charakter eines Geheimnisses. Der Topos „Jungfrauengeburt" ist im Sinne des bei Matthäus gebräuchlichen Musters von Verheißung und Erfüllung zu interpretieren. Allerdings lautet die Verheißung nach Jes 7,14 in der Hebräischen Bibel „eine junge Frau wird schwanger". Die im

Grünwald 1515[99]

---

[99] Bildquelle: Grünewald, Matthias: The Yorck Project: 10.000 Meisterwerke der Malerei. DVD-ROM, 2002.

Frau" mit „Parthenos" = Jungfrau.

Gelitten unter Pontius Pilatus, gekreuzigt, gestorben und begraben
Die Verortung von Leiden, Kreuzigung und Tod in der Statthalterschaft von Pontius
Pilatus will betonen, dass das Christusgeschehen einen *konkreten geschichtlichen Ort* hat
und weist damit Deutungen im Sinne eines überzeitlichen Geschehens ab.

Zugleich unterstreicht das Bekenntnis das wirkliche Leiden Jesu gegen Positionen, die das als Schein abtun wollten: Das Bekenntnis betont auf diese Weise, dass der Gottessohn menschliches Leiden und Todeserfahrung in extremer Weise durchlitten hat.

Spätere Kreuzigungsdarstellungen haben das auf sehr unterschiedliche Weise ausgedrückt und damit die Akzente entweder stärker auf die vollbrachte Erlösung oder auf das ihr zugrundeliegende Leiden gesetzt.

Der Kreuzestod wurde im Judentum in Auslegung von Dtn 21,23 als Fluchtod verstanden (vgl. Gal 3,13). Für die christliche Deutung ist er zugleich Fluch und Segen, Ausdruck von Zorn und Gnade.

Codexillustration Syrien 550 n. Chr.[100]

Hinabgestiegen in das Reich des Todes (Höllenfahrt)
Dieser Bekenntnissatz wurde in Anlehnung an Eph 4,9 und 1Petr 3,19 formuliert und versucht eine Antwort auf die Frage nach dem Aufenthalt Jesu zwischen Kreuzestod und Auferstehung zu geben.

In griechischer Fassung lautet die wörtliche Übersetzung „hinabgestiegen in die unterste Tiefe", in lateinischer: „hinabgestiegen in die Unterwelt". Im 4. Jh. wurde diese wahrscheinlich mit dem Hades, dem Ort der Teufelsherrschaft gleichgesetzt.

Im Mittelalter wurde dann unterschieden zwischen dem Ort ewiger Verdammnis und der Vorhölle (Fegefeuer), aus der Christus befreien konnte und kann. Die Reformatoren deuteten die Höllenfahrt so, dass Christus tiefste Gottverlassenheit durchlitten habe und für uns durch die Hölle gegangen sei.

---

[100] Bildquelle: Rabula-Evangelium, Szene: Kreuzigung. The Yorck Project: 10.000 Meisterwerke der Malerei. DVD-ROM, 2002.

Anastasis (Chora-Kirche Istanbul, ca. 1320)[101]

Die älteren Formulierungen im NT lauten: „Gott hat Jesus aus dem Tod auferweckt" (Röm 10,9; 1Kor 6,14 u.a.). Im Apostolikum wird die Auferstehung als ein aktives Handeln Christi bezeugt (Lk 24,34 und 1Thess 4,14). Die östliche Bildtradition der Anastasis bringt die Heilsdynamik in besonderer Weise zum Ausdruck. Tod und Teufel sind in Ketten gelegt, die Menschen (Adam und Eva) werden aus den Gräbern „befreit".

In der westlichen Bildtradition wird dagegen der Triumph des Auferstehenden in den Mittelpunkt gestellt, ohne dass ein unmittelbarer Bezug auf die Heilswirkung hergestellt wird. Durch die Betonung der Stigmata (Wundmale) wird zum Ausdruck gebracht, dass der Gekreuzigte und der Auferstandene identisch sind. Wahrnehmung und Deutung der Auferstehung werden in der neueren Theologie kontrovers diskutiert. Wichtig ist dabei, dass in der Ursprungstradition des Bekenntnisses nicht an neuplatonische Vorstellungen von der Kontinuität der (göttlichen) Seele, sondern an die Vorstellung einer (Neu-) Schöpfung angeknüpft wurde, die mit der Auferstehung Christi ihren Anfang hat. Damit wird die leib-seelisch-geistige Einheit des Menschen betont und Hoffnung auf Überwindung des Todes ganz am Handeln Gottes festgemacht. So bringt das Symbol *Auferstehung* (Anastasis) eine Lebensdeutung zum Ausdruck, die gerade durch die Todeserfahrung dem Tod trotzt. „Christ ist erstanden" wird zum Erinnerungsruf für die Entmächtigung des Todes.

Ausschnitt aus Retabel der Kathedrale von Norwich, England (ca. 1390)[102]

Himmelfahrt ist das Gegenbild zu Höllenfahrt – größte Erhöhung – tiefste Erniedrigung.

---

[101] Bildquelle: http://istanbul-tourist-information.com/erlebnisse-in-istanbul/museen-in-istanbul/chora-kirche-kariye-cami.
[102] Bildquelle: Thomas, Denis: a.a.O., S. 54.

Die Vorstellung geht auf Lukas zurück und verweist auf den (noch unsichtbaren) Beginn der Weltherrschaft Christi, die mit seiner Wiederkunft sichtbar wird. Die Rede von der Wiederkunft hat ihre Pointe darin, dass die schöpfungswidrigen und ungerechten Verhältnisse nicht immer bleiben werden.

Er sitzt zur Rechten Gottes

Die Platzierung des messianischen Königs zur Rechten Gottes ist ein Rückgriff auf Psalm 110,1, wo Gott zu dem von ihm eingesetzten Herrscher spricht: „Setze dich zu meiner rechten Hand". Das Wort gehört zu den häufigsten alttestamentlichen Zitaten im NT.[103] Das Verständnis ergibt sich aus der Zusammenschau von Mt 26,64 (par Lk 22,69), Apg 2,33-35 und Röm 8,34:

> Mt 26,64 Ihr werdet sehen den Menschensohn sitzen zur Rechten der Kraft und kommen auf den Wolken des Himmels.
> Apg 2,33 Da er nun durch die rechte Hand Gottes erhöht ist und empfangen hat den verheißenen heiligen Geist vom Vater, hat er diesen ausgegossen, wie ihr hier seht und hört. 34 Denn David ist nicht gen Himmel gefahren; sondern er sagt selbst: „Der Herr sprach zu meinem Herrn: Setze dich zu meiner Rechten, 35 bis ich deine Feinde zum Schemel deiner Füße mache."
> Röm 8,34 Christus Jesus ist hier, der gestorben ist, ja vielmehr, der auch auferweckt ist, der zur Rechten Gottes ist und uns vertritt.

Die Zitation von Ps 110,1 untermauert die dogmatische Entscheidung.

Auferstehung der Toten und das ewige Leben

Hier wird die alte Bildtradition von Christus als Weltherrscher mit der Auferstehungserwartung am Weltende verknüpft. Christus thront auf dem Regenbogen (Bundeszeichen) und hat die Erde als „Schemel seiner Füße", ein Nimbus (Heiligenschein) in Kreuzform umgibt seinen Kopf, die Figur ist umrahmt von einer kreis- bis ovalförmigen Mandorla.

Die Mandorla (Mandelbaumblüte) leitet sich ab vom Mandelbaum als erstem Frühjahrsblüher, der als Zeichen für neu erwachendes Leben verstanden wurde (Jer 1,11f.). Grundlage der Darstellung ist die Vorstellung, dass Gott vom Himmel auf die Menschen schaut (Ps 53,2a).

Christus Pantokrator und Weltenrichter (Florenz 14. Jh. Mosaik im Baptisterium San Giovanni.[104]

Die Darstellung aus Florenz setzt (wie ähnliche Darstellungen auch) Ps 102,20ff. in Szene:

---

[103] Vgl. Crüsemann, Frank: Das Alte Testament als Wahrheitsraum des Neuen, Gütersloh 2011, 288ff.
[104] Bildquelle: http://www.malerei-meisterwerke.de/bilder_gross/florentinischer-meister-um-1300-mosaik-im-baptisterium-san-giovanni-von-florenz-szene-christus-pantokrator-und-das-juengste-gericht-03094.html.

„Denn er schaut von seiner heiligen Höhe, der HERR sieht vom Himmel auf die Erde, dass er das Seufzen der Gefangenen höre und losmache die Kinder des Todes."

Die frühen Darstellungen von Christus als Weltenherrscher lassen sich als Überbietung des Kaiserkults verstehen: Verehrung gilt allein dem, der mit seinem Leben für die Rettung der Menschen eingetreten ist. Später wird die Heilsperspektive betont und stärker der endzeitliche Richter gesehen.

Die Göttlichkeit Christi wird deutlich in Szene gesetzt, zugleich verweisen die Wundmale auf sein menschliches Leiden. In der Gestik der Hände sind Herrschaft und Segen verbunden.

Aufgabe
Entdecken Sie, wo Luther in der Auslegung des zweiten Artikels Akzente setzt.

Der zweite Artikel: Von der Erlösung[105]
Und an Jesus Christus, seinen eingeborenen Sohn, unsern Herrn, empfangen durch den Heiligen Geist, geboren von der Jungfrau Maria, gelitten unter Pontius Pilatus, gekreuzigt, gestorben und begraben, hinabgestiegen in das Reich des Todes, am dritten Tage auferstanden von den Toten, aufgefahren in den Himmel; er sitzt zur Rechten Gottes, des allmächtigen Vaters; von dort wird er kommen, zu richten die Lebenden und die Toten.

Was ist das?
Ich glaube, dass Jesus Christus, wahrhaftiger Gott vom Vater in Ewigkeit geboren und auch wahrhaftiger Mensch von der Jungfrau Maria geboren, sei mein Herr, der mich verlornen und verdammten Menschen erlöset hat, erworben, gewonnen von allen Sünden, vom Tode und von der Gewalt des Teufels; nicht mit Gold oder Silber, sondern mit seinem heiligen, teuren Blut und mit seinem unschuldigen Leiden und Sterben; damit ich sein eigen sei und in seinem Reich unter ihm lebe und ihm diene in ewiger Gerechtigkeit, Unschuld und Seligkeit, gleichwie er ist auferstanden vom Tode, lebet und regieret in Ewigkeit. Das ist gewisslich wahr.

In Luthers Erklärung fallen Deutung der Person (Christologie) und seine Heilsbedeutung (Soteriologie) zusammen.

---

[105] Auszug Kleiner Katechismus (M. Luther).

III.4.5. Der dritte Artikel: „Ich glaube an den Heiligen Geist..."

Petersdom/Vatikan[106]

Aufgabe
Vergleichen Sie den dritten Artikel von Apostolikum und Nicäno-Constantinopolitanum.

Apostolikum	*Nicäno-Constantinopolitanum*
Ich glaube an den Heiligen Geist, die heilige christliche[107] Kirche, Gemeinschaft der Heiligen, Vergebung der Sünden,	Und an den Heiligen Geist, *der Herr ist und lebendig macht, der aus dem Vater hervorgeht, der mit dem Vater und dem Sohn angebetet und verherrlicht wird, der gesprochen hat durch die Propheten, und die eine, heilige, allgemeine und apostolische Kirche. Ich bekenne die eine Taufe zur Vergebung der Sünden.*
Auferstehung der Toten und das ewige Leben. Amen	*Ich erwarte die Auferstehung der Toten und das Leben der kommenden Welt.* Amen

---

[106] Rom, Vatikan, Basilika St. Peter, Die Taube des Heiligen Geistes (Cathedra Petri, Bernini), Foto: Roland Fischer.

[107] In dieser 1970 verabschiedeten ökumenischen Fassung wird hier in der katholischen Kirche die Formulierung „katholische" Kirche, in den uniierten Kirchen meist „allgemeine christliche" Kirche verwendet.

Aufgabe
Lesen Sie die Apostelgeschichte 2,1-21 und analysieren Sie das Verhältnis von Erzählung und Deutung (17-21 mit Bezug auf Joel 3).

Mk 1,9 Und es begab sich zu der Zeit, dass Jesus aus Nazareth in Galiläa kam und ließ sich taufen von Johannes im Jordan. 10 Und alsbald, als er aus dem Wasser stieg, sah er, dass sich der Himmel auftat und der *Geist wie eine Taube* herabkam auf ihn. 11 Und da geschah eine Stimme vom Himmel: Du bist mein lieber Sohn, an dir habe ich Wohlgefallen.

Apg 2,1 Und als der Tag des Pfingstfestes erfüllt war, waren sie alle an {einem} Ort beisammen. 2 Und plötzlich geschah aus dem Himmel ein Brausen, als führe ein gewaltiger Wind daher, und erfüllte das ganze Haus, wo sie saßen. 3 Und es erschienen ihnen zerteilte Zungen wie von Feuer, und sie setzten sich auf jeden einzelnen von ihnen.4 Und sie wurden alle mit Heiligem Geist erfüllt und fingen an, in anderen Sprachen zu reden, wie der Geist ihnen gab auszusprechen (Elberfelder Bibel).

Geistsendung: biblische Hinweise

Ps 104	–	Der Geist macht lebendig und neu.
Ez 37	–	Geist macht Tote lebendig.
Jes 42	–	Geist bringt auf sanfte Art Recht zu den Völkern.
Joel 3	–	Verheißung der Geistsendung.
	–	Wirkung: Junge Menschen reden prophetisch – Alte Menschen haben Träume/Visionen.
	–	Soziale Differenzen werden aufgehoben.
	–	Signaturen: Blut, Feuer, Rauch.
Apg 2	–	50. Tag; Tosen; Zungenreden (verständliches, nicht unverständliches Reden!).
	–	Sprachwunder irritiert.
	–	Petrus klärt auf mit Rückgriff Zitat von Joel 3.
	–	Ps 16,8-11.
	–	„Handlungsanweisung": Umkehren, Taufen lassen, Geist empfangen.
	–	Kennzeichen der Geistgemeinschaft/Lehre der Apostel: Gütergemeinschaft; Brotbrechen; Gebet, Gotteslob.
Mt 12	–	Geistkraft: Recht an die Völker verkündigen.
Mk 1	–	Bild der Taube.
Röm 8	–	Gesetz des Geistes (durch Jesus Christus): Wirkt Befreiung vom Gesetz der Sünde und des Todes.
	–	11. Geist wohnt im Menschen und macht lebendig.
	–	16. Geist wirkt Erkenntnis, dass wir Kinder Gottes sind.
	–	26. Der Geist vertritt uns.
Gal 5	–	Leben im „Geist" vs. „Fleisch".
	–	Geist befreit vom Gesetz.
	–	22. Frucht des Geistes: „Liebe...".
Joh 14	–	16. Tröster = Geist der Wahrheit.
Joh 15	–	26. Geist geht vom Vater aus und gibt Zeugnis von Jesus Christus – (Apg 2,33 Geist vom Vater über den Sohn zu uns).

Joh 16	–	7. Tröster wird von Jesus gesandt (setzt Abwesenheit Jesu voraus).
	–	13. Geist der Wahrheit leitet zur Wahrheit an.
Joh 20	–	21. Der Auferstandene erfüllt die Verheißung von Joh 16,7.

Aufgabe
Stellen Sie aus den Bibelstellen eine „Signatur" des Heiligen Geistes zusammen.

III.4.5.3. Was heißt „Ich glaube an den Heiligen Geist"?

Zum Bekenntnis zum Vater gehört das Bekenntnis zum Sohn und umgekehrt. Durch den Geist findet dieses Zusammensein Gottes als Vater und Sohn Ausdruck. Gleichermaßen findet auch das Zusammensein Gottes und der Menschen durch den Geist Ausdruck. Die Lebensgemeinschaft Gottes mit den Menschen ist präsent in der Gemeinschaft der Kirche, im Zuspruch der Vergebung, im Vertrauen und in der Hoffnung auf Auferstehung und ewigem Leben.

Die Rede vom heiligen Geist verweist auf die Gemeinschaft des Vaters mit dem Sohn und die Gemeinschaft Gottes mit den Menschen.

Zur Diskussion um das *Personenverständnis*:

„Personen" sind in der Trinität nicht durch Abgrenzung definiert, sondern durch Offenheit für andere. Der Begriff Person ist auf Beziehung angelegt. Das Bekenntnis zum Heiligen Geist bringt zum Ausdruck, dass Gott für uns definitiv nicht ohne Beziehung zum Menschen ist. Indem Gott uns – in der Geschichte Jesu – in sein Leben hinein nimmt, bricht er zugleich unsere (der Menschen) Abgrenzung gegen ihn auf und öffnet uns für ein Leben in Gemeinschaft. Die Geschichte Jesu verweist darauf, dass Gott trotz unseres Widerstands bei uns ist. Das Leben dieses von Gott gesetzten Grundverhältnisses/Gottesverhältnisses ist Glaube. Dieses Grundverhältnis kann vom Menschen nicht erzeugt werden. Die reformatorische Theologie drückt diesen Sachverhalt in dem Satz aus: „Der Glaube allein rechtfertigt."

In der Auslegung des dritten Artikels heißt es bei Luther:

> „Ich glaube, dass ich nicht aus eigener Vernunft noch Kraft an Jesus Christus, meinen Herrn, glauben oder zu ihm kommen kann; sondern der Heilige Geist hat mich durch das Evangelium berufen, mit seinen Gaben erleuchtet, im rechten Glauben geheiligt und erhalten ..."

Der dritte Artikel erläutert, wie sich das Zusammenleben mit Gott im Glauben konkretisiert: Wir leben als „Heilige" (als zu Gott Gehörende) gemeinsam in der „heiligen christlichen Kirche". Dieses gemeinsame Leben ist von „Vergebung" (= Unterbrechung der Schuldfolgen) bestimmt. (→ V.4.)

III.4.5.4. Ekklesiologie – Lehre von der Kirche

Der christliche Glaube hat seinen Grund in dem durch Jesus Christus erschlossenen Gottesverhältnis. Der je eigene Glaube, die im eigenen Leben erkannte Evidenz dieses Gottesverhältnisses, verweist zum einen auf eine Gemeinschaft, in der Glaube mit anderen gelebt werden kann, zum anderen ist er auf Weitergabe/Vermittlung dieses Grundes angelegt.

In der biblischen Überlieferung finden sich unterschiedliche Bezeichnungen, die für das Verständnis von Kirche relevant wurden (Auswahl):

Ex 19,6: „ihr sollt mir ein Königreich von Priestern und ein heiliges Volk sein."

Jes 62,12: „man wird sie nennen: ‚Heiliges Volk' ‚Erlöste des HERRN'…".

1Petr 2,9: „Ihr aber seid das auserwählte Geschlecht, die königliche Priesterschaft, das heilige Volk, das Volk des Eigentums, dass ihr verkündigen sollt die Wohltaten dessen, der euch berufen hat von der Finsternis zu seinem wunderbaren Licht;"

Lev 23,36: „Am achten Tage sollt ihr wieder eine heilige Versammlung halten und sollt Feueropfer dem HERRN darbringen. Es ist eine Festversammlung; keine Arbeit sollt ihr tun."

1Kor 12,27 (u.ö.): „Ihr aber seid der Leib Christi und jeder von euch ein Glied."

Ps 149,1: „Singet dem HERRN ein neues Lied; die Gemeinde der Heiligen soll ihn loben."

Apg 20,28: „So habt nun acht auf euch selbst und auf die ganze Herde, in der euch der heilige Geist eingesetzt hat zu Bischöfen[108], zu weiden die Gemeinde Gottes, die er durch sein eigenes Blut erworben hat."

Mt 16,18: „Du bist Petrus, und auf diesen Felsen will ich meine Gemeinde bauen…"

Ansatzweise werden zwei Typen der Charakterisierung von Gemeinschaft deutlich, die im Laufe der Geschichte das konfessionelle Verständnis von Kirche in unterschiedlicher Weise geprägt haben:
– Das Modell der Versammlung der Heiligen, die zum Lob Gottes zusammenkommt.
– Das Modell des Leibes Christi mit unterschiedlichen Fuktionen, das nach und nach als eine Hierarchie (Heilige Ordnung) verstanden wurde.

Wie „Kirche" geglaubt wurde, hatte Konsequenzen für die Organisationstruktur und die Bedeutung der Gemeinschaft.

In der alten Kirche wuchs die Bedeutung des Amtes und der Hierarchie. Die Kirche wurde u.a. verstanden als Anstalt des Heils unter bischöflicher Leitung. Innen und außen wurden deutlich abgegrenzt. Außerhalb dieser Anstalt gab es kein Heil (Cyprian v. Karthago 200-258).

Luther präzisiert vor diesem Hintergrund den Kirchenbegriff, indem er ihn mit „ganze Christenheit" wiedergibt: „gleichwie er die ganze Christenheit auf Erden beruft, sammelt, erleuchtet, heiligt und bei Jesus Christus erhält im rechten, einigen Glauben."

Damit widerspricht Luther dem katholischen Kirchenverständnis als „Anstalt des Heils". Kirche ist für ihn nicht identisch mit verfasster (hierarchischer) Kirche. Nach protestantischem Verständnis hat die organisatorische Gestalt dem Zweck zu dienen, die Wahrheit des in Jesus Christus – in einer historischen Situation – erschlossenen Gottesverhältnisses in der jeweiligen Gegenwart zu vermitteln. Geglaubt wird im konkreten Sinn nicht an die Kirche, sondern an das Wirken des Geistes in ihr.

Unter dieser Prämisse ist Kirche eine Organisation des sozialen Gedächtnisses: Sie erinnert an den Ursprung des Glaubens und an Menschen, die aus Glauben lebten. Zugleich ist sie eine Organisation die aus der Erwartung/Hoffnung lebt.

---

[108] Im Sinne von *Ältesten*, *Aufsehern* in der Ortsgemeinde.

Die wichtigste evangelische Bekenntnisschrift, die Confessio Augustana (= CA) aus dem Jahr 1530 nennt zwei Kennzeichen von Kirche:

ARTIKEL 7: VON DER KIRCHE
Es wird auch gelehrt, dass allzeit eine heilige, christliche Kirche sein und bleiben muss, die die Versammlung aller Gläubigen ist, bei denen das Evangelium rein gepredigt und die heiligen Sakramente laut dem Evangelium gereicht werden. Denn das genügt zur wahren Einheit der christlichen Kirche, dass das Evangelium einträchtig im reinen Verständnis gepredigt und die Sakramente dem göttlichen Wort gemäß gereicht werden. Und es ist nicht zur wahren Einheit der christlichen Kirche nötig, dass überall die gleichen, von den Menschen eingesetzten Zeremonien eingehalten werden, wie Paulus sagt: „Ein Leib und ein Geist, wie ihr berufen seid zu einer Hoffnung eurer Berufung; ein Herr, ein Glaube, eine Taufe" (Eph 4,4f.).[109]

Zusammenfassend kann Kirche als Interpretationsgemeinschaft, die das von Christus gestiftete Gottesverhältnis im Blick auf die jeweilige Gegenwart deutet und weitergibt, bezeichnet werden. Sie konstituiert sich, wo sich dieses Gottesverhältnis einstellt.

> **Impuls**
> Bei der Frage nach dem Fragwürdigsten der christlichen Tradition nennt ein Studierender die weltliche und religiöse Macht der Kirche. Er fragt, wieweit diese gerechtfertigt sei und ob diese letztlich nicht sogar die christliche Lehre verfälsche.

Zum dritten Artikel gehört das Bekenntnis der *Vergebung der Sünden*
Dieser Bekenntnissatz ist dahingehend zu präzisieren, dass nach biblischem Verständnis Sünde in erster Linie als Singular zu verstehen ist. Der Mensch ist Sünder, weil er Gott nicht anerkennt und selbst (wie) Gott sein will. Der einen Sünde folgen *die* Sünden. „Vergebung der Sünden" verweist auf die Erfahrung des Glaubens, dass Gott in Christus die Bedingung der Möglichkeit geschaffen hat, das geschöpfliche Menschsein mit seinen Grenzen zu akzeptieren. Christliches Leben ist durch ein Gottesverhältnis bestimmt, dass gerade die Menschlichkeit im Christusgeschehen durch Gott gegründet weiß. Zum Leben in diesem Gottesverhältnis gehört wesentlich auch der vom Druck der Selbstkonstitution befreite Umgang mit Gelingen und Scheitern. Aus der Perspektive des Glaubens ist die Bedingung der Möglichkeit, dass ich verzeihe/vergebe, dass ich weiß, dass mir verziehen/vergeben ist. Befreiung zum Verzeihen ist die Wirkung der „Vergebung der Sünden". Vergebung ist bedingungslos, muss aber immer neu vergenwärtigt werden: „[…] in welcher Christenheit er mir und allen Gläubigen täglich alle Sünden reichlich vergibt"[110]. (→ V.5)

Auferstehung der Toten und das ewige Leben
Das christliche Symbol „Auferstehung der Toten" (früher: „Auferstehung des Fleisches") hebt sich deutlich ab von den Symbolen „unsterbliche Seele" und „Reinkarnation". Es ist eine Antwort auf die Frage, wie die Kontinuität des Gottesverhältnisses angesichts des Todes gedacht werden kann. „Auferstehung" ist eine religiöse Deutung, deren Akzente beachtet werden wollen. Diese Deutung betont die leib-seelische Einheit des Menschen und stellt die Zukunft des Gottesverhältnisses ganz in Gottes Hand. Sie nimmt den Tod ernst und relativiert nicht die Todeserfahrung. Auferstehungsvorstellung entwickelt sich als Hoffnungsmodell in der frühjüdischen Apokalyptik und enthält zwei wesentliche Verweise:

---

[109] www.velkd.de/101.php#Artikel_7, 20.05.2012.
[110] Luther, Martin: Der Kleine Katechismus. Erklärung zum dritten Artikel.

- Gottes Macht endet nicht im Todes(be)reich bzw. die Gottesbeziehung endet nicht an der Todesgrenze.
- Der Mensch bildet eine unauflösliche leib-seelische Einheit.

Der Gedanke des „ewigen Lebens" hält die Kontinuität des Lebens fest. Er setzt voraus, dass das Leben hier Anteil an der Ewigkeit hat, d.h. unser Leben ist eingebunden in das Leben Gottes, des Ewigen. Da Gott in Christus Anteil an der Zeitlichkeit des Lebens genommen hat, umfasst „ewiges Leben" Zeitlichkeit und Ewigkeit, es ist eine Metapher für *wahres* Leben (= Leben in und aus der Wahrheit).

Jesus als der erste Auferstandene – Auferstehung aller als Folge

Die Lehre von der allgemeinen Auferstehung (am jüngsten Tag) wurde aus neutestamentlichen Überlieferungen von der Auferstehung Jesu abgeleitet. Aus frühen Formulierungen „Jesus ist von Gott auferweckt worden" (Apg 2,24; 4,10; 5,30; Röm 4,24 u.ö.) wurde „Der Herr [Kyrios] ist wahrhaftig auferstanden". Bedeutsam ist aus theologischer Sicht, dass Auferstehung als Tat Gottes bezeugt wird. Der Tod hat bei Jesus nicht das letzte Wort behalten und folglich ist seine Macht gebrochen. Nach 1Kor 15,17 ist das Wirken Jesu mit der Auferstehung zum Ziel gekommen.

Auferstehung wird zunächst bezeugt durch Selbstbekundungen von Jesusanhängerinnen. Die Berichte vom leeren Grab sind sekundär. Die Überlieferungen von der Begegnung mit dem Auferstandenen sind nicht homogen:
- Maria Magdalena hält ihn für den Gärtner.
- Die Emmausjünger erkennen ihn erst am Brotbrechen.
- Thomas wird „handfest" überzeugt.

Bedeutsam ist für die Überlieferung, auf die Identität des Auferstandenen mit dem Gekreuzigten zu verweisen, die auch in der Bildtradition (durch die Stigmata) ihren Ausdruck findet. Festzuhalten bleibt, dass Jesus im Medium der Vision wahrgenommen wird.

Neuzeitliche Klärungsversuche

Bei keiner anderen Glaubensaussage ist im Blick auf das neuzeitliche Verständnis hinsichtlich dieser Aussagen die Besinnung auf den Charakter der religiösen Sprache als metaphorische Sprache gefordert.

Entmythologisierung: Rudolf Bultmann (1884-1976) prägte den Satz: Jesus ist ins Kerygma auferstanden, d.h. er lebt in der Verkündigung des Christus. Willi Marxen formulierte: „Die Sache Jesu geht weiter!"
Symbolische Deutung: Die Erfahrung der spirituellen Gegenwart nach seinem Tod wurde von Tillich durch das Symbol „Auferstehung" gedeutet.[111]
Kontingentes Ereignis: Wolfhart Pannenberg hält an den Erscheinungen als historischen Sachverhalten fest. Sie sind ein „mögliches" Ereignis, wenn man mit einer die säkulare Wirklichkeitserfahrung überschreitenden Schöpfermacht Gottes rechnet.[112]
Unter der Perspektive einer radikal historischen Analyse hält Gerd Lüdemann nur eine psychologische Erklärung der Erscheinungen für möglich.[113]
Eberhard Busch (u.a.) verstehen die Erscheinungen Jesu nicht als Deutungen, sondern als von Gott ausgehendes „Sehenlassen", das Offenbarwerden der Herrlichkeit Christi.

---

[111] Vgl. Tillich, Paul: Systematische Theologie II, Stuttgart ³1958, 169f.
[112] Vgl. Pannenberg, Wolfhart: Die Auferstehung Jesu, Historie und Theologie, in ZThK 91, 1994, 318–328, 313.
[113] Lüdemann, Gerd: Die Auferstehung Jesu. Historie, Erfahrung, Theologie, Stuttgart 1994.

„In der österlichen Auferweckung identifiziert sich Gott der Vater mit dem Gekreuzigten". Damit offenbart er, dass die Dahingabe tatsächlich für uns und uns zugute geschehen ist.[114]

III.5. Das Bekenntnis zum dreieinigen Gott (Trinität)

> „Vielleicht ist die Vorstellung einer Dreieinheit Gottes das genialste Denkbild der christlichen Theologie, dessen Potentialität noch lange nicht ausgeschöpft ist. Es wagt, Beziehungsvielfalt und Macht-Teilung in der Gottheit zu denken, so dass man in ihm auch Prinzipien wie Gewaltentrennung, Mitsprache, Mitbestimmung vorgezeichnet finden kann."[115]

III.5.1. Bildanalyse[116]

Die berühmte Dreifaltigkeitsikone wurde von *Andrej Rubljow* um 1425 für das Dreifaltigkeitskloster des Heiligen Sergiw in Sergijew Possad gemalt und ist typisch für das Trinitätsverständnis der Ostkirche. Die Darstellung ist angelehnt an die Erzählung von den drei Männern/Gottesboten, die Abraham und Sara die Geburt Isaaks verheißen (Gen 18,1-15). Diese Erzählung wurde bereits in frühchristlicher Zeit als Hinweis auf die Trinität gesehen.

Im Unterschied zu frühen Gestaltungen der Szene sind Sara und Abraham nicht mit abgebildet. Die Engelgestalten werden nicht nebeneinander, sondern in Beziehung zueinander dargestellt.

Ausleger sind sich nicht einig über die Zuordnung der Gestalten zu den Personen der Trinität. Mit jeweils guten Gründen wird die linke, aber auch die mittlere Figur als Gottvater identifiziert, die mittlere oder die rechte als Sohn, die linke oder die rechte als Heiliger Geist. Der Kelch (mit einem Kalbskopf?) nimmt eine Mittelstellung ein und verweist auf den Wandel vom Becher (Kelch) des Zornes (Jes 51,22) zum Kelch des Heils (Ps 116,13).

---

[114] Busch, a.a.O., 214.
[115] Marti, Kurt: Heilige Vergänglichkeit. Spätsätze, Stuttgart 2010 (²2011), 29.
[116] www.trinitaet.de/Texte/Rubljow/rublev-text.htm [20.06.2013]. Bildquelle: Andrei Rubljow, Heilige Dreifaltigkeit, The Yorck Project: 10.000 Meisterwerke der Malerei. DVD-ROM, 2002.

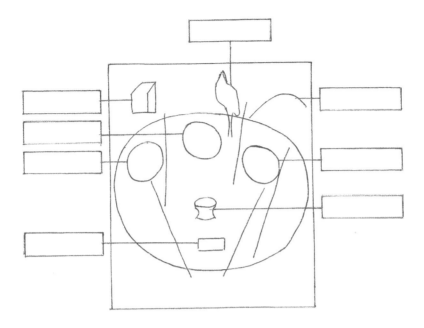

Aufgaben

1. Betrachten Sie die Dreifaltigkeitsikone von Andrej Rubljow.

2. Beschreiben Sie, wie die geometrischen Formen einander zugeordnet sind.

3. Beschreiben Sie Ähnlichkeiten und Differenzen der Personen.

4. Beschreiben Sie die verwendeten Farben (gold, blau, purpur), und informieren Sie sich über die Farbsymbolik.

5. Beschreiben Sie die Gegenstände/Attribute in Anlehnung an Gen 18 und ihre möglichen symbolischen Verweise:

    a.   Tisch als Ort der Bewirtung/Altar

    b.   Kalb als Gastmahl/Opfertier

    c.   Wanderstab/Zepter

    d.   Haus: Haus Abrahams/Kirche oder Haus des Vaters (n. Joh 14,2)

    e.   Baum: Hain in Mamre/Paradiesbaum oder Lebendigkeit

    f.   Berg: Wüstengegend/Golgatha oder Wirkort des Geistes (n. Mt 4,1)

6. Versuchen Sie, die drei Engel der Gottheit den Personen der Trinität zuzuordnen.

7. Welche Gründe sprechen jeweils für die folgenden Zuordnungsvarianten?

    a.   Geist – Vater – Sohn

    b.   Sohn – Vater – Geist

    c.   Vater – Sohn – Geist

    d.   Vater – Geist – Sohn

8. Betrachten Sie im Internet eine farbige Darstellung, und versuchen Sie:

    a.   Farben und Formen sowie Gestalten und Gegenstände zu identifizieren,

    b.   Wodurch und wie werden die Beziehungen der Gestalten untereinander dargestellt?

    c.   Ordnen Sie die Begriffe den Kästchen in der Skizze (s.o.) zu.

Baum	Berg	Gottvater	Haus/Kirche
Hl. Geist	Kelch	Reliquienschrein	Sohn

III.5.2. Hinführung

Die theologische Explikation des Trinitätskonstrukts wurde im Anschluss an die Klärung der christologischen Probleme notwendig. Nach den christologischen Entscheidungen im 4. Jh. war das Gottesverständnis so zu klären, dass der Monotheismus modifiziert, aber nicht infrage gestellt wurde, zugleich aber Christus und der Geist als Wirkgestalten bzw. Erscheinungsweisen Gottes deutlich wurden.

In der den alten Glaubensbekenntnissen zugrunde liegenden Gliederung wird Gott auf dreifaltige Weise bekannt: in seinem Wirken als Vater, als Sohn und als Heiliger Geist.

„Gott wird geglaubt, erfahren und ausgesagt als Vater Jesu Christi, der im Geist der Liebe und Versöhnung im Leben der Gemeinde gegenwärtig ist." [117]

Für Deuser ist die Lehre von der Trinität ein hervorragendes Beispiel „denkenden Glaubens".[118] Sie ist ein Produkt des Zusammendenkens unterschiedlicher biblischer Aussagen und philosophischer Aspekte.

Zu klären war die Beziehung zwischen Gott und seinem Logos, der in Jesus von Nazareth verkörpert und bekannt wurde. Diese Klärung erfolgte über die Bildung eines zunächst binitarischen, dann trinitarischen Symbols. Basis der Entfaltung der Trinitätslehre waren (nur einige wenige) neutestamentliche Formeln:

> 1Kor 12,4ff.: „Es sind mancherlei Gaben, aber es ist ein Geist, mancherlei Dienste aber ein Herr, mancherlei Kräfte, aber ein Gott, welcher wirkt alles in allen."
> 2Kor 13,13: „Die Gnade des Herrn Jesus Christus und die Liebe Gottes und die Gemeinschaft des Heiligen Geistes sei mit euch allen."
> Eph 4,4f.: „Ein Geist, ein Herr, ein Gott und Vater unser aller."
> Mt 28,19: „Gehet hin in alle Welt, lehret alle Völker und tauft sie in den Namen des Vaters und des Sohnes und des heiligen Geistes."

Von grundlegender theologischer Bedeutung ist, dass in Weiterentwicklung biblischer Aspekte 1. ein nichthierarchisches Beziehungmodell dogmatisiert wurde und 2. die Gottheit als Grund und letzte Wirklichkeit allen Seins, als *Beziehung* vestanden wird.

Gerd Theißen fasst in seinem „Kritischen Katechismus"[119] die Deutung des trinitarischen Gottesverständnisses u.a. in den folgenden Sätzen zusammen:

> „Gott ist in sich Gemeinschaft von Personen gleichen Rangs".
> „Das Geheimnis des Seins ist Gemeinschaft".
> „Das Geheimnis des Seins ist Beziehung".
> „Das Geheimnis des Seins ist Liebe".[120]

Gnadenstuhl (nach Röm 3,25*)
Wie die Anlehnung an die drei Männer bei Abraham die Trinitätsikone der orthodoxen Kirche ist, steht der „Gnadenstuhl" im Zentrum der Trinitätsdarstellungen der westlichen Kirche. In dieser (ab 1200) in mittelalterlicher Kunst entstandenen Darstellung der Trinität wird Gott Vater mit Taube als Geistsymbol und dem gekreuzigten Sohn im Schoß präsentiert. Die Gesichtsdarstellung von Vater und Sohn sind identisch.

Gnadenstuhl (Portugal)[121]

---

[117] Deuser, Hermann: Kleine Einführung in die Sytematische Theologie, Stuttgart 1999, 55.
[118] Vgl. a.a.O., 54.
[119] Theißen, Gerd: Glaubenssätze. Ein kritischer Katechismus, Gütersloh 2012, 147.
[120] A.a.O., 147f.
[121] Bildquelle: Friedrich Johannsen (Foto).

Gnadenstuhl (oder Gnadenthron) ist eine der Übersetzungsmöglichkeiten des griechischen Wortes hilasterion (hebr. kapporet). Wenn Luther u.a. dieses Wort mit „Sühne" übersetzen, wird dadurch Bezug auf die Bedeutung des hilasterions genommen. Der Begriff bezeichnet die Deckplatte der Bundeslade, die als Ort der Anwesenheit Gottes verstanden wurde. Hier wurde am jährlichen Versöhnungstag (Jom Kippur) durch einen Opferritus Versöhnung zwischen Gott und seinem Volk erwirkt. Durch Bezug auf diesen Ritus verweist diese Darstellung von Trinität (als Gnadestuhl) auf das Versöhnungsgeschehen als trinitarisches Handeln.

Eine Variante des Gnadenstuhlmotivs schuf der spanische Maler El Greco: 1577, Museo del Prado, Madrid.[122]

III.5.3. Zur Entwicklung der Trinitätslehre

Die *drei Namen Gottes* (Vater, Sohn, Heiliger Geist) wurden zunächst auf Gottes Handeln, nicht auf sein Wesen bezogen. Für diesen Bezug auf das Handeln Gottes wird der Begriff „ökonomische Trinität" verwendet. Er bringt zum Ausdruck, dass *derselbe* Gott heilsgeschichtlich als Schöpfer, Erlöser und Vollender handelt.

Auf einer nächsten Stufe wurde das zunächst nur auf die Identität Gottes im heilsgeschichtlichen Handeln bezogene trinitarische Modell auf die Identität Gottes mit sich selbst bezogen (immanente Trinität).

In der Trinitätsikone (und entsprechend in orthodoxer Auffassung) steht diese immanente Trinität im Vordergrund, in den westlichen Kirchen die ökonomische Trinität, das heilsgeschichtliche (Zusammen)wirken der trinitarischen Gottheit.

Alte Sprachbilder zur Annäherung an ein Verständnis der trinitarischen Gottesvorstellung sind Hinweise auf die Gemeinsamkeit und Differenz von Sonne, Strahlen, Wärme, von Quelle, Fluss, Meer.

In folgenden drei Denkmodellen, die schließlich alle verworfen wurden, wurde versucht, die drei Namen Gottes in Beziehung zu bringen:

Tritheismus: Gott Vater, Gott Sohn und Gott Geist sind drei Götter, die zusammenwirken.

Subordinatianismus: Eigentlicher Gott ist der Vatergott, die beiden anderen göttlichen Gestalten sind ihm *untergeordnet*. Wesentliche Träger dieser Position waren die Arianer.

Modalismus: Diese Position versteht Gott ganz als Einheit, die sich in der Geschichte in drei Modi (*Erscheinungsweisen*) manifestiert hat.[123]

Alle drei Ausführungen der Trinitätslehre wurden als unzureichend empfunden, weil Tritheismus und Subordinatianismus die Einheit Gottes in Frage stellen und im Moda-

---

[122] Bildquelle: http://www.malerei-meisterwerke.de/bilder_gross/el-greco-dreifaltigkeit-04123.html.
[123] Joest, a.a.O., 321.

lismus die Dreiheit nur als Erscheinung (scheinbar) gedacht wird. In logischer Konsequenz wäre dann auch die Menschwerdung Gottes nur eine scheinbare.

Trinitätsdarstellung: St. Nicolai Alfeld[124]

Die auf dem Konzil von Konstantinopel 381 anerkannte Lehre versucht *Trinität* in philosophischen Begriffen zu erfassen: Griechisch: mia ousia/treis hypostaseis; lateinisch: una substantia/tres personae; Ein Wesen/drei Erscheinungsweisen (Personen).

Um Missverständnisse in Richtung Tritheismus, Subordianismus oder Modalismus zu vermeiden, wurden weitere Bestimmungen vorgenommen, die das Bekenntnis zum dreieinigen Gott schützen sollten.

Dabei ging es vor allem um negative Abgrenzungen, wie sie später im Chalcedonense auch bei der Verhältnisbestimmung von menschlicher und göttlicher Natur in der Person Christi verwendet wurden. Die nebenstehende Darstellung gibt dem Ausdruck.

Das Nicäno-Konstantinopolitanum bezeichnet zum ersten Mal den Geist als *Herrn* (Gottesprädikat). Er wird näher attribuiert als der, der lebendig macht, der vom Vater ausgeht, zusammen mit dem Vater und Sohn angebetet und gepriesen wird und durch die Propheten gesprochen hat. Die Formulierung *vom Vater ausgehend* wehrt Unterordnung ab.

Die traditionelle Gestalt der Trinitätstheologie wurde wesentlich von Augustin (354-430) geprägt und im 5. Jh. in dem (nicht auf Athanasius zurückgehenden) Athanasischen Symbol entfaltet.

Augustin verband die drei Personen der Trinität mit drei Aspekten der menschlichen Seele: Sein [Erinnerung/Vernunft] – Erkenntnis [Verstand] – Liebe [Wille].

Das Athanasische Bekenntnis „Symbolum Athanasianum" (um 700):

> „Wer da selig werden will, der muss vor allem den allgemeinen Glauben festhalten. Jeder, der diesen nicht unversehrt und unverletzt bewahrt, wird ohne Zweifel ewig verloren gehen.
>
> Dies aber ist der allgemeine Glaube: Wir verehren den einen Gott in der Dreifaltigkeit und die Dreifaltigkeit in der Einheit, ohne Vermischung der Personen und ohne Trennung der Wesenheit.
>
> Denn eine andere ist die Person des Vaters, eine andere die des Sohnes; eine andere die des Heiligen Geistes. Aber der Vater und der Sohn und der Heilige Geist haben nur eine Gottheit, die gleiche Herrlichkeit, gleichewige Majestät.
>
> Wie der Vater ist, so ist der Sohn und so der Heilige Geist:
>
> Ungeschaffen der Vater, ungeschaffen der Sohn, ungeschaffen der Heilige Geist.
>
> Unermesslich der Vater, unermesslich der Sohn, unermesslich der Heilige Geist.
>
> Ewig der Vater, ewig der Sohn, ewig der Heilige Geist.
>
> Und doch sind es nicht drei Ewige, sondern ein Ewiger, wie es auch nicht drei Ungeschaffene oder drei Unermessliche sind, sondern ein Ungeschaffener und ein Unermesslicher.

---

[124] Bildquelle: Postkartenmotiv der Kirchengemeinde St. Nicolai Alfeld.

Ebenso ist allmächtig der Vater, allmächtig der Sohn, allmächtig der Heilige Geist. Und doch sind es nicht drei Allmächtige, sondern ein Allmächtiger.

So ist der Vater Gott, der Sohn Gott, der Heilige Geist Gott. Und doch sind es nicht drei Götter, sondern ein Gott.

So ist der Vater Herr, der Sohn Herr, der Heilige Geist Herr. Und doch sind es nicht drei Herren, sondern ein Herr.

Denn wie uns die christliche Wahrheit zwingt, jede Person einzeln für sich als Gott und als Herrn zu bekennen, so verbietet uns der allgemeine Glaube, von drei Göttern oder Herren zu sprechen.

Der Vater ist von niemandem gemacht noch geschaffen noch gezeugt. Der Sohn ist vom Vater allein, nicht gemacht noch geschaffen, aber gezeugt. Der Heilige Geist ist vom Vater und vom Sohn, nicht gemacht noch geschaffen noch gezeugt, sondern hervorgehend.

Es ist also ein Vater, nicht drei Väter, ein Sohn, nicht drei Söhne, ein Heiliger Geist, nicht drei Heilige Geister.

Und in dieser Dreifaltigkeit ist nichts früher oder später, nichts größer oder kleiner, sondern alle drei Personen sind einander gleichewig und gleichrangig, so dass in allem, wie bereits oben gesagt worden ist, die Dreifaltigkeit in der Einheit und die Einheit in der Dreifaltigkeit zu verehren ist.

Wer also selig werden will, soll diese Auffassung von der Dreifaltigkeit haben.

Aber zum ewigen Heil ist es [ferner] nötig, auch an die Fleischwerdung unseres Herrn Jesus Christus aufrichtig zu glauben.

Der richtige Glaube ist nun dieser: Wir glauben und bekennen, dass unser Herr Jesus Christus, der Sohn Gottes, zugleich Gott und Mensch ist.

Gott ist er aus der Wesenheit des Vaters, vor den Zeiten gezeugt, und Mensch ist er aus der Wesenheit der Mutter, in der Zeit geboren.

Vollkommener Gott, vollkommener Mensch, bestehend aus einer vernünftigen Seele und menschlichem Fleisch.

Dem Vater gleich der Gottheit nach, geringer als der Vater der Menschheit nach.

Doch obwohl er Gott und Mensch ist, sind es nicht zwei, sondern ein Christus.

Einer aber nicht dadurch, dass die Gottheit in Fleisch verwandelt worden wäre, sondern dadurch dass Gott die Menschheit angenommen hat.

Er ist ganz und gar einer nicht durch eine Vermischung der Wesenheit, sondern durch die Einheit der Person.

Denn wie vernünftige Seele und Fleisch einen Menschen ergeben, so ergeben Gott und Mensch einen Christus, der gelitten hat um unseres Heils willen, herabgestiegen ist zur Unterwelt, auferstanden ist von den Toten, aufgestiegen ist zum Himmel, sich gesetzt hat zur Rechten des Vaters, von wo er kommen wird, um Lebende und Tote zu richten.

Bei seiner Ankunft werden alle Menschen mit ihren Leibern auferstehen und über ihre Taten Rechenschaft ablegen.

Und die Gutes getan haben, werden ins ewige Leben eingehen, die Böses [getan haben], in das ewige Feuer.

Dies ist der allgemeine Glaube. Jeder, der ihn nicht aufrichtig und fest glaubt, kann nicht selig werden."[125]

Auf *Augustin* geht auch der Zusatz zurück, dass der Heilige Geist vom Vater *und* vom Sohn ausgeht. Diese in dem lateinischen Wort „filioque" (und Sohn) gefasste Erweiterung des alten Bekenntnisses wurde von der Ostkirche nicht akzeptiert und führte 1054 zur endgültigen Trennung (Schisma) zwischen Ost- und Westkirche.

Die *Reformation* hat sich an die altkirchlichen Lehrentscheidungen angeschlossen, den Akzent allerdings ganz auf die „Heilsökonomie", das Heilshandeln gelegt.

Das von Melanchthon formulierte Augsburger Bekenntnis (Confessio Augustana) nimmt die altkirchliche Trinitätslehre auf.

---

[125] Denzinger, H./Hünermann P.: *Enchiridion symbolorum*, [40]Freiburg u.a. 2005, Nr. 75f.

CA: Artikel 1: Von Gott

Zuerst wird einträchtig laut Beschluss des Konzils von Nicäa gelehrt und festgehalten, dass ein einziges göttliches Wesen sei, das Gott genannt wird und wahrhaftig Gott ist, und dass doch drei Personen in diesem einen göttlichen Wesen sind, alle drei gleich mächtig, gleich ewig: Gott Vater, Gott Sohn, Gott Heiliger Geist. Alle drei sind ein göttliches Wesen, ewig, unteilbar, unendlich, von unermesslicher Macht, Weisheit und Güte, ein Schöpfer und Erhalter aller sichtbaren und unsichtbaren Dinge. Unter dem Wort „Person" wird nicht ein Teil, nicht eine Eigenschaft an einem anderen Sein verstanden, sondern etwas, was in sich selbst besteht (selbständig ist), so wie die Kirchenväter in dieser Sache dieses Wort gebraucht haben. Deshalb werden alle Irrlehren verworfen, die diesem Artikel widersprechen.[126]

In der neueren Geschichte des Christentums wurde die Trinitätslehre immer wieder problematisiert. Besonders ragen dabei die humanistisch orientierten *Unitarier* heraus. Die Bezeichnung „Unitarier" kam im Zusammenhang mit dem Werk des humanistischen Gelehrten und Theologen Michael Servets (1511-1553) über die Irrtümer der Trinität (*De trinitatis erroribus,* 1531) auf. Servet wurde wegen seiner Lehre im calvinistischen Genf verbrannt. Unitarische Religionsgemeinschaften entstanden im 16. Jh. u.a. im damals ungarischen Siebenbürgen und in Polen-Litauen. Eigenständige Entwicklungen gab es in England und den USA.

Oft korrespondiert die Kritik am trinitarischen Dogma – wie etwa bei Kant – mit der Tendenz zu einem moralisierenden Christentum.

Der Kirchenvater des 19. Jh.s Friedrich Schleiermacher machte seine kritische Einschätzung der Trinitätslehre dadurch deutlich, dass er sie ans Ende seiner Glaubenslehre platzierte. Er versuchte wie andere in seinem Gefolge eine Neuinterpretation des von ihm anerkannten Kerngehaltes. Er ersetzte vor dem Hintergrund neuzeitlicher Kritik (besonders Fichte hatte die Verwendung des Personenbegriffes in Bezug auf Gott kritisiert) die Rede von göttlichen Personen durch Formulierungen wie *Gegenwart Gottes in sich selbst; vollkommenes Gottesbewusstsein Jesu; Gemeingeist der christlichen Kirche.*[127] Aus heutiger Sicht fällt es schwer, die in der Antike und im Frühmittelalter verwendeten Begriffe (Person und Substanz) angemessen zu verstehen, weil sich ihr Verständnis grundlegend gewandelt hat. Noch problematischer ist allerdings, dass im Wesentlichen negative Abgrenzungen vorgenommen wurden und das positive Potential damit in der Glaubensgeschichte wenig zur Geltung kam.

Positive Implikationen der Trinitätslehre sind (wie bereits oben aufgezeigt):
- der Beziehungsaspekt,
- die herrschaftskritische Symbolik,
- die Offenheit der Gottesvorstellung.

Im 14. Jh. wurde das Fest *Trinitatis* (Sonntag nach Pfingsten) zur Feier der Dreieinigkeit bzw. (im katholischen Bereich gebräuchlicher) Dreifaltigkeit eingeführt.

Damit beginnt zugleich die „festlose Zeit" des Kirchenjahres, gleichsam als Leben im „Alltag" aus und mit der Zuwendung des trinitarischen Gottes.
(→ IV.4.)

III.5.4. Aspekte zur Trinitätslehre in der Theologie des 20./21. Jh.s

Generell lässt sich beobachten, dass die Trinitätslehre in der Systematischen Theologie als zentraler hermeneutischer Schlüssel der christlichen Rede von Gott verstanden wird.

---

[126] www.velkd.de/101.php#Artikel_1, [20.05.2012].
[127] Vgl. Joest, a.a.O., 329.

Nach *Karl Barth* bringt die Trinitätslehre die drei Weisen des Wirkens Gottes: Schöpfer/Versöhner-Erlöser/Heiligung zur Sprache. Barth spricht von drei Seinsweisen Gottes. Während Karl Barth damit auf die Verschränkung von immanenter und ökonomischer Trinität zurückgreift, lösen neuere Entwürfe (Jüngel, Moltmann, Mildenberger) die Trinitätslehre aus ihrem statischen Verständnis und entwickeln sie im Rückgriff auf die biblische Tradition dynamisch aus der „Geschichte seines *Kommens* zum Menschen".[128]

Gott erweist sich in der Bewegung als Gott. In dieser Bewgung tritt er aus sich heraus, kommt in Jesus zum Menschen, tritt für den Menschen ein und holt als Geist der Liebe den Menschen in sein Leben hinein.

Für *Paul Tillich* ist das trinitarische Symbol für die menschliche Existenz, die Erfahrung der Beziehung Gottes zur Menschheit und damit für die Erfahrung Gottes selbst fundamental. Das trinitarische Symbol bringt drei unterschiedliche Offenbarungserfahrungen zusammen: Gott als schöpferischen Seinsgrund – seine Manifestation in Jesus dem Christus als rettende Liebe – und die Geist-Wirkung ungebrochener Lebendigkeit. Die Personen sind Manifestationen des einen Unbedingten.[129]

Das trinitätstheologische Modell stellt nach *Reinhold Bernhardt* eine Balance her zwischen für sich je einseitigen Vorstellungen:

- Die jede Vorstellungsmöglichkeit sprengende Andersartigkeit Gottes und seine Unterscheidung von der Welt.
- Die Selbsterschließung Gottes für die Welt.
- Die Präsenz Gottes in der Welt und allen Ereignissen und Dingen.[130]

„Die Trinitätslehre ist die christliche Antwort auf die Frage nach der Immanenz des Transzendenten."[131]

Für *Wolfgang Huber* ist der „Gott in Beziehungen" ein Modell gegen ein statisches Gottesverständnis.[132]

Ingo Dahlfert sieht im trinitarischen Dogma die Pointe des christologischen Gottesverständnisses. Es richtet sich gegen die kosmologische und metaphysische Rationalisierung des philosophischen Gottesverständnisses. Gott als Gegenwärtiger wird als Geist gedacht, der in, mit und unter allem was wirklich ist wirkt, als Sohn gedacht, der den Geist als Geist der Liebe identifizierbar macht und in Neues schaffender Liebe gegenwärtig ist.[133]

Nicht unwesentlich für ein gegenwartsbezogenes Verständnis der Trinitätslehre sind Rückbesinnungen darauf, dass die Herausbildung eines trinitarischen Gottesverständnisses Kritik an einem kosmologischen Überbau weltlicher monarchischer Herrschaft „Ein Gott, ein Kosmos, ein Kaiser" implizierte. Diese These wurde von Erik Peterson 1935 begründet und u.a. von *Jürgen Moltmann* aufgenommen: „Der christliche

---

[128] Joest, a.a.O, 331.
[129] Vgl. Bernhardt, Reinhold: Protestantische Religionstheologie auf trinitätstheologischem Grund, in: Danz, Christian/Körtner, Ulrich H.J. (Hg.): Theologie der Religionen: Positionen und Perspektiven evangelischer Theologie, Neukirchen-Vluyn 2005, 107-120, 115.
[130] Vgl. a.a.O., 119.
[131] Joest, a.a.O., 120.
[132] Vgl. Huber, Wolfgang: Der christliche Glaube. Eine evangelische Orientierung, Gütersloh, [5]2009 (2008), 137.
[133] Dahlfert, Ingolf, a.a.O., 70.

(trinitarische) Gott kann nicht als allmächtiger, monarchischer Weltenherrscher gedacht werden."[134]

III.5.5. Einzelaspekte

Die Perspektive der Weiblichkeit Gottes

Die Trinitätsdarstellung der Bergkirche von Schäß-burg (Rumänien)[135] macht auf einen Aspekt in der Auslegung der Trinitätslehre aufmerksam, der u.a. in der sog. feministischen Theologie in der zweiten Hälfte des letzten Jahrhunderts neu entdeckt wurde: Den Geist als weibliche Seite Gottes. Anknüp-fungspunkt ist die weibliche grammatische Form von ruach/Geist im Hebräischen, so dass das Wort korrekt mit „die Geistkraft" wiedergeben werden kann.

Auch wenn unter Kunstgeschichtlern strittig ist, ob die Darstellung einen jugendlichen Mann oder ein weibliches Gesicht zeigt: Die subjektive Wahr-nehmung macht diese Interpretation möglich.[136]

Der Streit um das „filioque" hält an[137]

Seit dem 7.-9. Jh. findet sich im lateinischen Christentum im Nicäno-Konstantinopolitanum die Ergänzung „filioque". Damit wird zum Ausdruck gebracht, dass der Heilige Gesit nicht nur vom Vater sondern vom Vater und Sohn ausgesandt wird. Die Ablehnung dieser Ergänzung durch die Ostkirche führte 1054 zum *Schisma* zwischen Ost und West.

Wolfgang Huber leitet in „Der christliche Glaube. Eine evangelische Orientierung" das Kapitel über den Heiligen Geist mit dem von Angelus Silesius übersetzten Hymnus von Hrabanus Maurus (Beginn 9. Jh.) ein, der für das „filioque" Partei ergreift. Mit 2Kor 3,17 verweist Huber auf die enge Verbindung von Jesus und Geist und stellt fest, dass die trinitarische Lehre betont, dass vom Heiligen Geist nur in der engen Verbindung von Vater, Sohn und Geist geredet werden kann.[138]

Der orthodoxe Theologe Daniel Munteanu dagegen kritisiert die Geistvergessenheit der westlichen Kirche, die damit verbundene Überbetonung der Christologie sowie ein Defizit an pneumatischer Christologie. Alle Defizite haben nach seiner Sicht ihren Grund in der biblisch nicht begründeten und das alte Bekenntnis verändernden Zufü-gung des „filioque".[139]

---

[134] Vgl. Moltmann, Jürgen: Trinität und Reich Gottes (1994). Zitat: Bauke-Rruegg, Jan: Die Allmacht Gottes: systematisch-theologische Erwägungen zwischen Metapysik, Postmoderne und Poesie, Belin/New York 1998, 79.

[135] Bildquelle: Friedrich Johannsen (Foto).

[136] Dazu: Wodtke-Werner, Verena: Der Heilige Geist als weibliche Gestalt im christlichen Altertum und Mittelalter. Eine Untersuchung von Texten und Bildern; Theologische Frauenforschung, 3; Centaurus-Verlags-Gesellschaft, Pfaffenweiler 1994. Zugleich Dissertation an der Universität Tübingen, 1993.

[137] Munteanu, Daniel: Die Filioquekontroverse als Zeitgenössische Herausforderung der Trinitätslehre [Internet: orthodox-theology.com/media/PDF/IJOT2-2010/14-munteanu-filioquekontroverse.pdf; 21.05. 2012].

[138] Vgl. Huber, a.a.O., 137.

[139] Vgl. Huber, a.a.O., 167.

III.5.6. Anregungen zur Vertiefung und Auseinandersetzung

a) Eberhard Busch:
„Gott ist der, der uns liebt (‚der Vater'), der, in dem er uns liebt (‚der Sohn') und der, durch den er uns zu dem durch Gott Geliebten macht (Heiliger Geist). Gott ist der Eine in dieser *Dreiheit* und in dieser Dreiheit der *eine* Gott: der dreieine Gott."[140]

b) Gerd Theißen weist darauf hin, dass die Trinitätslehre ein Ergebnis theologischen Nachdenkens ist. Er fasst seine Erschließung des trinitarischen Dogmas jeweils mit folgenden Sätzen zusammen:
„Gott ist in sich Gemeinschaft von Personen gleichen Rangs."
„Das Geheimnis des Seins ist Gemeinschaft."
„Das Geheimnis des Seins ist Beziehung."
„Das Geheimnis des Seins ist Liebe."[141]

c) Wilfried Härle
Die Dreieinigkeit Gottes – in 90 Sekunden

> Lässt sich die Trinitätslehre ganz einfach – auch für Kinder nachvollziehbar – darstellen? In einem Seminar mit dem Thema „Christlicher Glaube in Alltagssprache" schlug ein Teilnehmer, der selbst eine journalistische Ausbildung und Praxis hat, vor, als Test für „alltagssprachliche Verständlichkeit" sich folgende Aufgabe zu stellen: Zu dem Thema, das allgemeinverständlich vermittelt werden soll, ist ein Rundfunkbeitrag von 90 Sekunden Länge zu schreiben, der über einen privaten Rundfunksender morgens gegen 6:30 – 7:00 Uhr, also dann, wenn viele Berufstätige mit dem PKW auf dem Weg zur Arbeit sind und Radio hören, gesendet werden könnte. Das Doppelziel des Sendetextes sollte sein: Der Radiohörer schaltet nicht weg, und er versteht etwas. Das Resultat meiner diesbezüglichen Bemühungen sah wie folgt aus:
> „Wer bei der Konkurrenz das Doppelte zum selben Preis bekommt, greift natürlich zu. Wir sind doch nicht blöd.
> Im Christentum bekommen Sie, wenn Sie sich auf den einen Gott einlassen, sogar einen **dreifachen**. Das nennt man **Trinität**. Das sind nicht drei Götter, aber es ist ein Gott **dreifach**.
> Wie das zugeht, kann man am besten verstehen, wenn man sich ansieht, wie diese Erkenntnis vor knapp 2000 Jahren entstanden ist: Da trat Jesus auf und redete zu den Menschen von Gott. Er lebte mit ihnen zusammen und heilte Kranke. Und nach einer Weile sprach es sich bei immer mehr Menschen herum: Dieser Jesus tut das , was wir uns immer schon von Gott erhofft haben. Er ist wie Gott. Ja, er ist offenbar Gott in Menschengestalt.
> Da hatten sie Gott zweifach. Und um sie unterscheiden zu können, nannten sie Jesus den Sohn und Gott den Vater. Denn häufig gleichen die Söhne ja ihren Vätern.
> Aber damit nicht genug. Als sie darüber nachdachten, wie ihnen das bewusst geworden war, merkten sie: Das haben wir uns nicht ausgedacht, sondern das hat sich uns förmlich aufgedrängt. Es hat uns eingeleuchtet. Und ihnen wurde bewusst: Das erwirkt derselbe Gott, der uns in Jesus begegnet. Er hat uns das klar werden lassen.
> Und diese dritte Form der Begegnung mit Gott nannten sie den Heiligen Geist. Denn durch den Geist werden uns Dinge klar.
> Aber immer war und ist es derselbe eine Gott.
> So ist es ja auch mit dem Wasser. Es ist immer dieselbe Substanz, auch wenn es einmal flüssig, einmal als festes Eis und einmal als Wasserdampf gasförmig begegnet.
> Trinität ist: dreimal auf unterschiedliche Weise derselbe Gott. Und dieser Gott meint es gut mit uns"
> Möglicherweise gilt auch hier: Aller guten Dinge sind drei. Ich halte es für denkbar, dass das manchen von Ihnen zu salopp, anderen zu wenig pfiffig ausgedrückt ist. Das sollte jedenfalls nicht die Pointe des Textes sein, der damals entstanden ist. Er kann vermutlich

---

[140] Busch, a.a.O., 102.
[141] Theißen, Gerd: Glaubenssätze. Ein kritischer Katechismus, Gütersloh 2012, 146f.

unschwer (z.B. ohne den ökonomischen Einstieg) seriöser, gediegener, ernsthafter oder auch peppiger, mitreißender, interessanter formuliert werden. Die entscheidende Frage ist für mich, kann man etwa so auf verständliche Weise zum Ausdruck bringen, was „Trinität" bzw. „Trinitätslehre" bedeutet. Das ist insofern eine Doppelfrage, als es einerseits darum geht, ob das, was damit vermittelt wird, eine genuine Gestalt der christlichen (Gottes- bzw. Trinitäts-) Lehre ist, und andererseits darum, ob es auf verständliche Weise vermittelt wird. Beides zu beantworten, steht nicht dem Autor eines solchen Vortrags zu, sondern nur seinen Rezipienten, also Ihnen als Hörerinnen und Hörer.

Für diejenigen, die einen eigenen Versuch wagen wollen, seien folgende Erläuterungen gegeben:

1. Grundlage der Trinitätslehre ist die Gewissheit, das uns in Jesus Christus Gott selbst in menschlicher Gestalt begegnet. Ausgangspunkt ist die Frage, wie das Verhältnis Gottes zu Jesus Christus zu denken ist.

2. In der alten Kirche hat es dazu mehrere Antwortversuche gegeben: Der eine sagt, Gott habe den Menschen Jesus adoptiert und mit seinem Geist begabt. Ein anderer sagt, Gott habe sich in den menschgewordenen Sohn verwandelt. Beide Antworten haben sich als unzureichend erwiesen. Hilfreich erwies sich ein Rückgriff auf Joh 1,1-14: In Jesus ist das Wort Gottes, das Gott selbst ist, Mensch geworden. Deshalb kann Jesus im Johannesevangelium sagen: Wer mich sieht, sieht den Vater (Joh 14,8f.).

3. Im 4. Jahrhundert hat das Konzil von Nicäa (325) daraus die Schlussfolgerung gezogen: Ein Wesen, zwei Seinsweisen. Damit war man bei einer Zweieinigkeitslehre angelangt. Wie aber kam es zur Dreieinigkeitslehre?

4. Sie ergab sich als Antwort auf die Frage, woher wir wissen, dass Christus der Sohn Gottes ist. Hier sind ja verschiedene Antworten denkbar: das vermuten wir; das ist eine alte biblische Überlieferung; das haben wir uns logisch so erschlossen. Das Christentum brauchte eine Weile für eine angemessene Antwort. Sie ergab sich aus Mt 16,17: „Fleisch und Blut haben dir das nicht offenbart, sondern mein Vater im Himmel."

5. Das Konzil von Konstantinopel hat dies dann 381 aufgenommen und die vollständige Trinitätslehre formuliert. Sie lautet in einer Kurzformel: Ein Wesen, drei Seinsweisen.

Der Grundgedanke ist: So wie Gott uns in Jesus Christus leibhaftig-irdisch gegenübertritt, so wirkt er durch seinen Geist in uns. Ohne das Wirken Gottes in uns können wir Jesus Christus nicht als den Sohn erkennen und an ihn glauben. Gottes Geist wirkt in uns die Gewissheit, dass das Evangelium von Jesus Christus wahr und verlässlich ist. Und diese Gewissheit weckt in uns das Vertraue auf Gott, wie er sich in Jesus Christus gezeigt hat.

6. Versucht man, die Trinitätslehre zusammenzufassen, dann kann man sagen: Der dreieinige Gott, dessen Wesen heilige, also göttliche Liebe ist, ist der allmächtige Vater, der Ursprung und Ziel von allem, was ist. Er begegnet uns in menschlicher Gestalt in Jesus Christus und lässt uns dies erkennen, macht uns dessen gewiss durch seinen Heiligen Geist, der in uns wohnt. Die Kurzformel dafür ist: Trinität ist: dreimal in unterschiedlicher Weise derselbe Gott.

Prof. Dr. Wilfried Härle ist emeritierter Prof. für Systematische Theologie am Wissenschaftlich-Theologischen Seminar der Universität Heidelberg
Aus: entwurf 4/2009,4f

d) In dem zunächst 2007 in den USA erschienenen Bestseller von *William Paul Young* (Die Hütte)[142] wird Trinitätslehre in Form von Erzählung gestaltet. Das Buch hat viel Kritik, aber auch viel Zustimmung erhalten. Es bietet interessante Ansätze zur Auseinandersetzung über die Lebensorientierung der Lehre und eine gegenwartsbezogen Deutung der Trinitätslehre.

Aufgabe
Skizzieren Sie, welche Lebensorientierung dem trinitarischen Gottesverständnis entspricht.

---

[142] Young, William Paul: Die Hütte. Ein Wochenende mit Gott, Berlin 2011.

III.6. Das Wirken/Handeln Gottes

Vorbemerkung:
In der Dogmatik wird unter diesem Titel unterschieden zwischen
a) daseinskonstituierendem neukonstituierendem und
b) geschichtlichem Wirken Gottes.

a) Wird in Schöpfungslehre und Eschatologie entfaltet,
b) in der Lehre von der Vorsehung.
In diesem Abschnitt erfolgt eine Begrenzung auf die Frage nach der gegenwärtigen Wirkung des in Christus gewirkten Heils (Soteriologie).

III.6.1. Hinführung

Die heilsamen und befreienden Erfahrungen des Glaubens werden in Bibel und Frömmigkeitstradition in Bekenntnissen, insbesondere aber in Lobpreisungen zum Ausdruck gebracht. Diese wurden in der christlichen Lehre zusammengefasst.
Beispiele:

1) Psalm 103:
1 Lobe den HERRN, meine Seele, und was in mir ist, seinen heiligen Namen!
2 Lobe den HERRN, meine Seele, und vergiss nicht, was er dir Gutes getan hat:
3 der dir alle deine *Sünde vergibt* und *heilet alle deine Gebrechen*,
4 der dein *Leben vom Verderben erlöst*, der dich *krönet mit Gnade und Barmherzigkeit*,
5 der deinen *Mund fröhlich macht*, und du wieder jung wirst wie ein Adler.
6 Der HERR *schafft Gerechtigkeit und Recht allen, die Unrecht leiden.*
7 Er hat seine Wege Mose wissen lassen, die Kinder Israel sein Tun.
8 Barmherzig und gnädig ist der HERR, geduldig und von großer Güte.
9 Er wird nicht für immer hadern noch ewig zornig bleiben.
10 *Er handelt nicht mit uns nach unsern Sünden* und vergilt uns nicht nach unsrer Missetat.
11 Denn so hoch der Himmel über der Erde ist, lässt er seine Gnade walten über denen, die ihn fürchten.
12 So fern der Morgen ist vom Abend, lässt er unsre Übertretungen von uns sein.
13 Wie sich ein Vater über Kinder erbarmt, so erbarmt sich der HERR über die, die ihn fürchten.
14 Denn er weiß, was für ein Gebilde wir sind; er gedenkt daran, dass wir Staub sind.

Aufgaben
Welche Erfahrungen werden angesprochen?
Formulieren Sie die kursiven Teile in Bekenntnissätze um.

2) EG 355, 1)
Mir ist Erbarmung widerfahren,
Erbarmung, deren ich nicht wert;
das zähl ich zu dem Wunderbaren,
mein stolzes Herz hat's nie begehrt.
Nun weiß ich das und bin erfreut
und rühme die Barmherzigkeit.
Philipp Friedrich Hiller 1767

III.6.2. Die Lehre von der Rettung/Erlösung (Soteriologie)

Anastasis (St. Markus Venedig).[143]

In den ersten Jahrhunderten war die Frage nach dem Heil integrativer Bestandteil der Auseinandersetzung um die Person des Erlösers. Die Sünde führt in die Gewalt der Mächte Tod und Teufel. Die Selbsthingabe des Gottmenschen (Gottessohnes) befreit aus der Gewalt dieser Mächte und gibt dem Menschen (als Ebenbild) wieder Anteil am Leben Gottes.
Die Reformation akzentuiert Erlösung anders, indem sie die von Christus in seiner Selbsthingabe am Kreuz erwirkte Befreiung aus der Gewalt von Tod und Teufel als Handeln Gottes interpretiert, dass den Sünder gerecht macht.

---

[143] Bildquelle: http://www.othmar.at/kik.

Exkurs: Bildanalyse[144]

Cranach-Altar Stadtkirche St. Peter und Paul, Weimar (1555)/ 1 Joh 1,7: Das Blut seines Sohnes Jesu reinigt uns von allen Sünden.

Am Beispiel des Flügelaltars von Lucas Cranach d. Ä. kann entdeckt werden, wie unter Rückgriff auf Elemente biblischer Überlieferung christliche Lehre gleichsam „komponiert" wird.

Ist der Altar *geschlossen*, sind Taufe und Auferstehung zu sehen: Wenn man ihn öffnet, wird der Blick im Mittelteil auf das zwischen Taufe und Himmelfahrt liegende Heilsgeschehen gelenkt.

Der *linke Flügel* zeigt: Kurfürst Johann Friedrich der Großmütige (gest. 3.3.1554) und Kurfürstin Sibylla von Jülich Cleve (gest. 21.2.1554). Der *rechte Flügel* zeigt die drei Söhne des Fürstenpaares.

---

[144] Bildquellen: Cranach Digital Archive (http://www.lucascranach.org/)

Geschlossener Altar

Strukturale Bildanalyse liest ein Bild wie einen Text und ist somit eine Möglichkeit, die theologische Aussage des Bildes zu erschließen. Wie beim Textlesen lässt sich der hermeneutische Zirkel von Vorverständnis und Erkenntnis nicht durchbrechen, sondern nur reflektieren. Kunstgeschichtliche Information kann helfen, ersetzt aber nicht den eigenen Zugang.

These

Nicht das einzelne Zeichen hat Bedeutung, sondern die Relation von Zeichen, die Komposition.

- Feststellung von Zeichensorten (hier: Zitaten).
- Feststellung der Korrelation der Zeichen (Beachtung von Geometrie, Farben, Landschaft, Körpersprache, Kleidersprache).
- Feststellung der Gesamtstruktur.

Cranach-Altar in der Stadtkirche St. Peter und Paul Weimar (1555)

Aufgaben:

1. Entdecken Sie die folgenden Bildelemente und tragen Sie diese in die Skizze ein. Ordnen Sie die Begriffe den Kästchen an der Skizze zu.

Lenden-tuch als „Sieges-fahne"	Jerusa-lem	Mose mit Gesetzestafeln	Tod und Teufel (besiegt)	Adam (Mensch)
Tod und Teufel	Luther	Cranach (Blutstrahl)	Johannes der Täufer	Eherne Schlange (Wüstenla-ger)
Lamm	Hirten	Christus als Sieger	Verkündi-gungsengel	Bibel

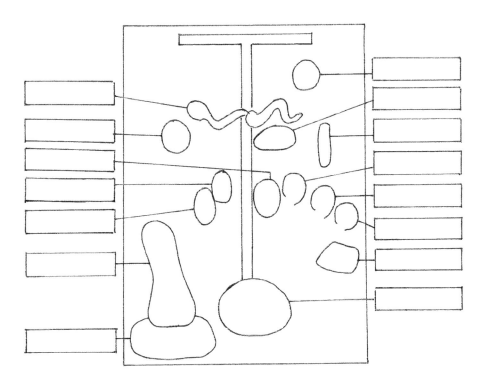

2. Ordnen Sie die folgenden Bibelstellen (Bibelzitate) den Bildelementen bzw. der Komposition zu:

(1) Num 21,4b-9
(2) Joh 3,14
(3) Lk 2,8-11
(4) Hebr 4,16
(5) Röm 3,20b
(6) Röm 3,24
(7) Ex 34,29
(8) 1Joh 1,7b
(9) Joh 1,29
(10) Hebr 2,14

Im Mittelpunkt steht der gekreuzigte Christus. Der den Betrachter anschauende weißbärtige Lukas Cranach der Ältere wird vom Strahl des Blutes getroffen, das aus der Seitenwunde Christi fließt.[145] Der weiße Lendenschurz hat die Form einer flatternden Siegesfahne. Neben Cranach steht der rotbärtige Johannes der Täufer, der mit einer Hand auf Jesus am Kreuz weist und mit der anderen auf das Lamm (Joh 1,29). Er deutet damit den Gekreuzigten als Lamm Gottes, das die Sünde der Welt trägt und damit zugleich Sünde, Tod und Teufel besiegt hat, wie in der Szene vorne links zum Ausdruck kommt.

Rechts vorne zeigt Luther auf die geöffnete Schrift und deutet von hierher die Zusammenhänge: „Das Blut Jesu reinigt uns von allen Sünden" (1Joh 1,7). „Darum lasst uns hinzutreten zu dem Gnadenthron[146] [‚hilasterion', als dem Ort, wo sich Sühne ereignet] auf dass wir Barmherzigkeit empfangen und Gnade finden auf die Zeit, wann uns Hilfe not sein werde" (Hebr 4,16).

Im Hintergrund der drei Personen findet sich ein Verweis auf die als alttestamentliche Vorbildung des Kreuzes interpretierte Szene Num 21,4b-9, auf die Joh 3,14 Bezug nimmt: Gleich wie Mose in der Wüste eine Schlange erhoben hat, also muss auch des Menschen Sohn erhoben werden, dass alle, die an ihn glauben nicht verloren werden, sondern das ewige Leben haben.

Hinter dem Kreuzstamm zeigt Mose auf die Gesetzestafeln, die er dem Aaron u.a. präsentiert (Ex 34,29-32). Dem von Tod und Teufel verfolgten Adam kann „das Gesetz" nicht helfen, es führt ihn nur zur Erkenntnis seiner Situation (Röm 3,20b). Im Horizont rechts wird auf den Beginn der Rettungsgeschichte verwiesen: Der Engel verkündet den Hirten auf dem Feld die Geburt des Christus (Lk 2,8-11). Links vorn wird die „Wirkung" der Erlösung in Szene gesetzt: Tod und Teufel sind besiegt (Hebr 2,14). Cranach nimmt hier Elemente des byzantinischen Höllenfahrtsmotivs auf, bindet sie aber ein in eine Bildkomposition, die Heilsgeschichte mit der konkreten Zueignung des Heilsgeschehens verbindet.

Mit Röm 3,24-25 läßt sich die Gesamtkomposition deuten: Die Sünder werden durch Jesus Christus ohne eigenes Verdienst allein durch Gnade gerecht gemacht.

---

[145] Das Bild wurde nach dem Tode von Lukas Cranach von seinem Sohn vollendet, der vermutlich seinen Vater in das Bild setzte.
[146] Erklärung → III.5.

3. Entdecken Sie die bildsprachliche Kodierung des Bildes[147]

Geometrische Struktur:

Farbcodes (Rot/Weiß/Schwarz):

Landschaftlicher Code:

Personen:

Kleidercode:

Gestik:

Beschreibung des geometrisch-arithmetischen Codes:
⅔ Erde - ⅓ Himmel
Das Kreuz beherrscht die Bildmitte.
Es steht auf der Erde aber ragt in den Himmel.
Der Strahl des Blutes korrespondiert mit einer unsichtbaren Parabelhälfte zum siegenden Christus.

Farbcodes:
Rot, Farbe des Blutes, der Leidenschaft:
Umhang des siegenden Christus
Johannes
Verkündigungsengel
Priestergewand von Aaron
Wimpel des Lammes

Weiß, Farbe der Unschuld
Lendenschurz als Siegesfahne
Lamm
Bart Aarons und Bart von Cranach

Schwarz, Luther
Kleidung, bes. Talar (das Gelehrtengewandt des Mittelalters)

Landschaftlicher Code:
Andeutungen von Bergen (Wüstenlandschaft)
Golgathahügel
Lebensbäume im Mittelteil, Heilkräuter vorne

---

[147] Die Erschließung orientiert sich an einem Vorschlag von Alex Stock: Strukturale Bildanalyse. In: Wichelhaus, Manfred: Bildtheologie und Bilddidaktik, Düsseldorf 1981, 36-43.

Personen:
Tod und Teufel zweimal: Als Verfolgende – als Besiegte
Christus zweimal: Als Handelnder – als Leidender
Mose, Aaron und Israeliten
Johannes der Täufer, Luther, Cranach d. Ä., Hirten, Engel

Kleidercode:
Aaron: Priesterliches Gewandt
Johannes: Umhang; Cranach: bürgerliche Kleidung; Luther: Gelehrtenkleidung

Gestik:
Gejagter Mensch: Ergebenheit.
Mose zeigt auf die Gebote und auf die Schlange.
Johannes zeigt auf Kreuz und Lamm.
Cranach: Fromme Geste: Dankbar Empfangender.
Der siegende Christus und Lucas Cranach schauen den Zuschauer an.

Cranachs Kunstwerk verweist auf die Konstruktion christlicher Lehre in protestantischer Gestalt. Die Bedeutung des Kreuzes Christi wird unter Rückgriff auf (ausgewählte) biblische Überlieferungen in der unmittelbaren Wirkung auf den Menschen zum Ausdruck gebracht. (s.o.)

Exkurs: Kurze Hinweise zu relevanten soteriologischen Begriffen

Erlösung – Versöhnung – Vergöttlichung – Rechtfertigung
In den dogmatischen Traditionen werden die soteriologischen Kernbegriffe nicht einheitlich verwendet. Die folgenden Beschreibungen sollen eine grobe Orientierungshilfe geben:

Erlösung
In biblischer Tradition knüpft Erlösung an den Rechtsakt der *Lösung* an. Dabei geht es um die Verpflichtung von Angehörigen, dem in ökonomische Abhängigkeit geratenen Sippenmitglied wieder zu seinem Land und somit seiner ökonomischen Lebensgrundlage zu verhelfen. Übertragen wird daraus die Lösung aus einer Abhängigkeit, in der Tod und Todesnähe das Leben bestimmen, bzw. bedrohen. Im NT spielt auch die Erlösung aus dem Machtbereich des Bösen (Exorzismus) eine große Rolle.
Wenn in theologischer Deutung Christus den Menschen aus dem Machtbereich des Todes/des Bösen rettet, fallen in dieser Deutung Rettung und Erlösung zusammen. Während bei Rettung und Erlösung die Befreiung aus einer verhängnisvollen Situation bzw. Abhängigkeitsverhältnissen im Vordergrund steht, zielen Versöhnung und Rechtfertigung vor allem auf die Überwindung und Erneuerung einer verhängnisvoll, gestörten Beziehung ab (s.u.). Im Blick auf Erlösung ist zu klären, wovon erlöst wird: In der alten Kirche ging es um Erlösung von Tod und Irrtum, in der römischen Kirche steht Erlösung von den Schuldfolgen (Fegefeuer/Verdammnis) im Vordergrund und im

klassischen Protestantismus Erlösung von der Angst erzeugenden, verdammenden Macht des Gesetzes.[148]

Nach Tillich umfasst „Erlösung" Worte wie Rettung, Heilung, Mittlerschaft und Loskauf.[149]

Versöhnung

In biblischer Tradition geschieht Versöhnung im Ritual des großen Versöhnungstages (Lev 16) durch die vom Hohepriester jährlich zu vollziehende „Entsühnung". Damit wird die durch menschliche Schuld gestörte Beziehung der Gemeinschaft Israels mit Gott – das Bundesverhältnis – erneuert. Paulus schließt an diesen Vorstellungshintergrund an und deutet das Christusgeschehen als von Gott gewirkte Entsühnung, die eine versöhnte Gottesbeziehung zur Folge hat. 2Kor 5,19: „Gott war in Christus und versöhnte die Welt mit sich selber und rechnete ihnen ihre Sünden nicht zu und hat unter uns aufgerichtet das Wort der Versöhnung".

Theologiegeschichtlich deutete Anselm von Canterbury (1033-1109) mit seiner im mittelalterlichen Verständnis von Ehre verankerten „Satisfaktionstheorie" die Ehrverletzung Gottes als Grund für die Notwendigkeit blutiger Entsühnung. Mit dieser Sicht wird ausgeblendet, dass weniger Gott als der unter der Dynamik seiner Schuldfolgen (der Macht der Sünde) leidende Mensch „Entsühnung" braucht, im Sinne einer Unterbrechung der Gewaltspirale.

In neuzeitlichem Verständnis setzt Versöhnung die Erfahrung von Feindschaft bzw. eines fundamentalen Konflikts voraus, der in einer neuen Qualität von Beziehung aufgehoben wird.

Das Wirken Gottes als Versöhnungsgeschehen wurde in der neuzeitlichen Theologie unterschiedlich dargestellt und gedeutet.[150] Spezifische Akzente setzten Friedrich Schleiermacher (1768-1834): *Der christliche Glaube* und Albrecht Ritschl (1822-1889): *Die christliche Lehre von der Rechtfertigung und Versöhnung.*

Karl Barths umfassende Kirchliche Dogmatik kann insgesamt als Auslegung des Versöhnungshandelns Gottes verstanden werden (→ IV.1.3). Paul Tillich interpretiert Versöhnung als Überwindung der Entfremdung des Menschen von Gott als Grund des Seins (→ IV.1.4).

Vergöttlichung

In Anlehnung an 2Petr 1,4: „damit ihr […] Anteil bekommt an der göttlichen Natur" deutet die ostkirchliche Tradition Erlösung als Heiligung im Sinne einer Vergöttlichung des Menschen. Gregor von Nazianz (330-390) hat das ausgedrückt in dem Satz:

> „Gott wurde Mensch, damit der Mensch göttlich werden kann".*

Durch die Inkarnation (Menschwerdung Gottes) wird die Entfremdung und Trennung des Menschen von Gott überwunden und er wird „heilig" in dem Sinn, dass er zu Gott gehört und Anteil am Leben Gottes gewinnt, das durch Liebe bestimmt ist.

Aufgabe

Vergleichen Sie diesen Satz* mit dem Aufruf aus einer Weihnachtspredigt des ehemaligen Limburger Bischofs Franz Kamphaus: „Mach's wie Gott, werde Mensch!".

---

[148] Vgl. Tillich, Paul: Systematische Theologie Bd.II, Stuttgart ³1958, 179.

[149] Vgl. a.a.O., 181.

[150] Vgl. Webster, John: Art. „Versöhnung, V. Theologiegeschichtlich", in: RGG⁴ Bd.8, Sp.1055-1058.

Rechtfertigung

Rechtfertigung setzt eine Anklagesituation voraus, die Konfrontation mit einem Schuldvorwurf. Wenn jemand sich rechtfertigt, will er Schuldvorwürfe abwehren und sich behaupten.

Theologiegeschichtlich steht hinter der zentralen Bedeutung der Rechtfertigungslehre die Erfahrung, dass der Mensch im Verhältnis zu Gott dazu keine Chance hat, aber *zugleich* die Erfahrung, dass Gott den Menschen aus diesem Zwang der Selbstrechtfertigung durch seinen Lebensvollzug (Leistung, Sinngebung) befreit.

Paulus drückt das so aus, dass der Christ frei ist vom Gesetz (Inbegriff der Forderungen Gottes), das um des Heils willen erfüllt werden muss. Das Gesetz ist nach Paulus vom Menschen nicht erfüllbar, aber durch Christus für alle Menschen erfüllt. Paulus setzt an bei der (neuen) Erfahrung, dass Überwindung der Trennung von Gott nicht durch Zustimmung zum Gesetz (bzw. Übernahme des Gesetzes), sondern durch Verlassen auf die Gnade Gottes (in Christus) vollzogen ist bzw. wird. Paulus lehrt ein dialektisches Gesetzesverständnis: Dient das Gesetz der Selbstkonstitution des Menschen, ist es tödlich, dient es der Wahrnehmung der Gnade ist es lebensfördernd. Diesen Blickwechsel hin zu der dem menschlichen Tun zuvorkommenden Gnade Gottes nennt Paulus „Glaube". Dieser Glaube lässt sich in mehreren Dimensionen beschreiben:

- Zustimmung des gottwidrigen Menschen zur Gnade seiner Erlösung durch Christus (Röm 3,23f.).
- Annahme des Rechtfertigungsgeschehens (im Bild der Versöhnung durch Christus, Röm 3,25).
- Erneuerung durch die Kraft des Geistes (Wiedergeburt, neue Kreatur, Titus 3, 5 u.ö.).
- Neuer Blick auf das eschatologische Heil (gerichtet wird nach Werken, aber der Richter ist der barmherzige Christus, der „für mich" die Werke des Gesetzes erfüllt hat).
- Neuer Blick auf die Werke als „Früchte des Glaubens", die nicht dem Buchstaben, sondern dem Geist des Gesetzes folgen (Röm 2,29).

Im lutherischen Verständnis ist *Rechtfertigung* ein *forensischer (rechtlicher)* Akt: Gott spricht den Sünder, den gottwidrigen Menschen gerecht. Anders ausgedrückt: Gott nimmt ihn an. Der gerechtfertigte Mensch ist nach Luther zugleich Sünder und Gerechter („simul iustus et peccator").
(→ V.3.)

III.7. Der Neuansatz reformatorischer Theologie im Kontext des ausgehenden Mittelalters

III.7.1. Luthers Entdeckung der Rechtfertigung des Sünders

Vom gerechten zum gerecht sprechenden Gott.

Luthers reformatorische Erkenntnis gründet im Wesentlichen auf einem überraschenden neuen Verständnis von „Gerechtigkeit Gottes". Die mittelalterliche Kirche verstand den Begriff so, dass Gott als gerechter Richter eine Einteilung in gut und böse vornimmt und alle ungerechten, sündigen Menschen bestraft.

Als Mönch hat Luther dieser Tradition entsprechend gelernt, die Gerechtigkeit Gottes so zu verstehen, dass Gott die Sünder straft und gute Werke belohnt. Der Mensch muss aktiv werden und Gutes tun, um vor Gott gerecht und mit dem ewigen Heil seiner Seele belohnt zu werden. Trotz intensivster Anstrengung, trotz seines Bemühens um ein musterhaftes Klosterleben erkannte Luther, dass er so nie sein Seelenheil erlangen konnte, dass er trotz guter Werke, Bibelstudium etc. nie ein Gerechter vor Gott sein konnte, weil die Sünde ihn immer wieder beherrschte. Er muss in diesem Prozess bis zu seiner neuen Erkenntnis schwere Qualen durchlitten haben. Dabei entwickelten sich bei ihm Hassgefühle gegenüber Gott, weil Gott der einzige war, der gerecht war und er selbst dieser Gerechtigkeit nie entsprechen konnte.

Im intensiven Bibelstudium bahnte sich bei ihm die Erkenntnis an, dass der Begriff „Gerechtigkeit Gottes" nicht im aktiven Sinn, sondern im passiven Sinn als *iustitia passiva* zu verstehen sei, d.h. es geht nicht darum, durch eigene Anstrengungen und Taten (an denen Luther fast verzweifelte) vor Gott gerecht zu werden, sondern sich die Gerechtigkeit zurechnen zu lassen, allein durch den Glauben an Jesus Christus. Indem man Gottes Wirken in Christus glaubt, wird man vor Gott gerecht. Luther entdeckte, dass Gerechtigkeit Gottes nicht die ist, durch die der gerechte Gott am Maßstab absoluter Gerechtigkeit richtet und die Ungerechten verdammt. Gerechtigkeit Gottes ist vielmehr die, durch die Gott den Menschen gerecht macht, allein dadurch, dass der Mensch glaubt und Gott zustimmt. Diese Erkenntnis ist bei ihm wesentlich aus dem Studium des Galaterbriefes (2,16) und des Römerbriefes (1,17) erwachsen.

Gal 2,16: Doch weil wir wissen, dass der Mensch durch Werke des Gesetzes nicht gerecht wird, sondern durch den Glauben an Christus Jesus, sind auch wir zum Glauben an Christus Jesus gekommen, damit wir gerecht werden durch den Glauben an Christus und nicht durch Werke des Gesetzes; denn durch Werke des Gesetzes wird kein Mensch gerecht.

Röm 1,17: Denn darin wird offenbart die Gerechtigkeit, die vor Gott gilt (wörtlich: Gottes Gerechtigkeit), welche kommt aus Glauben in Glauben; wie geschrieben steht (Habakuk 2,4: „Der Gerechte wird aus Glauben leben").

Die Erkenntnis führt zu einer neuen Verhältnisbestimmung von *Glaube und Werk*. Luther legt diese in seiner Schrift „Von der Freiheit eines Christenmenschen" (1520) aus.[151] (→ IV.8.)

III.7.2. Reformatorische Wende, Durchbruch, Turmerlebnis

Der Zeitpunkt der reformatorischen Erkenntnis Martin Luthers ist umstritten. Er wird allgemein als „Turmerlebnis" bezeichnet, weil der Durchbruch zur reformatorischen Erkenntnis sich im Arbeitszimmer Luthers, im Turm des Wittenberger Augustinerklosters ereignet haben soll. Oft werden die Jahre 1514/15 (Römerbriefvorlesung) und 1518 (Neulektüre von Augustins „De spiritu et littera") angegeben, jedoch auch die Zeit von 1511/12 (erste Psalmenvorlesung).[152] Daneben werden Frühdatierungen (bis 1508 zurück) und Spätdatierungen (zwischen 1519-1520) vorgenommen. Außerdem wird die Ansicht vertreten, beim reformatorischen Durchbruch handele es sich nicht um eine genau datierbare Erkenntnis, sondern um das allmähliche Heranreifen einer neuen theologischen Anschauung. Erst in Luthers erinnernder Rückschau habe sich

---

[151] Textauszug → IV.5.3.1.
[152] Wie die Datierung der Reformatorischen Wende variieren auch die Datierungen der Vorlesungen Luthers. Th. Kaufmann schlägt für die erste Psalmenvorlesung 1513/14, für den Römerbrief 1515/16 vor.
[Kaufmann, Thomas: Martin Luther. 2. durchgesehene Auflage, München 2010, 38.]

dieser Prozess in einem konkreten Ereignis verdichtet. Luther selbst hat 1545 kurz vor seinem Tod, in der Vorrede zum ersten Band der lateinischen Schriften seiner Werke (Wittenberger Ausgabe), die Wende in seinem Leben in die Zeit von 1518 gelegt, also vor der zweiten Psalmenvorlesung und nach dem Thesenanschlag.[153]

Man findet in Luthers Vorlesung über den Römerbrief 1515/16 bei Römer 1,17 keinen Hinweis, dass für ihn diese Textstelle eine besondere Bedeutung gewonnen hätte. Auffällig ist aber, dass unter den Druck einer Thesenreihe von 1518 gegen alle Gewohnheit eine Nachschrift gesetzt wurde:

> „Summa Summarum: Der Gerechte lebt nicht aus den Werken, noch aus dem Gesetz, sondern aus dem Glauben."

Hier klingt die neue Wahrnehmung deutlich an. Für das Jahr 1518 spricht nach Aland weiterhin, dass Luther seine Frühvorlesungen erst drucken ließ, nachdem er sie unter dem Aspekt der reformatorischen Erkenntnis noch einmal durchgesehen hatte: z.B. die zweite Psalmenvorlesung 1518 und Galaterbriefvorlesung 1519. Römer- und Hebräerbriefvorlesung wurden nach 1518 weder wiederholt noch gedruckt.

In Luthers Römerbriefvorlesung von 1515/16 heißt es noch ganz ohne besondere Betonung von Römer 1,17:

> „Einzig im Evangelium wird die Gerechtigkeit Gottes geoffenbart, (d.h. wer und auf welche Weise einer gerecht ist und wird vor Gott), nämlich allein durch den Glauben, mit dem man dem Worte Gottes glaubt. [...] Denn die Gerechtigkeit Gottes ist die Ursache des Heils. Und wiederum darf man hier unter der Gerechtigkeit Gottes nicht die verstehen, durch die er selbst gerecht ist in sich selbst, sondern die, durch die wir von ihm her gerecht gemacht werden. Das geschieht durch den Glauben an das Evangelium."[154]

Hier wird deutlich, dass in der Wandlung von der iustitia activa (die Menschen müssen gute Werke tun, um gerecht zu werden) in die iustitia passiva (die Menschen können nur ohne ihr Zutun durch Gott vor Gott gerecht werden) der Kernpunkt der reformatorischen Entdeckung liegt.

Luther zitiert im Folgenden in seiner Römerbriefvorlesung einen Abschnitt aus Augustin. Dort heißt es:

> „Gerechtigkeit heißt darum Gerechtigkeit Gottes, weil er damit, dass er sie mitteilt, Menschen zu Gerechte macht."
>
> Und Luther fährt fort: „Sie heißt Gottes Gerechtigkeit im Unterschied zu Menschengerechtigkeit, die aus denWerken kommt. Wie es Aristoteles im ersten Buch seiner Ethik deutlich beschreibt, nach dessen Anschauung die Gerechtigkeit unserm Handeln folgt und daraus entsteht. Aber bei Gott geht sie den Werken voran und die Werke entspringen aus ihr."[155]

Der im Glauben angenommenen Gerechtigkeit Gottes, folgen gute, uneigennützige Werke. Das Heil der Seele lässt sich nicht durch gute Taten und einen frommen Lebenswandel erlangen kann, sondern einzig und allein dadurch, dass man das für uns in Tod und Auferstehung Jesu gewirkte Heil annimmt. Für Luther bedeutet dies, dass der Mensch völlig von Gott abhängig ist. Dadurch, dass der Mensch dieses Angebot annimmt, offenbart Gott seinen Anspruch, selbst Gott zu sein, denn nur er hat die Macht, gerecht zu sprechen. Der Mensch ist und bleibt ein Sünder, aber er wird von Gott, seinem Schöpfer, geliebt. Indem der Mensch Gottes Urteil annimmt und damit Gott

---

[153] Vgl. Lohse, Bernhard: Martin Luther. Eine Einführung in sein Werk, München ³1997, 169ff.
[154] Luther, Martin: Der Römerbrief, Göttingen 1963, 13.
[155] Ebd.

Recht gibt, geschieht die Rechtfertigung Gottes im Menschen. Im Gegensatz zu bestimmten Formen der Bußpraxis bindet Luther den rechtfertigenden Glauben nicht an die Erkenntnis der Sünde. Vielmehr ist der Glaube die Voraussetzung der Sündenerkenntnis. Erst wenn der Mensch Gott als seinen Schöpfer anerkennt, ihn zu seinem Recht kommen lässt, kann er erkennen, was ihn von Gott trennt, kann er sich als Sünder erkennen, als einen, der auf die Vergebung angewiesen ist, auf Gottes Gnade. Gotteserkenntnis und Sündenerkenntnis fallen ineinander.

Deswegen kann Luther formulieren, dass der Mensch beides zugleich ist, Sünder und Gerechter. Er lebt nicht in einem Nacheinander von Sünde und Gnade. Die fremde Gerechtigkeit, die dem Menschen zugesagt ist – die Gerechtigkeit Christi und damit die Vergebung seiner Sünden –, hebt die Sünde nicht auf. Luther interpretiert diesen Doppelaspekt des Menschen unter der Perspektive der Beziehung: vor Gott ist der Gerechtgesprochene, trotz seiner Sünden ganz und gar gerecht, vor der Welt und sich selbst ist er dagegen ganz und gar Sünder. Die Formel, gerecht und Sünder zugleich bringt die Perspektive der Hoffnung zum Ausdruck: Wenn Gottes Gerechtigkeit im Glauben angenommen wird, so ist die Folge der Sünde, die Trennung von Gott, bereits überwunden und der Mensch kann auf sein künftiges Heil hoffen.

Nach Luthers Verständnis kommt die Gerechtigkeit Gottes sowie das Gerechtwerden des Menschen erst am jüngsten Tag zu ihrer vollen Verwirklichung. Im Glauben wird dieser Spannungsbogen von der Gegenwart bis ins Jenseits durch das Vertrauen auf die göttliche Verheißung jedoch überbrückt.

Für die reformatorische Entdeckung ist die Unterscheidung und dialektische Einheit von *Gesetz und Evangelium* relevant. Darin spiegeln sich zwei Weisen der göttlichen Offenbarung. Sie sind nach Luther zu unterscheiden aber zugleich zueinander in Beziehung zu setzen. Das *Gesetz* offenbart dem Menschen sein Sündersein, seine Entfremdung von Gott, das sich in seinem „In-sich-verkrümmt-sein" ausdrückt. Durch das rechtfertigende Handeln Gottes in Christus wird der Sünder ein Gerechter. Das *Evangelium* bezeugt dem Menschen die Gnade Gottes und befreit ihn von seinen Selbsterlösungsversuchen, indem es auf Jesus verweist. Wo das Gesetz und das Evangelium richtig unterschieden werden, da wird die Gnade als einzige Voraussetzung der Rechtfertigungslehre Luthers erkannt und anerkannt.

Zusammenfassung: In der Rechtfertigungslehre Luthers geht es um die Fundamentalunterscheidung von Gott und Mensch. Das Verhältnis beider ist bestimmt durch die Gnade Gottes und dem darauf vertrauenden Glauben des Menschen. Die Rechtfertigung des Menschen vor Gott geschieht allein durch den Glauben an Jesus Christus und damit durch das Anerkennen Gottes als Gott. Die Rechtfertigung vor Gott verlangt keinerlei „guten Taten", aber ihr folgen gute Taten. Luther hat sein Verständnis von Rechtfertigung allein aus Gnade im Glauben im Anschluss an Paulus entwickelt. In Abgrenzung zur reformatorischen Lehre von der vollständigen Erlösung durch den Christusglauben wurde auf dem Tridentinischen Konzil, dem Konzil der Gegenreformation, die Auffassung bestärkt, dass Sünder weiterhin Sühneleistungen erbringen müssen, zu Lebzeiten und/oder im Fegefeuer.

Exkurs: Kernbegriffe reformatorischer Theologie

Gesetz und Evangelium sind zwei Weisen der Offenbarung Gottes, die funktional zu unterscheiden sind:

Im Gesetz wird die Heiligkeit Gottes und seine Forderung offenbar, im Evangelium seine Liebe und Barmherzigkeit.

Einfacher: Was Sünde enthüllt ist Gesetz, was Sünde zudeckt Evangelium.
„Gesetz" verweist auf die Eigendynamik (Last) menschlicher Schuld mit ihren tödlichen Folgen.
In diesem Zusammenhang ist darauf hinzuweisen, dass es unsachgemäß ist, das AT mit dem Gesetz und das NT mit dem Evangelium zu identifizieren. Die funktionale Unterscheidung bezieht sich auf beide Teile der Bibel.
Die Christusgeschichte ist zugleich (heils-) geschichtliches und existentielles Geschehen. Gott richtet darin seine Gerechtigkeit auf und rechnet sie im Glauben (pro me) zu.

Sünde/„Erbsünde"

In der Alltagsvorstellung ist der Sündenbegriff moralisch-ethisch enggeführt. In theologischer Deutung ist Sünde Ausdruck für Entfremdungs- bzw. Widersprüchlichkeitserfahrung. Sie hat aus biblischer Perspektive (Gen 3,5) ihren Grund in dem Wunsch des Menschen „zu sein wie Gott" und in der Abkehr von Gott als Grund seines Seins. Der in neuzeitlichem Verständnis problematische Begriff „Erbsünde" verweist darauf, dass es nicht um moralische Verfehlung, sondern um eine anthropologische Konstante geht. Die Zielsetzung und Chance theologischer Bildung liegt in der Erschließung der radikal-nichtmoralischen theologischen Bedeutung von Sünde, die nur in der Dialektik von Schuld und Vergebung bzw. Sünde und Versöhnung in ihrer Radikalität wahrgenommen werden kann. Sünde ist Ausdruck für gebrochene Beziehungen und Ursache für gestörte Selbst- und Weltwahrnehmung. Die Bedeutung der theologischen Rede von Gottes Rechtfertigung des Sünders liegt im Verweis auf die Neukonstituierung der Gott-Mensch-Beziehung. Diese wird im Glauben angeeignet. Der Gerechtfertigte weiß sich als Geschöpf in der Gottesbeziehung aufgehoben. Er kann deshalb von dem illusionären Wunsch absehen, wie Gott sein zu wollen. Der aus Glauben Gerechtfertigte deutet das Leben aus seiner Beziehung zum unverfügbaren Grund und aus der Erfahrung fundamentaler Anerkennung. Diese ermöglicht auf eine Selbstkonstitution durch Handeln/Leistung/Werke zu verzichten. Zugleich befreit sie zu einem Leben in den Grenzen geschöpflicher Existenz.

Prädestination

Biblische Grundlage der sogenannten Prädestinationslehre ist Röm 9,11-16. Die auf dieser Grundlage entwickelte Lehre von der göttlichen Vorherbestimmung zum Heil oder Unheil – auch als Gnadenwahl bezeichnet – geht auf Augustin zurück. Sie betont die Alleinwirksamkeit Gottes im Blick auf das Heil bzw. Unheil des Menschen.
Basis ist die Aussage, dass nach Gottes unerforschlichem Ratschluss neben den zum Glauben gerufenen und damit zum Heil bestimmten, die zur Verdammnis bestimmten stehen. Grundlegend ist der Gedanke, dass nur dann, wenn beide Bestimmungen allein auf Gott zurückgeführt werden, wirklich von einer Alleinwirksamkeit Gottes gesprochen werden kann. In den Spuren Augustins hat auch Luther im Sinne einer doppelten Prädestination gedacht. Während im Anschluss an Calvin die reformierte Tradition die Prädestinationslehre z.T. noch radikalisierte, wird sie in der (lutherischen) Konkordienformel (FC von 1577) verworfen.
Für Karl Barth sind durch Christi Rettungstat alle Menschen zum Heil bestimmt. Aus Prädestination wird Erwählung.[156]
In der Leuenberger Konkordie von 1973, einem Dokument das nach Lehrgesprächen die Kirchengemeinschaft lutherischer und reformierten Kirchen herstellt, wird inhalt-

---

[156] Barth, Karl: KD II/2 Gottes Gnadenwahl.

lich die Lehre von einer negativen Vorherbestimmung durch Gott vom Christuszeugnis her kritisiert.[157]

III.7.3. Entfaltung reformatorischer Lehre

Im Mittelalter galten die Sentenzen des *Petrus Lombardus* (gest. 1160 in Paris) als Gesamtfassung theologischen Wissens und Basis der scholastischen Theologie. Für die evangelische Dogmatik bildet die Locimethode von *Philipp Melanchthon* die Grundlage.[158]

Melanchthons „Loci communes" (1521) waren das erste Lehrkompendium reformatorischer Theologie. Die Besonderheit bestand darin, dass er in seinem Leitsatz („hoc es Christum cognoscere beneficia eius cognoscere") die Erkenntnis Christi mit der Erkenntnis seiner Wohltaten identifizierte. Damit konzentrierte er das theologische Interesse und reduzierte das heilsgeschichtliche Schema. Es erfolgt ein Blickwechsel weg von der Heilsökonomie für die Menschheit auf das Heil des Einzelnen. *Gesetz, Sünde und Gnade* rücken in den Vordergrund, *Trinität und Inkarnation* in den Hintergrund. In der zweiten Ausgabe werden diese, der Sentenzentradition folgend, jedoch wieder in die Gottes- und Schöpfungslehre eingegliedert. Luthers Diktum entsprechend, dass die Unterscheidung von Gesetz und Evangelium die Aufgabe der Theologie schlechthin ist, tritt diese Unterscheidung anstelle der Differenz von Gesetz und Gnade[159]. „Das vorrangige Interesse richtet sich auf die Konstitution des Heilsbewusstseins und der Heilsgewissheit des Einzelnen."[160] Heilsbewusstsein löst somit die heilsgeschichtliche Perspektive nach Überwindung der gefallenen Schöpfung ab.

Die zentrale Frage lautet nun: „Wie wird der Sünder vor Gott gerecht?"

In der sogenannten protestantischen Orthodoxie (etwa letztes Drittel des 16. Jh.s bis erstes Drittel des 18. Jh.s) wurde in der Soteriologie auf der Basis biblischer Ämter die Lehre vom dreifachen Amt Christi entwickelt:

Prophetisches Amt
Wie alttestamentliche Propheten (aber vollkommener), verkündigt der irdische Christus den Willen Gottes. Das prophetische Amt geht nach der Himmelfahrt Christi auf die Kirche über.

Priesterliches Amt
Aufgabe des Priesters ist es im AT, Gott durch Opferdarbringung zu versöhnen und damit die Kausalkette von Schuld und ihren negativen Folgen zu unterbrechen.
In diesem Amt vollbringt Christus die Erlösung, indem er sich selbst als Opfer bringt und damit Gott und Menschheit versöhnt.

Königliches Amt
Das königliche Amt der Weltherrschaft ist Christus von Gott übertragen. Es wird in unterschiedlicher Weise in der Welt, in der Kirche und im Himmel ausgeübt.[161]

---

157 Vgl. Leonhardt, Rochus: Grundinformation Dogmatik, Göttingen ⁴2009, 328-333.
158 Vgl. Nüssel, a.a.O., 41-59, 43.
159 Vgl. ebd., 43.
160 Vgl. a.a.O.
161 Vgl. Danz, Christian: Einführung in die Dogmatik, 126ff.

Auf Loci und dogmatischen Kompendien folgt in der sogenannten protestantischen Orthodoxie im 17. Jh. eine „analytische Methode". Ausgangsfrage ist: Wie wird die Gottebenbildlichkeit durch Rechtfertigung und Wiedergeburt wiederhergestellt?

Alle theologischen Inhalte (Trinität, Schöpfung Prädestination, Christologie) werden dem Gesichtspunkt der *Ursache* der Rechtfertigung untergeordnet.

Bei *Georg Calixt* (1586-1656, Helmstedt) wird der heilsgeschichtliche Wiederherstellungsgedanke wie in der Scholastik wieder zum Konstruktionsprinzip. *Theologie wird zur Therapie,* der Rückführung der Menschen in die geschöpfliche Bestimmung.[162] Das theologische Interesse verlagert sich so „von der Konstitution der Heilsgewissheit zur Beschreibung der Restitution der Gottebenbildlichkeit."[163]

Für *Johann Franz Buddeus* (1667-1729) ist es die Aufgabe der Dogmatik als theologischer Disziplin, „die heilsnotwendigen Glaubenssätze der Schrift zu ermitteln, was wiederum nur möglich ist, wenn diese in ihrem Zusammenhang erklärt und bewiesen werden. Dogmatik dient damit der Bestimmung des heilsnotwendigen Glaubensinhalts aus der Schrift."[164] Dieser Ansatz orientiert sich nicht an der Trinität, sondern an der Bundestheologie: Versöhnung wird gestiftet in der Restitution des Gnadenbundes durch die Aufhebung des Werkbundes.[165]

Bundestheologie (oder Föderaltheologie) ist auf der Grundlage altkirchlicher Ansätze in der Reformationszeit von dem Schweizer Reformator *Heinrich Bullinger* (1504-1575) entworfen worden. Sie basiert auf der These, dass der Geschichtsverlauf durch die Korrelation zu einem Bund Gottes bestimmt ist, der in der Zeit des Alten Testaments als „Bund der Werke", im Neuen Testament als „Bund der Gnade" in Erscheinung trat. Die in der zweiten Hälfte des 17. Jh.s aufkommende Bewegung des Pietismus konzentrierte sich auf die Persönlichkeit des Glaubenden, seine subjektive (Herzens-) Frömmigkeit und verwies dogmatische Lehre in den zweiten Rang.

Ernst Troeltsch (1865-1923) hat 1906 die Zeit nach der Reformation in Altprotestantismus und Neuprotestantismus (ab Ende des 17. Jh.s) gegliedert. Während er den Altprotestantismus noch ganz der mittelalterlichen Autoritätskultur verhaftet sah, ordnet er den Neuprotestantismus der modernen Kultur zu.[166]

III.8. Theologie nach der Aufklärung

Für das mittelalterliche Denken hat die Vernunft des Menschen Anteil an der von Gott gewirkten Weltvernunft. Alles was ist, ist Ausdruck des schöpferischen göttlichen Gedankens und den Gedanken Gottes kann „nachgedacht" werden. Das neuzeitliche Denken sieht wahre Erkenntnis nur im Blick auf das, was der Mensch selbst verursacht, das Gemachte, das „Faktum".

Für die Scholastik gilt: „Verum est ens – das Sein ist die Wahrheit."

Die neuzeitliche Formel lautet: „Verum quia factum" nach *Giambattista Vico* (1668-1744).

„Das will sagen: Als wahr erkennbar ist für uns nur das, was wir selbst gemacht haben."[167]

---

[162] Vgl.: Nüssel, a.a.O., 46.

[163] Ebd.

[164] A.a.O., 53.

[165] Vgl. a.a.O., 54.

[166] Troeltsch, Ernst: Die Bedeutung des Protestantismus für das Entstehen der modernen Welt, München und Berlin 1906 (²1911).

[167] Ratzinger, Joseph: Einführung in das Christentum. Vorlesungen über das Apostolische Glaubensbekenntnis, München ²1972, 29.

Mit der Aufklärung (2. Hälfte 17. bis Ende des 18. Jh.s) wurden bisher unreflektierte Selbstverständlichkeiten theologischer Dogmatik in Frage gestellt. In den Mittelpunkt rücken die Verhältnisbestimmungen von

- Offenbarung (Wort Gottes) und Vernunft,
- Offenbarungsreligion und Natürlicher Religion

Es wurden nun kritische Fragen an die biblische Überlieferung, die Dogmen und die kirchliche Tradition gestellt. Das besondere Interesse galt nun der Vernünftigkeit des Glaubens und seiner lebenspraktischen Bedeutung. In diesem Zusammenhang kam es zu einer Anlehnung an Methoden anderer Wissenschaften (z.B. historisch-kritische Bibelauslegung) und Ethisierung z.B. durch die Interpretation Jesu als Weisheits- und Tugendlehrer.[168] Ethische Reflexion erhält gegenüber z.T. grundlegend kritisierter überlieferter Lehre (z.B. Augustins Erbsündenlehre) einen höheren Stellenwert. [169] In diesem Kontext ist es der Anspruch von *Friedrich Schleiermacher* (1768-1834), theologische Lehre im Zusammenhang der durch Aufklärung geprägten Wissenschaft (neu) zu positionieren und rational zu behaupten. 1821 erscheint seine Dogmatik „Der christliche Glaube nach den Grundsätzen der evangelischen Kirche". Dieser Entwurf von Dogmatik als seine Glaubenslehre ist auf die Kirche bezogen und versteht sich als Grundlage für sachgerechtes Wahrnehmen kirchenleitenden Handelns, als Basis pfarramtlicher Tätigkeiten. Basis ist für ihn das fromme Selbstbewusstsein seiner Zeit, die Gestalt, in der der christliche Glaube in der konkreten historischen Situation zum Ausdruck kommt, seine lebendige Religiosität. Diese Religiosität systematisiert er zu in seiner Zeit geltender Lehre. Die traditionellen heilsgeschichtlichen Themen werden „als Voraussetzungen und Tatsachen des frommen Selbstbewusstseins rekonstruiert".[170] Grundthese ist, dass sich das christlich-fromme Selbstbewusstsein auf der Basis des Mittlers Jesus Christus und des von ihm gestifteten Gesamtlebens *geschichtlich* konstituiert. Schleiermacher ebnete nach Nüssel den Weg für ein „Verständnis von Dogmatik als Explikation des durch den christlichen Glauben eröffneten Selbstverständnisses und der entsprechenden Lebensdeutung mit praktischem Ziel."[171] Nach Schleiermacher führt kein Weg hinter die Erkenntnis der Orts- und Zeitgebundenheit dogmatischer Aussagen zurück.
(→ IV.1.2)
Die dogmatischen bzw. systematisch-theologischen Entwürfe des 20. Jh.s werden unter IV, 1.3-1.5. behandelt.

---

[168] Vgl. Beutel, Albrecht: Art.: Aufklärung. II. Theologisch-kirchlich, in: RRG⁴ Bd. 1, Sp. 941-948, 942.
[169] Vgl. Rohls, Jan: Geschichte der Ethik, Tübingen ²1999, 390.
[170] Nüssel, a.a.O., 55.
[171] Ebd., 57.

III.9. Herausforderungen der Theologie in der sogenannten Postmoderne

> „Ohne [Deutung] der Zeichen der Zeit kann der christliche Glaube nicht als Wahrheit für unsere Zeit ausgesagt werden."[172]

Wenn man dieser Einsicht folgt, ist eine Auseinandersetzung mit gesellschaftlichen Zeitanalysen und Klärung der „Zeichen der Zeit" unabdingbar.

Eine bedeutsame theologisch relevante Zeitansage macht *Dietrich Bonhoeffer* in einem Gefängnisbrief (1944):

> „Der Mensch hat gelernt, in allen wichtigen Fragen mit sich selbst fertig zu werden ohne Zuhilfenahme der „Arbeitshypothese: Gott". In wissenschaftlichen, künstlerischen, auch ethischen Fragen ist das eine Selbstverständlichkeit geworden, an der kaum jemand mehr zu rütteln wagt; seit etwa 100 Jahren gilt das auch für religiöse Fragen; es zeigt sich, dass alles auch ohne „Gott" geht, und zwar ebenso gut wie vorher. Ebenso wie auf wissenschaftlichem Gebiet wird im allgemeinen menschlichen Bereich „Gott" immer weiter aus dem Leben zurückgedrängt, er verliert an Boden."[173]

Was Bonhoeffer hier beschreibt wird in der Soziologie mit dem Stichwort *Säkularisierung* (Verweltlichung) erfasst. Es ist eine Bezeichnung, die ursprünglich für die Übernahme von kirchlichen Besitztümern durch weltliche Eigentümer verwendet wurde. In der (Religions-)Soziologie wurden und werden mit den Stichworten Säkularisierung und Pluralisierung Theorien bezeichnet, die den Bedeutungsverlust bzw. Bedeutungswandel von Religion in der Gesellschaft beschreiben. Die Säkularisierungsthese geht von einer irreversiblen zunehmenden Verweltlichung aller Lebensbereiche aus.[174] Der Theologe *Friedrich Gogarten*[175] interpretierte Säkularisierung (im Sinne der Verweltlichung aller Lebensbereiche) als legitime Folge des christlichen Glaubens. Im letzten Drittel des vergangenen Jahrhunderts wurde „Säkularisierung" zur Beschreibung der religiösen Lage nach und nach von „Pluralismus" abgelöst. Gegen die Säkularisierungsthese wurde eingewendet, dass Modernität und Säkularisierung nur bedingt zusammengehören und neue Formen von Religiosität nicht erfasst würden. Der amerikanische Religionssoziologe José Casanova macht darauf aufmerksam, dass das mit Säkularisierung beschriebene Phänomen im globalen Zusammenhang nur auf Europa zutreffe.[176]

Mit geringen Ausnahmen, zu denen die ostdeutschen Bundesländer und Tschechien gehören, verlor die Säkularisierungsthese durch eine weltweit zu beobachtende Renaissance von Religion ihre Plausibilität. Die neue Religiosität unterscheidet sich jedoch grundlegend von der traditionellen. Ihr Kennzeichen ist Vielfalt. So wird „Pluralismus" im letzten Drittel des 20. Jh.s zum neuen Stichwort zur Charakterisierung der religiösweltanschaulichen Situation. Der christliche Glaube wird dadurch an seine eigene plura-

---

[172] Schwöbel, Christoph: Religiöser Pluralismus als Signatur unserer Lebenswelt, in: Ders., Christlicher Glaube im Pluralismus, Tübingen 2003, 1-24, 1.

[173] DBW 8,476f.

[174] Paradigmatisch: Cox, Harvy: Stadt ohne Gott, 1965.

[175] Gogarten, Friedrich: Verhängnis und Hoffnung der Neuzeit, Hamburg 1966 (1953).

[176] Casanova, José: Westliche christliche Säkularisierung und Globalisierung, in: Ders., Europas Angst vor der Religion. Deutsch von Rudolf Schieder, Berlin 2008, 85-119.

le Gestalt erinnert, die mit der vierfachen Gestaltung des (einen) Evangeliums beginnt und sich u.a. in den konfessionellen Prägungen der Christentumsgeschichte äußert.[177]

Der Begriff *Pluralisierung* dient nicht nur zur Beschreibung der religiösen Lage, er setzte sich als umfassender Begriff zur Analyse und Deutung der Gegenwart durch. Die Pluralisierung bzw. der Pluralismus sind gekennzeichnet durch die Trends der Subjektivierung, Individualisierung und Relativierung. Kennzeichen ist u.a der Verlust an traditionsgeleiteten Selbstverständlichkeiten und die Notwendigkeit, das was für die eigene Lebensorientierung relevant sein soll, selbst zu definieren. Anstelle einer Wahrheit ist eine Fülle von Wahrheitsaspekten getreten, anstelle von Leidenschaft für die Wahrheit das Sowohl-als-auch.

Unter pluralistischer Gesellschaft ist soziologisch eine Gesellschaft zu verstehen, in der es nicht nur unterschiedliche, z.T. auch unvereinbare ethisch-weltanschauliche Überzeugungen gibt, sondern in der dieser Sachverhalt auch bewusst ist und von Fall zu Fall zum Problem wird. Der Jenaer Philosoph *Wolfgang Welsch*[178] sieht die entscheidende Veränderung zwischen modernem und postmodernem Denken im Wechsel von der Einheitssehnsucht zum Plädoyer für die Vielfalt. Ein Kennzeichen des postmodernen Pluralismus ist die Auflösung der für die westliche Welt relevanten Aufklärungsphilosophie mit universalistischem Wahrheitsanspruch. Damit verlieren auch einheitsstiftende Leitideen wie Freiheit, Gleichheit, Brüderlichkeit ihre Kraft. Das gilt auch für religiöse Systeme. War für *Émile Durkheim* Religion noch Zement der Kultur, sind Religionen im Abendland nunmehr Mitkonkurrenten im Spektrum des Angebotes von Lebensorientierungen. *Ernst Troeltsch* stellte zu Beginn des 20. Jh.s fest, dass die zur modernen Welt gehörende historische Anschauung Absolutheitsansprüche notwendig relativiere, vertrat aber die Ansicht, dass das Christentum wegen seiner Besonderheiten „Höchstgeltung" beanspruchen könne.[179] Inzwischen ist auch dieser Anspruch relativiert. Neben den traditionellen Religionsgemeinschaften entwickeln sich religiöse Formen, die sich von traditioneller kirchlicher Religiosität und christlicher Praxis abkoppeln und sich eine eigene Religion zusammenstellen. *Patchwork–Religion* ist das Stichwort. Daneben wachsen nicht nur islamisch geprägte fundamentalistische Gemeinschaften mit antipluralistischer Grundhaltung. Zugleich steigt die Zahl der „Konfessionslosen", deren Zahl in Deutschland inzwischen etwa so groß ist wie jeweils die Mitgliedschaft der beiden großen Konfessionen. Insbesondere für die westliche Welt gilt, dass Leben heute auch ohne Religion möglich ist: Die „Möglichkeit religionsfreier Lebensführung [ist] als empirisches Faktum nicht zu bestreiten […] Man kann geboren werden, leben und sterben ohne an Religion (aktiv) teilzunehmen."[180] Dennoch verfehlt die Frage „Braucht die (post-) moderne Gesellschaft Religion?" die Realität. Religion ist präsent, der religiöse Diskurs ist präsent.

Das theologische Denken ist durch die Trends zur Pluralisierung, Subjektivierung/ Individualisierung und die damit verbundene Relativierung von Wahrheitsansprüchen herausgefordert. Die Konkurrenzsituation zwischen den christlichen Konfessionen und

---

[177] Vgl. Biehl/Johannsen, Glaubenslehre, 49ff. Die Verhältnisbestimmung des christlichen Glaubens zur Pluralität der Welt wurde eine bedeutende Aufgabe theologischer Klärung. Exemplarisch sei genannt: Schwöbel, Christoph: Christlicher Glaube im Pluralismus, Tübingen 2003.
[178] Welsch, Wolfgang: Unsere postmoderne Moderne, Berlin 1993.
[179] Troeltsch, Ernst: Die Absolutheit des Christentums, Tübingen u. Leipzig ²1912 (1902).
[180] Luhmann, Niklas: Die Ausdifferenzierung der Religion, in: Ders.: Gesellschaftsstruktur und Semantik, Bd. 3, Frankfurt a.M. 1989, 259-357, 349.

(Welt-)Religionen wird u.a. durch Dialogmodelle, ökumenische Bemühungen und Entwürfe sowie von Verortungen der ev. Theologie im Kontext von Weltreligionen[181] bzw. Theologien der Religionen[182] beantwortet. (> IV 7.) Die Herausforderungen der Situation werden dabei auf unterschiedliche Weise aufgenommen. Dialogmodelle und ökumenische Bemühungen werden in der Regel institutionell geführt.[183] Sie unterscheiden sich durch Zielsetzungen wie Verstehen/Verständigung und Bemühungen um eine Basis gemeinsamen Handelns (z.B. Küngs Projekt Weltethos).

Rechtfertigung in der Postmoderne

Wenn „Rechtfertigung allein aus Glauben" Zentrum evangelischer Theologie ist, stellt sich die Frage nach den Verstehensbedingungen im Kontext der postmodernen Situation. Grundlage der reformatorischen Erkenntnis war Luthers Frage nach dem gnädigen Gott. Schon die vierte Vollversammlung des Lutherischen Weltbundes 1963 in Helsinki stellte fest:

> „Der Mensch von heute fragt nicht mehr: Wie kriege ich einen gnädigen Gott. Er fragt radikaler und elementarer, er fragt nach Gott schlechthin: Wo bist du Gott? Er leidet nicht mehr unter dem Zorn Gottes, sondern unter dem Eindruck von Gottes Abwesenheit, er leidet nicht mehr unter seiner Sünde, sondern unter der Sinnlosigkeit seines Daseins, er fragt nicht mehr nach dem gnädigen Gott, sondern ob Gott wirklich ist."[184]

Welchen Sinn macht aber die Gottesfrage, wenn darin nicht die mit menschlicher Unzulänglichkeit und Begrenztheit verbundene Problematik verborgen ist? Wie kann und muss ich mein Leben angesichts der Unzulänglichkeit inszenieren, damit ich wirkliche Anerkennung finde? Diese Frage oder eine Variante ist doch offensichtlich die, die den modernen Menschen umtreibt. Wenn Gott als Rechtfertigungsinstanz ausfällt, ist der Mensch gnadenlos den Instanzen innerweltlicher Tribunale und sich selbst ausgesetzt. Wie in III.7. (Von der Theodizee zu einer Anthropodizee) beschrieben wurde, war Luthers reformatorische Erkenntnis nicht eine Antwort auf die Frage nach dem gnädigen Gott, sondern die Überwindung bzw. Befreiung von dieser Frage. So entspricht die Frage des modernen Menschen nach der angemessenen (ethischen) Lebensführung der Sache nach der Frage des spätmittelalterlichen Menschen nach einem gnädigen Gott.[185] Grundlage ist die fundamentale Einsicht, dass der Mensch sein Leben wegen der nicht beherrschbaren Konstitutionsbedingungen des Lebens nicht selbstmächtig führen kann.

Literatur

- Beck, Ulrich: Die Rückkehr der Götter und Krise der europäischen Moderne. Eine soziologische Einleitung, in: Ders., Der eigene Gott. Von der Friedensfähigkeit und dem Gewaltpotential der Religionen, Frankfurt a.M. und Leipzig 2008, 34-67.

---

[181] So: Barth, Hans-Martin: Dogmatik. Evangelischer Glaube im Kontext der Weltreligionen, Gütersloher Verlagshaus, Gütersloh, in der Verlagsgruppe Random House GmbH, 2008.
[182] Danz, Christian und Ulrich H.J. Körtner (Hg.): Theologie der Religionen. Positionen und Perspektiven evangelischer Theologie, Neukirchen-Vluyn 2005.
[183] Johannsen, Friedrich: Die Menschenrechte im interreligiösen Dialog. In: Johannsen, Friedrich (Hg.): Die Menschenrechte im interreligiösen Dialog. Konflikt- oder Integrationspotential?, Stuttgart 2013, 9-23.
[184] Zit. nach Körtner, Ulrich H.J.: Reformatorische Theologie im 21. Jahrhundert, Zürich 2010, 27.
[185] A.a.O., 40.

- Berger, Peter L.: Soziologische Betrachtungen über die Zukunft der Religion. Zum gegenwärtigen Stand der Säkularisierungsdebatte, in: Schatz, Oskar: Hat die Religion Zukunft?, 49-68.
- Biehl Peter/Johannsen, Friedrich: Säkularisierung und religiöser Pluralismus, in: Diess., Einführung in die Glaubenslehre. Ein religionspädagogisches Arbeitsbuch, Neukirchen-Vluyn 2002, 43-59.
- Casanova, José: Westliche christliche Säkularisierung und Globalisierung, in: Ders., Europas Angst vor der Religion. Deutsch von Rudolf Schieder, Berlin 2008, 85-119.
- Gräb, Wilhelm: Sinnfragen. Transformationen des Religiösen in der modernen Kultur, Gütersloh 2006.
- Graf, Friedrich Wilhelm: Dechristianisierung, in: Ders.: Die Wiederkehr der Götter. Religion in der modernen Kultur, München [3]2004, 70-101.
- Gray, John: Politik der Apokalypse. Wie Religion die Welt in die Krise stürzt, Stuttgart 2009.
- Kemper, Peter/Mentzer, Alf/Sonnenschein, Ulrich: Wozu Gott? Religion zwischen Fundamentalismus und Fortschritt, Frankfurt a.M. und Leipzig 2009.
- Körtner, Ulrich H.J.: Säkularisierung – nur ein Mythos? In: Ders., Wiederkehr der Religion? Das Christentum zwischen neuer Spiritualität und Gottvergessenheit, Gütersloh 2006, 27-32.
- Kunstmann, Joachim: Rückkehr der Religion. Glaube, Gott und Kirche neu verstehen, Gütersloh 2010.
- Moltmann, Jürgen: Theologie im Projekt der Moderne, in: Ders., Gott im Projekt der modernen Welt. Beiträge zur öffentlichen Relevanz der Theologie. Gütersloh 1997, 15-30.
- Pollack, Detlef: Säkularisierung- ein moderner Mythos? Studien zum religiösen Wandel in Deutschland, Tübingen 2003.
- Schmidt-Leukel, Perry: Gott ohne Grenzen. Eine christliche und pluralistische Theologie der Religionen, Gütersloh 2005.
- Schnädelbach, Herbert: Die Wiederkehr der Religion, in: Ders., Religion in der modernen Welt, Frankfurt a.M. [3]2009, 128-135.
- Schröder, Richard: Abschaffung der Religion. Wissenschaftlicher Fanatismus und die Folgen, Freiburg i.B. [2]2009.
- Schwöbel, Christoph: Glaube und Kultur. Gedanken zu einer Theologie der Kultur, in: Ders., Christlicher Glaube im Pluralismus, Tübingen 2003, 245-276.
- Schwöbel, Christoph: Religiöser Pluralismus als Signatur unserer Lebenswelt, in: Ders., Christlicher Glaube im Pluralismus, Tübingen 2003, 1-2.

IV. Vertiefungen

IV.1. Systematische Theologen

IV.1.1. Martin Luther (1483-1546)[186] (Wiegand Wagner)

Martin Luther ist als systematischer Theologe eine Ausnahmegestalt. Sein literarisches Werk ist stark von unterschiedlichen Anlässen bestimmt: von dem der wissenschaftlichen Arbeit einer Professur für biblische Theologie, von unterschiedlichen religiösen und politischen Ereignissen seiner Zeit, die nicht zuletzt durch ihn zur „Reformationszeit" wurde, aber auch durch seelsorgerliche Anlässe, und religiöse Betrachtungen, die dem persönlichen Glauben eigen waren. So finden wir auch unterschiedliche Sprach- und Literaturformen, von der Abhandlung zur Vorlesung, von der theoretischen (systematischen) Analyse eines Problems bis zur Polemik und zum Aufruf und nicht zuletzt von Predigten, Briefen und Liedern. Entscheidend ist auch die überlieferte, jedoch durch ihn besonders geprägte Form des Katechismus. Dennoch sind diese verschiedenen Formen keineswegs nach einzelnen Schriften zu trennen, sondern die Sprachformen durchdringen einander in vielen Schriften, so dass dem Leser die Arbeit verbleibt, Aussageabsichten, Argumentationen, pädagogische, theoretische und polemische Gehalte zu unterscheiden.[187] Das gilt insbesondere für die hohe Emotionalität, mit der Luther auch die Grundlagen des Glaubens entwickelt und darstellt.

Dass Luther in einer exemplarischen Vorstellung systematischer Theologen der evangelischen Theologie genannt werden muss, ist jedoch nicht zweifelhaft, haben doch wenige Theologen die Grundaussagen und zentralen Reflexionen der evangelischen Theologie so dauerhaft geprägt wie er, obgleich er selbst die Glaubenslehre eigentlich am besten bei seinem Freund, Mitreformator und Professorenkollegen Philipp Melanchthon aufgehoben sah.

Biographisches
Darstellungen der Lebens- und Wirkungsgeschichte Luthers sind so zahlreich und gut zugänglich[188], dass hier nur wenige besonders wichtige Daten gegeben werden, vor allem solche, die für Luthers Bedeutung als systematischer Theologe von Belang sind.[189]

---

[186] Bildnis von Lukas Cranach d.Ä., 1529.

[187] Als wesentliches Hilfsmittel zum Lutherstudium steht mit dem Luther Handbuch von Albrecht Beutel ein umfassendes Erschließungsinstrument zur Verfügung. Beutel, Albrecht (Hg): Luther Handbuch, Tübingen 2005.

[188] Eine gute und kurze, aber zuverlässige biographische und kirchengeschichtliche Einführung findet sich in der Beck'schen Taschenbuchreihe ‚Wissen': Thomas Kaufmann: Martin Luther. München ²2010. Alle wichtigen Ausgaben und die grundlegende Literatur über Luther ist hier im Anhang zusammengefasst.

[189] Kaufmann, Thomas: Geschichte der Reformation, Frankfurt am Main und Leipzig 2009, 567 u. 568f. Die umfassende Darstellung der Reformationsgeschichte, die Thomas Kaufmann mit diesem Buch vorgelegt hat, gehört zu den Büchern, die in hohem Maße geeignet sind, um sich ein eigenes Urteil zu verschaffen. Da

1483	Geburt Martin Luders am 10. November in Eisleben als Sohn der Bürgerstochter Margarethe Luder, geb. Lindemann, und des Bürgers Hans Luder eines Bürgers und Bauernsohnes.
1501-1502	Studium der arte liberale bis zum Bakkalaureus.
1505	Magisterexamen.
	Frühjahr: Beginn eines Jurastudiums in Erfurt
17. Juli:	Eintritt in das Kloster der Augustinereremiten in Erfurt; ausgelöst durch ein Gelübde, abgelegt im Zusammenhang eines Gewittererlebnisses, das eine seelische und geistliche Grunderfahrung und Neuorientierung auslöste.
1507	Priesterweihe – Beginn des Theologiestudiums.
1508-1509	Theologiestudium und Lehrtätigkeit in Philosophie.
1511	Abordnung an die Universität Wittenberg. Lehramt als Professor für Bibelauslegung. Dies bedeutete für Luther auch später noch die Legitimationsgrundlage für seine theologische Auseinandersetzung mit der römischen Kirche.
1512	Promotion zum Doktor der Theologie. Lehrtätigkeit.
1515-1518	Provinzvikar seines Ordens – Aufsichts- und Leitungsamt für Thüringen und Meißen.
1517	31. Oktober: Beginn des Ablassstreites (95 Thesen). Beginn der deutschsprachigen Veröffentlichungen.
1520	15. Juni Bannandrohungsbulle „Exsurge Domine".
10. Dezember:	Luther verbrennt die Bannandrohungsbulle und das kanonische Recht, was als universitärer Akt eine offizielle Verurteilung und Exkommunikation der Autoren darstellt.[190]
	Veröffentlichung der reformatorischen Hauptschriften:
	Von der Freiheit eines Christenmenschen
	Von der babylonischen Gefangenschaft der Kirche
	An die Ratsherren
	An den christlichen Adel deutscher Nation von des christlichen Standes Besserung
	Sie enthalten vor allem in der Freiheitsschrift und der Kirchenschrift die Grundzüge eines neuen kirchenkritischen Denkens, das zur Grundlage der Reformation wurde. Diese Schriften sind von besonderer Bedeutung für die Systematische Theologie.
1521	3. Januar: Bannbulle, d.h. offizielle Ketzerverurteilung durch den Papst 17./18. April Reichstag zu Worms – Verweigerung des Widerrufes seiner Schriften vor Kaiser Karl V.
	Ab Mai Arbeit an der Bibelübersetzung auf der Wartburg
1522	9.-16. März: Invokavitpredigten in Wittenberg – Grundlegende Reflexionen über den Zusammenhang von Glaube und Liebe – Ende der Wittenberger Unruhen.

---

sie nicht innerkirchlich angelegt ist trägt sie dazubei Legenden und Kontroversen zur „Reformationszeit"
aufzuklären, 53f.
[190] A.a.O., 53.

Entscheidende Schritte in der Systematischen Theologie Luthers sind nicht ohne die oben genannten zeitgeschichtlichen und biographischen Bezüge zu denken: Die Grundfigur der Rechtfertigungsbotschaft, die zur Grundlage reformatorischer Dogmatik wurde, ist sowohl einer Krise der mönchischen Frömmigkeit als auch der exegetischen Arbeit für die Universität geschuldet. Die Auswirkungen dieser zentralen Einsicht und die reichsrechtlichen wie kirchenrechtlichen Reaktionen darauf (Kaiser und Papst) führen zu einer grundlegend neuen Orientierung in der Kirchenlehre.

Die Thematisierung des ‚freien Willens‘ durch Erasmus von Rotterdam in seiner Schrift „Vom freien Willen." Lat.: „de libero arbitrio" in der humanistischen Gelehrtengemeinschaft führt bei Luther zur grundlegenden Analyse des Menschen vor Gott in „Vom unfreien Willen." Lat.: „de servo arbitrio" (1521), die die Lehre vom Menschen und von der Sünde entscheidend bestimmte.

> „Luthers scharfe Unterscheidung zwischen Gottes gepredigtem, offenbarem, angebotenen und verehrten Willen einerseits, seinem verborgenem und deshalb zu ignorierenden Willen, der die Menschen nichts angehe, andererseits markiert eine dramatische Differenz in Gott selbst. Mit dem in seiner Majestät und Natur verborgenen allmächtigen Gott (deus absconditus) habe der christliche Glaube nichts zu schaffen, er sei ganz angewiesen auf den in Christus offenbaren Gott (deus revelatus). [...]
> Die allein auf das gewiss machende Evangelium zentrierte Glaubenskonzeption Luthers fand in ‚De servo arbitrio‘ in Bezug auf das Gottes- und Menschenbild ihre konsequenteste Ausarbeitung. Insofern gehörte auch diese, in ihrer Zeit klärend und entzweiend wirkende Schrift in den Prozess der normativen Ausbildung einer definitiven Lehrgestalt reformatorischer Theologie hinein".[191]

Weitere Anlässe, grundlegende Fragen des Glaubens exemplarisch zu durchdenken, sind die Disputationen, akademische Auseinandersetzungen, in denen Streitfragen im Kreis von Fachleuten (und Zuhörern aus der Politik und dem Rechtswesen) geklärt werden sollten. Entscheidende Sätze finden sich jedoch auch in Tischreden.

Für die evangelischen Kirchen entscheidende Langzeitwirkung erzielte Martin Luther in seinen Katechismen von 1529. Der „Kleine Katechismus" ist als Glaubenslehre für die ‚gemeinen Pfarrherrn und Prediger‘ entworfen. Er ist durch die Absicht bestimmt, eine Elementarlehre des Glaubens für die Pfarrer zu sein, deren erschreckende religiöse Unwissenheit Luther und Melanchthon bei Visitationen in den evangelisch gewordenen Gemeinden antraf. Als solche Elementarlehre stellt der Kleine Katechismus auch die Mittel bereit, die den Pfarrer und Prediger befähigen, seine Gemeinde zu lehren.

> „Martin Luther allen treuen, frommen Pfarrherrn und Predigern. Gnade Barmherzigkeit und Friede in Jesu Christo, unserem Herrn. Diesen Katechismus oder [diese] christliche Lehre in solcher kleinen, schlichten, einfältigen Form herauszugeben, hat mich die klägliche elende Not gezwungen und gedrungen, die ich neulich erfahren habe, als ich auch ein Visitator war. Hilf lieber Gott, welchen Jammer habe ich gesehen: daß der gemeine Mann doch so gar nicht weiß von der christlichen Lehre, besonders auf den Dörfern; und leider viele Pfarrer recht ungeschickt und untüchtig sind zu lehren." [192]

Dieser Text ist, der Intention Luthers folgend, in der folgenden Zeit bis in die sechziger Jahre des 20. Jh.s als Laiendogmatik im Konfirmandenunterricht der Lutheraner gelernt worden. Als bestimmender Subtext kirchlicher Lehre ist er bis heute wirksam.

---

[191] A.a.O., 567 und 568f.

[192] Luther, Martin: Enchiridion (Handbuch) Der Kleine Katechismus Dr. Martin Luthers für die gemeinen Pfarrherrn und Prediger, 1529. – zit. Nach: Unser Glaube – die Bekenntnisschriften der evangelisch-lutherischen Kirche. Hg. Lutherisches Kirchenamt. Bearb. von Hans Georg Pöhlmann. Gütersloh ³1991. Der Grundbestand des Kleinen Katechismus ist sonst leicht erreichbar in: Evangelisches Kirchengesangbuch z.B. Ausgabe für die Evangelisch-Lutherischen Kirchen in Niedersachsen und für die Bremische Evangelische Kirche. Hannover 1994. Nr. 806.

Der Aufriss des „Kleinen Katechismus" ist durch Hauptstücke bestimmt, denen zunächst ihr Schriftbezug in Kürze beigegeben ist. Die einzelnen Untergliederungen (Gebote, Glaubensartikel etc.) sind mit Fragen und Antworten „Was ist [*bedeutet, W.W.*] das …" ausgeführt.

Die Zehn Gebote
Der Glaube (Apostolisches Glaubensbekenntnis)
Das Vaterunser
Das Sakrament der Heiligen Taufe
Das Sakrament des Altars (Abendmahl)
Vom Amt der Schlüssel

Den Hauptstücken sind in den Bekenntnisschriften Gebete und sog. biblische Haustafeln als Grundorientierung einer christlichen Ethik beigegeben sowie als Ehelehre das „Traubüchlein" und das „Taufbüchlein".
Der Große Katechismus ist im Zusammenhang einer Predigtreihe Luthers 1529 entstanden. Es ist eine längere Auslegung des Glaubens, die im Ganzen die Themen des Kleinen Katechismus behandelt. Der Große Katechismus ist sachlich und zeitlich die Vorstufe des knappen, pädagogisch konzentrierten Lehrentwurfs, den der Kleine Katechismus darstellt und kann als Kommentar und umfassende Betrachtung dessen Aussagen gut ergänzen. Luther wollte ihn als kurzen Auszug und Abriss der ganzen Heiligen Schrift verstanden wissen.[193]
Es scheint unmöglich, in wenigen Hauptaussagen Luthers systematisch-theologisches Denken zu erfassen, dennoch seien hier die wichtigsten Grundzüge zusammenfassend genannt. Die Textbelege im Folgenden wollen (auch) in ihrem Zusammenhang gelesen werden, einer von ihnen ist aus Luthers Liedern entnommen. Choräle sind eine wichtige und für die Wirkungsgeschichte Luthers entscheidende Form gewesen, seine Theologie in einer zugleich anspruchsvollen und verständlichen Sprache zu verbreiten.[194]

Das Geschenk des Glaubens und die Freiheit des Christenmenschen
„Zum ersten: Daß wir gründlich mögen erkennen, was ein Christenmensch sei und wie es getan sei um die Freiheit, die ihm Christus erworben und gegeben hat, davon St. Paulus viel schreibt, will ich setzen diese zwei Beschlüsse:
Ein Christenmensch ist ein freier Herr über alle Dinge und niemand untertan. Ein Christenmensch ist ein dienstbarer Knecht aller Dinge und jedermann untertan.
Diese zwei Beschlüsse sind klar: St. Paulus, 1. Kor. 9: ‚Ich bin frei in allen Dingen und habe mich eines jedermanns Knecht gemacht.' Item Römer 13: ‚Ihr sollt niemand in etwas verpflichtet sein, außer daß ihr euch untereinander liebet.' Liebe aber, die ist dienstbar und untertan dem, was sie lieb hat; also auch von Christo, Galat. 4: ‚Gott hat seinen Sohn ausgesandt, von einem Weibe geboren, und dem Gesetz untertan gemacht.'
Zum andern: Diese zwei sich widersprechenden Reden der Freiheit und Dienstbarkeit zu vernehmen, sollen wir gedenken, daß ein jeglicher Christenmensch ist zweierlei Natur, geistlicher und leiblicher. Nach der Seele wird er ein geistlicher, neuer, innerlicher Mensch genannt, nach dem Fleisch und Blut wird er ein leiblicher, alter und äußerlicher Mensch genannt. Und um dieses Unterschiedes willen werden von ihm gesagt in der Schrift Worte, die da stracks wider einander sind, wie ich jetzt gesagt von der Freiheit und Dienstbarkeit.
Zum dritten: So wir uns vornehmen den inwendigen, geistlichen Menschen, zu sehen, was dazu gehöre, daß er ein frommer, freier Christenmensch sei und heiße, so ist's offenbar, daß kein äußerliches Ding kann ihn noch fromm machen, wie es mag immer genannt werden, denn seine Frömmigkeit und Freiheit, wiederum seine Bosheit und Gefängnis sind nicht leiblich noch äußerlich. Was hilft's der Seele, daß der Leib ungefangen, frisch und gesund ist, isset, trinkt, lebt, wie er will! Wiederum, was schadet das der Seele, daß der Leib gefangen, krank und matt ist, hungert, dürstet und leidet, wie

[193] Vgl. „Unser Glaube". Bearbeitet von Hans Georg Pöhlmann, 1991 a.a.O., 81.
[194] Zur Vertiefung: Korsch, Dietrich: Martin Luther. Eine Einführung, Tübingen ²2007.

er nicht gern wollte! Diese Dinge reichen keines bis an die Seele, sie zu befreien oder fangen, fromm oder böse zu machen."[195]

Die Macht der Sünde und die Gnade Gottes
Dem Teufel ich gefangen lag, / im Tod war ich verloren, /
Mein Sünd mich quälte Nacht und Tag, / darin ich war geboren. /
Ich fiel auch immer tiefer drein, / es war kein Guts am Leben mein, /
Die Sünd hatt' mich besessen.

Mein guten Werk, die galten nicht, / es war mit ihn' verdorben; /
Der frei Will haßte Gotts Gericht, / er war zum Gutn erstorben; /
Die Angst mich zum Verzweifeln trieb, / daß Nichts denn Sterben bei mir blieb, /
Zur Hölle mußt ich sinken.

Da jammert Gott in Ewigkeit, / mein Elend übermaßen; /
Er dacht an sein Barmherzigkeit, / er wollt mir helfen lassen; /
Er wandt zu mir das Vaterherz, / Er war bei ihm fürwahr kein Scherz, /
Er ließ's sein Besten kosten.[196]

Für Luther will die Bibel als Heilige Schrift differenziert gelesen werden. Das Kriterium, dass „es Christum treibet" gilt Luther als wesentlicher hermeneutischer Schlüssel für die christliche Lektüre der hebräischen Bibel, des Alten Testaments. Dies führt zu folgendem Gedanken in der Auslegung von Gen 7:[197]

„Das Opfer wird in den Schriften ‚Lob Gottes' und ‚Ehre Gottes genannt […] Das beziehe also auf alle Opfer. Was aber ist dieses Lob Gottes? Nichts anderes als Christus predigen und dasselbe bekennen. Denn das Evangelium ist Wort Gottes und Predigt, die voller Lob [sc. Gottes] ist. In ihm hörst du nichts anderes als dass Gott gelobt wird, Christus der Herr über alles ist, der alles gibt reinem Erbarmen. Diese Worte Loben das Werk Christi. Wer das bekennt oder predigt, der lobt den Herrn. Solcherlei (Beleg-)Stellen hast du vielfach in Ps. (22,23) Ich lobe dich in großer Gemeinde (hier: ecclesiam) etc. Gott das Lobopfer zu bringen, heißt Gutes von Gott zu sagen, das heißt ja das Evangelium. Also ist das Lob Gottes nicht anderes als das Evangelium. Das Lobopfer bedeutet, das Lob predigen i.e. Evangelium.
Zum andern dies Opfer, das Evangelium oder Lob des Worte Gottes die gehen nicht anders zu, denn dass es Christum treibe, weil Gott nichts Anderes gepredigt und gelobt haben will als Christus und sich selbst durch Christus; dass er also (freilich) Gott des Himmels und der Erde genannt wird, der Israel herausgeführt hat etc. All jene Wohltaten hat er auf Christus geworfen und gesagt, dass er alles ist. Kol. 1, 15-20) Alle Ehre hat er in Christus zusammengebracht und aufgehäuft, so will er nicht anders gelobt werden als in Christus und durch Christus. Daher müssen die Böck und Ochsen herhalten, so dass alle Opfer auf Christus gegangen sind, darum, daß er sich für uns gegeben und geopfert hat. Also verstehe ich unter Opfer im alten Gesetz nichts anderes als Christus, denn in Christus und durch Christus wird das Evangelium gepredigt. Und Christus ist der Priester, die Gabe, der Altar und alles".[198]

---

[195] Von der Freiheit eines Christenmenschen. WA 7; 20f.
[196] Text nach Evangelisches Kirchengesangbuch. Lied Nr.: 341 Strophen 3-5. Dieses Lied ist auch eine „poetische Laiendogmatik", die den Zusammenhang von Sünde, Gnade und Christologie bis hin zur Ethik zeigt. Es lohnt sich, au diesem ganzen Lied einmal über den Zusammenhang von systematischer Theologie und Frömmigkeit nachzudenken. Zur Weiterarbeit: Dietrich Korsch, 2007 a.a.O., 39-69.
[197] Zur zum Verständnis und zur Vertiefung lesen Sie bitte den Abschnitt III, 2 „Luthers Bibel" in: Kaufmann 2010, a.a.O.
[198] WA 42; 512,30ff und WA 17 I; 513,11ff. Nachtrag zu Bd. 16, 605. Zur maßgebenden Lutherausgabe (WA) s. Kaufmann 2010, 123 . Die WA ist unter http://archiv.twoday.net/stories/233327027/ digitalisiert.

Die Kirche als Magd – nicht als Mutter! – zur Erhaltung des Glaubens

Luther geht in seiner Genesis-Vorlesung (zu Kap. 7) über die Opfer auf das zentrale „Opfer" Christus ein. Dieser Gedanke führt ihn dazu, dass er das Werk Gottes, nämlich durch die Predigt des Evangeliums die Kirche zu schaffen, so versteht, dass die Kirche nicht „Mutter" des Glaubens sein kann, da sie selbst Geschöpf (Magd) der Predigt des Evangeliums ist. Er argumentiert ähnlich wie in der Predigt von 1526:

> „Die Kirche nämlich ist Magd, aus dem Wort geboren, nicht die Mutter des Wortes. Dem Papst nützt nicht die Überzahl oder die Macht sondern im Gegenteil, wer das Wort annimmt wie Noah mit den Seinen, die sind Kirche, auch wenn sie gering an Zahl sind – nur 8 Seelen. So sind sie [sc. Die Papstanhänger, W.W.] heute mächtiger an Zahl und uns überlegen, was die Papstwürde betrifft. Wir aber verfluchen (sie) nicht sondern leiden auf unterschiedliche Weise. Das muss man ertragen, bis ein Urteil kommt, in dem Gott offenbart, dass wir die wahre Kirche sind. Hier ist auch die Regel zu beachten, die bei 1. Samuel 16 steht wo Gott zu Samuel sagt „Fürchte nicht sein Aussehen, noch seinen hohen Wuchs, denn ich habe ihn verworfen" [199]

Literatur:

- Kaufmann, Thomas: Geschichte der Reformation, Frankfurt a.M. und Leipzig 2009.
- Korsch, Dietrich: Martin Luther. Eine Einführung, Tübingen [2]2007.

---

[199] Vorlesung über die Genesis v. 1535 -45 WA 17 I; 33. Dt.-lat. Mischtext; bearb. WW .

IV.1.2. Philipp Melanchthon (1494-1560) (Wiegand Wagner)

Philipp Melanchthon ist der bekannteste deutsche Reformator neben Luther. Als hoch gebildeter Humanist hielt er die Verbindung zu den Humanisten in Deutschland und im Ausland und galt zeitlebens als einer der wichtigen und weit-gehend akzeptierten Gesprächspartner der Katholischen Theologie seiner Zeit.

Für die Ausbildung der refor-matorischen Theologie war es wesentlich, dass Melanchthon in der zentralen Bildungsbewegung seiner Zeit, dem Humanismus, verankert war und zu wichtigen Exponenten des Humanismus (Reuchlin, Pirckheimer, Erasmus von Rotterdam und anderen) ebenso Verbindung hatte wie zu vielen philosophischen und später theologischen Fakultäten Europas. Der Bildungsimpuls Melanchthons war es auch, der das bildungs-(politische) Interesse der Reformation fundierte und verstärkte.

Als Humanist und Gräzist zur Wittenberger Universität gekommen, wurde er durch Luther bewogen, zusätzlich Theologie zu studieren und an den reformatorischen Debatten teilzunehmen. Seine Sprachkenntnisse waren unschätzbare Hilfen für Luthers Bibelübersetzungen.

Biographisches[200]

1494	Philipp Schwarzerdt wird am 16. Februar in Bretten (Baden) geboren.
1509	Reuchlin, Humanist und Lehrer Schwarzerdts gibt ihm den gräzisierten Namen *Melanchthon* (schwarze Erde).
1518	Nach dem Studium in Heidelberg und Tübingen (Magister – seinerzeit die Voraussetzung zum akademischen Lehren) wird Melanchthon Griechischprofessor in Wittenberg. Er bekommt Kontakt zu Martin Luther und ist alsbald an den reformatorischen Ereignissen beteiligt.
1519	Melanchthon nimmt an der Leipziger Disputation teil.
1520	Heirat mit Katharina Krapp.
1521	die „Loci communes" erscheinen, die erste systematische Darstellung der reformatorischen Theologie (1535 deutsche Ausgabe durch Melanchthon).
1525-1535	Bauernkrieg, reformatorische Wirren: Die theologischen Thesen Karlstadts, Münzers und anderer sowie die Auseinandersetzung um das Wiedertäuferreich von Münster bewegen Melanchthon zu einer kritischen Haltung gegenüber dem „linken Flügel der Reformation" (Bloch).

---

[200] Eine umfangreichere Zeittafel findet sich in dem einführenden, gut lesbaren Buch von Jung, Martin H.: „Philipp Melanchthon und seine Zeit". Das Buch ersetzt nicht die Lektüre von lexikalischen Quellen z.B. der TRE oder RGG⁴, gibt aber eine guten Orientierung um wissenschaftliche Information in das hier gegebene Bild einzutragen. Quellen und Texte zur ersten Orientierung, sowie die wissenschaftliche Literatur seit 1997 können dem Buch entnommen werden. Auf Heinz Scheibles Artikel „Melanchthon, Philipp" in der TRE sei hier mit Jung ebenfalls hingewiesen.

1530	Augsburger Reichstag und Confessio Augustana – Melanchthon wird wegen der Reichsacht über Luther zum wichtigsten Vertreter der Wittenberger Reformation außerhalb Sachsens.
	Er verfasst die wesentlichen Grundlagen für das reichrechtlich anerkannte Bekenntnis deutscher reformatorischer Kirchen.
1540	Schwere Erkrankung Melanchthons.
1557	Tod von Kathrin Melanchthon.
1560	Tod Melanchthons.

Für die Reformation und die werdende evangelische Theologie wurde es zu einem entscheidenden Schritt, dass Melanchthon 1521 die Hauptpunkte der reformatorischen Theologie sammelte und systematisierte: *Loci communes – Grundbegriffe der Theologie* – oder theologische Skizzen. Dabei kam es ihm weniger auf die differenzierten Nuancen und die reiche traditionelle Auffächerung theologischer Themen an als auf den fassbaren Sinn für die christliche Existenz, besonders für Glauben, Gewissheit, Trost und Gebet. Das lateinische Werk hat Melanchthon mehrfach bearbeitet und erweitert, wobei eine Reihe theologischer Themen der Tradition wieder aufgenommen wurde.

Eine deutsche Fassung wurde von Melanchthon selbst unter dem Titel „Hauptartikel christlicher Lehre" 1553 herausgegeben. Hier findet sich in der Vorrede auch eine deutschsprachige Beschreibung des Verfahrens, das Melanchthon wählte, um die Theologie systematisch zu ordnen – es ist gleichsam ein handwerkliches Stück Arbeit:

> „Wer nutzlich selb lernen oder andere deutlich unterrichten und leren will, der muß die heubtstuk in der selbigen materia fassen von anfang biß zum ende und merken, wie ein jedes stuk uff das ander volget, gleichwie ein Baumeister, so ehr ein hauß bauen will, den gantzen bau zuvor in gedanken fassen und yhm ein bild furmalen muß. · Also ist hoch notig, in jeder Kunst und lehr alle heubtstuk, anfang, mittel und end zu merken und zu betrachten, wie jedes stuk uff das ander volget, welche stuk notig sind, welches falsche Zusetz sind und dem rechten grund widderwertig. Und muß der lehrer und zuhorer sich gewehnen, die lahr in ein gantze ordentliche summ zufassen. Denn so man die lahr verstumpelt und ettliche notige stuk außlasset, volget verblendung und yrthumb in andern. Und so mann das end nit vor augen sieht, ists gleich, als wenn einer ein reiß furnehme und bedecht nit, in welche statt ehr gehen wöllt.
> Und wie mann ordnung der stuk machen soll, das sollen die wissen, die ander leut leren wöllen. Ursach gehet vor dem gemachten werk. Erstlich redet man von gott, danach von der schaffung himel und erden und der menschen, danach von des menschen fall, darnach von der erlosung etc. Und ist nicht swer, solche ordnung zu merkenso viel vleis thun will, das man nachdenken haben will, welches oder nach gehen soll. […]
> In erstlicher anruffung gottes ist nottig zu betrachten, was du ansprechen wollest, was gott sey, wie er erkannt sey und wie ehr sich geoffembart habe und ob unser seuffzen und schreyen auch erhört werde und warumb wir erhoret werden."[201]

Konzentration auf klare Bestimmungen und das Interesse an einer lebensdienlichen und alltagpraktischen Bedeutung theologischen Denkens bestimmt auch die erste lateinische Fassung der „loci communes" von 1521:

> „Wie unter diesen [Hauptthemen] einige ganz und gar unbegreiflich sind, so gibt es wiederum einige, von denen Jesus wollte, dass sie im ganzen Volk der Christen sehr [genau] gehört werden. Die Geheimnisse der Gottheit [aber] sollen wir lieber anbeten als sie zu erforschen. Ja sie können nicht ohne große Gefahr untersucht werden, was nicht selten auch heilige Männer erfahren haben. Gott der Höchste und Größte, hat den Sohn in Fleische gehüllt, damit er uns von der Betrachtung seiner Majestät zur Betrachtung des

---

[201] Melanchthon, Philipp – Hauptartikel Christlicher Lehre. – Melanchthons deutsche Fassung seiner Loci theologici nach dem Autograph und dem Originaldruck von 1553 hg. v. Jenett, Ralf und Johannes Schilling. Leipzig 2002.

Fleisches und so [zur Betrachtung] unserer Hinfälligkeit hinleite. So schreibt auch Paulus an die Korinther, daß Gott durch die Torheit der Predigt, ohne Zweifel [also] auf eine neue Art und Weise erkannt werden wollte, da er nicht erkannt werden konnte in Weisheit durch Weisheit.[202]

Daher besteht kein Grund, warum wir [hier] viel Mühe auf jene höchsten Hauptthemen: Gott, die Einheit, die Dreieinigkeit Gottes, das Geheimnis der Schöpfung, die Art und Weise der Menschwerdung verwenden. Ich frage dich, was haben schon in so vielen Jahrhunderten die scholastischen Theologien erreicht, als sie sich ausschließlich mit diesen Hauptthemen beschäftigten? Sind sie nicht in ihren Erörterungen […] hohl geworden, weil sie das ganze Leben lang über Allgemeinbegriffe, Formalitäten, Anmerkungen und ich weiß nicht welche anderen nichtssagenden Worte schwatzten, die sie aufzeichneten. Man hätte ihre Torheit unbeachtet lassen können, wenn sie uns nicht unterdessen jene dummen Erörterungen das Evangelium und die Wohltaten Christi verdunkelt hätten."[203]

Als Überblick soll eine kurze Nennung der von Melanchthon 1521 genannten Hauptsätze reichen:[204]

> Gott
> der Eine
> der Dreifache
> die Schöpfung
> der Mensch, die Kräfte des Menschen
> die Sünde
> die Frucht der Sünde, die Laster
> die Strafen
> das Gesetz
> die Verheißungen
> die Erneuerung durch Christus
> die Gnade
> die Früchte der Gnade
> der Glaube
> die Hoffnung
> die Liebe
> die Vorherbestimmung
> die sakramentalen Zeichen
> die Stände
> der Menschen
> die Obrigkeit
> die Bischöfe
> die Verdammnis
> die Glückseligkeit

Der stete Bezug der systematischen Lehre auf die Bedürfnisse der Menschen, ihre Frömmigkeit und die Probleme damit lässt sich am Einstieg in das erste Lehrstück „Von Gott" erkennen:

> „In ernstlicher anruffung gottes it nottig zu betrachten, was du ansprechen wollest, was gott sey, wie er erkant sey, wo und wie ehr sich geoffembart habe und ob unser seuffzen und schreyen auch erhöret werde und warumb wir erhoret werden"[205]

Die entscheidenden Impulse empfing Melanchthon aus dem Römerbrief des Paulus – ein Hinweis, dass Theologie, auch systematisch betriebene Theologie, zuallererst aus der Schrift schöpft, die zu lesen für Melanchthon die Hauptaufgabe blieb.

---

[202] Melanchthon, Philipp: Loci communes 1521 – Lateinisch deutsch. Übersetzt von Horst Georg Polmann. Gütersloh 1993, 18.

[203] Melanchthon 1553, 80, 2.

[204] Philipp Melanchthon: Loci communes 1521 – Lateinisch deutsch, 19.

[205] Melanchthon 1553, 86, 2.

Der Kirchenhistoriker Thomas Kaufmann stellt in seiner „Geschichte der Reformation" unter der Kapitelüberschrift „Kirchliche Lehre aus dem biblischen Wort" drei Werke heraus, die er für die beste Veranschaulichung der bibeltheologischen Konsolidierungs- und Formierungsprozesse der zwanziger Jahre des 16. Jh.s hält: Melanchthons „Loci communes rerum theologicarum"[206] von 1521, Zwinglis „De vera et falsa religione commentarius" von 1525 und Luthers „de servo arbitrio" von 1525:

> „Melanchthons Loci, nach Luthers Urteil das beste Buch nach der Heiligen Schrift, das es anders übrigens als Erasmus' Werke verdiene, kirchlich kanonisiert zu werden, gelte als erste reformatorische Dogmatik. Luthers außerordentliche Wertschätzung des Werkes hing nicht zuletzt mit dessen kompakter, prägnanter sprachlicher Gestalt zusammen, eine Begabung, in der Luther sich dem gelehrten humanistischen Freund und Kollegen deutlich unterlegen wusste. Auf einer Tischplatte notierte Luther einmal mit Kreide: Bei Melanchthon stimmen die Sache und die Worte, bei Erasmus die Worte, aber die Sache nicht, bei Luther die Sache, aber die Worte nicht [...]."[207]

Der Anteil Melanchthons an der Reformation kann – nach Luther! – nicht hoch genug eingeschätzt werden. Neben der akademischen Arbeit hatte er großen Anteil an den Visitationen der Gemeinden und beriet Politiker und reformatorisch gesinnte Fürsten.

Entscheidend allerdings war sein Auftreten und seine Arbeit an der – rechtlich relevanten – Bekenntnisschrift, die 1530 dem Reichstag vorgelegt, von katholischer Seite stark kritisiert (Refutatio) von Melanchthon überarbeitet wurde, dem *Augsburger Bekenntnis*.[208] Die Verantwortung für die evangelische Seite lag nicht nur wegen Luthers Abwesenheit bei Melanchthon, sondern auch aus sachlichen Gründen, war doch Melanchthon wegen seiner Gesprächsfähigkeit und seiner Fähigkeit immer wieder Konsense zu ermöglichen der wichtigste „Diplomat" des werdenden Protestantismus. Allerdings führte diese Dialogfähigkeit in den folgenden Auseinandersetzungen auch zu heftiger Kritik seitens lutherischer Theologen. Vor allem die maßlose Kritik des Jenaer Professors Matthias Flacius Illyricus seit 1548 (Leipziger Interim) prägte für viele konservative Lutheraner für lange Zeit das Bild Melanchthons als wenig standfestem Theologen von zweifelhafter Rechtgläubigkeit.[209] Erst die Neubeschäftigung mit seiner Theologie und seinem Leben im

---

[206] Bildquelle: http://commons.wikimedia.org/wiki/.

[207] Kaufmann, Thomas: Geschichte der Reformation; Frankfurt a.M. 2009, 562f.

[208] In: Unser Glaube – die Bekenntnisschriften der evangelisch-lutherischen Kirche / im Auftrage der VELKD hg. vom Lutherischen Kirchenamt; bearbeitet von Horst Georg Pöhlmann.

[209] Siehe hierzu den komprimierten Abriss der Vita, der unterschiedlichen Arbeitsvorhaben Melanchthons und der Polemiken gegen ihn in dem Aufsatz: „Philipp Melanchthon, der Reformator neben Luther", von Heinz Scheible. In: Melanchthon, Philipp – ein Wegbereiter für die Ökumene. – Göttingen 1997 (= Bensheimer Hefte 82).

20. Jahrhundert ermöglichte für viele einen gerechteren Blick – übrigens für Katholiken wie konservative Protestanten.

Ungeschmälert aber blieben auch in diesen Auseinandersetzungen das wissenschaftliche Ansehen Melanchthons und seine Bedeutung als der entscheidende Wortführer der Reformation für die öffentlich reichsrechtliche Anerkennung der Evangelischen als anerkannte Religion, wie sie 1555 im Augsburger Religionsfrieden kodifiziert wurde.

Literatur:

- – Jung, Martin H.: Philipp Melanchthon und seine Zeit, Göttingen 2010.
- – Kaufmann, Thomas: Geschichte der Reformation, Frankfurt a.M. und Leipzig 2009.
- – Scheible, Heinz: Melanchthon. Eine Biographie, München 1997.

IV.1.3. Friedrich Daniel Schleiermacher (1768-1834)
(Wiegand Wagner)

FRIEDRICH SCHLEIERMACHER.

„Wenn Sie den gegenwärtigen Zustand der Naturwissenschaft betrachten, wie sie sich immer mehr zu einer umfassenden Weltkunde gestaltet, von der man vor noch gar nicht so langer Zeit keine Ahndung hatte: was ahndet Ihnen von der Zukunft, ich will nicht einmal sagen für unsere evangelische Theologie, sondern für unser evangelisches Christentum? […] Ich will gar nicht vom Sechstagewerk reden aber der Schöpfungsbegriff, wie er gewöhnlich konstruiert wird, auch abgesehen von dem Zurückgehen auf die mosaische Chronologie und trotz aller freilich ziemlich unsichern Erleichterungen, welche die Auslegung schon herbeigeschafft hat, wie lange wird er sich noch halten können gegen die Gewalt einer aus wissenschaftlichen Kombinationen, denen sich niemand entziehen kann, gebildeten Weltanschauung? […] Und unsere neutestamentlichen Wunder, denn von den alttestamentischen will ich gar nicht erst reden, wie lange wird es noch währen, o fallen sie aufs Neue […] unter das Dilemma, dass entweder die ganze Geschichte der sie angehören. Sich muss gefallen lassen, als eine Fabel angesehen zu werden, von der sich gar nicht mehr ausmitteln läßt, wieviel Geschichtliches ihr eigentlich zum Grunde legen mag […] oder wenn sie wirklich als Tatsachen gelten sollen, werden wir zugeben müssen, daß, sofern sie wenigstens in der Natur geworden sind, auch Analogien dazu in der Natur gesucht werden. […] Wollt ihr Euch dennoch hinter diesen Außenwerken verschanzen und euch von der Wissenschaft blockieren lassen? Das Bombardement des Spottes, welches dann auch von Zeit zu Zeit erneuert werden wird, will ich für nichts rechnen; denn das wird euch, wenn ihr nur Entsagung genug habt, wenig schaden. Aber die Blockade! Die gänzliche Aushungerung von aller Wissenschaft, die dann, notgedrungen von euch, eben weil ihr euch so verschanzt, die Fahne des Unglaubens aufstecken muß! S o l l   d e r   K n o t e n   d e r   G e s c h i c h t e   s o   a u s e i n a n d e r   g e h n ;   d a s   C h r i s t e n t u m   m i t   d e r   B a r b a r e i ,   u n d   d i e   W i s s e n s c h a f t   m i t   d e m   U n g l a u b e n ?   Viele werden es freilich so machen; die Anstalten dazu werden schon stark genug getroffen, und der Boden hebt sich schon unter unseren Füßen, wo diese düstern Larven auskriechen wollen, von enggeschlossenen religiösen Kreisen, welche alle Forschung außerhalb jener Umschanzung eines alten Buchstabens für satanisch erklären."[210]

Geschrieben 1829, richtig bis heute: Die beiden Sendschreiben an Dr. Lücke, einen der Schüler des 61jährigen Friedrich Schleiermacher, sollen dem Theologen und Philosophen Gelegenheit und Ort einer gründlichen Vorüberlegung darüber geben, wie denn eine zweite, bearbeitete Auflage seines Werkes: „Der christliche Glaube nach den Grundätzen der evangelischen Kirche im Zusammenhange dargestellt" angesichts der breiten Kritik und der weiteren Reflexion des Autors aussehen könne. Diese Zeilen positionieren ihn und machen kenntlich, wo er als Theologe und Wissenschaftler seine Aufgabe und seinen Ort sieht: Bei einer *neuzeitlichen kritischen Grundlegung* des christlichen Glaubens.

---

[210] Zweites Sendschreiben an Herrn Dr. Lücke (1829), in: Schleiermacher, Friedrich: Kritische Gesamtausgabe. Schriften und Entwürfe Bd. 10, Berlin 1990, 346f. (Kürzungen und Hervorhebung WW.).

Wie kam es dahin?

Biographisches:[211]

1768	Friedrich Daniel Ernst Schleiermacher wird als Sohn des reformierten Geistlichen Gottlieb Schleiermacher und seiner Frau Katharina Mari in Breslau geboren.
1781-1785	Schulzeit in der Schule der Herrnhutischen Brüdergemeinde Niesky
1790	Hauslehrer beim Grafen Dohna im damaligen Ostpreußen (Schlobitten).
1796-1802	Prediger an der Charitè in Berlin. Zusammenarbeit und Gemeinschaft mit den Frühromantikern, vor allem Friedrich Schlegel und Henriette Herz, die einen Berliner Salon führte. Dieser Zusammenarbeit entstammte das Buch:
1799	Über die Religion. Reden an die Gebildeten unter ihren Verächtern.[212]
1802	Beginn der Platon-Übersetzung: Platons Werke I,1. Hofprediger in Stolp (Pommern).
1804-1807	Professor der Theologie und Universitätsprediger in Halle.
1807-1834	Berlin.
1809	Prediger an der Dreifaltigkeitskirche – Heirat mit Henriette von Willich.
1810	Professor für Theologie an der neu gegründeten Universität Berlin – Wahl zum Mitglied der philosophischen Klasse der Berliner königlichen Akademie der Wissenschaften, deren Sekretär er 1814 wird.
1811	Kurze Darstellung des theologischen Studium zum Behuf einleitender Vorlesungen.
1821	Der christliche Glaube nach den Grundsätzen der evangelischen Kirche im Zusammenhange dargestellt (= Glaubenslehre).
1828	Platons Werke III,1.
1830	Der Christliche Glaube (2. überarbeitete Auflage).

Friedrich Schleiermacher ist der überragende Theologe des 19. Jahrhunderts. Seine Verwurzelung in der Literatur, Philosophie und Gesellschaft ist beispielgebend. In Berlin ist er bis heute vor allem als Prediger unvergessen. Die Wirkungsgeschichte seiner theologischen Impulse und Ansätze ist bis heute nicht abgeschlossen. Mit seinem Namen verbindet sich die Wende der Theologie zur Analyse und Betrachtung des christlichen Selbstbewusstseins sowie des grundlegenden Selbstgefühls der christlichen Gemeinschaft.

Bezogen auf seine systematische Theologie sollen aus dem sehr umfassenden Werk nur drei wesentliche Werke hervorgehoben werden: Die Reden „Über die Religion", die „Kurze Darstellung"[213] und die „Glaubenslehre"[214].

---

[211] Die beiden wissenschaftlich ausgewiesenen Biographien sind: a) Einführend: Fischer, Hermann: Friedrich Daniel Ernst Schleiermacher. München 2001 b) umfassend und gründlich: Nowak, Kurt: Schleiermacher. – Leben, Werk und Wirkung. – Göttingen 2001.
Ein lesbarer und lehrreicher biographischer Essay von Eike Christian Hirsch findet sich in: Hirsch, Eike Christian: Mein Wort in Gottes Ohr: ein Glaube, der Vernunft annimmt, Hamburg 1995, 85-92 unter dem Titel Friedrich D. Schleiermacher – Ein Virtuose des Gefühls.
[212] Schleiermacher, Friedrich: Über die Religion. Reden an die Gebildeten unter ihren Verächtern (1799). Einzelausgabe, Hg. Meckenstock, Günther, Berlin 2001.

Über die Religion

Die „Reden", die Friedrich Schleiermacher in kurzer Zeit bekannt machten und ihn in verschiedene kritische Debatten hineinbringen sollten, gehören in die Berliner Zeit von 1796 bis 1802. In dieser Zeit pflegte er freundschaftlichen – nach seinem gern gebrauchten Wort „geselligen" Umgang – mit unterschiedlichen Menschen aus dem Salonleben Berlins. Hier lernte er auch Wilhelm Tieck kennen und schätzen. Besonders wichtig wurde für Schleiermacher die Freundschaft mit Friedrich und August Wilhelm Schlegel sowie mit Henriette Herz, die seine engste Beraterin werden sollte. Schleiermachers Bekanntschaft und Nähe zu Novalis (Friedrich von Hardenberg), der seine Reden besonders schätzte, rührt von dieser Zeit her. Auch die physikalischen Studienabende mit ihrem Gemahl Marcus Herz gehörten zu den geselligen Ereignissen des Kreises, ebenso Gespräche mit den Philosophen Johann Gottlieb Fichte und Friedrich Wilhelm Joseph Schelling über das Verhältnis von Natur und Kunst und über das Universum. Das Ziel einer progressiven Universalpoesie einte diese literarische Bewegung und die Gespräche im Zusammenhang mit der Zeitschrift Athenäum waren mit ausschlaggebend für das Projekt der Schleiermacherschen „Reden".

Die „Reden" sind allerdings nie gehalten worden. Sie waren eine literarische Fiktion, die Schleiermacher dazu diente, eine kritische Öffentlichkeit anzureden, die sich mit den „Gebildeten unter ihren Verächtern" identifizieren konnte. Einer solchen Öffentlichkeit gegenüber wollte Schleiermacher mit den Reden die „Religion" – nicht Theologie! – als den geistigen Ort anbieten, an dem die zeitgenössische kritische Gefühls-Kultur sich festmachen konnte. Ungewöhnlich war es, wenn er dieser von ihm konstruierten Öffentlichkeit gegenüber behauptet: „Religion ist Sinn und Geschmack für's Unendliche"[215] und dieses Unendliche zum zentralen Gegenstand der religiösen Anschauung machte:

> „Anschauen des Universum, ich bitte befreundet Euch mit diesem Begriff, er ist der Angel meiner ganzen Rede, er ist die allgemeinste und höchste Formel der Religion, woraus ihr jeden Ort in derselben finden könnt, woraus sich ihr Wesen und ihr Gränzen aufs genaueste bestimmen ließen. Alles Anschauen gehet aus, von einem Einfluss des Angeschaueten auf den Anschauenden, von einem ursprünglichen und unabhängigen Handeln des ersteren, welches dann von dem lezteren seiner Natur gemäß aufgenommen, zusammengefaßt und begriffen wird."[216]

Zentrale Thesen der „Reden" beziehen sich auf die so benannte Auffassung. Ein unmittelbar im Gefühl beheimatetes Wissen um Gott und die Welt; eine Kritik an der Funktionalisierung der Religion im Dienste der Moral. Die Lehrbarkeit einer solchen Religion sieht Schleiermacher kritisch, sofern eine solche Lehre nur die „Wut des Verstehens"[217] befördern könnte, das heißt eine Reduktion der Religion auf die Förderung eines trivialen Alltags in dem sie festgehalten und ihrer wichtigsten Gehalte beraubt wird. Die – für Schleiermachers Zeit – massivste und empfindlichste Kritik trifft jedoch

---

213 Schleiermacher, Friedrich: Kurze Darstellung des theologischen Studiums zum Behuf einleitender Vorlesungen(1811/1839), hg. von Dirk Schmid, Berlin ²2002.

214 Schleiermacher, Friedrich:Der christliche Glaube nach den Grundsätzen der evangelischen Kirche im Zusammenhange dargestellt. 2 Bde. in einem Band Berlin und New York ²1999. Eine Übersicht über andere Ausgaben findet sich in der umfangreichen Auswahlbibliographie bei Kurt Nowak, 2001, 579 -600. Hier auch die wichtige Literatur über Schleiermacher bis 2001.

215 Schleiermacher, Friedrich: Reden a.a.O., 80.

216 A.a.O., 81f.

217 A.a.O., 120.

das Paktieren der Religion mit staatlichen Forderungen – und Förderungen.[218] Da jedoch die Religion nicht isoliert sein kann, sondern „gesellig" sein muss, ist einer wahren Kirche nur ein Lehren angemessen in dem die „Meister und Jünger"[219] einander in vollkommener Freiheit aufsuchen könnten. Eine Kirche mit einer gegebenen Dogmatik (Symbol) kann in diesem Gedankengang nur ein Notbehelf sein, ein „schlechter Behelf"[220] der früheren Zeit.

Die kurze Darstellung des theologischen Studiums (1811/1830)

Die Berufung auf eine Professur, zunächst in Halle, später in Berlin nötigte Schleiermacher, seine Vorstellungen und seine Arbeitskraft diesem „schlechten Behelf" zuzuwenden, insofern er nun die auf einen konkreten Beruf hin lernenden Theologiestudenten mit Studienzielen und einem inneren Überblick ausrüsten musste. Dies geschah auf der Basis von Vorlesungen über theologische Enzyklopädie. Die gedruckte Darstellung dieses Stoffes ist das Buch „Kurze Darstellung des theologischen Studiums zum Behuf einleitender Vorlesungen" von 1811, das 1832 überarbeitet wurde. Dass Schleiermacher mit diesem Buch seiner Vorstellung einer „wahren Kirche" den Abschied gegeben hätte, ist nicht richtig, denn nun ging es darum, der konkreten irdischen Kirche mit all ihren Problemen eine Gestalt zu geben. Das Instrument dafür sah er in dem Begriff der „Kirchenleitung" – worunter der in jeder Gemeinde ausgeübte Dienst eines ausgebildeten Theologen verstanden werden soll. In drei Schritten wird zu Anfang der Gegenstand dieser Beschreibung der Theologie als Wissenschaft definiert:

> „Die Theologie ist eine positive Wissenschaft, deren verschiedene Teile zu einem Ganzen nur verbunden sind durch die gemeinsame Beziehung auf eine bestimmte Religion; die der christlichen also auf das Christentum.
> Jeder bestimmten Religion wird sich in dem Maaß als sie geschichtliche Bedeutung und Selbständigkeit erhält, das heißt sich zur Kirche gestaltet, eine Theologie auszubilden, deren Eigenthümlichkeit jener zu verstehen, und also für jede eine andere ist.
> Die Theologie eignet nicht allen, welche und sofern sie zur Kirche gehören, sondern nur welchen und sofern sie die Kirche leiten. Der Gegensatz zwischen solchen und der Masse und das Hervortreten der Theologie bedingen sich gegenseitig."[221]

Dabei konnte die Kirche nicht als statisches Gebilde verstanden werden, sondern:

> „Die christliche Kirche als das zu Regierende ist ein Werdendes, in welchem die jedesmalige Gegenwart begriffen werden muss als Produkt der Vergangenheit und als Keim der Zukunft."[222]

Eine solche dynamische Organisation der Wissenschaft braucht selbstverständlich eine besonders differenzierte Reflexion dessen, welchem Ziel diese dienen soll, deshalb wird in Schleiermachers Modell den bekannten Disziplinen eine weitere vorgeordnet, die philosophische. Sie ist der Ort, eine Wesensbestimmung der christlichen Religion im Zusammenhang mit dem gegebenen geschichtlichen Ort. Dies ist vielleicht die wichtigste Leistung des hier gebotenen Enzyklopädie-Modells der Theologie. Allerdings eine konkrete Ausformung bleibt auch in der bearbeiteten Fassung ein Desiderat, das den einzelnen Theologen unmittelbar herausfordert:

---

[218] Schleiermacher, Friedrich: Reden, a.a.O., 134ff. (Über das Gesellige in der Religion oder über Kirche und Priestertum).
[219] A.a.O., 154.
[220] A.a.O., 155.
[221] Schleiermacher, Friedrich: Kurze Darstellung, a.a.O., 68.
[222] A.a.O., 33.

> „§ 67. Da die philosophische Theologie eines Jeden wesentlich die Pricipien seiner gesammten theologischen Denkungsart in sich schließt, so muss auch jeder Theologe sie ganz für sich selbst produciren […].“[223]

Die „Kurze Darstellung“ stieß zunächst auf ein sehr geteiltes Echo und zum Teil auf harsche Kritik, sie hat jedoch für das 19. Jh. wesentliche Weichen des theologischen Denkens gestellt.[224]

Kurz nach Schleiermachers Tod konnte Friedrich Lücke (1791-1855) von dieser Neuorientierung schreiben:

> „Zum ersten Male erscheint hier die Theologie als ein organisches Ganzes, auf eine bewunderungswürdige Weise architektonisch construirt von ihrem praktischen Ausgangspuncte, dem Bedürfnisse einer gesetzmäßigen Leitung der christlichen Kirche und dem notwendigen Interesse des Theologen daran, – bis zu ihrem praktischen Gipfelpuncte, der Theorie und Technik der kirchlichen Praxis.“[225]

Der christliche Glaube nach den Grundsätzen der evangelischen Kirche im Zusammenhange dargestellt

Die „Glaubenslehre“ kann nicht in Kürze dargestellt werden. Sie stellt in imponierender Breite den Ertrag eines umfassenden Gelehrtenlebens dar und hat auf ihre Weise Epoche gemacht, eine Epoche, die sachlich noch nicht abgeschlossen sein dürfte. Schon der Umfang verbietet eine „Kurzvorstellung“. Dennoch sei etwas zur Charakteristik des großen Werkes gesagt, das vielleicht die Faszination, die bis heute dauert, verständlich macht. Obgleich Friedrich Schleiermacher den Schritt zu einem ganz neuen Aufriss der Dogmatik nicht macht – aus Gründen, die er in den beiden Sendschreiben an Lücke ausführt –, gelingt ihm doch eine ganz neue Sichtweise: Auf der Grundlage des Gedankens, dass die christliche Religion in einer fundamentalen Gefühlserfahrung begründet ist, entwirft er einen dogmatischen Rahmen in dem diese Erfahrung der christlich-kirchlichen Tradition und ihrer Überlieferungsgeschichte ebenso eine Rolle spielt, wie die der wissenschaftlich reflektierten Welt. Die Formulierung der Grunderfahrung sei hier zitiert:

> „§ 32 In jedem frommen Selbstbewußtsein wird immer schon vorausgesetzt, und ist also auch darin mit enthalten, das im unmittelbaren Selbstbewußtsein sich schlechthin abhängig finden als die einzige Weise, wie im Allgemeinen das eigene Sein und das unendliche Bewußtsein Gottes im Selbstbewußtsein Eines sein kann.
> 1 Daß hier das gesammte christlich fromme Selbstbewußtsein als bekannt vorausgenommen wird, ist völlig unverfänglich; denn indem hier von dem besondern Inhalt jeder bestimmten christlichen Gemüthserregung gänzlich abgesehen, und das ausgesagte als keineswges durch diese Verschiedenheiten irgend bestimmt gesetzt wird: so kann auch von unserm Saz für oder gegen keine dogmatische Darstellung eines besondern Inhaltes irgend etwas gefolgert werden. Und nur wenn jemand behaupten wollte, es könne christlich fromme Momente geben, in welchen das Sein Gottes auf solche Weise gar nicht mitgesetzt sei, d.h. welche gar kein Gottesbewußtsein im Selbstbewußtsein enthielten, denn würde unser Satz aus dem Gebiet des hier weiter zu beschreibenden christlichen Glaubens ausschließen. Deshalb beruft sich gegen einen solchen der Satz auf das christlich fromme Selbstbewußtsein, wie es überall in der evangelischen Kirche nur vorkommt und anerkannt wird; nämlich daß in jeder frommen Gemüthserregung, wie sehr auch der besondere Gehalt darin vorherrsche, doch das Gottesbewußtsein darin mitgesetzt sei und durch irgend etwas anderes nicht könne

---

[223] Schleiermacher, Friedrich: Kurze Darstellung, a.a.O., 165.
[224] Zum Ganzen der Wirkungsgeschichte und kritischen Aufnahme s. die „Einleitung des Herausgebers“ in: Kurze Darstellung a.a.O., 1-50.
[225] A.a.O., 45.

aufgehoben werden, so dass es keine Beziehung auf Christum geben könne, in welcher nicht auch Beziehung auf Gott wäre."[226]

Betrachten Sie einen solchen Beginn als ein Tor. Es führt zu einer Art von Dogmatik, die durchaus ein wichtiger Partner des heutigen christlichen Denkens sein kann.

Literatur:

- Nowak Kurt, Schleiermacher, Göttingen [2]2002.
- Fischer, Hermann: Friedrich Daniel Ernst Schleiermacher, München 2001.

---

[226] Schleiermacher, Friedrich: Der christliche Glaube nach den Grundsätzen der evangelischen Kirche im Zusammenhange dargestellt. Bd. 2, Berlin 1842, 168.

IV.1.4. Karl Barth (1886-1968)

Karl Barth wird gern als Kirchenvater des 20. Jahrhunderts bezeichnet. Er hat die theologische Landschaft grundlegend geprägt und zugleich zur Auseinandersetzung herausgefordert.

Einer der letzten von Barth veröffentlichten Texte ist ein Nachwort zu einer Auswahl aus Schleiermachers Werken (1968). Hier finden sich einige autobiographische Hinweise auf seine (Barths) theologische Lerngeschichte.

Der Name Karl Barth steht für eine radikale Abkehr von der Liberalen Theologie des 19. und beginnenden 20. Jahrhunderts. Sein Neuansatz ist geprägt von der Erfahrung tiefster Inhumanität des I. Weltkriegs, in dem das bürgerlich-idealistische Zeitalter mit seinem optimistischen Fortschrittsglauben zu Bruch ging. Die Unterstützung der Kriegsaufrufe durch (fast) alle seine theologischen Lehrer führte zum grundlegenden Zweifel an der liberalen Theologie.

> „Eine ganze Welt von theologischer Exegese, Ethik, Dogmatik und Predigt, die ich bis dahin für grundsätzlich glaubwürdig gehalten hatte, kam damit und mit dem, was man damals von den deutschen Theologen sonst noch zu lesen bekam, bis auf die Grundlagen ins Schwanken."[227]

Die Konsequenz dieser Erschütterung war die Relektüre des Römerbriefs von Paulus. Wie er bekundet hat er den Text mit „sehr verschiedenen Brillen gelesen"[228] so dass u.a. von ihm die Perspektiven Platons und Kants eingenommen wurden. Es entstand Barths „Römerbrief" in erster und zweiter Fassung als Initialzündung einer theologischen Wende.

Biographisches

1886	Geburt als erster Sohn des Theologieprofessors Fritz Barth und seiner Ehefrau Anna Katharina. Seine Kindheit verbrachte er in Bern, wo sein Vater ab 1891 als Professor für Kirchengeschichte und Neues Testament lehrte.
1904-1908	Studium der Evangelischen Theologie in Bern, Berlin, Tübingen und Marburg. Theologische Lehrer waren u.a. Adolf von Harnack, ein bedeutender Vertreter der liberalen Theologie, und der Neukantianer Wilhelm Herrmann. Nach einem kurzen Vikariat in der Schweiz setzte er sein Studium in Marburg fort. Er beschäftigte sich intensiv mit

---

[227] Barth, Karl: Nachwort, in: Bolli, Heinz (Hg.): Schleiermacher-Auswahl, München 1968, 293.
[228] A.a.O., 259.

	Schleiermacher und Kant, die die protestantische Theologie des 19. Jahrhunderts maßgeblich geprägt hatten.
1909	Hilfsprediger der deutschsprachigen Gemeinde in Genf.
1913	Heirat mit Nelly Hoffmann, aus der Ehe gingen fünf Kinder hervor.
1911-1921	Pfarrer in Safenwil (Kanton Aargau). Hier war er konfrontiert mit enormen sozialen Problemen und engagierte sich daher für die Arbeiter seiner Gemeinde. In diese Zeit fiel die Begegnung mit den religiösen Sozialisten Herrmann Kutter und Leonhard Ragaz.
1915	Beitritt zur Sozial-demokratischen Partei der Schweiz.
1919	Die erste Fassung des Werkes „Römerbrief" erscheint. Barth markiert den Bruch mit theologischen Lehrern und zeigt einen deutlichen Bezug auf Luther, Calvin, Kierkegaard u.a.
	Emil Brunner fand in Barths Römerbrief das reformatorische Gottes-, Menschen- und Glaubensverständnis in neuer Sprache wieder.
Ab 1920	Arbeit an der Neufassung des Römerbriefs, die 1922 erschien. Diese Arbeiten machten den Schweizer Dorfpfarrer weithin bekannt und gelten als Beginn der dialektischen „Wort-Gottes-Theologie".
1921	Honorarprofessur auf einem neu eingerichteten Lehrstuhl für reformierte Theologie in Göttingen.
1922	Verleihung des theologischen Ehrendoktors der Universität Münster.
1925	Berufung zum ordentlichen Professor für Systematische Theologie nach Münster
1930	Berufung nach Bonn.
1931	Erscheinen der Schrift *Fides quaerens intellectum* („Glaube, der nach Erkenntnis fragt") über Anselm von Canterburys Gottesbeweis. Diese Schrift wurde kaum beachtet. Im selben Jahr Eintritt in die SPD.
1932	Erscheinen des ersten Teilbandes seiner 13 Bände umfassenden Kirchlichen Dogmatik, seinem Haupt- und Lebenswerk.
1933	Erscheinen der von Karl Barth und Eduard Thurneysen herausgegebene neuen Zeitschrift „Theologische Existenz heute"
1934	Verlust seiner Bonner Professur, weil er den Eid auf Hitler verweigerte. Umzug nach Basel. Mitarbeit an der Abfassung der Barmer Theologischen Erklärung.
1935-1962	Professor in Basel
1938	Gatsdozentur in Aberdeen (Schottland)
Ab 1945	Engagement gegen Wiederbewaffnung/Atombewaffnung /Antikommunismus
1968	Tod Karl Barths

Grundansatz von Barths Theologie ist die These vom unendlichen qualitativen Unterschied zwischen Gott und Mensch. Dieser Gegensatz werde ausschließlich durch die Selbstoffenbarung Gottes in Jesus Christus überbrückt. Von diesem Grundsatz her kritisierte er jede Hochschätzung menschlicher Religiosität.

„Deus dixit" („Gott hat gesprochen") ist die Bedingung der Möglichkeit menschlicher Theologie. Barths sog. „Offenbarungspositivismus" bewährte sich im Kampf gegen die Theologie der „Deutschen Christen" (Barmer Erklärung). Er wurde ausgeformt in der „Kirchlichen Dogmatik", die zugleich Anteile theologischer Ethik enthält. Barths Theologie hatte erhebliche Nachwirkungen und großen Einfluss auf die Religionspädagogik.

Sie stand Pate für die Konzeption der Evangelischen Unterweisung, die bis in die 1960er Jahre die schulische Szene beherrschte. Barth-Schüler sind u.a. Eberhard Jüngel und Helmut Gollwitzer.

Die von ihm und Thurneysen ab Juli 1933 herausgegebene neue Zeitschrift „Theologische Existenz heute", gab kirchlichen Opposition Profil gegen die Deutschen Christen Profil und hatte bis zu ihrem Verbot eine große Leserzahl.

> „Wir als Prediger und Lehrer der Kirche insbesondere sind uns in Furcht, aber auch in Freude darüber einig, dass wir berufen sind, durch unsere Predigt und Lehre dem Worte Gottes in der Kirche und in der Welt zu dienen [...]. Unsere Bindung an das Wort Gottes und die Geltung unserer besonderen Berufung zum Dienst am Wort Gottes kann uns heute verloren gehen [...]. Denn das ist die kräftige, in allen möglichen Gestalten auftretende Versuchung dieser Zeit: dass wir über der Macht anderer Ansprüche die Intensität und Exklusivität des Anspruchs des göttlichen Wortes als solche nicht mehr und damit dieses Wort sofort überhaupt nicht mehr verstehen, dass wir in der Ängstlichkeit vor allerhand Gefahren der Gewalt des Wortes Gottes nicht mehr so ganz trauen, sondern ihm mit allerhand Veranstaltungen zu Hilfe kommen zu müssen meinen und damit unser Vertrauen auf seinen Sieg ganz und gar wegwerfen, dass wir unter dem stürmischen Eindruck gewisser ‚Mächte, Fürstentümer und Gewalten' Gott noch anderswo suchen als in seinem Wort und eben damit solche sind, die Gott gar nicht suchen [...] Und dann ist es an der Zeit, dies zu sagen: dass wir jetzt Mann für Mann in der Kirche, wie sie uns geboren hat durch das Wort Gottes, und in dem unvergleichlichen Raum unserer Berufung bleiben oder in die Kirche und in diesen Raum unserer Berufung zurückkehren müssen — unter allen Umständen, unter Hintanstellung aller anderen Rücksichten und Anliegen, um jeden Preis [...].
> Wo es begriffen ist, dass Jesus Christus, und zwar er allein, Führer ist, da ist theologische Existenz [...]. Wo keine theologische Existenz ist, wo man nach dem kirchlichen Führer ruft, statt Führer zu sein in seinem befohlenen Dienste, da ist alles Rufen nach dem Führer so vergeblich wie das Schreien der Baalspfaffen: ‚Baal, erhöre uns!'"[229]

Die Barmer Erklärung (1934) ist das wichtigste Dokument des Kirchenkampfes und trägt deutlich die Handschrift Karl Barths.

> „Jesus Christus, wie er uns in der Heiligen Schrift bezeugt wird, ist das eine Wort Gottes, das wir zu hören, dem wir im Leben und im Sterben zu vertrauen und zu gehorchen haben.
> Wir verwerfen die falsche Lehre, als könne und müsse die Kirche als Quelle ihrer Verkündigung außer und neben diesem einen Worte Gottes auch noch andere Ereignisse und Mächte, Gestalten und Wahrheiten als Gottes Offenbarung anerkennen"[230] (Auszug aus I. These).

Seine theologische Einmischung in die Politik begründete Barth mit dem Wächteramt der Kirche. Während seiner Gastdozentur in Aberdeen 1938 begründet er ein Widerstandsrecht:

> „Es gibt unter Umständen eine nicht nur erlaubte, sondern göttlich geforderte Resistenz gegen die politische Macht, eine Resistenz, bei der es dann unter Umständen auch darum gehen kann, Gewalt gegen Gewalt zu setzen. Anders kann ja der Widerstand gegen die Tyrannei, die Verhinderung des Vergießens unschuldigen Blutes vielleicht nicht durchgeführt werden."[231]

---

[229] http://gaebler.info/lesen/casalis.htm [23.07.2013].

[230] www.ekd.de/download/handzettel_barmer_theologische_erklaerung.pdf.

[231] Auszug aus: Karl Barth, Gotteserkenntnis und Gottesdienst nach reformatorischer Lehre, 20 Vorlesungen (Gifford-Lectures) über das Schottische Bekenntnis von 1560, gehalten an der Universität Aberdeen im Frühjahr 1937 und 1938, Zollikon 1938. Übernommen aushttp://www.bpb.de/apuz/32092/widerstand-von-protestanten-im-ns-und-in-der-ddr?p=all [23.07.2013].

Barths Lehre vom Wort Gottes, die zugleich Trinitätslehre ist[232], steht in deutlichem Kontrast zu Schleiermacher.

Im Anschluss an Anselm von Canterburys Satz „*Gott kann nur durch Gott erkannt werden.*" sieht er in Jesus Christus allein Gottes Selbstoffenbarung mitten in der Zeit. Daher kann Gott, der Vater und Schöpfer, nur von Gott, dem Sohn, durch den Heiligen Geist als der Gott erkannt werden, der seine Welt mit sich versöhnt und so unsere Gotteserkenntnis schafft.

Während die katholische und die orthodoxe lutherische Dogmatik allgemeine (natürliche) und spezielle (christologische) Offenbarung Gottes trennt, gab es für ihn nur die eine Offenbarung: Gott offenbart sich in Christus als der Dreieinige und schafft damit die Möglichkeit der Gotteserkenntnis, die uns von Natur aus schlechthin unmöglich ist. Dabei betont Barth die christozentrische Erkenntnistheorie: Alle theologischen Aussagen müssen vom Christusereignis her bestimmt werden und sich daran messen lassen.

Der Glaube an Jesus Christus ist das scharfe Gegenteil von Religion, die versucht, aus eigener Macht Gott mit uns zu versöhnen.

Barths „Religionskritik" ist in §17 KD I/2 (1937) zusammengefasst: *Religion ist Unglaube.* Sie ist Menschensache und führt auf Irrwege wie die Vorbereitung und Legitimierung der Hitlerdiktatur. Dagegen steht die Botschaft des Evangeliums: Gott bricht „von oben" in die Selbstrechtfertigungsmechanismen des Menschen ein und hat in der Geschichte Jesu Christi sein endgültiges Ja-Wort zum Menschen gesprochen: Im Licht dieser exklusiven Rechtfertigungstat ist diese unerlöste Welt schon mit Gott versöhnt. Die Botschaft vom Kreuz deckt die vom religiösen Menschen produzierten „Götter" als Verleugnung Gottes auf und dient so der „Befreiung aus den *gottlosen Bindungen dieser Welt zum freien und frohen Dienst an Gottes Geschöpfen*" (Barmer These I).

---

[232] In: KD I/1, 1932.

IV.1.5. Paul Tillich[235] (1886-1965)(Wiegand Wagner)

„In der Einleitung zu meinem Buch Religiöse Verwirklichung habe ich geschrieben: ‚Die Grenze ist der eigentlich fruchtbare Ort der Erkenntnis.' Als ich die Aufforderung erhielt, die Entwicklung meiner Gedanken aus meinem Leben heraus darzustellen, entdeckte ich, daß der Begriff der Grenze geeignet ist, Symbol für meine ganze persönliche und geistige Entwicklung zu sein. Fast auf jedem Gebiet war es mein Schicksal, zwischen zwei Möglichkeiten der Existenz zu stehen, in keiner ganz zu Hause zu sein, gegen keine eine endgültige Entscheidung zu treffen. So fruchtbar diese Haltung für das Denken war und ist, weil Denken Offenheit für neue Möglichkeiten voraussetzt, so schwierig und gefährlich ist sie vom Leben her, das ständig Entscheidungen und damit Ausschließen von Möglichkeiten fordert. Aus diesen Anlagen und diesen Spannungen ergaben sich Schicksal und Aufgabe zugleich." [236]

Paul Tillich schrieb diese Selbstcharakterisierung 1936 schon im amerikanischen Exil, das der Ort seiner Hauptwirksamkeit werden sollte. So sehr man selbst gewählten Lebensüberschriften misstrauen mag, Tillich hat mit der Wahl des Mottos „Auf der Grenze" eine richtige Einschätzung der eigenen Lebens- und Werkgestalt gegeben. Seine Zugehörigkeit zur deutschen und amerikanischen Kultur und Theologie gab ihm die Möglichkeit, die Theologie des 20. Jahrhundert entscheidend zu prägen und international wirksam zu sein. Und Grenzen hat er in vielfacher Form erlebt und sich oftmals auf beiden Seiten selbst gesehen.

Biographisches[237]

1886   Paul Tillich wird am 20. August als Sohn eines lutherischen Pfarrers in Starzeddel (Brandenburg) geboren.

1898   Tillich lebt in Königsberg (Neumark) in Pension, dort besucht er das Gymnasium.

1904   Wechsel mit der Familie nach Berlin, wo er 1904 das Abitur macht und beginnt, Theologie zu studieren. Gleichzeitig besucht er philosophische Lehrveranstaltungen.

1905   Tillich wechselt zum Studienort Halle. Er kehrt 1907 nach Berlin zurück.

1909   Erstes Theologisches Examen in Berlin.

1912   Ordination in Berlin. Tillich übernimmt ein Amt als Hilfsprediger in Moabit. Promotion: „Mystik und Selbstbewusstsein in Schellings philosophischer Entwicklung".

---

[235] Bildquelle: Tillich Gesellschaft (http://www.uni-trier.de/index.php?id=51248).
[236] Tillich, Paul: Auf der Grenze, Stuttgart 1962, 13.
[237] Wichtigste Biographien: Schüssler, Werner: , Erdmann Sturm: Paul Tillich – Leben Werk Wirkung. Darmstadt, 2007; Werkbiographie: Albrecht, Renate und Schüssler, Werner: Paul Tillich, sein Werk. Düsseldorf 1986.

1914	Tillich meldet sich als Kriegsfreiwilliger und ist bis 1918 als Feldprediger tätig. Das Erleben des Krieges orientiert sein philosophisches und weltanschauliches Denken völlig neu. Idealismus ist für ihn nicht mehr als Orientierung möglich.
1916	Tillich habilitiert sich in Halle und entscheidet sich nach dem Kriege für eine akademische Laufbahn.
1924	Außerplanmäßiger Professor in Marburg.
1925	Professor für Religionswissenschaften in Dresden und zusätzlich lehrt er Systematik in Leipzig.
1928	Professor für Philosophie und Soziologie in Frankfurt a.M. Hier entstehen wichtige Kontakte zu Theodor W. Adorno und Max Horkheimer, den Begründern der späteren „Kritischen Theorie". – Paul Tillich ist Mitglied der „Religiösen Sozialisten".
1929	Paul Tillich veröffentlicht das Buch „Protestantismus als Kritik und Gestaltung". Das Thema „Protestantismus" durchzieht sein Lebenswerk in immer neuen Überlegungen.
1931	Erscheint „Protestantisches Prinzip und proletarische Situation".
1933	Tillich veröffentlicht den Band „Die sozialistische Entscheidung" und verliert aufgrund des „Gesetzes zur Wiederherstellung des Berufsbeamtentums" seine Professur. Im November emigriert er nach Amerika, wo er am Union Theological Seminary in New York lehrt und
1937	eine Professur für philosophische Theologie übernimmt.
1940	Erwirbt Tillich die amerikanische Staatsbürgerschaft.
1951	Tillich veröffentlicht die „Systematic Theology" Bd. 1 (deutsch: Systematische Theologie I 1955). Die Bände II und III erscheinen 1957 (in Deutschland 1958) und 1963 (in Deutschland 1966).
1952	Erscheint „The courage to be" (deutsch: „Der Mut zum Sein" 1953).
1955	University Professor in Harvard und ab
1956	alle zwei Jahre eine Gastprofessur in Hamburg.
1962	Tillich erhält in der Frankfurter Paulskirche den Friedenspreis des deutschen Buchhandels.
1965	Paul Tillich verstirbt im Alter von 79 Jahren.

Grundgedanken Paul Tillichs

Das Motiv der Grenze hat Tillich selbst sowohl auf seinen Charakter, seine Herkunft, sein Verhältnis zu den sozialen Klassen u.a. angewandt. Am deutlichsten aber ist es wahrnehmbar an den wichtigsten akademischen Disziplinen, die er gelehrt und in stetem Bezug miteinander gehalten hat: der Theologie und der Philosophie. Diese beiden Fächer ermöglichten auch seinen klaren Blick auf die Grenze zwischen Religion und Theologie einerseits und der Kultur und Lebenswelt andererseits. Tillich war sicherlich der Theologe, der die kulturellen Veränderungen und Herausforderungen seiner Zeit am konkretesten selbst erlebt, sich ernsthaft darauf eingelassen und als Erfahrung verarbeitet hat.

Die Rolle des Zweifels und der Angst hat Tillich in seinem Buch „Der Mut zum Sein" bearbeitet. Er analysiert vor dem Hintergrund der Philosophiegeschichte Typen der Angst:

Die Angst des Schicksals und des Todes (Antike).
Die Angst der Leere und der Sinnlosigkeit (Jetztzeit).
Die Angst der Schuld und der Verzweiflung (Reformationszeit).

Es sind die Ängste, die Grundherausforderungen darstellen und Zweifel am eigenen Sein, sie treten zu bestimmten Zeiten besonders hervor und negieren Personen und Gruppen bis hin zur tiefen Verzweiflung. Diese Verzweiflung wird in ihren Tiefenerfahrungen dargestellt und besonders in der Auseinandersetzung mit dem Existenzialismus durchgeführt. Tillich sieht den Mut zum Sein in enger Beziehung zu erfahrener Verzweiflung. Sie erst fordert den Mut, von dem Tillich reden will, den Mut, sich selbst gegen alle Verzweiflung zu bejahen als vom Sein getragen und bejaht. Deutlich ist, dass Tillich auf dem Grunde der Verzweiflung an der Schuld, dem Schicksal oder der Sinnlosigkeit die Grunderfahrung der eigenen Bejahung sucht:

„Man kann seiner (der Macht des Seins) gewahr werden in der Angst des Schicksals und des Todes, wenn die traditionellen Symbole, die den Menschen, die Wechselfälle des Schicksals und den Schrecken des Todes zu ertragen, ihre Macht verloren haben. Wenn die ‚Vorsehung‘ ein Aberglaube geworden ist und die ‚Unsterblichkeit‘ eine Imagination, dann kann das, was einmal die Macht in diesen Symbolen war, noch gegenwärtig sein und den Mut zum Sein erzeugen, trotz der Erfahrung einer chaotischen Welt und einer endlichen Existenz. Der stoische Mut kehrt wieder, aber nicht als Glaube an die universale Vernunft. Er kehrt wieder als der absolute Glaube, der Ja sagt zum Sein ohne etwas Konkretes zu sehen, was das Nichtsein in Schicksal und Tod besiegen kann. Und man kann des Gottes über dem Gott des Theismus gewahr werden in der Angst der Schuld und der Verdammung, wenn die traditionellen Symbole, die es dem Menschen ermöglichten, die Angst der Schuld und der Verdammung auszuhalten, ihre Macht verloren haben. Wenn das ‚Gericht Gottes‘ als ein psychologischer Komplex interpretiert wird und die Vergebung als ein Überbleibsel des ‚Vaterbildes‘, dann kann, was einmal Macht in diesen Symbolen war, noch gegenwärtig sein […]. Der Mut Luthers kehrt wieder, aber nicht gestützt durch den Glauben an einen richtenden und vergebenden Gott. Er kehrt wieder als der absolute Glaube, der Ja sagt, obwohl es keine besondere Macht gibt, die die Schuld überwindet. Der Mut, die Angst der Sinnlosigkeit auf sich zu nehmen, ist die Grenzlinie, bis zu der der Mut zum Sein gehen kann. Jenseits dieser Linie ist reines Nichtsein. In ihm werden alle Formen des Mutes wiedergeboren aus der Macht des Gottes über dem Gott des Theismus. Der Mut zum Sein wurzelt in dem Gott, der erscheint, wenn Gott in der Angst des Zweifels verschwunden ist."[236]

Eine der wichtigsten Charakterisierungen Paul Tillichs dürfte es sein, dass er mit seinem Weg zur „Rechtfertigung des Zweiflers und des Zweifels" maßgeblich beigetragen hat. Als Grundlage für das Theologie-Treiben hat Paul Tillich eine dialogische Verbindung zwischen Philosophie und Theologie entwickelt, die er in seiner „Systematischen Theologie" in ihrer weitest entwickelten Form ausgeführt hat: „Korrelative Methode", das heißt, methodisch zwischen philosophischem Fragen und theologischem Antworten den Weg zu einer Erschließung der Existenz, der Religion und des Glaubens zu finden. Obgleich die Korrelationsmethode als typisch für Tillichs theologische Arbeit gilt, kann er selbst doch sichtbar machen, wie tief diese Methode in der Geschichte der Theologie wirkt:[237]

„Der Begriff der Korrelation kann auf dreierlei Weise gebraucht werden. Er kann die Entsprechung einer Reihe von Daten bedeuten wie etwa bei statistischen Tabellen; er kann den logischen Zusammenhang von Begriffen bezeichnen wie etwa bei polaren Beziehungen; und er kann die reale gegenseitige Abhängigkeit von Dingen oder Ereignissen im Strukturganzen meinen. Wenn das Wort Korrelation in der Theologie gebraucht wird, wird es in allen drei Bedeutungen gebraucht. Es gibt Korrelation in dem

[236] Tillich, Paul: Der Mut zum Sein. Hamburg 1965, 187f.
[237] Vgl. Tillich, Paul: Systematische Theologie I, Stuttgart ⁶1976, 73-80.

Sinne der Entsprechung zwischen religiösen Symbolen und dem, was durch sie symbolisiert wird. Es gibt Korrelation im logischen Sinne zwischen Begriffen, die sich auf menschliche Bereiche und solche, die sich auf Göttliches beziehen. Und es besteht eine reale Korrelation zwischen dem Zustande des religiösen Ergriffenseins des Menschen und dem, was ihn ergreift. Die erste Bedeutung von Korrelation bezieht sich auf das zentrale Problem religiöser Erkenntnis. Die zweite Bedeutung von Korrelation bestimmt die Aussagen über Gott und die Welt z.B. die Korrelation des Unendlichen und des Endlichen. Die dritte Bedeutung von Korrelation zielt auf die Beziehung zwischen Gott und Mensch im religiösen Erlebnis […].“ [238]

Philosophie ist in diesem Sinn Gesprächspartner der Religion und Theologie, insofern sie die Bedingungen der menschlichen Existenz, die Fragen nach dem Selbstverständnis des Menschen und seiner Lebensprobleme bis hin zur Frage nach dem Sinn seines Seins bearbeitet. Die Theologie nimmt diese Gedanken auf und führt sie selbst bis in die Tiefe der Existenzfragen weiter. Hier ist der Ort und die Situation, wo die Antworten der biblischen und theologischen Tradition(en) geprüft und auf die gegenwärtige, geistige Situation des Menschseins hin ausgelegt werden müssen. Nur so ist es Tillich möglich, die überzeitliche christliche Botschaft und die zeitliche, begrenzte Situation des Menschen in der jeweiligen Gegenwart in Beziehung zu setzen. Der Aufriss der systematischen Theologie spiegelt diese Methode wider:

> Vernunft und Offenbarung
> Sein und Gott
> Die Existenz und der Christus
> Das Leben und der Geist
> Die Geschichte und das Reich Gottes

Vernunft und Offenbarung

Zeigt die philosophische Analyse und deren Fragehorizont den Menschen als ein allseits bedingtes Wesen in einer bedingten Lebenssituation, so wird bei Tillich deutlich, dass es Ereignisse, Fragen und Wahrnehmungen gibt, die den Menschen *unbedingt* angehen. So ist Religion und Theologie in der Pflicht zu zeigen, dass Gott und Glauben Antworten sind, die die Erschließung der Begegnungen mit dem Heiligen möglich machen. „Gott“ wird in der Relation mit dem, was uns unbedingt angeht, erfahrbar.

Diese Erfahrung zu klären, ist Theologie in der Lage. Tillich wählt anstelle der weithin ungreifbaren Metapher des „Gott in der Höhe“ gern die gegenteilige, aber im Zusammenhang seiner Theologie aussagekräftige Metapher, dass „Gott“ in der Tiefe erfahren wird. In der Tiefe der menschlichen Erfahrungen und der Existenz begegnet der Mensch demjenigen, was ihn unbedingt angeht, auch wenn ihm nicht sogleich religiöse Erkenntnisse nahe liegen. Symbole – und dazu gehören gerade auch die biblischen Symbole und Traditionen – machen erst sagbar, was diese Erfahrung in der Tiefe bedeutet. Jede konkrete Aussage über Gott ist für Tillich symbolischer Natur, und so können in der Korrelationsmethode auch die unterschiedlichen Tiefenerfahrungen der menschlichen Existenz im Zusammenhang existenzieller und religiöser Symbole gedeutet werden. Symbole geben Anteil an der Wirklichkeit Gottes, sie sind aber nicht „Gott“, denn sie sind auch missbrauchbar. In der Beziehung existenzieller und biblisch-religiöser Symbole zueinander können sich die christliche (Symbol-)Sprache und die konkrete Existenz des Menschen gegenseitig erhellen.

---

[238] A.a.O., 74f.

Die Existenz und der Christus

Das gilt besonders für die Christologie.[239] Die zentrale Suche nach dem Sinn der menschlichen Existenz und ihrer Bedingtheit konkretisiert sich in der Frage nach dem Sein. Menschen fragen in den Bedingtheiten, gerade in den Erfahrungen der Entfremdung und des Scheiterns, nach dem unzweideutigen *Sein,* einer nicht durch Scheitern und Angst gezeichneten Vergewisserung. Sie sind, wie es vielfach philosophisch ausformuliert worden ist, von ihrem Grunde, ihrem wahren Wesen entfremdet – von sich selbst, von den Mitmenschen und von Gott.

Tillich zeigt in seiner Interpretation des weit verbreiteten Mythos vom „*Fall*", biblisch also der Geschichte vom Verlust des Paradieses, dass es um das Heraustreten des Menschen aus der „träumerischen Unschuld" in die *Freiheit* geht. In dieser gewählten Freiheit, sogar Gott gegenüber, erfährt der Mensch sich sowohl als frei als auch in die Folgen der eigenen Verantwortung gebunden. Ohne diese Freiheit gibt es keine konkrete Existenz des Menschen. In dieser Freiheit jedoch gibt es Arbeit, Verantwortlichkeit und Schuld – bis an die Grenzen der Verzweiflung. Wie ist die Sehnsucht nach dem Notwendenden, nach dem wahren Sein (Essenz) zu bedenken? – Die religiöse und theologische Antwort, die Tillich gibt und deren Tragweite er untersucht, ist das „*Neue Sein*", dessen Erscheinungen unter den genannten Bedingungen der Existenz „der Christus" ist. Das Neue Sein wird für Tillich zum zentralen christologischen Begriff.

An dieser Stelle ist der Sprachgebrauch Paul Tillichs bedeutsam. Für ihn weisen die Erzählungen aus dem Neuen Testament mit den Symbolen *Menschwerdung* und *Wort Gottes* und zugespitzt „*Auferstehung*" darauf hin, dass in dem Menschen Jesus, also unter den Bedingungen konkreter Existenz, das Neue Sein inmitten der Zweideutigkeiten des entfremdeten Daseins aufscheint. Dass er dabei immer betont von „Jesus *als dem Christus*" spricht, verdeutlicht, dass das Christussymbol auch die historische Geschichte des Menschen Jesus transzendiert. In Jesus begegnet in christlicher Sprache das Neue Sein, das aber über die christlichen Vereinnahmungsmöglichkeiten hinausreicht, sie „transzendiert".

Das Leben und der Geist

Den umfangreichsten Teil seiner „Systematischen Theologie" widmet Tillich der Frage nach dem Leben, dem Geist und der Frage nach dem unzweideutigen Leben.[240] „Zweideutigkeit" ist für Tillich eine Begleiterscheinung des Lebens und seiner Möglichkeiten. Leben umfasst immer essentielle und existenzielle Elemente. Freiheit und Gebundenheit, Wahrheit und Unwahrhaftigkeit sind ineinander verflochten und das macht die „Zweideutigkeit" aus. Leben will in allen Bereichen „sich selbst integrieren", „sich schaffen" und „sich selbst transzendieren" Hierzu legt Tillich umfangreiche Untersuchungen vor, wie „das Leben", aber besonders darin der Mensch, die eigene Gestalt zu gewinnen trachtet und verteidigt. Aber die genannte „Zweideutigkeit" liegt in allen Gestalten des Lebens verborgen oder offen zutage. Die Triumphe des Lebens sind in Konflikte verwickelt, die Gestalten in ihren Gefährdungen. Hier führt Tillich die Untersuchungen des zweiten Bandes seiner Theologie über die Existenzanalyse hinaus in eine Betrachtung der Dimensionen des Lebens und der sozialen Gestalten, die es besonders im Bereich von Menschen und Gesellschaften gewinnt. Dabei ist besonders das Streben nach „Selbst-Transzendierung", nach dem über sich Hinausgreifen ein problematischer Teil der Dynamik des Lebens, zugleich aber ein besonders sinnträchtiger:

---

[239] Tillich, Paul: Systematische Theologie, Band II, Stuttgart ³1958.
[240] Tillich, Paul: Systematische Theologie, Band III, Stuttgart 1966.

„Wir können nur deshalb nach unzweideutigem Leben fragen, weil das Leben den Charakter der Selbsttranszendierung hat. In allen Dimensionen bewegt sich das Leben in vertikaler Richtung über sich hinaus. Aber innerhalb keiner Dimension erreicht es das, worauf es sich hinbewegt – Das Unbedingte. Es erreicht es nie, aber das Verlangen besteht. In der Dimension des Geistes ist es die Frage nach unzweideutiger Moralität und unzweideutiger Kultur, beide jedoch wiedervereinigt mit unzweideutiger Religion. Die Antwort auf diese Frage heißt: Offenbarung und Erlösung. Offenbarung und Erlösung sind sozusagen ‚Religion jenseits von Religion‘, aber auch sie werden zur Religion, wenn sie von Menschen erlebt werden. In der religiösen Symbolik sind sie das Werk des ‚göttlichen Geistes‘ oder des ‚Reiches Gottes‘ oder des ‚Ewigen Lebens‘. Die Frage nach unzweideutigem Leben wird in allen Religionen gestellt. Die Antwort auf sie liegt allen Religionen zugrunde und verleiht ihnen Größe und Würde. Sobald aber Frage und Antwort in den besonderen Formen einer konkreten Religion erscheinen, werden sie zweideutig. Es ist eine uralte Erfahrung aller Religionen, dass die Frage nach etwas, das sie transzendiert, durch umwandelnde Erfahrungen der Offenbarung und Erlösung eine Antwort erhält, daß aber unter den Bedingungen der Existenz sogar das absolut Große – die göttliche Selbst-Manifestation in der Religion – nicht nur groß, sondern auch unwürdig, nicht nur göttlich, sondern auch dämonisch werden kann.[241]

Es lohnt sich, diesen Abschluss des I. Teils des dritten Bandes daraufhin zu lesen, wie anschlussfähig für zeitgenössische Wissenschaft und für einen Dialog der Religionen Paul Tillichs Denken ist. Er zeigt aber mit der Anwendung des Begriffes der „Zweideutigkeit", dass eines der wichtigsten Teile seines Denkens die Kritik ist. In Bezug auf die politische Symbolik des „Reiches Gottes" im letzten Teil seiner Theologie wird das noch bestätigt. Gerade dieses kritische Prinzip, das für Tillich selbst als „protestantisches Prinzip"[242] der biblischen Religion und ihrer Ausprägungen in Zeit und Geschichte innewohnt, macht den Reiz des Studiums seiner Theologie aus.

[241] Tillich, Paul: Systematische Theologie Bd. III, Stuttgart 1966, 133.
[242] Tillich Paul: Der Protestantismus als Kritik und Gestaltung. Schriften zur Theologie I (= Ges. Werke Bd. VII), Stuttgart 1962.

IV.1.6. Dietrich Bonhoeffer (1906-1945)

Bonhoeffer ist heute einer der bekanntesten evangelischen Theologen. Es sollte nicht vergessen werden, dass Kirche und Theologie sich nach 1945 zunächst schwer taten mit seinem Erbe und einer positiven Beurteilung seiner Verwicklung in den aktiven Widerstand. Zwar erschien 1952 die erste Auflage der von seinem Freund Eberhard Bethge edierten Gefängnisbriefe „Widerstand und Ergebung" und 1953 die erste Ausgabe der Ethikfragmente, aber größere Aufmerksamkeit erhielt Bonhoeffer erst im Kontext der kritischen Aufarbeitung der NS-Vergangenheit ab Mitte der 1960er Jahre. Sein theologisches Werk blieb wegen seiner Hinrichtung am Kriegsende unvollendet, entfaltet aber gerade wegen des „Fragmentarischen" einen besonderen Reiz.

Sein Freund und Biograph Eberhard Bethge charakterisiert Bonhoeffers Entwicklung mit drei Stichwörtern: Theologe, Christ, Zeitgenosse. Auf diese Entwicklungsschritte wird in der folgenden Kurzbiographie hingewiesen.

> „Der Bonhoeffer der zwanziger Jahre hat den Theologen gesagt: Euer Thema ist die Kirche! Der Bonhoeffer der dreißiger Jahre hat der Kirche gesagt: Dein Thema ist die Welt! Und der Bonhoeffer der vierziger Jahre hat der Welt gesagt: Dein Thema, die Verlassenheit, ist Gottes Thema selbst; und mit diesem Thema betrügt er dich nicht um das volle Leben, sondern er schließt es dir auf!"[243]

Biographisches

1906 Dietrich Bonhoeffer wird in Breslau als sechstes Kind des Psychiaters und Neurologen Karl Bonhoeffer geboren. Seine Mutter Paula, geb. von Hase, examinierte Lehrerin, entstammt einer Theologenfamilie; im Elternhaus herrschte ein christlich-liberaler und humanistischer Geist.

1912 Übersiedlung der Familie nach Berlin.

1923 Aufnahme des Theologiestudiums in Tübingen.

1924 Italienreise und Fortsetzung des Studiums in Berlin (u.a. bei Adolf von Harnack Kirchenhistoriker/Kulturprotestant, Karl Holl/Initiator der „Luther-Renaissance", Erich Seeberg/Nachfolger Holls).

1927 Promotion („Sanctorum communio" – Eine dogmatische Untersuchung zur Soziologie der Kirche).

1928 1. Theol. Examen – Vikariat in der deutschen Gemeinde in Barcelona.

1930 2. Theol. Examen – Habilitation („Akt und Sein – Transzendentalphilosophie und Ontologie in der Systematischen Theologie") – Stipendiat am Union Theological Seminary in New York. Berührung mit der Glaubenspraxis farbiger Amerikaner und einem Christentum in sozialer und politischer Gestalt. [Eberhard Bethge sieht diese Begegnung als Anstoß für die „Wende vom Theologen zum Christen".]

1931 Assistentur in Systematischer Theologie in Berlin – Studentenpfarrer der Studentengemeinde der TH. – Konfirmandenunterricht im Prenzlauer Berg.

---

[243] Bethge, Eberhard: Dietrich Bonhoeffer. Person und Werk, in: Die Mündige Welt. Dem Andenken Dietrich Bonhoeffers, München 1955, 24.

1933	(01. Februar) Rundfunkvortrag: „Der Führer und der einzelne in der jungen Generation".
	(07. April) Vortrag vor Berliner Pfarrern: „Die Kirche vor der Judenfrage" (In der Auseinandersetzung mit dem Arierparagraphen fordert er notfalls aktiven Widerstand von der Kirche: „dem Rad in die Speichen fallen").
	(Oktober) Auslandspfarrer in London.
1935	Ab April Leitung des Predigerseminars der BK (der Berlin-Brandenburgischen Kirche) in Finkenwalde bei Stettin; Verlust der Lehrerlaubnis an der theologischen Fakultät – Schrift „Nachfolge" (Zentrale Thesen/Inhalte: Gnade dispensiert nicht vom Gehorsam gegen das Gebot; Unterscheidung von teurer und billiger Gnade).
1937	Lehrverbot – Schließung des Predigerseminars (Fortsetzung als „Sammelvikariat").
1939	Kurzer USA-Aufenthalt. Rückkehr und Aufgabe der Sicherheit, weil er das deutsche Schicksal teilen will, um später glaubwürdig am Aufbau eines neuen Deutschlands teilnehmen zu können. [Bethge: „Wende vom Christen zum Zeitgenossen".]
1940	(Herbst) Ziviler Mitarbeiter der Dienststelle Canaris in München (er soll seine dienstlichen Auslandskontakte für den Widerstand nutzen) – zwischen den Auslandsreisen: Arbeit am Entwurf der „Ethik".
1943	(Januar) Verlobung mit Maria von Wedemeyer.
	(05. April) Verhaftung (Vorwurf der Wehrkraftzersetzung), Einlieferung ins Wehrmachtsgefängnis Tegel; Briefe, Notizen und Gedichte aus dieser Zeit werden in der Nachkriegszeit von Bethge unter dem Titel „Widerstand und Ergebung" herausgegeben.
1944	(08. Oktober) Verlegung ins Reichssicherheitshauptamt (Gestapohaft) im Zusammenhang mit dem 20. Juli 1944 und nach dem Fund von Belastungsmaterial in Zossen.
1945	(07. Februar) Deportation ins KZ Buchenwald.
	(09. April) Hinrichtung im KZ Flossenbrück.

Theologische Lernschritte Bonhoeffers

Bonhoeffers theologische Entwicklung steht in engem Zusammenhang mit seiner Biographie.[244] Bei ihm lässt sich der Zusammenhang von *Glaube und Bildung*, von Glaube und Lernen exemplarisch erschließen.

Charakteristisch für Bonhoeffers theologische Lernprozesse ist die von den Herausforderungen der geschichtlichen Situation geleitete kritisch-hermeneutische Bearbeitung der religiösen Überlieferungen und die Verschränkung von Glaube und Lebenspraxis.

So stellte Bonhoeffer in konkreten Lebens- und Handlungssituationen überkommene Lehrsätze in Frage oder akzentuierte sie neu.

Das Erbe der Tradition muss sich *in* der Lebenswelt und der Selbstwerdung bewähren. Theologische Sätze gelten nicht abstrakt, sondern sind auf Erkenntnissituationen bezogen: Eine Erkenntnis kann nicht getrennt werden von der Existenz, in der sie gewonnen wird.

Folgende in konkreten Situationen verankerte theologische Lernprozesse lassen sich in Bonhoeffers Biographie erkennen:

---

[244] Gremmels, Christian/Pfeifer, Hans: Theologie und Biographie. Zum Beispiel Dietrich Bonhoeffer, München 1983.

Vom passiven zum aktiven Widerstandsrecht

Bereits 1933 erweiterte Bonhoeffer angesichts der Diskriminierung der Juden durch die Arierparagraphen die Beschränkung des Widerstandsrechts im Luthertum um eine aktive Komponente. In „Die Kirche vor der Judenfrage" sieht er die Notwendigkeit kirchlichen Handelns darin, „dem Rad in die Speichen zu fallen", wenn die traditionellen Formen: Ermahnung der Herrschenden zu legitimen Handeln und Dienst an den Opfern des Staatshandelns nicht ausreichen. Einem Mitgefangenen erklärte er seine Position später mit folgender Darstellung:

> „Wenn ein Wahnsinniger auf dem Kurfürstendamm sein Auto über den Gehweg steuert, so kann ich als Pastor nicht nur die Toten beerdigen und die Angehörigen trösten; ich muss hinzuspringen und den Fahrer vom Steuer reißen, wenn ich gerade an der Stelle stehe."[245]

Von der Rechtfertigung des Krieges zur pazifistischen Friedensethik

Den ersten Anstoß, die klassische Kriegstheologie zu revidieren, gab die Begegnung mit dem französischen Pfarrer Jean Lassere, dem er 1930 in New York begegnete. Es folgte eine neue Lektüre der und Inspiration durch die Bergpredigt. Als Jugendsekretär des Weltbundes für Freundschaftsarbeit der Kirchen bereitete er die Weltkirchenkonferenz des Weltbundes 1934 in Fanö vor und gab der Tagung deutlich friedensethische Akzente. Der Ansicht, dass Friede über Sicherheit erreicht werden müsse, stellte er die These gegenüber, dass Friede gewagt werden müsse. In seiner dortigen Rede rief er zu einem großen Friedenskonzil aller Christen auf.

1936 wies er in einem Brief auf die Erkenntnis hin, die er bei einer Lektüre der Bergpredigt (vermutlich 1932) hatte: „Der christliche Pazifismus, den ich noch kurz vorher […] leidenschaftlich bekämpft hatte, ging mir auf einmal als Selbstver-ständlichkeit auf."[246]

Vom folgenlosen Glauben zur Verschränkung von Rechtfertigungsglaube und Handeln

Bonhoeffer akzentuierte den Gesichtspunkt der Lebensgestaltung aus dem Glauben neu, ohne den reformatorischen Grundansatz aufzugeben: „Glauben ist Geschehenlassen und erst in ihm ein Tun".[247] Bonhoeffer richtete so den klassischen Zusammenhang von Rechtfertigung und Lebenspraxis (Heiligung) neu aus: Der Mensch ist nicht nur Empfänger der Gnade und Objekt göttlichen Handelns, sondern auch ein zum verantwortlichen Handeln Befreiter.

Seit 1932 war Frage nach dem Gebot ein zentrales Thema Bonhoeffers. Signifikant ist seine Feststellung, nur der Glaubende sei gehorsam und nur der Gehorsame glaube. Glaube und Gehorsam gegen das Gebot bildeten für Bonhoeffer eine dialektische Einheit. In seiner Interpretation der Bergpredigt („Nachfolge" 1935) stellte er die *teure Gnade* der *billigen* bzw. konsequenzlosen Gnade gegenüber und verwies auf den Zusammenhang von Rechtfertigung und Heiligung (tertius usus legis) als zwei Seiten einer Sache: Christus lebt in den Gläubigen. Ohne Glaubenspraxis wird Frömmigkeit häretisch: „Nur wer für die Juden schreit darf auch gregorianisch singen".[248]

Von der Trennung zur Verschränkung von religiöser und politischer Praxis

---

[245] Bethge, a.a.O., 14.
[246] DBW 14, 113.
[247] DBW 8, 138.
[248] Bethge, Eberhard: Dietrich Bonhoeffer. Eine Biographie, Gütersloh ⁹2005,506.

Die Zuordnung von Rechtfertigungsglauben und Handeln führte auch zu einer Überwindung der klassischen Trennung von Glauben und politischem Handeln, die für Bonhoeffer in der Beteiligung am Widerstand konkret wurde.

Verbunden mit der Neuinterpretation des Verhältnisses von Glauben und Handeln war auch eine neue Sicht des Judentums. Bonhoeffer hat einen entscheidenden Anstoß gegeben für die in der Nachkriegs-theologie entwickelte neue Verhältnisbestimmung von Judentum und Christentum. Damit wurde die Jahrhunderte während Tradition aufgebrochen, die Besonderheit des Christentums vor dem Hintergrund des Judentums als Negativfolie zur Geltung zu bringen.

Von der Jenseitsvertröstung zur Akzentuierung der Diesseitsrelevanz des Glaubens

Bonhoeffer verweist in immer neuen Anläufen auf den Wirklichkeitsbezug des Glaubens. Inspiriert von der hebräischen Bibel wendete sich Bonhoeffer der Diesseitigkeit des Lebens zu und kritisierte eine Deutung des Christusgeschehens vom Erlösungsmythos her, weil diese Deutung helfe, der Wirklichkeit der Welt zu entfliehen.[249] Nicht Erlösung, sondern Gewissheit der Versöhnung sei Grundlage christlicher Existenz.

> „Die Wirklichkeit Gottes erschließt sich nicht anders als indem sie mich ganz in die Weltwirklichkeit hineinstellt, die Weltwirklichkeit aber finde ich immer schon getragen, angenommen, versöhnt in der Wirklichkeit Gottes vor. Das ist das Geheimnis der Offenbarung Gottes in dem Menschen Jesus Christus".[250]

In der Gestalt des Versöhners enthüllt sich das Geheimnis Gottes und der Welt.

Aspekte und Akzente des theologischen Denkens Bonhoeffers:

Der Versöhnung entspricht der Mensch nach Bonhoeffer in der Gestaltung von Gottes- und Weltverhältnis durch:

Beten und Tun des Gerechten

Die Gewissheit der Versöhnung mit Gott erschließt dem Glaubenden die Möglichkeit verantwortlichen Handelns in der in ihrer Gottlosigkeit mit Gott versöhnten Welt.[251] Dieses Handeln sei durch das „Dasein für andere" charakterisiert.

Die grundlegende Dilemmasituation des Menschen liege darin, dass er sich von seiner geschöpflichen Bestimmung löse und „wie Gott sein", d.h. sein eigener Ursprung sein wolle. Bonhoeffer interpretiert die Lösung des Menschen von seinem Ursprung in Gott mit dem Einbruch in das göttliche Geheimnis: Mit dem Wissen um Gut und Böse eigne sich der Mensch ein Wissen an, dass Gott vorbehalten bleiben müsse. Der Mensch habe das Geheimnis geraubt, weil er selbst sein Ursprung sein wollte. Aber was er wisse, sei Gutes und Böses gegen Gott, weil er sich in diesem Wissen von Gott (von seinem Ursprung) getrennt habe. „Der Mensch geht an dem geraubten Geheimnis Gottes zugrunde".[252] Von dieser theologischen Interpretation der Situation des Menschen erklärt sich sein spezifischer Ansatz in der (unvollendet hinterlassenen) Ethik.

---

[249] Vgl. DBW 8, 500f.
[250] DBW 8, 40.
[251] Vgl. DBW 6, 405.
[252] DBW 6, 303f.

Bonhoeffer beginnt seine Überlegungen zur *Ethik* mit dem Satz:

> „Das Wissen um Gut und Böse scheint das Ziel aller ethischen Besinnung zu sein. Die christliche Ethik hat ihre erste Aufgabe darin, dieses Wissen aufzuheben.“[253]

In der christlichen Ethik gehe es ausschließlich um das Tun des Gotteswillens. Dieser Wille sei in jeder Situation durch ernsthaftes Prüfen neu zu erheben. Christliche Ethik ist für Bonhoeffer keine Prinzipienlehre. Ihre Aufgabe ist es seiner Meinung nach aufzuzeigen, wie der Mensch die Freiheit, die Gott ihm in seiner Versöhnung gibt, wahrnehmen kann. Ihre Orientierung bezieht diese Freiheit aus der neuen Wirklichkeitserfahrung des Glaubens, dass im Christusgeschehen die Gegensätze von Gut und Böse überwunden sind. Es gehöre zur Selbstbescheidenheit des verantwortlichen Handelns, das relativ Bessere dem relativ Schlechteren vorzuziehen. Das absolut Gute könne gerade das Schlechteste sein.[254] So ist jede ethische Entscheidung die der konkreten Situation angemessene Anwendung der geschenkten Freiheit.

Das verantwortliche Tun sei durch kein Prinzip gesichert und verzichte auf das Wissen um eine letzte Gerechtigkeit. Das verantwortliche Tun habe seinen eigentlichen Grund in der Freiheit von der Selbstrechtfertigung. Verantwortliches Tun sei immer *begrenztes* Handeln, beziehe sich aber auf das Ganze der Wirklichkeit. *Es beziehe alles ein, was an Erkenntnis über die Situation möglich sei und bedenke ernsthaft die Folgen für die Zukunft.*[255] Diese Freiheit ist für Bonhoeffer zugleich eine Freisetzung zur Schuldübernahme. Schließlich nehme das verantwortliche Tun das Urteil über das eigene Handeln nicht vorweg, sondern stelle dieses Urteil ganz Gott anheim.

> „Tritt aus ängstlichem Zögern heraus in den Sturm des Geschehens, nur von Gottes Gebot und deinem Glauben getragen, und die Freiheit wird deinen Geist jauchzend empfangen.“[256]

Bildung

Bonhoeffer ist nicht mehr dazu gekommen, sein geplantes Kapitel zur Bildung im Rahmen seiner Ethik auszuführen. In den Fragmenten der Ethik wird jedoch die Zielrichtung seiner Gedanken deutlich.

Das Thema Bildung gehörte für Bonhoeffer zu den natürlichen Rechten des geistigen Lebens. Grundlegend ist die Feststellung, dass der moderne Mensch unwiderruflich gegenüber der Autorität der religiösen Tradition mündig geworden ist.

Er unterscheidet drei fundamentale Verhaltensweisen des geistigen Lebens zur Wirklichkeit: das Urteilen, das Handeln, und das Genießen. In ihnen tritt der Mensch der Wirklichkeit, der er selbst angehört, in Freiheit gegenüber und erweist dann sein Menschsein.[257]

Bei der Bildung aus der Perspektive des Glaubens geht es nach Bonhoeffer nicht um einen spezifischen Lebensstil, sondern um verantwortliches Leben vor Gott in der Weltlichkeit der Welt

In einem Gefängnisbrief vom 21. Juli 1944 knüpft Bonhoeffer an seine „Nachfolge" an: Auf die Frage was wir mit unserem Leben eigentlich wollen, hatte er 13 Jahre zuvor dem Wort eines jungen französischen Pfarrers, er wolle *ein* Heiliger werden, entgegengesetzt: Er wolle glauben lernen und gemeint war, zu versuchen, so etwas wie ein heiliges Leben zu führen. Erst später hat er nach eigener Auskunft erfahren, dass man erst

---

[253] DBW 8, 19.
[254] Vgl. DBW 6, 260.
[255] Vgl. DBW 6, 268.
[256] DBW 8, 571.
[257] Vgl. DBW 6, 216.

in der vollen Diesseitigkeit glauben lerne, nämlich wenn man völlig darauf verzichtet habe, aus sich selbst etwas zu machen.[258]

In einem Brief, den Bonhoeffer im Februar 1944 aus der Haft an seine Eltern schreibt, macht er darauf aufmerksam, dass seine Generation nicht mehr den Anspruch stellen dürfe, dass sich ein Leben im Beruflichen und Persönlichen ganz entfalten kann und so „zu einem ausgeglichenen und erfüllten Ganzen wird […]. Darin liegt wohl der größte Verzicht, der uns Jüngeren, die wir Euer Leben noch vor Augen haben, auferlegt ist und abgenötigt wird. Das Unvollendete, Fragmentarische unseres Lebens empfinden wir darum wohl besonders stark." Nach dieser Feststellung eines Sachverhaltes, der heute, über 70 Jahre später, noch weit größere Aktualität hat, fährt er fort:

> „Aber gerade das Fragmentarische kann ja auch auf eine menschlich nicht mehr zu leistende höhere Vollendung hinweisen. Daran muss ich beim Tode so vieler meiner besten ehemaligen Schüler denken. Wenn auch die Gewalt der äußeren Ereignisse unser Leben in Bruchstücke schlägt wie die Bomben unsere Häuser, so soll doch möglichst sichtbar bleiben, wie das ganze gedacht und geplant war, und mindestens wird noch zu erkennen sein, aus welchem Material hier gebaut wurde oder werden sollte".[259]

In einem Brief an Eberhard Bethge drei Tage später wiederholt und präzisiert Bonhoeffer den *Gedanken der fragmentarischen Existenz* und stellt ihn in einen ästhetischen Bezugsrahmen. Er vergleicht ihn mit der musikalischen Form einer Fuge und schreibt:

> „Wenn unser Leben auch nur ein entferntestes Abglanz eines solchen Fragments ist, in dem wenigstens eine kurze Zeit lang die immer stärker häufenden verschiedenen Themata zusammenstimmen […], dann wollen wir uns auch über unser fragmentarisches Leben nicht beklagen, sondern daran sogar froh werden".[260]

Henning Luther hat im Anschluss an diese Überlegungen versucht, den Begriff des Fragmentarischen als Metapher des menschlichen Lebens für einen theologisch akzentuierten Bildungsprozess fruchtbar zu machen. (→ IV 9.)

Das Handlungskonzept dieses Prozesses gründet nicht in allgemeinen Werten, moralischen Imperativen oder einer gesellschaftlichen Vision, weder auf Fortschrittsglaube noch Geschichtspessimismus, sondern in der Perspektive des Rechtfertigungsglaubens. Es ist bestimmt vom Vertrauen in unverfügbare Grundbedingungen des Lebens und von letzter Geborgenheit.

Religionsloses Christentum[261]

> „Wir gehen einer völlig religionslosen Zeit entgegen".[262]

Diese Feststellung tätigt Bonhoeffer in seinem Gefängnisbrief vom 30. April 1944 und fragt, was das für das Christentum bedeute. Von daher entwickelt er den Gedanken von einem künftigen religionslosen Christentum. Für das Verständnis dieser Überlegungen ist es notwendig, das hier verwendete Verständnis von „Religion" als dem Gefühl zugeordnetes Phänomen wahrzunehmen. Religion ist demnach Kennzeichen der Epoche der Neuzeit, die zu Ende geht.

Bis ins 18. Jahrhundert wurde der Religionsbegriff in Anlehnung an das römische Verständnis im Sinne einer rechtlich korrekten Gottesverehrung verwendet. Das änderte sich Ende des 18. Jh.s unter dem Einfluss des englischen Deismus.

---

[258] Vgl. DBW 8, 541f.
[259] DBW 8, 330f.
[260] DBW 8, 336.
[261] Zum Begriff: DBW 8, 403ff.
[262] DBW 8, 403.

Paul de Lagarde (1827-1891) machte darauf aufmerksam, dass der neuzeitliche Begriff von Religion um 1750 aus deistischer Perspektive als Gegenbegriff zum „Glauben" entstanden ist und eine Kritik am christlichen Offenbarungsverständnis impliziert.[263]

Außer Lagardes Ansatz spielt für Bonhoeffers Äußerungen der Einfluss von Wilhelm Dilthey (1833-1911) eine Rolle.

Bonhoeffers Ausführungen machen darauf aufmerksam, dass es unabdingbar ist:

a. von der Vorstellung einer religiösen Veranlagung abzusehen und

b. den christlichen Glauben jeweils in einer Weise zum Ausdruck zu bringen, die das Wahrheits- und Wirklichkeitsverständnis einer Epoche bestimmt.

Bonhoeffers Ethik: Zusammenfassender Überblick

Bonhoeffer entwickelte seine Ethik, indem er konsequent von der Frage nach Jesus Christus in der Welt von heute ausging. Maßstäbe des Handels seien nicht aus allgemeinen Normen und Prinzipien zu gewinnen, sondern allein im Hören auf den Willen Gottes, wie er im konkreten Augenblick aufleuchte.

Das Bekenntnis der Kirche zu Jesus Christus als dem Herrn aller Völker verbiete nationale Eigenwege und Volkstumsideologien als Orientierungspunkte.

Auch das in seiner Zeit noch dominierende ordnungstheologische Denken blieb für ihn theologisch unbefriedigend. Das erste Feld seines ethischen Nachdenkens bezog sich auf eine ökumenische Friedensethik, in der ein christlicher Pazifismus für ihn selbstverständlich wurde.

Was Gottes Gebot sein kann, wurde für ihn besonders in der Bergpredigt erkennbar. In seinem Buch „Nachfolge" stellte er den Zusammenhang von Glauben und Gehorsam, von Gnade und Nachfolge wieder her (gegen billige Gnade ohne Buße und Nachfolge), tragender Begriff der Ethik ist *Verantwortung*.

> „Die letzte verantwortliche Frage ist […], wie eine kommende Generation weiterleben soll"[264]

Es gehe nicht um Gesinnung oder subjektives Gewissen, sondern um Verantwortung vor Gott für den Mitmenschen und für Gott vor den Mitmenschen.

Da die Versöhnung durch Christus allen Menschen gilt, sind für Bonhoeffer alle Menschen über die Grenzen der Kirche hinaus auf das Gute anzusprechen.

Im *ersten* Ansatz des Ethikentwurfes stellt er den Begriff „*Gleichgestaltung*" in den Mittelpunkt. Es geht nicht um Weltgestaltung durch Planung und Programme, sondern um das Hineingezogenwerden in die Gestalt Christi.

Der *zweite* Ansatz ist von der „*Rechtfertigung allein aus Gnade*" bestimmt. Durch die Gnade als das letzte bestimmende Wort Gottes und die letzte Wirklichkeit wird das Vorletzte (unser Leben und die gegenwärtige Welt) zur Aufgabe der Ethik.

Vorletztes und Letztes dürfen weder als Gegensatz (radikale Lösung) noch als getrennte Bereiche (Kompromiss) gesehen werden.

Im gestaltenden Handeln in der Welt nimmt der Nachfolgende teil an der Begegnung Christi mit der Welt („Wegbereitung").

---

[263] Feil, Ernst: Religion statt Glaube – Glaube statt Religion. Historisch-systematischer Exkurs zu Bonhoeffers Plädoyer für ein religionsloses Christentum, in: Gremmels, Christian u. Wolfgang Huber (Hg.): Religion im Erbe. Dietrich Bonhoeffer und die Zukunftsfähigkeit des Christentums, Gütersloh 2002, 37-52, 40.

[264] DBW 8, 25.

Wegbereitung ist Auftrag unermesslicher Verantwortung für alle, die vom Kommen Christi wissen. „Der Hungernde braucht Brot, der Obdachlose Wohnung, der Entrechtete Recht, der Vereinsamte Gemeinschaft, der Zuchtlose Ordnung, der Sklave Freiheit."[265] Erst der Einzug des Herrn bringt Erfüllung des Menschseins und des Gutseins, aber vom kommenden Herrn fällt schon Licht darauf.[266] Es geht um ein der Erwartung entsprechendes verantwortliches Handeln.

Der *dritte* Ansatz wird vom Gedanken der „*Menschwerdung*" geleitet. Darin entfaltet er den Zusammenhang von Christus, der Wirklichkeit und dem Guten weiter. Er wendet sich gegen den verbreiteten ethischen Ansatz, das selbstmächtige Subjekt über Gut und Böse entscheiden zu lassen. Das Postulat des Sollens wird zur abstrakten Norm und reißt aus der Geschichtlichkeit des Daseins heraus. Umgekehrt wird in einer positivistischen Auffassung das Zweckmäßige und Nützliche zum Guten. Für eine christliche Ethik ist nach Bonhoeffer Gottes (letzte) Wirklichkeit maßgebend, die nicht mit der vorfindlichen identisch ist. Da Christus in die Weltwirklichkeit eingegangen ist, steht Gottes Wirklichkeit nicht als abstrakte Idee darüber, sondern nimmt teil und zielt auf Teilhabe an der Weltwirklichkeit.

> Schlüsselthese: „Die Wirklichkeit Gottes erschließt sich nicht anders als indem sie mich ganz in die Weltwirklichkeit hineinstellt, die Weltwirklichkeit finde ich aber immer schon getragen, angenommen, versöhnt in der Wirklichkeit Gottes vor."[267]

Bonhoeffer hält mit den Kategorien „Letztes und Vorletztes" an der Unterscheidung von Gott und Welt fest, überwindet aber das dualistische und statische Denken in zwei Räumen, wie es sich in den Gegenüberstellungen von weltlich – christlich, profan – sakral, natürlich – übernatürlich und vernünftig – offenbarungsgemäß spiegelt. Christliches gibt es nur im Weltlichen, Heiliges nur im Profanen usw.

Bonhoeffer entdeckt die Einheit des Lebens und das Gute in Christus. Christliches Leben ist „gut", wenn es an der Christuswirklichkeit teilhat. Dieses Leben ist Antwort bzw. Verantwortung, in der sich die Einheit von Gott- und Weltwirklichkeit spiegelt.

Bonhoeffers am verantwortlichen Handeln orientierte Ethik unterscheidet sich grundsätzlich von anderen ethischen Ansätzen, wie z.B. Max Webers. Seine Verantwortungsethik bezieht zwar die Folgen von Entschlüssen und Handlungen ein, kennt aber keine Instanz, vor der sich das Handeln verantworten muss. Für die protestantische Tradition der Gesinnungsethik ist das Versagen angesichts politischer Herausforderung charakteristisch.

Die Struktur verantwortlichen Handels basiert auf der Bindung an Gott und die Mitmenschen, betont aber zugleich die Freiheit des eigenen Lebens im Kontext dieser Bindungen. Leitbegriffe sind Stellvertretung, Wirklichkeitsgemäßheit, Selbstprüfung und Wagnis. Verantwortliches Handeln muss gewagt werden im Bewusstsein, dass es keine letzte Sicherheit gibt. Zum Wagnis befreit die Hoffnung auf Vergebung, die auch das Wagnis des Risikos umfasst, schuldig zu werden. Bonhoeffers Ansatz bezieht die Folgen des Handelns bewusst in die ethische Urteilsfindung ein und fragt nach den sich in der Zukunft eröffnenden Möglichkeiten des Lebens, für die die Gegenwart blind ist. Er versucht, den Raum der Verantwortung abzustecken durch Gottes Gebot sowie die Mandate Arbeit bzw. Kultur, Ehe bzw. Familie, Obrigkeit und Kirche sowie den Beruf und die frei übernommene Verantwortung.

---

[265] DBW 6, 155.
[266] Vgl. DBW 6, 157.
[267] DBW 6, 40.

Die Bindung an Christus setzt Verantwortung für die Welt des Vorletzten in verantwortlicher Zeitgenossenschaft frei.

Literatur

- Bethge Eberhard u.a.: Dietrich Bonhoeffer: Werke (DBW) 17 Bände und 2 Ergänzungsbände, Gütersloh 1986–1999 [Ethik Bd. 6; Widerstand und Ergebung Bd. 8].
- Bethge, Eberhard: Dietrich Bonhoeffer. Mit Selbstzeugnissen und Bilddokumenten dargestellt, Reinbek bei Hamburg 2006 (1976).
- Bethge, Eberhard: Dietrich Bonhoeffer. Theologe – Christ – Zeitgenosse. Eine Biographie, München ^{9}2005 (1968).
- Gremmels, Christian und Heinrich Pfeifer: Theologie und Biographie. Zum Beispiel D. Bonhoeffer, München 1983.
- Huber, Wolfgang und Ilse Tödt (Hg.): Ethik im Ernstfall. Dietrich Bonhoeffers Stellung zu den Juden und ihre Aktualität, München 1982.
- Mokrosch Reinhold/Gremmels, Christian/Johannsen, Friedrich: Dietrich Bonhoeffers Ethik. Ein Arbeitsbuch für Schule, Gemeinde und Studium, Gütersloh 2003.
- Neuenschwander, Ulrich: Denker des Glaubens I, Gütersloh ^{4}1984 (1978/79).
- Schlingensiepen, Ferdinand: Dietrich Bonhoeffer 1906-1945. Eine Biographie, München 2005.
- Wind, Renate: Dem Rad in die Speichen fallen. Die Lebensgeschichte des Dietrich Bonhoeffer, Weinheim 2001 (1990).

IV.2. Symbol – Metapher – Zeichen
Zur Eigenart und zum Verstehen der Sprache des Glaubens (religiöser Sprache)[268]

In diesem Kapitel geht es um die Besonderheit der religiösen Sprache, die in der Besonderheit des Gegenstandes Glaube/Religion begründet ist.

Vermutlich wird der Zusammenhang von Glaube und Bildung kaum deutlicher als in sprachtheoretischen Überlegungen.

Bis zur Aufklärung galt die aus Schrift (Offenbarung) und natürlicher Welt (Schöpfung) in den Gesetzen der Logik abgeleitete theologische Erkenntnis als Wiedergabe (Abbildung) von Wahrheit. Theologie konnte auf ein (weitgehend) geschlossenes Sprachsystem zurückgreifen.

Dieses relativ geschlossene semiotische System wurde in der frühen Kirche entwickelt und im Kontext von Renaissance und Aufklärung gegen den massiven Widerstand der Kirche aufgebrochen. Dieser Aufbruch wird auch in der Bilderwelt deutlich, wenn z.B. Michelangelo in der sixtinischen Kapelle die Welt der Antike gleichsam korrespondierend zu christlichen Figuren und Szenen darstellt.

Im 20. Jh. machen Sprachphilosophien auf unterschiedliche Sprechakte aufmerksam.

Eine bedeutende Erkenntnis ist, dass Sprachspiele (Wittgenstein) in einer Praxissituation verortet und nur in diesem Zusammenhang sinnvoll sind.[269]

Wichtig ist die Unterscheidung, dass Sprache einerseits eine definierende, informierende, die Wirklichkeit beschreibende (denotative) Funktion hat, andererseits eine performative, Wirklichkeit gestaltende. Im performativen Sprechakt wird Wirklichkeit nicht beschrieben, sondern (neu) gesetzt. In Sätzen wie „ich liebe dich" oder „ich verspreche dir" wird nicht *über* etwas geredet, sondern das, was zur Sprache kommt, ist im Sprechakt als Liebe oder als Versprechen präsent.

Wenn in der ursprünglichen Gleichnisrede Jesu ein *Sprechakt*, also eine Gestalt performativer Rede gesehen wird, hat das für Verständnis und Auslegung grundlegende Konsequenzen. Wenn das Reich Gottes in der Gleichnisrede zur Sprache kommt, ist es in dieser Rede als Gleichnis ganz da.[270]

In der Sprachforschung wird unterschieden zwischen:
– *Semantik:* Beziehung zwischen Zeichen und Bezeichnetem.
– *Syntaktik:* Beziehung von Zeichen untereinander.
– *Pragmatik:* Deutung des Zusammenhangs von Zeichen (wie Sprache in Sprachspielen gebraucht wird.).

Im Blick auf die Glaubenskommunikation ist zu bedenken, dass religiöse Erfahrung nur symbolisch[271] bzw. metaphorisch darstellbar und mitteilbar ist.

---

[268] In die Ausführungen sind Teile aus dem folgenden Beitrag übernommen: Johannsen, Friedrich: Religionspädagogisch relevante Aspekte zum Verhältnis von Religion und Sprache (Fs Pohlmann), in: Heumann, Jürgen und Helmut Schirmer, (Hg.): Sprachlose Religion? Religiöse Sprache und Erfahrbarkeit in Religionspädagogik, Theologie und Kirche, Oldenburg 2007, 51-58.

[269] Kober, Michael: Art. Wittgenstein, Ludwig Josef Johann. In RGG⁴, Bd. 8, Sp. 1670.

[270] Jüngel, Eberhard: Paulus und Jesus, Tübingen, sechste Auflage 1986, 135.

[271] Vgl. Gräb, Wilhelm: Sinnfragen. Transformationen des Religiösen in der modernen Kultur, Gütersloh 2006, 33.

Das deckt sich mit der Einsicht der modernen Sprachforschung, die betont, dass die Metapher nicht verwendet wird, weil sie so illustrativ ist, sondern weil der Sachverhalt-halt um den es geht, gar nicht anders als metaphorisch ausgedrückt werden kann.

Die Begriffe Metapher und Symbol werden unterschiedlich verwendet.

Hilfreich sind die Anmerkungen von Gerd Theißen, in denen er Folgendes fordert:

> „[…] bei sprachlichen Bildern zwischen Symbol und Metapher [zu] unterscheiden, ohne beides zu trennen: Ein Symbol ist die Darstellung eines realen Gegenstands, der für einen tieferen Sinn transparent wird. Eine reale Flamme wird etwa so dargestellt, dass sie für eine reale Leidenschaft transparent wird. Symbole basieren auf der Fähigkeit, die reale Welt symbolisch wahrzunehmen. Symbolische Texte muss man daher immer zugleich wörtlich und übertragen verstehen [Beispiel: Jesus ist eine Hirte]. Sie haben einen primären Sinn – und zugleich einen Mehrwert an Sinn." Metaphern [Beispiel: Lukas ist ein Löwe] dürfen dagegen „nur übertragen verstanden werden. Ihr wörtliches Verständnis wäre immer ein Missverständnis."[272]

Wie religiöse Sprache generell, ist auch biblische Sprache symbolisch-metaphorische, also hinweisende Sprache.

Besonders charakteristisch für die Sprache der Bibel ist ihr Bezug zur Alltagswelt. So wird Gott in Ps 23, Jesus in Joh 10,11 u.ö. als Hirte bezeichnet und damit ein Verständnis von einer bekannten Berufserfahrung her erschlossen. Die Herrschaft Gottes wird in den Gleichnissen durch die Erinnerung an Saatvorgänge zur Sprache gebracht.

Durch Verknüpfungen von Metaphern wird ein Zeichensystem (semiotisches System) entwickelt. Theißen ist der Frage nach der Grammatik der Zeichensprache urchristlicher Religion nachgegangen. Der Frage liegt ein Verständnis von Religion als semiotischem, systemischem und kulturellem Phänomen zugrunde. Das Spezifische eines religiösen Zeichensystems liegt in der Kombination der drei Ausdrucksformen Mythos, Ritus und Ethos.[273]

Mythen sind Erzählungen von dem, „was Welt und Leben grundlegend bestimmt", begründet und welche Ordnung (z.B. Gegensatz von heilig und profan) ihnen zugrunde liegen.

Riten sind den Alltag unterbrechende Inszenierungen, die Elemente des Mythos durch Deuteworte, Handlungen und Gegenstände vergegenwärtigen.[274]

Ethos umfasst Grundlagen und Normen des Verhaltens (→ IV.5).

Die Sprache des Alltags und die Sprache des Glaubens/der Religion verhalten sich ähnlich zueinander wie Alltag und Festtag. (→ IV. 4.) In Anlehnung an Assmanns Unterscheidung von Alltag und Fest geht es beim Alltag vor allem um Zweckmäßigkeit, Funktionieren, knappe Form, Zielgerichtetheit und beim Festtag um Überschuss, Fülle, Ergriffenheit, Tiefe.[275]

Keineswegs darf allerdings aus der Unterscheidung der Schluss gezogen werden, religiöse Sprache sei für den Alltag irrelevant. Sie ist vielmehr eine Bedingung dafür, dass der Mensch nicht in der Eindimensionalität des Alltags aufgeht und sein Menschsein jenseits reiner Funktionalität leben kann. Religiöse Sprache hält wie poetische Sprache die Möglichkeit der Unterbrechung offen, und Unterbrechung ist nach John Baptist Metz die kürzeste Definition für Religion. Die Sprache des Alltags ist heute immer mehr

---

[272] A.a.O., 34f.

[273] Vgl. Theißen, Gerd: Die Religion der ersten Christen. Gütersloh ³2003, 20f.

[274] Vgl. a.a.O., 23.

[275] Vgl. Assmann, Jan (Hg.): Der zweidimensionale Mensch. Das Fest als Medium des kollektiven Gedächtnisses, in: Ders.: Das Fest und das Heilige. Religiöse Kontrapunkte zur Alltagswelt, Gütersloh 1991, 13-30.

durch verallgemeinernde Kurzformen bestimmt. Es geht zunehmend um die schnelle Befriedigung oberflächlicher Bedürfnisse: Anschlussfähigkeit ist gefragt, *server* und *user* müssen kompatibel sein, wozu auch immer. Die Sprache der Religion ist Sprache des Innehaltens, des Transzendierens und des Inszenierens des „Anderen". Sie erschließt eine Ebene der Wirklichkeit jenseits alltäglicher Verkürzung. Ihr eignet gleichermaßen ordnende Orientierung (Gesetz) wie utopische Fülle. Als Sprache der Erinnerung und der Ergriffenheit vermag sie, Schmerz und Trauer ebenso Ausdruck zu geben wie ungestillter Hoffnung. Außerdem weiß sie als prophetische Sprache von der Perspektive des Heils her, freiheits- und lebensfeindliche Zustände kritisch aufzudecken.

Aufgabe von Religionspädagogik muss es sein, die verschiedenen Dimensionen religiöser Sprache zu erschließen. Wenn Friedrich Schweitzer das „Recht des Kindes auf Religion"[276] postuliert, gehört dazu wohl auch die Ausstattung mit einer eisernen Ration an religiöser Sprache, auf die zurückgegriffen werden kann, wenn eigene Worte nicht mehr zur Verfügung stehen.

Auch für die Sprache der Religion gilt die Einsicht der Sprachforschung, dass es Sprache nur im Plural als Sprachen gibt. Diese sind je auf verschiedene Lebensformen bezogen. Die Pluralität der Religionen, aber auch die verschiedenen religiösen Milieus innerhalb von Religionen und Konfessionen fördern die Herausbildung je eigener „Sprachspiele", zwischen denen Verständigungsprozesse oft schwierig sind.[277] Die Auseinandersetzung um die „Bibel in gerechter Sprache" ist ein Beispiel für die Spannung, die entstehen kann, wenn überkommene religiöse Sprachmuster irritiert werden und Gott z.B. in allen drei Geschlechtsvarianten als Er, Sie und Es zur Sprache gebracht wird. Es ist eine wichtige Herausforderung und Aufgabe der Religionspädagogik, die zumeist in Erfahrungsdifferenz begründeten Wertungsdifferenzen herauszuarbeiten und kommunizierbar zu machen.

Nicht übersehen werde sollte für die religionspädagogische Profilierung die besonders von der Dialektischen Theologie geprägte Unterscheidung von *Sprache der Religion* und *Sprache des Glaubens*. Die Wahrnehmung von Gemeinsamkeit und Differenz in diesem Zusammenhang gibt der Besonderheit der Glaubenssprache Profil.

Auf Gemeinsamkeit und Differenz zwischen religiöser Sprache und Sprache des Glaubens verweist auch *Paul Tillich*. Für ihn ist die symbolische Sprache die Sprache der Religion schlechthin. Nur sie ist nach Tillich imstande, „das Unbedingte zum Ausdruck zu bringen".[278] In Tillichs Unterscheidung von Symbolen und Zeichen spiegelt sich der Unterschied zwischen der Sprache des Alltags und der Religion wieder. Beide weisen sie über sich hinaus auf etwas anderes, aber im Unterschied zum Zeichen hat das Symbol Anteil an der Realität dessen, auf das es hinweist. Symbole eröffnen eine Tiefendimension unserer Selbst und des Lebens, die ohne sie verschlossen blieben.[279] Daher kommt Tillich zu folgendem Schluss:

> „Ganz gleich, ob wir es Gott nennen oder nicht, was immer wir auch aussagen, von dem, was uns unbedingt angeht, es hat symbolische Bedeutung, es weist über sich selbst hinaus. Der Glaube kann sich auf keine andere Weise adäquat ausdrücken. Die Sprache des Glaubens ist die Sprache des Symbols".[280]

---

[276] Schweitzer, Friedrich: Das Recht des Kindes auf Religion: Ermutigungen für Eltern und Erzieher, Gütersloh 2000.
[277] Vgl. Grözinger, Albrecht: Art. „Sprache", in: LexRP 2001, Sp. 2029.
[278] Tillich, Paul: Wesen und Wandel des Glaubens. Weltperspektiven, Frankfurt a.M. 1975, 53.
[279] Vgl. a.a.O., 54f.
[280] A.a.O., 57.

Tillich ist der Ansicht, dass Glaubenssymbole nicht isoliert voneinander erscheinen, sondern ihren Ort im Mythos haben. Mythos sei die Verbindung von Symbolen, die ausdrücken, was den Menschen unbedingt angehe.[281] Die Besonderheit der Sprache des christlichen Glaubens in Bezug auf den Mythos besteht aber darin, dass er ihn als *gebrochenen* Mythos versteht. Dies bedeutet, der Mythos ist als Mythos zu verstehen und somit ein wörtliches Verständnis abzulehnen. Gleichwohl gibt es keinen Ersatz für Mythos und Symbole, weil christlicher Glaube bzw. das, was uns unbedingt angeht, nur in Symbolen und Metaphern zur Sprache kommen kann.[282] Tillich zählt folgende Merkmale von Symbolen auf:

1. Sie weisen über sich selbst hinaus, auf etwas anderes hin,
2. sie haben an der Realität dessen, worauf sie hinweisen, teil,
3. sie eröffnen verborgene Dimensionen der Wirklichkeit bzw. Tiefen des Seins,
4. sie können nicht willkürlich erfunden werden, sondern entstehen und vergehen wie lebendige Wesen.

Solche echten Symbole gibt es für Tillich in Geschichte, Politik, Kunst und eben Religion.[283] Für Tillich gehören Symbolverstehen und Symbolkritik zusammen. Glaube, der seine Symbole wörtlich versteht, wird zum Götzenglauben.[284]

Diese Verwandtschaft von poetischer und religiöser Sprache aufgreifend fordert *Peter Biehl* den Entwurf einer „poetischen Didaktik", in der er die These entfaltet, dass religiöse Sprache ihre kreative Funktion auch didaktisch optimaler im Zusammenhang mit dichterischer Sprache entfalten kann.[285] Biehl macht darauf aufmerksam, dass erst durch eine spannungsvolle Beziehung der Sprache des Glaubens auf die religiöse Sprache eine religionspädagogische Sprachlehre in differenzierter Form möglich geworden ist.[286]

Den Verlust an Kraft religiöser Sprache beklagt *Fulbert Steffensky* und fordert vor diesem Hintergrund eine die Erfahrung des Leidens nicht ausklammernde Sprache des Trostes und der Hoffnung:

> „Wir leben in einer Zeit, in der die Metaphern immer blasser werden und die Sprache immer rationalistischer wird. Wir glauben, den Inhalt eines Symbols ohne dieses selbst haben zu können. Das liegt nicht nur an unserer größeren Aufgeklärtheit. Stärker liegt es vielleicht an unserer Leidenschaftslosigkeit. Die Liebe und das Leiden sind die Mütter der Bilder. Das Leiden kommt am wenigsten mit der Sprache der Deskription aus, weil die Deskription nur die sprachliche Wiederholung des Unglücks ist. Die Leidenden aber wollen Veränderung und die Abschaffung ihrer Leiden. Darum brauchen sie die Geschichten des Trostes und die unglaublichen Nachrichten vom gelingenden Leben. Wer leidet oder sich der Sache der Leidenden verbindet wie jener Arzt, der sich selbst nicht mehr durchschauen wollte, der braucht einen Vorstoß der Sprache bis ins Land des Glücks und der abgewischten Tränen".[287]

In diesem Sinne hat *Ingo Baldermann* in seiner biblischen Didaktik wegweisende Hinweise und Beispiele geliefert, wie es gelingen kann, Kindern Worte der Bibel, insbesondere

---

[281] Vgl. a.a.O., 63.
[282] Vgl. ebd.
[283] Vgl. a.a.O., 54f.
[284] Vgl. a.a.O., 65.
[285] Biehl, Religiöse Sprache und Alltagserfahrung. Zur Aufgabe einer poetischen Didaktik, in: ThPr 18 (1983) 101-109, 105f.
[286] Vgl. Biehl, Peter/Johannsen, Friedrich: Einführung in die Glaubenslehre. Ein religionspädagogisches Arbeitsbuch, Neukirchen-Vluyn 2002, 243.
[287] Steffensky, Fulbert: Feier des Lebens. Spiritualität im Alltag, Stuttgart ²1985, 158.

Worte der Psalmen, so nahe zu bringen, dass sie schwierigen Lebenssituationen Ausdruck, Deutung und Hoffnungsperspektiven geben können.[288]

Auf eine andere Dimension religiöser Sprache weist *Dietrich Bonhoeffer* in seinen Gefängnisbriefen hin. Er vertritt hier die These, dass die Sprache des Glaubens, der weltverändernden und erneuernden Dimension des Redens von Gott wieder kraftvoll Ausdruck verleihen sollte. Dieses ist für Bonhoeffer nicht zwangsläufig an religiöse Sprache gebunden. In einer in der Haft geschriebenen Taufpredigt gibt er Hinweise darauf, was hierunter zu verstehen ist:

> „Du wirst heute zum Christen getauft. Alle die alten großen Worte der christlichen Verkündigung werden über Dir ausgesprochen, und der Taufbefehl Jesu Christi wird an Dir vollzogen, ohne dass Du etwas davon begreifst. Aber auch wir selbst sind wieder ganz auf die Anfänge des Verstehens zurückgeworfen. Was Versöhnung und Erlösung, was Wiedergeburt und Heiliger Geist, was Feindesliebe, Kreuz und Auferstehung, was Leben in Christus und Nachfolge Christi heißt, das alles ist so schwer und so fern, dass wir es kaum mehr wagen, davon zu sprechen. In den überlieferten Worten und Handlungen ahnen wir etwas ganz Neues und Umwälzendes, ohne es noch fassen und aussprechen zu können. Das ist unsere eigene Schuld. Unsere Kirche, die in diesen Jahren nur um ihre Selbsterhaltung gekämpft hat, als wäre sie ein Selbstzweck, ist unfähig, Träger des versöhnenden und erlösenden Wortes für die Menschen und für die Welt zu sein. Darum müssen die früheren Worte kraftlos werden und verstummen, und unser Christsein wird heute nur in zweierlei bestehen: im Beten und im Tun des Gerechten unter den Menschen. Alles Denken, Reden und Organisieren in den Dingen des Christentums muß neugeboren werden aus diesem Beten und diesem Tun. [...] Es ist nicht unsere Sache, den Tag vorauszusagen – aber der Tag wird kommen –, an dem wieder Menschen berufen werden, das Wort Gottes so auszusprechen, dass sich die Welt darunter verändert und erneuert. Es wird eine neue Sprache sein, vielleicht ganz unreligiös, aber befreiend und erlösend, wie die Sprache Jesu, dass sich die Menschen über sie entsetzen und doch von ihrer Gewalt überwunden werden, die Sprache einer neuen Gerechtigkeit und Wahrheit, die Sprache, die den Frieden Gottes mit den Menschen und das Nahen seines Reiches verkündigt".[289]

Die von Bonhoeffer geforderte neue Sprache des Glaubens beeinflusst auch den Ansatz *Gerhard Ebelings*. Er definiert Theologie als „Sprachlehre des Glaubens".[290]

Es ist ein Axiom christlicher Theologie, dass sich Gott zur Sprache gebracht hat und (nur) deshalb zu Gott und über Gott gesprochen werden kann. Die sich im Sprechen von und zu Gott vollziehende Sprache des Glaubens formt sich im Dialog des Glaubens mit der Welterfahrung. Es ist Aufgabe von Theologie, den Glauben im Kontext der Gegenwart verstehbar auszulegen.[291] Diese Aufgabe kann sich nicht auf die Auslegung biblischer Texte beschränken, sondern verlangt zugleich eine Erschließung der Wirklichkeit in Wort- und Sprachgeschehen. Das Spezifische dieses Wort- und Sprachgeschehens liegt in der kraftvollen Eröffnung von Zukunft.[292]

Eberhard Jüngel präzisiert das Verständnis einer theologisch angemessenen Sprache des Glaubens, indem er herausstellt, dass nur eine dem Handeln Gottes (seiner Ankunft beim Menschen) analoge Rede sachgemäß sei. In diesem Sinne angemessen ist die Form der nicht übersetzbaren Metapher und des Gleichnisses. Die Gleichnisrede charakterisiert er theologisch als eigentliche Rede, an deren Struktur alle anderen Sprachformen partizipieren, weil in ihr etwas Neues über die Wirklichkeit gesagt bzw. diese unter der Perspektive der in ihr liegenden Möglichkeiten zur Sprache kommt. In der

---

[288] Vgl. Baldermann, Ingo: Einführung in die biblische Didaktik. Darmstadt 1996, 10f.
[289] DBW 8, 435f.
[290] Ebeling, Gerhard: Einführung in die theologische Sprachlehre, Tübingen 1971, 232.
[291] Vgl. a.a.O., 222.
[292] Vgl. Biehl/Johannsen a.a.O., 245.

Rede des Gleichnisses ermöglichen z.B. die Bilder der Aussaat Transparenz für die Perspektive reicher Ernte, die Erzählung vom verlorenen Sohn erschließt die Perspektive überraschender, unerwartbarer Güte. Diese Qualität der Gleichnisrede ist von religionspädagogischer Relevanz. Sie enthält eine implizite Didaktik, die im leichten, spielerischen Lernen Gestalt gewinnt.[293]

Dieses Sprachverständnis hat Anhalt an der performativen biblischen Erinnerungs- und Vergegenwärtigungspraxis, wie sie u.a. in Dtn 6 (→ III.2.1) überliefert ist. Durch ritualisierte *Wieder-Holung* wird die Befreiungserfahrung und Hoffnung des Glaubens für Gegenwart und Zukunft wirkmächtig, indem geschenkte sowie immer neu bedrohte Freiheit erinnert und gestaltet wird. Von daher kann es Bestandteil religionspädagogischer Aufgabenstellung sein, im Verweis auf praktizierte Rituale die befreiende Dimension der religiösen Sprache zu erschließen. Eine Möglichkeit liegt z.B. im Verweis auf die zunehmend praktizierten Tauferinnerungsfeiern, in denen eine Form gesehen werden kann, gewährte Freiheit der christlichen Tradition entsprechend performativ zu erinnern.

In einem aktuellen Beispiel verweist die amerikanische Theologin *Rosemary Radford Ruether* auf eine notwendige Differenzierung religiöser Sprache, wenn sie der Funktion der befreienden Erinnerung gerecht werden will. Ihr Aufruf der Kritik des „US-amerikanischen Messianismus" beginnt mit folgenden Worten:

> „Religiöse Sprache ist immer eine zweischneidige Sache. Richtig verstanden und angewendet, ist sie eine prophetische Kritik, die zur Buße aufruft. Sie kann aber auch verdreht werden in eine sich selbst sakralisierende Rhetorik, die Gott mit menschlichen Machtprojekten in Verbindung bringt. Die Vereinigten Staaten sind schon oft dieser Versuchung erlegen, religiöse Sprache als götzendienerischen messianischen Nationalismus zu missbrauchen. Wenn solches geschieht, sind die Kirchen verpflichtet, diese Art von Sprache zu hinterfragen und deutlich zu machen, dass sie der authentischen guten Nachricht des Evangeliums widerspricht. Die Theologen der Bekennenden Kirche haben sich 1934 von den Deutschen Christen distanziert, die das Christentum mit arischem Nationalismus gleichsetzten. Ich denke, dass die amerikanischen Kirchen heute in ähnlicher Weise den amerikanischen messianischen Nationalismus kritisieren müssen".[294]

Im Rekurs auf die Sprache der Prophetie wird ein gegenwärtiger Missstand, der zudem noch durch Funktionalisierung religiöser Sprachformern legitimiert wird, kritisiert.

Prophetische Sprache ist vor biblischem Hintergrund Sprache der Kritik und Sprache der Hoffnung. Die inhaltliche Bestimmung lässt sich in sehr unterschiedlichen Sprachmustern ausdrücken. Maßstäbe der Kritik werden gewonnen aus der Unterscheidung von Göttlichem und Menschlichen, der Unterscheidung zwischen der von Gott verheißenen Zukunft und menschlichen Utopien.

So paradox es klingen mag, ein Rekurs auf biblische Sprache ist nicht nur als Sprache des Trostes und Protestes im Blick auf menschliche Grenzerfahrungen wie Krankheit, Leid und Tod hilfreich, sondern auch in Erinnerung dessen, was lebensdienlich und zukunftsfähig ist und was nicht. Von Bildern gelingenden Lebens her regt sie an, über die Deutung der Wirklichkeit zu streiten und Handlungsperspektiven zu entwickeln. Es gilt, im Rückgriff auf die Überlieferung, die Wahrheit für die Gegenwartsdeutung zu entdecken. In diesem Zusammenhang sei exemplarisch auf eine veränderte Wahrnehmung der Überlieferung von der sprichwörtlich gewordenen babylonischen Sprachver-

---

[293] Vgl. Jüngel, Eberhard: Gott als Geheimnis der Welt, Tübingen 1977, 400.
[294] Radford Ruether http://www.jungekirche.de/304/ruether.html [31.07.07].

wirrung verwiesen.[295] Die Deutungsgeschichte ist geprägt von der Annahme, Gott habe der menschlichen Hybris durch die Vielfalt der Sprachen Grenzen gesetzt. In neuerer kanonischer Deutung kehrt sich die Sentenz der Turmbaugeschichte gegenüber der traditionellen Deutung geradezu um. Nicht der Verlust ursprünglicher Einheit von Menschen und Sprache wird erzählt, sondern die Rettung der in der Völkertafel Gen 10 anklingenden Vielfalt gegen Differenzen vernichtende imperiale Einheitsbestrebungen. Der Vielfalt entspricht Differenz in Sprache, Kultur und Religion und das wechselseitige Bemühen um Verständigung und Verstehen. Dieses wird obsolet, wenn der, die oder das Fremde unterworfen, kolonisiert wird. Die biblische Überlieferung stellt der Sprache als Herrschaftsinstrument einiges entgegen, u.a. die Sprache des Segens. Diese Möglichkeiten der Sprache als Verständigung- und Gestaltungsmittel gilt es, religionspädagogisch zu entfalten: Lebendig und kräftig und schärfer.

Literatur

- Biehl, Peter/Johannsen, Friedrich: Einführung in die Glaubenslehre. Ein religionspädagogisches Arbeitsbuch, Neukirchen-Vluyn 2002.
- Ebeling, Gerhard: Einführung in die theologische Sprachlehre, Tübingen 1971.
- Grözinger, Albrecht: Art. Sprache, in: LexRp (2001), Sp. 2028-2031.
- Jüngel, Eberhard: Gott als Geheimnis der Welt, Tübingen 1977.
- Schweitzer, Friedrich: Das Recht des Kindes auf Religion. Ermutigungen für Eltern und Erzieher, Gütersloh 2000.
- Tillich, Paul: Wesen und Wandel des Glaubens. Weltperspektiven, Frankfurt a.M. 1975.

---

[295] Ebach, Jürgen: "Wir sind ein Volk". Die Erzählung vom „Turmbau zu Babel". Eine biblische Geschichte in aktuellem Kontext, in: Collet, Giancarlo (Hg.): Weltdorf Babel. Globalisierung als theologische Herausforderung, Münster 2001, 20-43.

IV.3. Sakramente: Begegnungen mit dem Heiligen – Vermittlung des Heils?

Das Verständnis der Sakramente (einschließlich der Anzahl) ist zwischen den großen christlichen Konfessionen strittig. In diesem Kapitel werden die grundlegenden Differenzen aufgezeigt.

IV.3.1. Allgemeines

Von der Wortbedeutung her ist *sacramentum* das Geweihte, das Geheiligte, in der griechischen Übersetzung (*mysterion*) das Geheimnis. In religionsgeschichtlicher Perspektive ist die Trennung von Heiligem und Profanem für religiöses Wirklichkeitsverständnis konstitutiv.[296]

Vor diesem Hintergrund wird nach der Begegnung von Göttlichem und Menschlichen gefragt, danach wie der Mensch Verbindung bzw. Anteil am Heiligen bekommt, oder wie es zur Vermittlung des Heils kommt. Im sakramentalen Ritual begegnet das Heilige in der säkularen Umgebung.

Im AT sind Orte *heilig*, an denen sich die Gottheit offenbart: z.B.: „Der Ort an dem du stehst ist heilig" (Ex 3,5b); „Die Stätte ist heilig" (Gen 28,17b). Neben Orten und Räumen können Zeiten, Personen und Gegenstände als „heilig" bezeichnet werden. Das Heiligtum (Allerheiligste) im Tempel in Jerusalem wurde als Ort irdische Präsenz Gottes verstanden. Es war Aufgabe der Priester den sachgerechten Zugang und Umgang mit dem Heiligen so zu gestalten, dass er für die Gemeinschaft heilsam ist. Wichtigste Kategorie war dabei die Trennung von rein und unrein sowie die Darbringung des Opfers.

Eine wichtige Variante ist der insbesondere bei Ezechiel entwickelte Gedanke, dass die Herrlichkeit (Heiligkeit) Gottes auch unabhängig vom Heiligtum bei seinem Volk Wohnung nimmt. Hier liegen vermutlich die Wurzeln für eine Tradition, in der die Kennzeichnung als „heilig" nicht auf Raum bzw. Gegenständliches sondern auf die Gemeinschaft/Gemeinde Gottes bezogen wird: „Ihr sollt heilig sein, denn ich bin heilig, JHWH, euer Gott" (Lev 19,2b).

An den unterschiedlichen Vermutungen über die ursprünglichen Formulierungen zum Kirchenverständnis im Apostolikum (→ III.4.5) spiegeln sich die beiden Traditionen: „Gemeinschaft am Heiligen" – „Gemeinschaft der Heiligen".

Vor dem Hintergrund der Loslösung Gottes bzw. des göttlichen Geistes von lokalen und institutionellen Bindungen konnte die neutestamentliche Gemeinde auf die Gegenwart des göttlichen Geistes in ihrer gemeinschaftlichen Feier vertrauen. Entheiligung der Welt, radikale Profanisierung/Säkularisierung wird als Kennzeichen der Neuzeit gesehen und z.T. als (positive) Folge/Auswirkung des christlichen Glaubens interpretiert.[297]

Je deutlicher der Gegensatz zwischen der nur Gott zustehenden Bezeichnung „heilig" und der profanen Welt gesehen wird, desto bedeutsamer wird theologisch die Frage nach der Begegnung mit dem Heiligen, bzw. nach der Vermittlung des Heils.

---

[296] Durkheim, Émile: Die elementaren Formen des religiösen Lebens, Frankfurt a.M. 1998, 64.
[297] Z.B. Gogarten, Friedrich: Verhängnis und Hoffnung der Neuzeit, Hamburg 1966. (1953).

Die Bezeichnungen Heilige Schrift, Heilige Taufe, Heiliges Abendmahl geben Hinweise auf Begegnungsmöglichkeiten mit dem Heiligen in der profanen Welt. Paul Tillich bringt das auf die Formel: „Wort" und „Sakrament" bezeichnen die beiden Weisen, wie sich der göttliche Geist dem Menschen mitteilt.[298]

Das (verkündigte) Wort und die Sakramente sind mit dem Versprechen der göttlichen Gnade verbunden.

IV.3.2. Die Entwicklung des Sakramentenverständnis

Die neutestamentlichen Überlieferungen lassen trotz Differenzen erkennen, dass das frühe Christentum seine Rituale aus den Ritualvollzügen des Judentums heraus entwickelt hat. Für das Verständnis (Initiation des Täuflings, Teilhabe der feiernden Gemeinde am Christusgeschehen) hat vermutlich ein Rückgriff auf die verbreiteten Mysterienkulte eine Rolle gespielt.[299] Paulus verwendet das Wort *mysterion* für den in Christus geoffenbarten Heilsplan Gottes.

Die *Taufe* steht in der Tradition ritueller Reinigungsbäder, das *Abendmahl* in der Tradition von Gastfreundschaft und sakraler Mahlzeit [Ps 23: „Du deckst mir einen Tisch… und schenkst mir voll ein].

Das theologische Verständnis von Sakrament wurde etwa ab dem 2. Jh. präzisiert. Für *Augustin* sind Sakramente sichtbare Zeichen der unsichtbaren Gnade Gottes, die allein durch rituell sachgemäßen Vollzug (lat.: ex opere operato) Gnade beim Empfänger wirken. In der Feier der Sakramente werden die Heilstaten Christi vergegenwärtigt und die Feiernden bekommen Anteil daran.[300]

Während sich zunächst über Taufe und Eucharistie hinaus eine Vielzahl von Sakramenten entwickelte, konzentrierte sich die Hochscholastik auf die heute noch in Katholischen und Orthodoxen Kirchen geltende Siebenzahl (→ IV.3.3.). Die reformatorischen Kirchen haben anfänglich drei Sakramente (Taufe, Abendmahl, Buße) anerkannt, sich dann aber auf die nach neutestamentlicher Überlieferung von Christus eingesetzten sakramentalen Handlungen Taufe und Abendmahl beschränkt. Die Grundlage des mittelalterlichen Sakramentenverständnisses wurde von Augustin geprägt. Wenn zur Materie das Wort kommt, entsteht das Sakrament gleichsam als sichtbar gemachtes Wort. In Anlehnung an Augustin argumentiert Luther:

> „Wenn das Wort zum Element kommt, wird es ein Sakrament".[301]

Luther hat sein Sakramentenverständnis (u.a.) als Kritik der mittelalterlichen Lehren in seiner Schrift „Von der babylonischen Gefangenschaft der Kirche" (1520) entfaltet. Wesentlicher Aspekt ist die Auslegung der Einsetzungsworte, mit denen Jesus sein Testament kundtut, das in der Verheißung des Ewigen Lebens sein Zentrum hat.[302]

---

[298] Vgl. Tillich, Paul: Systematische Theologie Bd. III, Stuttgart 1966, 144.

[299] Vgl. Betz, Hans Dieter, Art. „II. Christlicher Kult und Mysterien. 1. Urchristentum und Alte Kirche", in: RGG⁴, Sp.1641. Dort auch Literaturhinweise.

[300] Vgl. Leonhardt, Rochus: Grundinformation Dogmatik, Göttingen ⁴2009, 344.

[301] Welker, Michael: Was geht vor beim Abendmahl? 2. vollständig überarbeitete und erweiterte Auflage, Gütersloh 2004, 64.

[302] Vgl. Biehl, Peter/Johannsen, Friedrich: Einführung in die Glaubenslehre. Ein religionspädagogisches Arbeitsbuch, Neukirchen-Vluyn 2002, 251-275, 265.

In der Apologie der Confessio Augustana (1530) heißt es: „Sakramente nennen wir Riten, die ein Mandat Gottes haben und denen die Verheißung der Gnade beigegeben ist."[303]

Das Konzil von Trient präzisierte u.a. als Kritik der reformatorischen Lehre das katholische Eucharistieverständnis:

In der Messopferlehre wird 1. der Gedanke der unblutigen Wiederholung des als Sühnopfer wirkenden Selbstopfers Jesu auf Golgatha betont. 2. Erfolgt durch die priesterliche Weihe von Brot und Wein (Konsekration) eine Wesensverwandlung (Tanssubstantiation) der Elemente in Leib und Blut Christi.

Die Deutung als Wiederholung des Opfers Christi wird im 20. Jh. in Lehrgesprächen mit Vertretern der Lutherischen Kirchen relativiert.[304]

Nach protestantischem Verständnis sind Wort und Sakrament gegeben, um den rechtfertigenden Glauben zu vermitteln. Nach katholischem Verständnis geht es um priesterlich vermittelte unmittelbare Teilhabe am Heil. Während in der protestantischen Theologie die These vertreten wird, dass das eigentliche Sakrament Christus selbst sei, wird auf katholischer Seite seit dem II. Vatikanum die Kirche als eigentliches Sakrament verstanden.

IV.3.3. Erschließung der konfessionellen Differenzen durch traditionelle Kunstwerke

Die Triptychen aus dem 15. und 16. Jahrhundert sind Ausdruck des Sakramentenverständnisses am Ende des Mittelalters bzw. des reformatorisch geprägten Verständnisses der beginnenden Neuzeit.

Aufgaben

Sehen Sie sich die Farbdarstellungen dieser Kunstwerke im Internet an.
Stellen Sie Vermutungen über unterschiedliche Darstellungsintentionen an.
Bearbeiten Sie Arbeitsblatt 1 und 2 (Auflösung am Ende des Kapitels).

---

[303] „Si sacramenta vocamus ritus, qui habent mandatum Dei et quibus addita est promissio gratiae" Apologie des Augsburger Bekenntnisses 1530, Art. XIII, 3.
[304] Kirchengemeinschaft in Wort und Sakrament, 1984.

Rogier van der Weyden um 1448: Die sieben Sakramente
(Museum Antwerpen)[305]

Lucas Cranach d. Ä. 1547: Altarbild in der Wittenberger Stadtkirche[306]

---

[305] Bildquelle: http:// commons.wikimedia.org/wiki/.
[306] Bildquelle: Cranach Digital Archive (www.lucascranach.org/).

Arbeitsblatt 1: Ordnen Sie die Begriffe den Kästchen unten zu!

Beichte	Ehe	Eucharistie	Firmung
Krankensalbung	Taufe	Priesterweihe	

Ordnen Sie die Begriffe den Kästchen unten zu.

Abendmahl	Buße	Gemeinde	Luther (Prediger)	Taufe

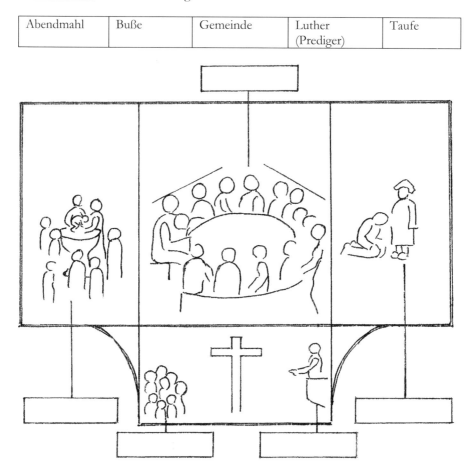

IV.3.4. Taufe

Taufe als Sakrament der Identität (Initiationsritus) und *Abendmahl* als Sakrament der Sozialität (Integrationsritus) sind aufeinander bezogen.[307] Durch die Taufe wird der Mensch Christ, zugleich ist sie sakramentale Begehung des Eintritts in die Christusgemeinschaft. Das Taufritual wird zwar auf unterschiedliche Weise vollzogen, aber trotz Verständnisdifferenzen[308] von den großen christlichen Konfessionen wechselseitig anerkannt. Ab dem 4. Jh. wurden eigene Taufgebäude (Baptisterien) gebaut, die in der Tradition römischer Bäder stehen. In der Bauform des Oktagons wird der Anbruch des 8. Schöpfungstages, der neuen Schöpfung für den Täufling symbolisiert.
Hier wurde die Taufe als Ganzkörpertaufe meist in der Osternacht vollzogen. Diese Tradition findet sich weiterhin in Italien, wo das Taufbecken oft in Kreuzform gestaltet

---

[307] Vgl. Barth, Hans: Dogmatik, Evangelischer Glaube im Kontext der Weltreligionen, Gütersloh 2001, 580 u. Biehl/ Johannsen, a.a.O., 263.
[308] Die reformierte Tradition betont wie beim Abendmahl den Zeichencharakter, die lutherische das damit verbundene Heilsgeschehen.

Baptisterium Florenz[309]

ist. Dem dieser Tradition zugrundeliegenden Gedanken, dass erst Getaufte den Kirchenraum betreten sollten, wurde später dadurch Rechnung getragen, dass das Taufbecken in den Vorraum der Kirche bzw. in eine hinten gelegene Seitenkapelle verlagert wurde und so räumlich eine Dreiteilung entstand. Der Vorraum war für Katechumenen (Taufunterricht), der Hauptraum für die getauften Gemeindglieder und der Altarraum, meist durch einen sog. „Lettner" abgetrennt, für die geweihten Priester. In reformatorischen Kirchen wurde das Taufbecken meist auf einer Ebene mit Altar und Kanzel angeordnet, um so auf die analoge Bedeutung von Wort und Sakrament zu verweisen.

Die Taufe löste im frühen Christentum die Beschneidung als Initiationsritus ab und wurde zunächst in Anlehnung an die Johannestaufe durch Untertauchen im fließenden Gewässer praktiziert. Symbolisch wird die Reinigungskraft des Wassers (Eph 5,26) verbunden mit der Überlieferung von der Sintflut, dem Untergang des von Gott getrennten, der Sünde verfallenen Menschen mit der Rettungstat Christi. Zeichenhaft geht im Wasser der Taufe der alte Mensch unter und aus der Taufe taucht dann der mit Christus gestorbene und mit ihm verbundene neue Mensch auf. Titus 3,5 spricht vom Bad der Wiedergeburt und Erneuerung im Heiligen Geist.

Die konfessionsverbindende Gültigkeit des Taufaktes hängt daran, dass Wasser „fließt" und die Taufworte auf den dreieinigen Gott bezogen sind.

Taufe und Abendmahl haben in der christozentrischen Deutung ihre Schnittmenge: Wie der Täufling mit Jesus Christus stirbt und aufersteht (Röm 6), nimmt er in der Kommunion teil an dem sterbenden Leib Christ und seiner zukünftigen Mahlgemeinschaft.

Die Taufe ist als „eine Zeichenhandlung zu verstehen, in deren Vollzug das, was sie bezeichnet [der Zuspruch der Rechtfertigung], zugleich geschieht."[310] Die sprachphilosophische Unterscheidung von beschreibender und performativer Sprache kann zum Verständnis beitragen. (→ IV. 2.)

Die den Taufakt begleitende Sprachhandlung ist nicht erklärend bzw. beschreibend sondern kreirt eine neue Wirklichkeit. Sie ist performativ, d.h. gestaltend, verändernd.

Die Kontroverse um *Erwachsenen- und Kindertaufe* macht sich theologisch vor allem an der Frage fest, ob der Glaube des Subjekts der Taufe (zwingend) vorangehen muss.

Für beide Positionen lassen sich gute Gründe anführen: Für die Kinder- bzw. Unmündigentaufe spricht neben der (weitgehenden) ökumenischen Gemeinsamkeit, dass die Taufe unmündiger Kinder in besonderer Weise die jedem menschlichen Tun zuvorkommende göttliche Gnade zum Ausdruck bringt. Damit verbunden ist dann allerdings, dass die für das Kind verantwortlichen Erwachsenen stellvertretend diesen Glauben bezeugen und das Kind in einer von dieser Glaubenspraxis geprägten Umgebung aufwächst. Demgegebüber wird betont, dass Glaube und Taufe nicht

---

[309] Bildquelle: Friedrich Johannsen (Foto).
[310] Joest, Wilfried: Dogmatik. Bd. 1. Die Wirklichkeit Gottes, Göttingen ³1989, 571.

auseinandergerissen werden dürfen und die Taufe daher die freie Entscheidung eines mündigen Menschen voraussetze.

IV.3.5. Abendmahl

Während die Taufe (mit Ausnahmen einiger Freikirchen) also die Konfessionen verbindet, bildet das sog. Sakrament des Altars den Kern konfessioneller Kontroversen, die nicht nur theoretischer Natur sind. Die mit den Differenzen des Abendmahlverständnisses verbundenen Konsequenzen belasten gerade dann konfessionsverschiedene Lebensgemeinschaften, wenn die Partner die Differenzen ernst nehmen.

Hinweise zum Verständnis des Abendmahls geben die in den synoptischen Evangelien überlieferten Einsetzungsworte beim letzten gemeinsamen Mahl Jesu mit seinen Jüngern, die Erinnerung an die Mahlgemeinschaften Jesu und die in Lk 24 überlieferte Erfahrung, dass der Auferstandene an Danksagung und Brotbrechen erkannt wird. Die Worte der Einsetzung enthalten zwei Verweise: Jesus Tod wird im Sinne des leidenden Gottesknechts (Jes 53) als (stellvertretende) Sühne kenntlich gemacht und als Stiftung des neuen Bundes (Jer 31,31). Keine Rolle spielt in den Einsetzungsworten der Opfergedanke.[311]

Die sakramentalen Elemente Brot und Wein sind keine naturwüchsigen Produkte. Sie kommen zustande durch das *Zusammenwirken* von göttlichem Schöpferhandeln und menschlichem Kulturhandeln. Leib und Blut sind elementarer Ausdruck personaler Lebendigkeit und Lebenskraft.[312] Wenn diese Elemente Brot und Wein in den Abendmahlsworten mit Leib und Blut Jesu verbunden werden, wird die Gegenwart Christ gefeiert. Das Wort *gefeiert* ist bewusst gewählt, weil es auf ein Geschehen verweist, bei dem es auf den Zusammenhang mehrerer Faktoren ankommt. Wie eine Feier durch eine Verbindung mehrerer Faktoren Gestalt gewinnt, lebt die gottesdienstliche Gestaltung des Sakraments von der Gesamtkomposition.

Ob das letzte Mal Jesu ein Passamahl war, ist strittig. Folgt man Lukas, stößt man im Textzusammenhang Lk 22,14-20 auf den Ausspruch Jesu „Mich hat sehnlich verlangt, dieses Passalamm zu essen". Bei Joachim Jeremias finden sich eine Fülle von Argumenten für eine Deutung als Passafeier. Theißen und Merz wiederum haben die Kritik an der Deutung als Passa zusammengestellt.[313]

Ein Vorschlag, mit der Kontroverse umzugehen, ist ein produktiver Umgang mit der doppelten Tradition von Kontinuität und Diskontinuität des Abendmahls mit der Passafeier.[314]

Welker macht darauf aufmerksam, dass ein wesentlicher Aspekt der Abendmahlsstiftung im ökumenischen Gespräch wenig beachtet wird, nämlich dass die Stiftung in der Nacht des Verrates und der Auslieferung Jesu an „die Mächte der Welt" geschieht.[315]

Davon ausgehend lassen sich Gemeinsamkeiten und Unterschiede zwischen Abendmahl und Passa aufzeigen. Beide verbindet hinsichtlich der Ursprungssituation der Aspekt der Feier in der Stunde der Gefahr. Allerdings unterscheiden sich die Gefahrensituationen: Hier Bedrohung durch die Ägypter als äußere Feinde, dort Bedrohung durch Verräter aus den eigenen Reihen. Unstrittig ist, dass die Einsetzung einer Mahlgemeinschaft von Christen intendiert ist, die dem Gedächtnis bzw. der Erinnerung im

---

[311] Vgl. Hahn, Ferdinand: Abendmahl, I. Neues Testament, in: RGG⁴, Sp.10-15, Sp.14f.

[312] Vgl. Welker, a.a.O., 92.

[313] Theißen, Gerd/Merz, Annette: Der historische Jesus, Göttingen ²1997, 373ff.

[314] Vgl. Welker, a.a.O., 58f.

[315] A.a.O., 49.

Sinne von Vergegenwärtigung dient.[316] Dieser Moment der erinnernden Vergegenwärtigung eines befreienden Grundgeschehens verbindet Passa und Abendmahl.

Bereits im 2. Jh. wurde der Aspekt der Danksagung beim Abendmahl hervorgehoben und der Begriff *Eucharistie* (Danksagung) geprägt.[317] Das kann einerseits ganz im Sinne der bei jüdischen Mahlzeiten über Brot und Wein gesprochenen Segensworte (Ps 104), gemeint sein, dann aber auch mit stärkerer Betonung des Danks für das „neue Himmelsbrot", des Heils in Christus erfolgen. Allerdings ist es bedeutsam, dass diese Danksagung nicht isoliert wird von der Erinnerung an Jesus und von der zeichenhaften Mahlfeier.

Neuere Abhandlungen zum Abendmahlverständnis setzen unterschiedliche Akzente:

a) Michael Welker

Ein zentrales Anliegen Welkers besteht darin, den in interkonfessionellen Dialogen vernachlässigten reformatorischen Aspekt der Sündenvergebung gegen „sündentheologische Blindheit"[318] neu zur Geltung zu bringen. Sünde wird dabei in biblischer Tradition im nicht-moralischen Sinn als den Menschen beherrschende Macht verstanden.

Gegenüber der katholischen Lehre betont Welker, dass erst „der Zusammenhang von Wort, Element und symbolischer Handlung der versammelten Gemeinde" das Sakrament konstituiert.[319]

Welker betont, dass zum Abendmahl die unbedingte Annahme der daran Beteiligten gehört.[320] Insbesondere soziale Unterschiede dürften keine Rolle spielen, damit die Feier nach 1 Kor 11 nicht „unwürdig" werde.

Während Welker die katholische Tradition wegen der Trennung von Danksagung und Gemeinschaftsmahl kritisiert, sieht er eine problematische Akzentuierung auf protestantischer Seite, wenn das Zusammenkommen von Deuteworten mit den Elementen Brot und Wein als hinreichend gesehen werde.

Scharf wendet sich Welker gegen die Marginalisierung des Aspektes der „Sündenvergebung" in ökumenischen Dokumenten zum Abendmahl, vor allem weil damit die (strukturelle) Macht der Sünde, in die auch die Kirche verstrickt sei, nicht ernst genommen werde.[321]

b) Klaus Peter Jörns

Zentrales Anliegen von Jörns ist es, die Abendmahlsliturgie aus der Tradition der in der antiken Sühneopferkultur wurzelnden Opferrituale zu befreien. Seiner Ansicht nach ist eine an den Vorgaben Jesu orientierte Erneuerung notwendig. Er vertritt eine gegenüber dem Sühnegedanken kritische Position und entwirft eine neue Abendmahlsliturgie, die Abschied nimmt von der „Opfermahlfeier". Auf der Grundlage der nichtkanonisierten urchristlichen „Didache" wird auf die Liebesbotschaft und Liebespraxis Jesu Bezug genommen und jeder Bezug auf ein göttlich inszeniertes Heilsdrama als damit nicht kompatibel abgelehnt.[322]

---

[316] Vgl. Hahn, a.a.O., Sp. 12.
[317] Vgl. Welker, a.a.O., 60.
[318] A.a.O., 153.
[319] A.a.O., 66.
[320] Vgl. a.a.O., 73.
[321] Vgl. a.a.O., 150.
[322] Jörns, Klaus-Peter: Lebensgaben Gottes feiern. Abschied vom Sühneopfermahl. Eine neue Liturgie, Gütersloh 2007.

c) Andrea Bieler/Luise Schottroff

Bieler und Schottroff stellen die eschatologische Perspektive der Mahlfeier in den Vordergrund: „Gerade die Verkündigung des Todes durch das gemeinsame Essen kündigt das Ende der Gewalt an, die Menschen tötet und unterjocht".[323] Feier des Abendmahls ist somit im Kern eine solche der Erneuerung in Gemeinschaft mit dem gekreuzigten und auferstandenen Christus.

Wie auf den Eingangsbildern signifikant ist, bestehen konfessionelle Differenzen zum einen in dem unabdingbaren Gemeinschaftsbezug und zum anderen in der Unabdingbarkeit des priesterlichen Wirkens sowie in der Begrenzung der Teilnehmenden.

So wird in der katholischen Feier das Einsetzungswort nach markinisch-matthäischer Version „für viele vergossen" und im protestantischen Abendmahl gemäß lukanisch-paulinischer Tradition: „für euch gegeben, für euch vergossen" gesprochen.

Wenn der Text Johannes 6,51-58 zur Deutung des Abendmahles hinzugezogen wird, rückt der Aspekt des „Unterpfandes für das Ewige Leben"[324] ins Zentrum (kath. Aspekt).

Die Reformatoren haben die Vorstellung vom Messopfer als einer dem Opfergedanken analogen Handlung der Kirche, die Gnade erwirkt, grundlegend kritisiert. Hinzu kommt die Kritik der Transsubstantiation im Sinne einer über die Situation der Abendmahlsfeier hinaus bleibende Wandlung von Wein und Hostie in Blut und Leib Christi. Im lutherischen Verständnis trat an diese Stelle die Substantiationslehre, die besagt, dass „in, mit und unter" Brot und Wein Christus in der Abendmahlsfeier präsent ist. Davon hebt sich das reformierte Verständnis ab: Während Zwingli den Sakramentenbegriff als unbiblisch ablehnte und die Zeichenhandlung im Sinne eines Gedächtnisses des einmaligen Kreuzestodes Jesu und seiner Heilsbedeutung betonte, interpretierte Calvin das komplexe Mahlgeschehen als zeichenhafte Zuwendung der Gnade Gottes in Christus bzw. durch den Glauben stärkende Gemeinschaft mit ihm.[325] Nicht die Frage der Wandlung ist entscheidend, sondern wie die Gläubigen Teilhaber aller Segnungen Christi werden.[326]

In der Leuenberger Konkordie von 1973 kam es zwischen den Kirchen der Reformation zu einer Verständigung und Überwindung der Kirchentrennung.

Die orthodoxe Eucharistie wird grundsätzlich nur im Zusammenhang der heiligen Liturgie gefeiert, die als Abbild himmlischer Liturgie in Anwesenheit der Engel und Heiligen in Gemeinschaft von Priestern und Laien verstanden wird. Wichtig(st)er Teil ist die Epiklese, die Anrufung des Heiligen Geistes vor den Abendmahlsworten.

Elemente der Abendmahlsfeier:
- Friedensgruß
- Präfation (Lobgebet)
- Sanktus (Heilig, heilig, heilig)
- Eucharistie Danksagung für Schöpfungsgaben [an Gott den Vater]
- Friedensgruß
- Epiklese [Anrufung des Heiligen Geistes] in der orthodoxen Liturgie im Mittelpunkt der Feier nach den Einsetzungsworten – auch in der anglikanischen Liturgie – fehlt meist in reformatorischen Agenden.
- Einsetzungsworte [Erinnerung/Anamnese/Memorial Christi]
- Vaterunser

---

[323] Bieler, Andrea/Schottroff, Luise: Das Abendmahl. Essen, um zu leben, Gütersloh 2007, 90.
[324] Vgl. Welker, a.a.O., 147.
[325] Vgl. Beintker, Michael: Art. „Abendmahl III, Dogmatisch, 1. Evangelisch, b) reformiert", ⁴RRG, Sp. 36f.
[326] Vgl. Parker, T.H.L.: Johannes Calvin. Ein großer Reformator, Holzgerlingen 2009, 98.

- Austeilung – Kommunion
- Dankgebet
- Entlassung

Eine Differenz im theologischen Verständnis des Abendmahls verbindet sich mit der theologischen Differenz im Verständnis von Sühne und Opfer. (→ V.4.)
In Anlehnung an neuere Handlungstheorien wird in der Feier des Sakraments eine andere Wirklichkeit inszeniert. Der Täufling bzw. die Abendmahl feiernde Gemeinde bekommt Anteil am Rechtfertigungsgeschehen. Die „Wandlung" wird damit nicht auf Elemente bezogen, sondern auf die Gemeinde, die in der Feier zum Leib Christi wird.

Aufgaben
Lesen Sie die Textauszüge von M. Welker, a.a.O., 148 (Mitte)-149 und die Thesen von H. M. Barth, a.a.O., 588-589.
Arbeiten Sie die wesentlichen Aspekte heraus, und setzen Sie sich damit auseinander.

Literatur
- Becker, Ulrich u.a.: Neutestamentliches Arbeitsbuch für Religionspädagogen, Stuttgart [4]2013, Kap. 12.
- Biehl, Peter/Johannsen, Friedrich: Einführung in die Glaubenslehre. Ein religionspädagogisches Arbeitsbuch, Neukirchen-Vluyn 2002, 251-275.
- Bieler, Andrea/Schottroff, Luise: Das Abendmahl. Essen, um zu leben, Gütersloh 2007.
- Boff, Leonardo: Kleine Sakramentenlehre, Düsseldorf 2003.
- Hahn, Ferdinand: Art. Abendmahl, I. Neues Testament, in: RGG[4], Sp.10-15.
- Jeremias, Joachim: Die Abendmahlsworte Jesu, 3. völlig neu bearb. Aufl., Göttingen 1960.
- Jörns, Klaus-Peter: Lebensgaben Gottes feiern. Abschied vom Sühneopfermahl. Eine neue Liturgie, Gütersloh 2007.
- Leonhardt, Rochus: Grundinformation Dogmatik, 4. durchges. Aufl., Göttingen 2009, 343-357.
- Welker, Michael: Was geht vor beim Abendmahl?, 2. vollständig überarbeitete und erweiterte Aufl., Gütersloh 2004.

Lösungshinweise zu den Arbeitsblättern
Während bei van der Weyden die Kreuzigungsszene im Vordergrund und das Abendmahl am Altar (ganz) im Hintergrund stehen, stellt Cranach die Gemeinschaft ganz in den Mittelpunkt.

*Links: Taufe, Firmung, Beichte; Mitte: Eucharistie; rechts: Priesterweihe, Ehe, Krankensalbung.
**Die Abendmahlsszene (mittlere Tafel) zeigt u.a. Martin Luther als Junker Jörg. Vermutlich ist derjenige, der ihm den Becher reicht, Lucas Cranach d.J., links neben ihm der Buchdrucker Hans Lufft.
Der linke Seitenflügel verweist auf das Taufsakrament mit Melanchthon.
Der rechte Seitenflügel zeigt die damals noch als Sakrament verstandene Buße mit dem Reformator Bugenhagen.
Auf der unteren Tafel predigt Luther den Gekreuzigten. Die Heilsbotschaft vom Kreuz ist gleichsam das tragende Element des Glaubens, das in den Sakramenten in unterschiedlicher Weise Ausdruck findet.

IV.4. Den Glauben feiern

In diesem Kapitel soll darauf aufmerksam gemacht werden, wie die Glaubenslehre in Form des christlichen Festkalenders Gestalt gewonnen hat. Es soll zugleich darauf hingewiesen werden, dass in der feiernden Begehung des Glaubens im Rhythmus der Zeiten besondere Chancen für die Bildung des Glaubens liegen.

These
Unterbrechung, Feier, Fest sind zugleich Ausdrucksform des Glaubens und bieten Chancen zur Wahrnehmung der Perspektive des Glaubens.

- Der Festkalender ermöglicht die feierliche Begehung und Vergegenwärtigung von wesentlichen Aspekten des Glaubens.
- „Die Dogmatik hat das Kirchenjahr hervorgerufen, nicht umgekehrt."[327]
- „Das Kirchenjahr ist eine nötige, zutiefst menschliche Weise, die Christusgeschichte zu vergegenwärtigen und an ihr teilhaben zu lassen."[328]
- „Ein Fest feiern, heißt: die immerschon und alle Tage vollzogene Gutheißung der Welt aus besonderem Anlass auf unalltägliche Weise zu begehen."[329]

IV.4.1. Zur Bedeutung von Festkultur – Ein kurzer Ausflug in die Festtheorie

Festkultur ist wesentlicher Teil jeder menschlichen Kultur und hat trotz spezifischer kultureller und religiöser Differenzen gemeinsame Phänomene. Die anthropologische Besonderheit des Festes soll im Folgenden in groben Zügen anhand der Festtheorie des Ägyptologen Jan Assmanns erläutert werden.[330]

Assmann charakterisiert das Fest als Ort des „Anderen". Grundgedanke ist dabei, dass der Mensch in zwei Zeiten (Dimensionen) lebt: Alltag und Festtag. Die tabellarische Übersicht zeigt, wie die zwei Dimensionen des Menschen in Alltag und Festtag unterschiedlich „gelebt" werden.

---

[327] Sauter, Gerhard: „Kein Jahr von unserer Zeit verflieht, das dich nicht kommen sieht." Dogmatische Implikationen des Kirchenjahres, In: Cornehl, Peter (Hg.): „... in der Schar derer, die feiern." Feste als Gegenstand praktisch-theologischer Reflexion, Göttingen 1993, 63.

[328] Bieritz, Karl-Heinrich: Das Kirchenjahr. München 1998.

[329] Pieper, Josef: Zustimmung zur Welt. Eine Theorie des Festes, München 1963, 52.

[330] Assmann, Jan: Der zweidimensionale Mensch: Das Fest als Medium des kulturellen Gedächtnisses. In: Ders. (Hg.), in Zusammenarbeit mit Theo Sundermann: Das Fest und das Heilige. Religiöse Kontrapunkte zur Alltagswelt, Gütersloh 1991, 13-30.

	Alltag 1. Dimension des Menschseins	Fest 2. Dimension des Menschseins
Handlungs-orientie-rung	– Ort des Funktionierens – Ausblenden des „Anderen" – am Zweck (am Was) orientiert	– Ort des Transzendierens – Inszenieren des „Anderen" – am Stil (am Wie) orientiert, nicht zweckorientiert
Merkmale	– Kontingenz – Zufall – pragmatische Form – Knappheit – Mangel (auch an Sinn) – Folgen: Streit, Unfriede Gewalt – Routine – Automatisierung, Habitualisierung, Banalität, Selbstverständlichkeit	– Inszenierung – Ordnung – feste Form – Fülle – Überschuss, unproduktive Veraugabung (als Symbol utopischer Fülle) – Ergriffenheit – Gefühlsaufwallung: Lust/Freude und Schmerz/Trauer sowie Besinnung
Handlungs-schemati-sierungen		
durch Intention:	– Routine: Entlastung (zielorientiert)	– Ritual Bedeutung: Sinn wird zur Darstellung gebracht
Modus der Erinnerung Bezug:	– Kommunikatives Gedächtnis – Zeit der persönlichen Erfahrungen und Erinnerungen	– Kulturelles Gedächtnis – Zeit der Ursprünge – (Mnemosyne als Mutter der Musen)
Funktion:	– Konstitution von Gleichzeitigkeit (Orientierung an Belangen des Alltags)	– Konstitution von Ungleichzeitigkeit (Besinnung auf die Ursprünge, den tragenden Grund)

Bei der Begehung eines Festes geht es um
– Vergegenwärtigung der Ursprungssituation und gleichzeitig machen sowie Wieder-holen

Exemplarisch sind z.B. das jüdische Passafest und das christliche Weihnachtsfest:
– Passa: Jeder soll das Fest so gestalten, als ob er selbst aus der ägyptischen Sklaverei befreit wird.
– Weihnachten: „Ich steh' an deiner Krippe hier …"

Nach *Assmann* funktioniert das kulturelle Gedächtnis als Immunsystem einer Gruppe durch Zirkulation des in gemeinsamer Sprache, gemeinsamem Wissen und gemeinsamer Erinnerung artikulierten kulturellen Sinns.

> „Kultureller Sinn zirkuliert und reproduziert sich nicht von selbst. Er muss zirkuliert und inszeniert werden. Das ist die Funktion von Riten. Die Riten sind dazu da, das

Immunsystem in Gang zu halten, indem sie den Teilnehmern Anteil am identitätsrelevanten Wissen geben".[331]

In archaischen Kulturen dienen Riten dazu, die „Welt in Gang zu halten". Weltordnung ist nicht einfach vorgegeben, sie bedarf der rituellen Inszenierung und der mythischen Artikulation: Mythen sprechen die Ordnung aus, Riten stellen sie her (Lebensordnung – Lebensform). In schriftlosen Kulturen ist das Fest Inbegriff zeremonieller Kommunikation und damit Urform des kulturellen Gedächtnisses. Kennzeichen ist die festliche Begehung, nicht als Verweis auf, sondern als Inszenierung der mythischen Urzeit.

Vermutlich geht mit der fortschreitenden Verschriftlichung des kulturellen Gedächtnisses eine Bedeutungsminderung des Festes einher.

Assmann nennt drei kategoriale Differenzen für die Bestimmung eines konkreten Festes:

1. Differenz zum Alltag in seiner spezifischen Ausprägung,
2. Differenz zu anderen Festen der betreffenden Kultur, Epoche, Gesellschaftsschicht,
3. spezifische Verfasstheit des kulturellen Gedächtnisses einer Gesellschaft.

Aufgabe
Versuchen Sie, diese Differenzen an einem konkreten Fest aufzuzeigen.

---

[331] A.a.O., 24.

IV.4.2. Das Kirchenjahr

Im Kirchenjahr gewinnt der Glaube Gestalt und christliche Lehre wird im Rhythmus der Jahreszeiten so inszeniert, dass jeweils einzelne dogmatische Schwerpunkte in besonderer Weise akzentuiert werden.

Das Kirchenjahr eignet sich als didaktisches Modell zur Erschließung des christlichen Glaubens durch Bezug auf gelebte Frömmigkeitspraxis. Eine didaktische Leitfrage kann sein, ob und wie Riten und Bräuche dem Festanlass sachgerechten Ausdruck geben.

Das Kirchenjahr beginnt mit dem 1. Advent und endet mit dem Ewigkeitssonntag (Totensonntag). Es gliedert sich in drei Zeiten:

1. Weihnachtskreis
2. Osterfestkreis (Passions- und Osterzeit)
3. Trinitatiszeit (relativ festlos)

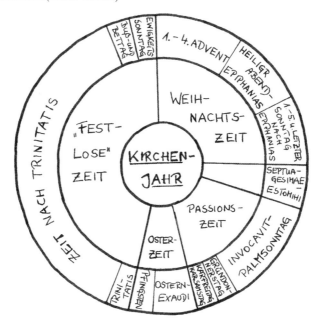

Als äußere Erkennungszeichen des Kirchenjahrkalenders dienen in den Kirchen liturgische Farben der „Antependien", der Tücher an Altar und Kanzel:

– *Weiß* ist die Farbe aller Christusfeste Weihnachten, Epiphanias, Ostern und des Dreifaltigkeisfestes (Trinitatis). – Es symbolisiert das Licht, die Herrlichkeit Christi, Reinheit und Vollkommenheit.

– *Rot* als die Farbe des Feuers ist Symbolfarbe des Heiligen Geistes und der Kirche. Es kennzeichnet Pfingsten (Fest des Heiligen Geistes und des „Geburtstags" der Kirche), Kirchenfeste (Reformationstag) sowie Konfirmationen und Ordinationen.

– *Violett* als Farbe der Buße (Umkehr) und Besinnung kennzeichnet die Zeiten der Vorbereitung auf die Christusfeste und Bußtage: Adventszeit, Passionszeit, Buß- und Bettag.

– *Grün* als Farbe der Hoffnung und des Wachstums kennzeichnet die sog. festlose Zeit und verweist auf die Grundhaltung eines Lebens aus dem Glauben.

- Gelegentlich wird *Schwarz* als Farbe der Trauer statt Violett am Karfreitag eingesetzt.

Das Kirchenjahr orientiert sich in seinem Ursprung am jüdischen Festkalender, der in spezifischer Weise modifiziert wurde. Der wöchentliche Feiertag wurde vom letzten Tag auf den ersten Wochentag (den Auferstehungstag) verlegt. Nach der heilsgeschichtlichen Vorlage steht Ostern im Zusammenhang mit dem Passahfest und Pfingsten im Zusammenhang mit dem jüdischen Wochenfest.

Exemplarische Erschließung des Weihnachtsfestkreises

Die Adventszeit bringt Erwartung und Hoffnung in Anlehnung an die Sprache Deuterojesajas (Jes 40-55) zum Ausdruck: „Bereitet dem HERRN den Weg …" (Jes 40,3a). Als Adventsbrauch hat sich seit dem 19. Jh. initiiert durch *Johann Hinrich Wichern* der Adventskranz durchgesetzt, der das wachsende Licht symbolisiert.

Das Weihnachtsfest ersetzt das römische Fest der Wintersonnenwende mit der Feier der Geburt des Sonnengottes. Nach dem julianischen Kalender fiel diese Wende auf den 25. Dezember, den Kaiser Aurelian daher 274 zum Geburtsfest des Sonnengottes (Fest der unbesiegbaren Sonne) bestimmt hatte.

Seit Mitte des 4. Jahrhunderts wurde dieser Tag als Geburtsfest Christi in Rom gefeiert. Die Armenier feierten schon früh den 6. Januar. Mit dem Weihnachtsfest wird die Zeit eines heidnischen Geburtsfestes übernommen und dieses christologisch ausgerichtet. Christus wird als wahre Sonne, als „Sonne der Gerechtigkeit" gesehen. Die Festlegende (besonders Lk 2,1-20) erinnert an die Ursprungsgeschichte. Wie andere religiöse Feste kennt Weihnachten „heilige Orte" und „heilige Zeiten".

Die Festlegende spricht von der Geburt des messianischen Kindes und erinnert jeden Menschen an das Geheimnis des Lebens. Erkennbar wird die Ambivalenz der Kindheitsthematik: Allmacht und Ohnmacht, Anbetung des Kindes und Kindermord von Bethlehem, Aggressivität und Eröffnung des Friedensreiches werden zusammen wahrgenommen. Die Festlegende gibt Anlass zur *Besinnung*.

Drei theologische Motive sind für Weihnachten kennzeichnend: Es ist das *Fest*
- der Geburt des göttlichen Kindes,
- des Lichts (das in die Dunkelheit scheint) und
- das Fest der Inkarnation: „Das Wort ward Fleisch" (Joh 1,14), Gott sandte seinen Sohn (Gal 4,4).

Die Heilsbedeutung des Ursprungsgeschehens wird in der Feier zum Ausdruck gebracht: Gott wurde Mensch dir Mensch zugute!

Aufgabe

Analysieren Sie, welche theologischen Deutungen in den folgenden Liedern zum Ausdruck kommen.

Vom Himmel hoch (EG 24)

1. Vom Himmel hoch, da komm ich her.
Ich bring' euch gute neue Mär,
Der guten Mär bring ich so viel,
Davon ich sing'n und sagen will.

2. Euch ist ein Kindlein heut' geborn
Von einer Jungfrau auserkorn,
Ein Kindelein, so zart und fein,
Das soll eu´r Freud und Wonne sein.

3. Es ist der Herr Christ, unser Gott,
Der will euch führn aus aller Not,
Er will eu'r Heiland selber sein,
Von allen Sünden machen rein.

4. Er bringt euch alle Seligkeit,
Die Gott der Vater hat bereit,
Daß ihr mit uns im Himmelreich
Sollt leben nun und ewiglich.

5. So merket nun das Zeichen recht:
Die Krippe, Windelein so schlecht,
Da findet ihr das Kind gelegt,
Das alle Welt erhält und trägt.

6. Des laßt uns alle fröhlich sein
Und mit den Hirten gehn hinein,
Zu sehn, was Gott uns hat beschert,
Mit seinem lieben Sohn verehrt.

Lobt Gott, ihr Christen alle gleich (EG 27)

1. Lobt Gott, ihr Christen alle gleich,
in seinem höchsten Thron,
der heut schließt auf sein Himmelreich
und schenkt uns seinen Sohn,
und schenkt uns seinen Sohn.

6. Heut schließt er wieder auf die Tür
zum schönen Paradeis;
der Cherub steht nicht mehr dafür.
Gott sei Lob, Ehr und Preis,
Gott sei Lob, Ehr und Preis!

Traditionelle Feste sind von den Relativierungsprozessen der Moderne betroffen. Dennoch lässt sich am Weihnachtsfest feststellen, dass es das öffentliche Leben soweit bestimmt, dass keiner Weihnachten gänzlich ignorieren kann. Unabhängig von ihrer Einstellung werden fast alle Menschen von den Symbolen dieses Festes erfasst.

Die Symbole des Weihnachtsfestes haben unterschiedliche Ursprünge und z.T. einen Deutungswandel durchgemacht. Sie haben in der Lebensgeschichte vieler Menschen mehr oder weniger starke Spuren hinterlassen.

Aufgaben

1. Gehen Sie der Herkunft und Bedeutung einiger der folgenden Symbole der Weihnachtszeit nach, und zeigen Sie auf, wieweit sie den theologischen Deutungen des Festes entsprechen: Christkind, Weihnachtmann, Nikolaus, Knecht Ruprecht, Tanne, Stern, Licht.

2. Informieren Sie sich über Ursprung und Bedeutung des Osterfestzyklus sowie über Festbräuche und Symbole. – Bedenken Sie, ob und wie die theologische Bedeutung des Festes angemessenen Ausdruck findet.

Literatur

- Bischofberger, Otto u.a.: Art. „Feste und Feiertage" I.-VI., in: TRE Bd.11. 93-143.
- Jörns, Klaus-Peter/Bieritz, Karl-Heinrich: Art. „Kirchenjahr", in: TRE Bd.18, 575-599.
- Assmann, Jan (Hg.): Das Fest und das Heilige. Religiöse Kontrapunkte zur Alltagswelt, Gütersloh 1991.
- Biehl, Peter: Festsymbole. Zum Beispiel Ostern. Kreative Wahrnehmung als Ort der Symboldidaktik, Neukirchen 1999, bes. 145-150.
- Bieritz, Karl-Heinz: Das Kirchenjahr, München 1998.
- Jüngel, Eberhard: Von Zeit zu Zeit. Betrachtungen zu den Festzeiten im Kirchenjahr, Wuppertal 1998.
- Moltmann, Jürgen: Die ersten Freigelassenen der Schöpfung, München 1971.
- Otto, Eckart und Tim Schramm: Fest und Freude, Stuttgart u.a. 1977.
- Pieper, Josef: Zustimmung zur Welt. Eine Theorie des Festes, München 1963.
- Schulz, Frieder: Art. Kirchenjahr, in: EKL (3. Aufl.) Bd. 2, Sp. 1115-1126.
- Wagemann, Gertrud: Feste der Religionen – Begegnung der Kulturen, München 1996.

IV.5. Koordinaten christlichen Lebens[332]
Handeln aus dem Glauben (Theologische Ethik)

In diesem Kapitel sollen in Grundzügen die Besonderheit protestantischer Ethik und ihre Grundlagen sowie theologische Differenzen skizziert werden.

IV.5.0. Vorklärungen

„Zur Freiheit hat uns Christus befreit und der Glaube ist durch die Liebe tätig." Dieser von Paulus im Galaterbrief (5,1.6) formulierte Zusammenhang ist die Grundlage des Handelns aus Glauben.

In den Grundlegungen christlicher Ethik wird die Verhältnisbestimmung von Dogmatik (Glaubenlehre) und Ethik (Sittenlehre) thematisiert. Christliche Ethik wird heute von unterschiedlichen Grundlagen und in unterschiedlicher Verhältnisbestimmung zur Glaubenslehre einerseits und zu anderen Ethikkonzepten andererseits entfaltet. In Extrempositionen wird einerseits die Glaubenslehre durch Ethik ersetzt, andererseits die Ethik ganz in die Glaubenslehre einbezogen.

Für die ethische Reflexion in reformatorischer Tradition ist m.E. der folgende Basissatz maßgebend:

> Evangelische Ethik basiert auf der Befreiung des Handels vom Rechtfertigungszwang.

In der Rechtfertigungslehre Luthers geht es um die Fundamentalunterscheidung von Gott und Mensch und die Wahrung der Differenz. Das Verhältnis zwischen ihnen ist bestimmt durch die *Gnade Gottes* und dem *allein* auf diese Gnade vertrauenden Glauben des Menschen. Die *Rechtfertigung* des Menschen vor Gott geschieht *allein durch den Glauben* an Jesus Christus und damit durch das Anerkennen Gottes als Gott. Die Rechtfertigung vor Gott verlangt keinerlei „guten Taten", aber ihr folgen (gute) Taten. Differenz und Zusammenhang von Glaube und Handeln werden in der evangelischen Tradition durch die Begriffe *Rechtfertigung* und *Heiligung* beschrieben.

Mit dieser grundlegenden Beschreibung ist noch nichts darüber gesagt, woran die Güte des Handels sich orientiert bzw. wie es in *Dilemmasituationen* zu ethischen Entscheidungen kommt.

Außerdem ist zu klären, welche Rolle für die Ethik biblische Überlieferungen (z.B. die Bergpredigt) spielen, welche Vernunft, Gewissen und Situation spielen.

IV.5.1. Orientierungen

Beginnen wir zunächst mit einem Blick in die „Geschichte der Ethik". Der Begriff *Ethik* leitet sich ab von *ethos* (Gewohnheit, Sitte, Brauch). Dem griechischen Wort *ethos* entspricht das lateinische Wort *mores*, das dem Begriff Moral zugrunde liegt. Ethik und Moral sind zunächst die Bräuche und Verhaltensnormen, die das Zusammenleben in

---

[332] Die Grundfrage nach spezifischer theologischer Ethik in Zuordnung und Abgrenzung zu philosophischer Ethik und das Verhältnis von Dogmatik und Ethik kann hier nicht entfaltet werden. Z.T. wurden in diesem Kapitel überarbeitete Textabschnitte verwendet aus: Biehl, Peter/Johannsen, Friedrich: Einführung in die Ethik. Ein religionspädagogisches Arbeitsbuch, Neukirchen-Vluyn 2003, 238-248, (Kapitel: „Ethik im Überblick").

einer Gemeinschaft qua Gewohnheit bestimmen. Wenn durch Veränderungen Selbstverständlichkeiten in Frage gestellt werden, ist Neubesinnung nötig.

Im Sprachgebrauch haben sich die Begriffe *Moral* und *Ethik* (z.T.!) so ausdifferenziert, dass unter Moral mehr die tradierten Verhaltensnormen sowie unter Ethik mehr die Theorie von Verhaltensnormen und ihre Begründung verstanden werden.

In der philosophischen Tradition werden neben Ethik die Begriffe *Moralphilosophie* und *Praktische Philosophie* verwendet. Als theologische Disziplin wird in der Evangelischen Theologie der Begriff Theologische Ethik benutzt, in der Katholischen Theologie wird Ethik in den Disziplinen Moraltheologie und Sozialethik betrieben.

IV.5.1.1. Die Wurzeln der Ethik

Die Wurzeln der abendländischen Ethiktradition liegen im Wesentlichen
1. in der Naturrechtstradition der griechischen Philosophie,
2. in weiteren Ethikkonzepten der Antike und
3. in der Gebots- und Gottesrechtstradition der Bibel.

Die christliche Ethik hat ihre Gestalt gewonnen durch die Synthese dieser Ansätze.

Zu 1. Naturrechtsethik

Die Idee des Naturrechts, an die neuzeitliche Ethikentwürfe anknüpfen, wurzelt in der Stoa. Während die klassische griechische Ethik auf das gemeinsame Leben in der Polis bezogen war, war die Ethik der Stoa kosmopolitisch ausgerichtet. Bestimmend für das menschliche Handeln ist die in der Weltvernunft wurzelnde kosmische Ordnung (Logos). Der Weltvernunft entsprechend zu leben, bedeutet, naturgemäß zu leben. So sind die Orientierungsmaßstäbe durch Beobachtung der Natur mittels „Empirie" zu gewinnen.

Problematisiert wird der Ansatz, wenn die Gleichung „natürlich ist gut" in Frage gestellt wird. Bereits David Hume machte darauf aufmerksam, dass man aus Gegebenheiten keine ethischen Forderungen ableiten dürfe, also nicht vom Sein auf ein Sollen schließen dürfe.

Zu 2. Weitere Ethikkonzepte der Antike:

Der neuzeitliche Ethikdiskurs hat seine Wurzel auch in den folgenden Konzepten der Antike:

Idealistische Ethik: Für Platon (427-347) und in seinem Gefolge den neuzeitlichen Idealismus (z.B. Fichte 1762-1814) ist die richtige Philosophie (Wahrnehmung) ein Erkennen des Guten als Prinzip aller Wirklichkeit. Alles Schlechte dagegen kommt von falschem Denken.

Tugendethik: Aristoteles (384-322 v. Chr.) hat mit seiner Nikomachischen Ethik diese als eigenständige Disziplin begründet. Im Unterschied zur Metaphysik und Physik umfassenden theoretischen Philosophie befasst sich Ethik mit dem demjenigen Handeln des Menschen, das zum gelingenden Leben in der Gemeinschaft der Polis beiträgt. Sie zielt auf das geglückte Leben (eudaimonia) mit Hilfe der Tugenden (Besonnenheit, Tapferkeit, Wahrhaftigkeit, Gerechtigkeit) in Gestalt eines tugendsamen Leben (arete =Tüchtigkeit).

Hedonistische Ethik: Die stoische Ethik prägte die hellenistisch-römische Zeit. Daneben gewann der Epikureismus Bedeutung (nach Epikur 341-270 v. Chr). Orientierungskriterium ist hier nicht die der Ordnung des Kosmos entsprechende sittliche Ordnung, sondern vernünftiger Genuss und Freude (Hedonismus). Der Hedonismus im Sinne der Frage nach dem größtmöglichen Glück der größtmöglichen Zahl ist ethisches Prinzip in der im 19. Jh. von Bentham und Mill entwickelten utilitaristischen Ethik, die im 20 Jh. vor allem im angelsächsischen Raum verschiedenen Ausprägungen fand.

Zu 3. Göttliche Weisung

Das Charakteristische der biblischen Ethik liegt darin, dass sie die grundlegende Handlungsorientierung in der Entsprechung zum geoffenbarten Gotteswillen sieht: „Es ist dir gesagt Mensch, was gut ist ...“ (Micha 6,8)

Im AT steckt die Tora den Rahmen ab, in dem sich die dem Menschen geschenkte und gewährte Freiheit den Bedingungen der geschöpflichen Existenz gemäß lebens- und gemeinschaftsförderlich entfalten kann. Die gewährte Freiheit steht u.a. auf dem Spiel durch Verehrung anderer Götter, der Missachtung des Sabbats sowie des Rechts der Fremden und sozial Schwachen.

Im NT wird u.a. das Doppelgebot der Liebe ein hermeneutischer Schlüssel zum Verständnis der Tora. Auch die Ethik Jesu steht trotz ihrer besonderen Prägung (Bergpredigt) auf dem Boden der Tora. Die Ethik Jesu verbindet weisheitliche und eschatologische Elemente.

Im Anschluss an eine einseitige Deutung paulinischer Sätze wurde „Gesetz“ mit der Bedeutung „überholt“ verbunden. Das führte dazu, dass außer dem Dekalog die inhaltlichen Bestimmungen der Tora für die Handlungsorientierung des Glaubens irrelevant wurden, wenn sie nicht im Neuen Testament aufgenommen waren.

Die Frage, ob und wie die ethischen Weisungen der Bibel auf (post-)moderne Diskurse zu beziehen sind, wird sehr unterschiedlich beantwortet.

IV.5.1.2. Christliches Naturrecht

In der Geschichte der abendländischen Ethik wurden biblische und griechisch-hellenistischen Ansätze teilweise miteinander verschränkt, teilweise in Spannung zueinander entfaltet. Diese Synthese wird als christliches Naturrecht bezeichnet.

Als „Vater des christlichen Naturrechts“ gilt *Augustinus* (354-430), der biblische Ansätze (Dekalog, Bergpredigt, Paränesen) mit der (stoischen) Tradition vom allgemeinen Naturrecht verbindet.

Thomas von Aquin (1225-1274) hat die biblische Gesetzesethik mit der Tugendlehre des Aristoteles verbunden. Rechtes Handeln geschieht durch Gehorsam gegenüber dem göttlichen Gesetz und seinen Normen, die in der (göttlichen) Ordnung des Kosmos einsichtig werden. Jeder Mensch kann daher bei ernsthafter Prüfung das sittlich Gebotene erkennen.

IV.5.1.3. Reformatorische Ethik

Martin Luther (1483-1546) macht die Erfahrung, dass er trotz Anstrengung am von Gott Gebotenen scheitert. Seine Ausgangsfrage lautet „wie bekomme ich einen gnädigen Gott?“. Seine reformatorische Erkenntnis führt zur Befreiung von dieser Frage und damit zur Befreiung vom Zwang zum selbstrechtfertigenden Handeln.

In der Folge der Reformation wurde die protestantische Lehre vom dreifachen Brauch (von drei Funktionen) des Gesetzes entwickelt:

Merkformel: *Riegel-Spiegel-Siegel*

1. Das Gesetz bleibt relevant als „Zaun" (Riegel) gegen ein Überhandnehmen des Bösen (usus politicus/usus civilis).
2. Durch das Gesetz kommt die Selbsttäuschung des Menschen ans Licht, sich durch Lebensleistung vor Gott ins Recht setzten zu können (usus theologicus/usus elenchticus).
3. Für den Glaubenden wird das Gesetz zur Richtschnur des Handelns, an der man sich aus Dank für erfahrene Liebe und der Befreiung vom Zwang der Selbstrechtfertigung orientiert und zum Mitarbeiter an Gottes Schöpfung wird. (Heiligung als Siegel des neuen Gottesverhältnisses).

IV.5.1.4. Ethik der Ordnungen und ihre Kritik

In der Tradition Luthers wurde eine an den göttlichen Ordnungen orientierte theologische Ethik gebildet. Ihr Grundgedanke ist, dass Gott seine (gefallene) Schöpfung durch die Ordnungsinstitutionen Staat, Kirche, Beruf, Ehe regiert und so vor Bösem schützt. (*Schöpfungsordnungen*).

Eine weitere spezifische Entwicklung des Luthertums ist gekennzeichnet durch die weitere Entfaltung der von Luther (im Anschluss an Augustin) entwickelten *Zwei Regimente- bzw. Zwei-Reiche-Lehre.*

Basissatz der Lehre ist: Gott übt sein Weltregiment auf zweifache Weise aus:

1. durch das Schwert der Obrigkeit
2. durch die Liebe in der Gemeinschaft der Christen (Kirche);

Luther hat seine Zwei-Reiche- bzw. Zwei-Regimente-Lehre erstmals in der Schrift: „Von der weltlichen Obrigkeit, wie weit man ihr Gehorsam schuldig sei" von 1523 entworfen.

Die zwei Regimente (das weltliche und das geistliche) hat Gott eingesetzt zur Einschränkung und Überwindung der Macht des Teufels (regnum diaboli). Sie wirken auf unterschiedliche Weise: Im weltlichen Reich wird mit Gesetz, Vernunft, Belohnung und Bestrafung (kurz: mit dem Schwert) regiert. Im geistlichen Bereich durch die im Glauben ergriffene rechtfertigende Gnade (kurz: mit dem Evangelium) regiert. Das eine Regiment zielt auf zeitliches Wohl, das andere auf (ewiges) Heil.

Da der Christ zugleich Weltperson und Christperson ist, gelten für ihn je nach Handlungszusammenhang verschiedene Maximen.

Die Zwei-Reiche-Lehre wurde im Luthertum in unterschiedlicher Gestalt weiterentwickelt, um das Verhältnis zwischen Glaube und Weltwirklichkeit zu klären. Zum Problem wurde diese Lehrtradition dadurch, dass aus einer dynamischen Verhältnisbestimmung der Regimente bzw. Reiche bei Luther im Sinne einer polemischen Beziehung eine statische Lehre wurde, die besonders im deutschen Luthertum dazu führte, die Mitverantwortlichkeit für das Handeln des Staates abzuweisen.

Vor allem Dietrich Bonhoeffer kritisierte den Missbrauch der Zwei-Reiche-Lehre im zeitgenössischen Luthertum. Da die Regimente nicht mehr aufeinander bezogen, sondern nur noch getrennt wurden, war das Ergebnis, dass die Kirche für die Gnade zuständig aber machtlos war, während der Staat unkritisiert eine gnadenlose Ordnung durchsetzen konnte.

Im Kontrast zur *Zwei-Reiche-Lehre* wurde die die Lehre von der *Königsherrschaft Christi* entwickelt, um den Dualismus der Zwei-Reiche-Lehre zu überwinden.

Der reformierte Theologe *Karl Barth* hat im Nachdenken der göttlichen Offenbarung eine Ethik der Analogien entwickelt.[333] Gesellschaftsethische Orientierung wird gewonnen indem nach Entsprechungen gesucht wird, zwischen Gottes offenbartem Handeln an den Menschen und daraus folgenden Maßstäben menschlichen Handelns.

In Anknüpfung an Barth entwickeln *Ernst Wolff, Helmut Gollwitzer, Walter Kreck* eine *"Ethik der Königsherrschaft Christi"*. Die geglaubte (noch verborgene) Herrschaft Christi gibt den Gläubigen die Ausrichtung des Handelns auf das Reich Gottes vor (Nachfolge).

> "Der Mensch, der an Jesus Christus glaubt und ihn als seinen Herrn anerkennt, ist zugleich mit hineingerufen in die Königsherrschaft Christi, in das Anbrechen der Gottesherrschaft. Er ist dadurch zum Mitarbeiter Gottes an der Veränderung der Welt durch Christus gefordert. Dabei begegnet er als ,neuer Mensch' nicht nur dem Widerstand des ,alten Menschen' in sich selbst, der ständigen Versuchung der Selbstbehauptung anstelle der Solidarität mit den Verlorenen, sondern auch dem Widerspruch derer, die die Herrschaft Christi nicht anerkennen wollen und um ihrer eigenen Interessen und ihrer Selbstbehauptung willen gegen alles protestieren, was Eigeninteresse und Selbstbehauptung grundsätzlich in Frage stellt."[334]

IV.5.2. Ethik der Neuzeit

Mit Ende des Mittelalters wandelte die ethische Orientierungsfrage sich von der Frage nach dem guten Leben in der Stellung des Menschen vor Gott zunehmend zur Frage nach dem gelingenden Leben in der Gemeinschaft. Es wurden verschiedene ethische Theorien und Klassifizierungen von Ethik entworfen, die weitgehend an antike Vorbilder anknüpfen und mit dem Gedanken des handelnden Subjektes verbinden. Bedeutsam ist jeweils das Menschen- und Gesellschaftsbild, das jeweils Basis und Ziel der ethischen Ansätze prägt. (→ V.6.)

Die von *Immanuel Kant* (1724-1804) entworfenen *Pflichtethik* gründet in der philosophischen Selbstreflexion im Horizont der Vernunft: Was als Handlungsmaxime wahrhaft vernünftig ist, bringt er in seinem Kategorischer Imperativ zum Ausdruck:

"Handle so, dass die Maxime deines Handelns zur Grundlage einer allgemeinen Gesetzgebung werden könnte!"

Für theologische Ethik im Anschluss an Kant wird das "Christliche" zur Motivation für das allgemein erkennbare richtige Handeln.[335]

Bei Schleiermacher ist die Basis des Handelns das von der Erlösung durch Christus bestimmte christliche Bewusstsein. Von daher ist zu beschreiben, was werden soll.[336]

Kants Pflichtethik orientiert sich an einem Prinzip. Sie ist eine von mehreren Gestalten von *Prinzipienethik (Gesinnungsethik)*.

Diesem Typ zuzuordnen sind:

Wertethik	Orientierung an "Werten" (Max Scheler 1874-1928).
Tugendethik	In der Antike Orientierung an Gerechtigkeit, Klugheit, Tapferkeit, Mäßigung; im Christentum an Glaube, Hoffnung, Liebe.
Güterethik	Orientierung und Ausrichtung an höchsten Gütern: z.B. "gu-

---

[333] Bürgergemeinde und Christengemeinde, 1945.

[334] Wolf, Ernst: Sozialethik. Theologische Grundlagen, Göttingen 1975, 351.

[335] Ein Beispiel ist die in vielen Auflagen erschienene "Ethik" von Wilhelm Herrmann (Erste Auflage 1900).

[336] Vgl. Surall, Frank: Systematische Theologie, Gütersloh 2009 (Module der Theologie Bd. 4), 96f.

tes Leben". Auch die sog. *Utilitaristische Ethik* lässt sich diesem Typus zuordnen.[337]

Max Weber (1864-1920) sah in der „Gesinnungsethik" die typische christliche Ethik. Die von ihm entworfene *Verantwortungsethik* bezieht im Gegensatz zur Gesinnungsethik die möglichen Folgen des Handelns in die ethischen Überlegungen ein. Ein wichtiges Werk in diese Tradition ist „Das Prinzip Verantwortung" von Hans Jonas (1979).

Dietrich Bonhoeffer entwirft in seinen letzten Jahren (1943/1944) eine Verantwortungsethik des Glaubens. Folgende Aspekte sind dafür kennzeichnend:
– Vom rechtfertigenden Glauben her kann die grundlegende Ambivalenz jeder menschlichen Handlung wahrgenommen werden.
– Die für weltliche Ethik grundlegende Unterscheidung in Gut und Böse wird aufgebrochen in der Maxime, das relativ Bessere dem relativ Schlechteren vorzuziehen. (→ IV. 1.5.)
– „Beten und Tun des Gerechten" sind die beiden Weisen christlicher Existenz in der modernen Welt (DBW 8, 435).

Eine weitere Differenzierung von Ethiktypen liegt in der Unterscheidung von Individualethik und Sozialethik. In der Sozialethik wird u.a. die Frage nach den für das Zusammenleben besseren bzw. schlechteren Sozialstrukturen thematisiert.

Ernst Troeltsch hatte in seiner Untersuchung „Die Soziallehren der christlichen Kirchen und Gruppen" (1912), herausgearbeitet, wie durch soziologische Verfassungen der Gemeinschaften das Ethos der Personen geprägt wird.

Je mehr im pluralistischen Kontext die Frage nach der menschlichen Lebensführung im Deutehorizont des Christentums[338] eine unter vielen Fragen wird, gewinnt die Frage nach der Verhältnisbestimmung von christlicher Ethik und allgemeiner Ethik an Bedeutung. In einer offenen Gesellschaft muss christliche Ethik am offenen ethischen Diskurs teilnehmen, wenn sie öffentliche Relevanz behalten will. Von besonderer Bedeutung ist dabei die Auseinandersetzung um Menschenbilder, um das was das Menschliche auszeichnet.

IV.5.3. Quellentexte und Vertiefungen

1) Auszug aus: Luther „Von der Freiheit eines Christenmenschen" (1520)

> „Die zwei Sprüche [sind] wahr: „Gute fromme Werke machen nimmermehr einen guten frommen Mann, sondern ein guter frommer Mann macht gute fromm Werke"; „böse Werke machen nimmermehr einen bösen Mann, sondern ein böser Mann macht böse Werke", also dass allewegen die Person zuvor muss gut und fromm sein, vor allen guten Werken und gute Werke folgen und ausgehn von der frommen, guten Person, gleichwie Christus sagt: „Ein böser Baum trägt keine gute Frucht, ein guter Baum trägt keine böse Frucht." Nun ist's offenbar, dass die Früchte tragen nicht den Baum; ebenso wachsen auch die Bäume nicht auf den Früchten, sondern wiederum: die Bäume tragen die Früchte, und die Früchte wachsen auf den Bäumen.[...] So nun die Werke niemand fromm machen und der Mensch zuvor muss fromm sein, ehe er wirkt, so ist's offenbar,

---

[337] Vgl. Suda, Max Josef: Ethik. Ein Überblick über die Theorien vom richtigen Leben, Göttingen u.a. 2005, 27.
[338] Vgl. „Trutz Rendtorff": In Henning, Christian und Karsten Lehmkühler: Systematische Theologie der Gegenwart in Selbstdarstellungen, Tübingen 1998, 74.

dass allein der Glaube aus lautrer Gnade durch Christus und sein Wort, die Person genugsam, fromm und selig macht und dass kein Werk, kein Gebot einem Christen not sei zur Seligkeit [...] wer da will gute Werke tunl, muss nicht an den Werken anheben, sondern an der Person, die die Werke tun soll. Die Person aber macht niemand gut denn allein der Glaube, und niemand macht sie böse denn allein der Unglaube. [...][339]

Der Mensch lebt nicht allein in seinem Leibe, sondern auch unter anderen Menschen der Erde. Darum kann er ihnen gegen über nicht ohne Werke sein, er muss ja mit ihnen zu reden und zu schaffen haben, wiewohl ihm derselben Werke keines zur Frömmigkeit und Seligkeit not sei. Darum soll seine Meinung [Absicht] in allen Werken frei und nur dahin gerichtet sein, dass er anderen Leuten damit diene und nütze sei, nichts anderes sich vorstelle, denn was den anderen not sei. Das heißt dann ein wahrhaftiges Christenleben, und da geht der Glaube mit Lust und Liebe ans Werk..."[340]

2) Anmerkungen zur „Zwei-Reiche-Lehre" bzw. „Zwei-Regimente-Lehre"

In seiner Schrift: „Von der weltlichen Obrigkeit, wie weit man ihr Gehorsam schuldig sei" von 1523 hatte Luther ein Modell entworfen, das im Luthertum in unterschiedlicher Weise rezipiert wurde, um das Verhältnis zwischen Glaube und Weltwirklichkeit zu klären. Zum Problem wurde diese Lehrtradition dadurch, dass aus einer dynamischen Verhältnisbestimmung der Regimente bzw. Reiche bei Luther im Sinne einer polemischen Beziehung eine statische Lehre wurde, die besonders im deutschen Luthertum dazu führte, die Mitverantwortlichkeit für das Handeln des Staates abzuweisen. In Anknüpfung an Augustin deutete Luther die Wirklichkeit der Welt als Kampf zwischen dem Reich des Teufels und dem Reiche Gottes. Zur Einschränkung und Überwindung des Reiches des Teufels (regnum diaboli) hat Gott zwei Regimente eingesetzt, das geistliche und das weltliche. Beide Regimente sind gegen das Reich des Teufels gerichtet, aber auf unterschiedliche Weise: Im weltlichen Reich wird mit Gesetz, Vernunft, Belohnung und Bestrafung (kurz: mit dem Schwert) regiert. Im geistlichen Bereich durch die im Glauben ergriffene rechtfertigende Gnade (kurz: mit dem Evangelium) regiert. Das eine Regiment zielt auf zeitliches Wohl, das andere auf (ewiges) Heil.

Im Blick auf den (glaubenden) Menschen bedeutet die Perspektive der Zwei-Reiche-Lehre, dass er immer zugleich Weltperson und Christperson ist, der als Sünder Gott widerspricht und ihm als Gerechtfertigter entspricht.

Bonhoeffer kritisierte den Missbrauch der Zwei-Reiche-Lehre im zeitgenössischen Luthertum, weil die »Reiche« nicht mehr aufeinander bezogen, sondern nur noch getrennt wurden. Denn das Ergebnis der Trennung bestand darin, dass die Kirche für die Gnade zuständig aber rechtlos war, während der Staat unkritisiert eine gnadenlose Ordnung durchsetzen konnte. Bonhoeffer hat versucht, gegen Einseitigkeit und Trennung die Dialektik von Luthers Ansatz neu zur Geltung zu bringen. Aus der Perspektive des Glaubens ist in Christus die Einheit von Christlichem und Weltlichem begründet. In ihm hat die Treue Gottes zu seiner Schöpfung und zum Menschen, der selbst Gott sein will und damit seine Bestimmung verfehlt, Gestalt gewonnen. Es gibt somit nur eine Wirklichkeit, die zugleich in Widerspruch und in Entsprechung zu ihrer Bestimmung steht. Das Widergöttliche und das Geschöpfliche sind untrennbar miteinander verbunden. Diese grundlegende Weltsicht kann einerseits die *relative* Eigengesetzlichkeit der Welt und ihrer Institutionen anerkennen und zugleich die kritische Wahrnehmung dafür schärfen, wo das menschliche Handeln der Bestimmung von Mensch und Welt (als Geschöpf und Schöpfung Gottes) widerspricht.

---

[339] Steck, Karl Gerhard (Hg.): Luther Studienausgabe, Frankfurt a.M. 1970, 92f.
[340] A.a.O., 94f.

3) *Über die weltliche Obrigkeit*[341]

„Fürs erste müssen wir das weltliche Recht und Schwert gut begründen, damit niemand dran zweifle, dass es durch Gottes Willen und Anordnung in der Welt ist. Die Sprüche aber, die es begründen, sind die folgenden: Röm 13,1. 2: »Jede Seele sei der Amtsgewalt und Obrigkeit untertan; denn es gibt keine Gewalt, die nicht von Gott wäre: die Gewalt aber ist überall, wo es eine gibt, von Gott angeordnet. Wer nun der Gewalt widersteht, der widersteht Gottes Ordnung; wer aber Gottes Ordnung widersteht, der wird sich selbst die Verurteilung zuziehen [...].«

Es ist Gottes Wille, dass das weltliche Schwert und Recht zur Bestrafung der Bösen und zum Schutz der Rechtschaffenen gehandhabt wird. [...].

Hier müssen wir Adams Kinder, d.h. alle Menschen, in zwei Teile teilen: die einen zum Reich Gottes, die andern zum Reich der Welt gehörig. Die zum Reich Gottes Gehörenden, das sind alle, die als wahrhaft Glaubende in Christus und unter Christus sind. [...]

Nun sieh: diese Leute brauchen kein weltliches Schwert oder Recht, und wenn alle Welt aus rechten Christen, d.h. aus wahrhaft Gläubigen bestünde, so wäre kein Fürst, König oder Herr, kein Schwert und kein Recht nötig oder von Nutzen. Denn wozu sollte es ihnen taugen? Haben sie doch den Heiligen Geist im Herzen; der lehrt sie und bewirkt, dass sie niemand Unrecht tun, jedermann lieben und von jedermann gerne und fröhlich Unrecht, ja sogar den Tod leiden. Wo lauter Unrechtleiden und lauter Rechttun ist, da ist kein Zank, Hader, Gericht, Richter, Strafe, Recht oder Schwert notwendig. Darum ist's ausgeschlossen, dass unter den Christen weltliches Schwert und Recht etwas zu schaffen finden sollte; tun sie ja von selbst viel mehr, als alles Recht und Lehre fordern können. [...]

Zum Reich der Welt oder unter das Gesetz gehören alle, die nicht Christen sind. Es sind ja nur wenige gläubig und nur der kleinere Teil verhält sich nach Christenart, dass er dem Übel nicht widerstrebt, ja daß er nicht gar selber Übel tut. Deshalb hat Gott für diese Nichtchristen neben dem Christenstand und Gottes Reich ein andres Regiment geschaffen und hat sie dem Schwert unterworfen. Sie sollen doch nicht tun können, was ihrer bösen Art entspricht, auch wenn sie es gerne wollten, und wenn sie es tun, sollen sie es doch nicht ohne Furcht und nicht mit Frieden und Glück tun können. Es ist, wie man ein wildes, böses Tier in Ketten und Bande legt, dass es nicht beißen und reißen kann nach seiner Art, obwohl es das gern wollte; ein zahmes, kirres Tier dagegen braucht das nicht, sondern ist, obwohl ohne Ketten und Bande, dennoch ungefährlich. [...]

Darum hat Gott die zwei Regimente angeordnet: das geistliche, welches Christen und rechtschaffene Leute schafft durch den Heiligen Geist unter Christus, und das weltliche, welches den Unchristen und Bösen wehrt, dass sie äußerlich Frieden halten und still sein müssen wider ihren Willen. In diesem Sinne deutet S. Paulus Röm 13,3 das weltliche Schwert, wenn er sagt, es sei nicht für die guten, sondern für die bösen Werke zu fürchten; und Petrus sagt (1Petr 2,14), es sei zur Bestrafung der Bösen gegeben. [...]

Darum muss man diese beiden Regimente sorgfältig unterscheiden und beide in Kraft bleiben lassen: das eine, das rechtschaffen macht, das andre, das äußerlich Frieden schafft und bösen Werken wehrt. Keines genügt in der Welt ohne das andere. Denn

---

[341] Auszüge aus: Martin Luther: Von weltlicher Obrigkeit. Schriften zur Bewährung des Christen in der Welt, Bd. 4 der Calwer Luther-Ausgabe, München/Hamburg 1965, 15-22.

ohne Christi geistliches Regiment, bloß mit Hilfe des weltlichen Regiments, kann niemand vor Gott rechtschaffen werden. Andrerseits erstreckt sich Christi Regiment nicht über alle Menschen, sondern allezeit sind die Christen die kleinere Schar; sie sind mitten unter den Unchristen. Wo nun weltliches Regiment oder Gesetz allein regiert, da muss es lauter Heuchelei geben, auch wenn es Gottes Gebote selber wären. Denn ohne den Heiligen Geist im Herzen wird niemand wirklich rechtschaffen, mag er so feine Werke tun, als er kann. Wo aber das geistliche Regiment allein über Land und Leute regiert, da wird der Schlechtigkeit der Zaum gelöst und aller Büberei Raum gegeben. Denn die Allgemeinheit kann es nicht annehmen und verstehen."

4) Glaube – Hoffnung – Handeln: Eberhard Jüngel
„Ich glaube, darum handle ich. Denn aus der Hoffnung auf Gottes kommendes Reich schöpft der Glaubende auch weltliche Hoffnung für die Zukunft, die wir selber zu machen haben. Hoffen ist das Motiv allen Handelns. Die Anschaulichkeit der Hoffnung auf Gottes kommendes Reich aber macht der Hoffnung ein bestimmtes Handeln zu Pflicht. Denn im Ausblick auf das kommende Reich der Freiheit, des Friedens, der Gerechtigkeit und der Liebe erkennt der Hoffende, was unter den Bedingungen der Welt zu tun und zu lassen ist."[342]

5) Zum Verhältnis von allgemeiner und christlicher Ethik
„Theologische Ethik ist […] kein Sonderfall ethischer Reflexion. Sie setzt beim Handeln des Menschen an und bemüht sich um Antworten auf damit einhergehende Fragen aus christlicher Perspektive."[343]

6) Gerechtigkeit
Gerechtigkeit bleibt in der christlichen Ethik kein abstrakter Begriff, sondern wird mit vorrangiger Option für die Armen definiert. Diese Option stand im Mittelpunkt der im letzten Drittel des 20. Jahrhunderts wirksamen Befreiungstheologien.
In einer EKD-Denkschrift von 1991 heißt es:
„Im christlichen Verständnis von Gerechtigkeit hat die Zuwendung zu den Armen und Benachteiligten immer einen höheren Rang eingenommen als der Ausgleich zwischen Gleichen. Im Lichte der Gerechtigkeit Gottes, die allen Menschen gilt, treten soziale Unterschiede in der Gemeinde ebenso wie zwischen den Menschen zurück hinter das Gebot der konkreten Zuwendung zu den Bedürftigen. Die Suche nach Gerechtigkeit erhält von daher eine bestimmte und unverwechselbare Richtung. Der Einsatzpunkt der Suche nach Gerechtigkeit ist nicht das Anprangern von Ungerechtigkeit, sondern – in der Orientierung am Wohl der Armen – die Bereitschaft, denen gerecht zu werden, die der Hilfe und der Unterstützung bedürfen. Suche nach Gerechtigkeit ist eine Bewegung zu denjenigen, die als Arme und Machtlose am Rand des sozialen und wirtschaftlichen Lebens existieren und ihre Teilhabe und Teilnahme an der Gesellschaft nicht aus eigener Kraft verbessern können. Soziale Gerechtigkeit hat insofern völlig zu Recht den Charakter der Parteinahme für alle, die auf Unterstützung und Beistand angewiesen sind. Von dieser vorrangigen Ausrichtung wird die Suche nach Gerechtigkeit in christlichem Verständnis bewegt und bestimmt. Sie erschöpft sich nicht in der persönlichen

---

[342] „Eberhard Jüngel", in Henning, Christian und Karsten Lehmkühler: Systematische Theologie der Gegenwart in Selbstdarstellungen, Tübingen 1998, 207.
[343] Hunhold, Gerfried W./Laubach, Thomas/Greis, Andreas (Hg.): Theologische Ethik. Ein Werkbuch, Tübingen und Basel 2000, VII.

Fürsorge für Benachteiligte, sondern zielt auf den Abbau der strukturellen Ursachen für den Mangel an Teilhabe und Teilnahme an gesellschaftlichen und wirtschaftlichen Prozessen".[344]

7) Friede und Gerechtigkeit

Friede und Gerechtigkeit gehören zusammen, aber so, dass Friede als Folge von Gerechtigkeit verstanden wird: „Das Werk der Gerechtigkeit wird der Friede (schalom) sein, und der Ertrag der Gerechtigkeit sind Ruhe und Sicherheit auf Dauer" (Jes 32,17). Überboten wird Gerechtigkeit von Barmherzigkeit. Diese gründet in der christlichen Ethik in der Erfahrung des grundlosen Erbarmens Gottes, die der Mensch in der Rechtfertigung erfährt.[345] Wichtige Aspekte von Barmherzigkeit finden sich im säkularen Begriff Solidarität. Solidarität überschreitet den sozialen Nahbereich und eignet sich deshalb als ethischer Leitgriff im globalen Kontext. Der Aufbau einer weltweiten demokratischen Zivilgesellschaft, die auf globale Solidarität setzt, ist ein wichtiger Schritt zur Korrektur einer entsolidarisierenden Marktideologie.

Literatur
- Biehl, Peter/Johannsen, Friedrich: Einführung in die Ethik. Ein religionspädagogisches Arbeitsbuch, Neukirchen-Vluyn 2003.
- Frey, Christofer: Die Ethik des Protestantismus von der Reformation bis zur Gegenwart, 2. durchges. u. erw. Auflage, Gütersloh 1994.
- Körtner, Ulrich H.J.: Evangelische Sozialethik: Grundlagen und Themenfelder, Göttingen 1999.
- Rohl, Jan: Geschichte der Ethik, 2., umgearbeitet und ergänzte Auflage, Tübingen 1999.
- Suda, Max Josef: Ethik. Ein Überblick über die Theorien vom richtigen Leben, Göttingen u.a. 2005.
- Tillich, Paul: Das religiöse Fundament des moralischen Handelns. Schriften zur Ethik und zum Menschenbild, GW III, Stuttgart 1965.

IV.6. Ökumene und Dialog der Religionen[346]
IV.6.1. Ökumene

Der aus dem Griechischen abgeleitete Begriff Ökumene bezeichnet die bewohnte Erde, den bewohnten Erdkreis. Im kirchlichen Sprachgebrauch wird er zur Bezeichnung weltumfassender, konfessionsübergreifender Beziehungen zwischen christlichen Konfessionen/Gemeinschaften und bezogen auf die auf Einheit der Kirche gerichtete Praxis verwendet. Darüber hinaus wird der Begriff *auch* auf das Verhältnis *zwischen* den Religionen bezogen (interreligiöse Ökumene). Zwar ist die ökumenische Dimension grundlegend für das Verständnis von Kirche, gleichwohl gibt es keine allgemein ver-

---

[344] *EKD* (Hg.), Gemeinwohl und Eigennutz, Gütersloh 1991, 155.
[345] Vgl. Biehl/Johannsen a.a.O., 124f.
[346] Im ersten Teil des Kapitels wurden Vorarbeiten für den Beitrag „Ökumene" in: „Schülerduden Religion und Ethik", Bibliographisches Institut Berlin 2005, 252f verwendet.
Im 2. Teil wurden Abschnitte aus meinem Beitrag: Die Menschenrechte im interreligiösen Dialog, in: Johannsen, Friedrich: Die Menschenrechte im interreligiösen Dialog. Konflikt oder Integrationspotential, Stuttgart 2013, 9-23, verwendet.

bindliche Deutung. Diese unterscheidet sich zwischen den Kirchen ebenso wie das Verständnis von kirchlicher Einheit.

Geschichtliche Aspekte

Der christliche Glaube hat von Anfang an eine ökumenische Perspektive, eine Ausrichtung auf die ganze Welt. In der frühen Kirche stand der missionarische Aspekt im Vordergrund. Mit der Konstantinschen Wende (312) wuchs das staatliche Interesse an der Einheit der christlichen Lehre. Im Auftrag des Kaisers sollten die ökumenischen Konzilien (Nicäa 325; Konstantinopel 381; Ephesus 431; Chalcedon 451) über Lehrstreitigkeiten entscheiden, um die Einheit der Kirche herzustellen bzw. zu wahren. Auf der Grundlage dieser Konzile stehen die sog. ökumenischen Symbole (Glaubensbekenntnisse): Das Nicänum, das Nicäno-Constantinopolitanum und das Athanasische Symbol. Der Bezug auf diese altkirchlichen Bekenntnisse verbindet die orthodoxen, die katholische und die evangelischen Kirchen. Da einige Gruppen wie die Armenier und Kopten den Kompromiss von Chalcedon nicht mitvollziehen konnten, führte dieses 4. Ökumenische Konzil zur ersten größeren Kirchenspaltung. In der Tradition der byzantinischen (orthodoxen) Kirche ist Ökumene eine Wesensbestimmung der Kirche, die aus ihrem Selbstverständnis als Leib Christi (Kol 1,24) folgt. Ähnlich sieht der Katholizismus die Einheit der Kirche in Jesus Christus begründet (Joh 17,21ff. u.a.). Als Aufgabe der Ökumenischen Bewegung wird die Überwindung der historisch zu verortenden Spaltungen gesehen.

Die Ökumenische Bewegung

Die Ökumenische Bewegung im 20./21. Jahrhundert zielt auf der Basis von Eph 4,1-6 auf Überwindung der Kirchenspaltungen des 5. Jh.s (altorientalische Kirchen), des 11. Jh.s (Ost-West-Kirchen) und des 16. Jh.s (Reformatorische Kirchen). Ein wesentlicher Schritt war die Gründung des Ökumenischen Rates der Kirchen (ÖRK) mit Sitz in Genf (1948). Diesem Zusammenschluss gehören mit Ausnahme der römisch-katholischen Kirche der größte Teil der evangelischen, anglikanischen und orthodoxen Kirchen an (2013 insgesamt 349 Kirchen aus 120 Ländern). Der ÖRK hat drei Vorläufer, in denen sich jeweils unterschiedliche Akzente ökumenischer Bemühungen spiegeln. Die *Bewegung für Glauben und Kirchenverfassung* (1927) zielte auf Verständigung in der Lehre (dogmatischer Konsens)[347], *der internationale Missionsrat* (1921) auf die Orientierung an der spezifischen Sendung der Kirche und die *Bewegung für praktisches Christentum* (1925) auf den trotz Differenzen in der Lehre gemeinsamen (sozialethisch fundierten) Dienst an der Welt.

Auf der Vollversammlung des ÖRK in Vancouver 1983 wurde der konziliare Prozess für Gerechtigkeit, Frieden und Bewahrung der Schöpfung initiiert. Er stärkte die sozialethische Ausrichtung der Kirchen.

Im Blick auf Überwindung der Lehrdifferenzen ist die Leuenberger Konkordie (1973) das bedeutendste Dokument. Darin erkennen sich lutherische, reformierte und unierte (seit 1996 auch methodistische) Kirchen wechselseitig als Kirchengemeinschaft an.

Die römisch-katholische Kirche wendet sich im II. Vatikanischen Konzil (1962-1965) vorsichtig der ökumenischen Bewegung zu, ohne allerdings dem ÖRK beizutreten oder ihre Prinzipien wie apostolische Sukzession der Bischöfe oder das Papstamt in Frage zu stellen.

---

[347] Z.B. Limaerklärung von 1982 über Taufe, Eucharistie und Amt.

Ein Versuch der Annäherung zwischen Lutherischem Weltbund und der Katholischen Kirche ist die *Gemeinsame Erklärung zur Rechtfertigungslehre* von 1999.

Zum gegenwärtiger Stand der ökumenischen Bemühungen
Die Erkenntnis einer zunehmenden multireligiösen und multikulturellen Situation der Gesellschaft fördert bei den Kirchen das Bewusstsein von der Notwendigkeit einer Verständigung über gemeinsame Verantwortung und gemeinsames Handeln trotz bleibender Differenzen. Eine entscheidende Barriere für eine umfassende Kirchengemeinschaft ist das divergierende Kirchenverständnis, das sich nicht nur an unterschiedlicher Lehre, sondern auch an unterschiedlicher Frömmigkeitspraxis festmacht. Für die orthodoxen Kirchen äußert sich wahre Kirche in der Feier der heiligen Liturgie. Ökumene ist darin eine sakramental erfahrbare Realität. Die Lehre ist dagegen eher von untergeordneter Bedeutung. Gemeinsame Basis sind hier die altkirchlichen ökumenischen Symbole (s.o.). Eine wesentliche Kontroverse liegt in der *Ämterfrage*, die wiederum in der protestantischen Tradition von untergeordneter Bedeutung ist. In den orthodoxen Kirchen repräsentiert die Gemeinschaft der Bischöfe (Episkopat) die Einheit der Kirche. Das Bischofsamt wird auf die Apostel zurückgeführt (apostolische Sukzession). In der katholischen Kirche wird die Gemeinschaft der Bischöfe vom Bischof von Rom (Papstamt) geleitet. Aus Sicht der katholischen Kirche fehlt den evangelischen Pfarrern die sakramentale Weihe, den Bischöfen die apostolische Sukzession und Leitungsvollmacht. Evangelische wie orthodoxe Kirchen verweigern die Unterwerfung unter den Primat des Papstes. Nach dem Ökumenismusdekret Nr. 6 des II. Vatikanischen Konzils ist der Weg in die Einheit durch Rückbesinnung auf die ursprüngliche Berufung der Kirche zu suchen, nicht durch Fixierung auf die historisch gewordene Gestalt. Die katholische Kirche hält zwar an ihren Prinzipien fest, zeigt sich aber im Blick auf die Ausgestaltung der Prinzipien für das ökumenische Gespräch offen.
Nach evangelischem Verständnis verwirklicht sich die in Christus geschenkte Einheit im Handeln des Heiligen Geistes in der Vielfalt der Kirchen. Ziel der ökumenischen Bewegung ist darum *versöhnte Verschiedenheit*, zu der allerdings die bislang von der römisch-katholischen Kirche verweigerte eucharistische Gemeinschaft bzw. Gastfreundschaft gehört.

IV.6.2. Interreligiöse Ökumene – Interreligiöser Dialog

Eine über die christlichen Konfessionen hinausreichende ökumenische Initiative orientiert sich an der Gestalt des Abraham, auf die sich Judentum, Christentum und Islam berufen (sogenannte *Abrahamitische Ökumene*). Das von Hans Küng 1990 initiierte *Projekt Weltethos* versucht, den ethischen (Minimal-) Konsens der Religionen für Bemühungen um den Weltfrieden fruchtbar zu machen (s.u.).

IV.6.2.1. Zu Geschichte und Problemen des interreligiösen Dialogs

Als ein signifikanter Meilenstein zur Institutionalisierung des interreligiösen Dialogs in der Moderne gilt das *Weltparlament der Religionen*, das gegen Ende des 19. Jahrhunderts (1893) in Chicago zusammengetreten ist.
Entscheidende Impulse sind aber erst im 20. Jahrhundert im Kontext zunehmender Globalisierung von den großen christlichen Konfessionen ausgegangen: ab 1948 durch die Dialogarbeit des neu gegründeten ÖRK und 1962-65 durch das Zweite Vatikanische Konzil. Dessen Texte „Lumen Gentium" und „Nostra Aetate" beschreiben Anders- und Nichtglaubende als auf Gottes Wahrheit hin geordnet und erkennen an, dass „Strahlen der Wahrheit" auch in anderen Religionen zu finden sind.

Der ÖRK initiierte verschiedene Dialoganstöße durch bilaterale und multilaterale Konferenzen (z.B. christlich-jüdischer; christlich-islamischer Dialog). Diesbezüglich ist zu vermerken, dass der Dialog selbst schon als eine Gestalt von Ökumene verstanden werden muss.[348]

Die Dialoginitiativen fanden keine ungeteilte Zustimmung: Besonders in den protestantischen Kirchen gab bzw. gibt es z.T. erhebliche Widerstände gegen Dialogprogramme, weil Verwässerung der Glaubensgrundsätze und Synkretismus (Religionsvermischung) befürchtet werden. Da die wesentlichen Initiativen für den interreligiösen Dialog von christlicher Seite kamen, argwöhnten Vertreter nicht christlicher Gemeinschaften, Dialoge seien der Versuch von Mission mit anderen Mitteln.

Ein Beispiel interreligiöser Annäherung ist die Geschichte des *christlich-jüdischen Dialogs*. Er begann als Bewegung in den 1960er Jahren und führte zu Erklärungen in beiden großen Kirchen. *Dieser Dialog lässt sich zugleich als Ort und Weg der Verständigung charakterisieren*. Nach der Shoa/dem Holocaust als Gipfel antijudaistischer und antisemitischer Tradition markierte er einen Neuanfang im Verhältnis der beiden Religionen. Ausgangspunkt dieses Dialogs war nicht eine Auseinandersetzung um die rechte Lehre, sondern die Begegnung von Menschen, die mit ihrer konkreten Existenz im Judentum bzw. Christentum verwurzelt waren. Sie wollten sich mit den Ursachen der fast zweitausend Jahre währenden Feindschaft auseinandersetzen und so um eine neue Basis des Miteinanders ringen. Der Dialog diente und dient zugleich der Aufarbeitung der Schuldgeschichte, dem wechselseitigen Verstehen und einem gemeinsamen Lernprozess der Dialogpartner. Ein wesentlicher Erfolg dieses Dialogs, der wesentlich von den Gesellschaften für christlich-jüdische Zusammenarbeit und der 1961 gegründeten Arbeitsgemeinschaft „Juden und Christen" beim Deutschen Evangelischen Kirchentag getragen wurde, liegt in der theologischen Neubestimmung des Verhältnisses zu Israel und dem Judentum. Dieses war traditionell durch die Lehre von der Substitution, der Verwerfung Israels und seiner Beerbung durch die Kirche sowie der wechselseitigen Exkommunikation in urchristlicher Zeit bestimmt.

Wesentliche Dokumente der Neubestimmung des Verhältnisses sind auf katholischer Seite die Erklärung „Nostra Aetate" von 1965 und auf evangelischer Seite die EKD-Studien „Christen und Juden I-III" (1975, 1991 u. 2000). Kernpunkte dieser Dokumente sind Auseinandersetzungen mit der antijudaistischen Tradition, die das christliche Selbstverständnis geprägt hat. Ein entscheidender theologischer Lernschritt im Rahmen dieses Dialogs ist die Anerkennung der bleibenden Erwählung Israels als Volk Gottes, die die verhängnisvolle Vorstellung von der Ablösung Israels durch die Kirche revidiert.

Trotz seiner Besonderheit kann der christlich-jüdische Dialog als paradigmatisch für andere Dialoginitiativen gelten. Anlass der Dialoge ist die Notwendigkeit, das multikulturell-religiöse Zusammenleben auf informeller und formeller, institutioneller Ebene zu gestalten.[349]

IV.6.2.2. Glaubenswahrheit und Dialog

Spezifische Probleme interreligiöser Dialoge mit den Intentionen Verständigung und friedlichen Zusammenlebens liegen im Umgang mit der jeweiligen Wahrheit der Glaubenslehre und der Eigenart des Religiösen.

---

[348] Neuner, Peter: Art. „Dialog. Ökumenisch", in: RGG⁴, Bd. 2, Sp. 820f.
[349] Küster, Volker: Art. „Dialog. Dialog und Mission", in: RGG⁴, Bd. 2, Sp. 821.

„Religion ist ein faszinierendes Medium der Weltdeutung und Weltgestaltung", schreibt F.W. Graf. „Sie vermag Konkurrenten in Brüder zu verwandeln, Solidarität mit den Schwächeren zu stiften und immer neu zur Akkumulierung des ‚sozialen Kapitals' beizutragen. Sie kann aber auch aus Gegnern Todfeinde machen und selbst die Entfaltung der zerstörerischen, dämonischen Kräften des Menschen als Gehorsam gegenüber Gottes Willen verklären. Religion kann den Menschen gleichermaßen zivilisieren wie barbarisieren. Darin liegt die hohe Ambivalenz religiöser Symbolsprachen. Diese Ambivalenz prägt alle Religionen".[350]

Die von Graf betonte Ambivalenz aller Religionen kann ein Dialoghindernis sein, wenn es an Bereitschaft fehlt, andere als Dialogpartner anzuerkennen.

Zudem lässt sich ein interreligiöser Dialog nicht auf der Basis der Relativierung der Positionen führen, weil diese grundlegender Bestandteil der jeweiligen religiösen Identität sind. Es gilt aber, dass gerade innerhalb der religiösen Gemeinschaften und zwischen ihnen die Dialogkultur auch aus dem Grunde gefördert werden muss, um das jeder religiösen Tradition innewohnende negative Potential zu relativieren.

Der interreligiöse Dialog gelingt bereits, wenn er wechselseitig beiträgt zur Klärung der jeweiligen Positionen, zur Deutung und Bedeutung von Glaubenslehre und Glaubenspraxis sowie zur Deutung und Praxis des Lebens.

> Dass ein Dialog geradezu davon profitiert, dass Religion für die Dialogpartner relevant ist, spiegelt eine im Religionsmonitor 2008 berichtete Untersuchung: Hier zeigt Volker Krech in einem empirischen Beitrag, wie die Deutschen mit religiöser Vielfalt umgehen. Er unterscheidet zwischen Exklusivität, Bricolage und Dialogbereitschaft. Grundfrage ist, wie sich Menschen mit unterschiedlich stark entwickelter Religiosität zur Vielfalt des Religiösen verhalten. Als Vorannahmen wurden zwei Möglichkeiten aufgestellt: 1. im Kontakt mit anderen religiösen Überzeugungen über die eigene Religiosität nachzudenken oder 2. sich gegenüber ihnen zu verschließen und nicht infrage stellen zu lassen. Ein interessantes Ergebnis ist, dass Menschen, für die Religiosität im Denken, Fühlen und Handeln zentral ist, eine vergleichsweise hohe Bereitschaft zeigen, diese zu hinterfragen (63%), während diejenigen, für die Religion nur eine untergeordnete Rolle spielt, das weniger tun (36%).
> Zur Exklusivität bekannten sich 60% der „Hochreligiösen", während diese Position von der überwiegenden Mehrheit der Nichtreligiösen oder Religiösen abgelehnt wurde.
> Religiöse zeigen sich eher offen für andere Religionen als Nichtreligiöse, d.h. Religiosität korreliert also nicht mit Intoleranz. Nur 28% praktizieren allerdings eine sog. Patchwork-Religiosität. D.h. es ist in hohem Maße die Bereitschaft vorhanden, mit anderen Religionen in einen Dialog einzutreten, ohne Elemente für die eigene Religiosität zu übernehmen. Reflexion und Religiosität fördern sich demnach gegenseitig.
> Religiöse sind eher bereit, die mit anderen Lebensweisen verbundenen Überzeugungen zu akzeptieren, während die ganz überwiegende Mehrheit der Nichtreligiösen der Ansicht ist, Ausländer sollten sich in der Lebensweise den hiesigen Verhältnissen anpassen.[351]

IV.6.2.3. Dialogziele: Relativer Universalismus und/oder ethischer Minimalkonsens?

Wie bereits betont, kann das Ziel eines interreligiösen Dialogs nicht eine Verständigung über Glaubensfragen sein. Es geht um die Verständigung über ein produktives Miteinander in der pluralen (Welt-) Gesellschaft.

Zwei Konzepte, die auf eine kulturübergreifende Verständigung zielen, werden im Folgenden skizziert: *Jack Donnellys* „Theorie vom relativen Universalismus" und *Hans Küngs* „Weltethos" mit der Forderung nach einem ethischen Minimalkonsens.

---

[350] Graf, Friedrich Wilhelm: Die Wiederkehr der Götter. Religion in der modernen Kultur, München [3]2004, 225.

[351] Vgl. Krech, Volker: Exklusivität, Bricolage und Dialogbereitschaft, in: Religionsmonitor 2008, 33-43, 41.

Grundlegend für Jack Donnelly ist die Erkenntnis, dass die Begründung der Menschenrechte offen ist und nicht nur durch die christlich geprägte europäische Naturrechtstradition vollzogen werden kann. Daher kann das, was für alle gelten soll, jeder durchaus auf seine besondere – auch religiöse – Weise rechtfertigen und so innerhalb seiner eigenen Gruppe zustimmungsfähig machen.[352] D.h., Donnelly unterstellt, dass ethische Minimalverständigung aus den Ressourcen unterschiedlicher Kulturen möglich ist. Dabei ist bei erkennbaren Defiziten in den Quellen anderer Kulturen nach funktionalen Äquivalenten zu suchen, die den Menschenrechten entsprechende Schutzrechte beinhalten.

Basis ist die Einsicht in die Bedeutung des Rechts. Das Konzept trägt dem Sachverhalt Rechnung, dass ohne lebendige Erfahrungs- und Erzählgemeinschaften, die Leiden und Opfer erinnern, sich ein Ethos nicht authentisch tradieren lässt. Einer abstrakten Lehre fehlt diese Erinnerung.

Küng ist mit dem von ihm initiierten Projekt „Weltethos" einen ähnlichen Weg gegangen. Das Projekt hat eine Schnittmenge der ethischen Maximen der einzelnen Religionen ermittelt und versucht, auf dieser Grundlage ein allgemeines „Weltethos" zu konstituieren. Seine Initiative führte in einem Parlament der Weltreligionen (Chicago 1993) zu einem Ratschlag für ein Weltethos und mündete ein in einen Appell an alle Weltbewohner, sich dem formulierten Weltethos anzuschließen. Donnelly und Küng sehen die Chance, aus den Ressourcen von Traditionen und Religionen zu weltweit akzeptierten Handlungsmaximen zu gelangen.

Als Gegenposition kann die 1993 vom nordamerikanischen Politikwissenschaftler *Samuel Phillips Huntington* vertretene Position vom „Zusammenprall der Kulturen" (*Clash of Civilizations and the Remaking of World Order*) angesehen werden. Der Titel dieses Werkes wurde unter der nicht ganz richtigen Übersetzung *„Kampf der Kulturen"* ein populäres Schlagwort für den Konflikt zwischen verschiedenen Kulturkreisen, insbesondere für Konflikte des westlichen Kulturkreises mit dem chinesischen und dem islamischen. Huntington stellt darin die These auf, dass die Weltpolitik des 21. Jahrhunderts nicht von Auseinandersetzungen politischer, ideologischer oder wirtschaftlicher Natur, sondern von Konflikten zwischen Angehörigen unterschiedlicher Kulturkreise bestimmt sein werde.

Dem Münchener Systematischen Theologen Friedrich Wilhelm Graf ist zuzustimmen, wenn er Huntingtons Verständnis von religiösen und kulturellen Differenzen als statisch charakterisiert. Graf wirft Huntington vor, dass er die Debatte um die Menschenrechte ausschließlich als „einen Ausdruck der wachsenden religiös-kulturellen Gegensätze zwischen den Zivilisationen" wahrnehme.[353] Demgegenüber erachtet er Donnellys Ansatz einer universalistischen Position als unverzichtbar und weist darauf hin, dass sich in der Debatte über Ideen der Würde und Rechte des Menschen unterschiedliche religiöse Überlieferungen finden. Sie können ein „kommunikatives Interface", eine Schnittstelle bilden für einen Dialog zwischen christlichen und nicht christlichen Ethikkonzepten.

Wenn religiös-kulturelle Unterschiede für tiefere Ursachen von politischen Konflikten gehalten werden, müssen die Elemente von Religionen und Kulturen identifiziert werden, die heute zu diesen Konflikten treiben.

Die Differenz zwischen den Modellen Donnellys und Küngs ist relativ gering: Beide sind am Ziel der Verständigung orientiert und gehen von den Gegebenheiten gewach-

---

[352] Vgl. Donnelly, zit. nach Graf, a.a.O., 223.
[353] Vgl. a.a.O., 222.

sener Kulturen und Religionen aus, die den interkulturellen und interreligiösen Dialog aus den je eigenen Traditionen im Blick auf Menschrechte und Permanenz des Lebens bereichern und vertiefen können. Die Nähe zwischen beiden verstärkt sich, wenn Küng 2008 ausführt:

> „Heute ist bei vielen ein Bewusstseinsprozess im Gang, dass die Religionen aus ihren eigenen Quellen heraus die Traditionen der Intoleranz überwinden können, ja sogar mehr anstreben müssen als bloße ,Toleranz'".[354]

Im Unterschied zum Weltethosprojekt ist Donnellys Ansatz weniger harmonisierend und angesichts der Weltlage vermutlich realistischer. Intellektuelle Aufrichtigkeit zwingt dazu, von allzu harmonistischen Visionen Abschied zu nehmen und die tiefen Unterschiede zwischen den Kulturen wahrzunehmen. Darin liegt ein Wahrheitselement der Hunting'schen Sicht der gegenwärtigen Weltlage.

Graf schränkt angesichts dessen die Chancen eines Dialogs der Religionen deutlich ein: In einem Artikel der Süddeutschen Zeitung (2010) positioniert er sich durch folgende Aussage: „Für die Einhegung von bedrohlichen Kulturkonflikten wird immer wieder ein ,Dialog der Religionen' als Heilmittel gesehen." Graf stellt diesbezüglich heraus:

> „Ein ,Dialog der Religionen' wird in der Regel von Funktionären geführt. Das ist ja auch gut, weil es immer gut ist, wenn Menschen miteinander reden und sich über Differenzen, Traditionen und Prägungen klar werden. In pluralistischen Gesellschaften muss man sich über normative Dissense austauschen. Umso wichtiger wird dann allerdings das staatliche Recht als Pazifizierungsmittel des Zusammenlebens. Religionsdialoge helfen nicht, bestimmten sozialen Konflikten oder Bildungsproblemen gerecht zu werden. Entscheidend ist eine langfristig orientierte Bildungspolitik, die ja zum Teil auch schon Erfolge erzielt. Wo Menschen von einer komplexen Gesellschaft unseres Typs überfordert sind, hat das meist wenig mit Religion zu tun."[355]

Hinzuzufügen ist, dass neben den Dialogen auf Funktionärsebene eine Fülle vor allem lokaler Initiativen entstanden sind, die sich das Ziel setzen, das Miteinander der Kon-fessionen und Religionen zu fördern. Die unmittelbare Begegnung von Menschen unterschiedlicher religiöser Prägung ist durch nichts zu ersetzen.

Exkurs: Herausforderungen des Glaubens durch den Prozess der Globalisierung

Ökumenische Christenheit und Weltreligionen sind insgesamt vom Prozess der Globalisierung betroffen, der nach der Wirtschaft alle Bereiche von Politik und Kultur umfasst.

Der globalisierte Kapitalismus mit seiner neoliberalen Ideologie nimmt pseudoreligiöse Formen an, wenn dem Konsum Sinn und den Waren Bedeutung zugeschrieben wird. Der „*Marktreligion*" und ihren Symbolsystemen ist mit theologischer Ideologiekritik zu begegnen, wenn sie Letztgültigkeit beansprucht. Bereits die frühe christliche Kirche hat ihre ökumenische Mission des Evangeliums im Kontext und in Auseinandersetzung mit jener imperialen Form von Einheit verfolgt, die das Römische Reich repräsentierte. Es kam da zu Konflikten, wo der Kaiser als Symbol dieser Einheit religiöse Verehrung verlangte. Die internationale Vernetzung beschleunigt Modernisierungsprozesse, die

---

[354] Küng, Hans: Religionsfriede und Weltethos, in: Küng, Hans und Walter Homolka (Hg.): Weltethos aus den Quellen des Judentums, Freiburg i.Brsg. 2008, 195-199, 198.

[355] Graf, Friedrich Wilhelm: „Wir sollten das Grundgesetz nicht taufen", in: Süddeutsche Zeitung vom 13. Oktober 2010.

von nicht wenigen Gruppen und Kulturen als *Identitätsbedrohung* wahrgenommen werden. Ein bedeutsamer Abwehrmechanismus ist der zunehmende religiöse Fundamentalismus. Die mit der Globalisierung verbundene Identitätsverunsicherung religiöser Gemeinschaften führt zu verstärkten fundamentalistischen Tendenzen. Diese haben die Funktion, als Relativierung religiöser Wahrheiten empfundene Kritik abzuwehren. Dabei zeigt sich, dass solche Aspekte der Glaubenspraxis oder der Glaubenslehre besonders verteidigt werden, die als Identitätskennzeichen dienen können, ohne dass ihnen unter theologischen Gesichtspunkten eine hervorgehobene Stellung zukommt.

Im Islam zeigt sich das an der für die Glaubensüberlieferung marginalen Rolle des Kopftuches, im Christentum an der theologisch unsachgemäßen These von der Irrtumslosigkeit der Bibel. Hier wird die Bibel zu einem Glaubensobjekt, während das Bekenntnis des dreieinigen Gottes kaum eine Rolle spielt.[356]

Christoph Schwöbel weist mit Recht darauf hin, dass diese Phänomene sich nicht durch Forderung nach mehr Säkularisierung und universalen Werten lösen lassen, sondern durch Rückgriff auf die Ressourcen der jeweiligen Religion. Nicht weniger Religion, sondern „vertiefte Religion, nicht weniger Theologie, sondern bessere Theologie kann zur Therapie des Fundamentalismus beitragen."[357]

Im Blick auf den Globalisierungsprozess ist theologische Ideologiekritik die eine Aufgabe, Mitwirkung an einer menschengerechten Gestaltung die andere. Für die christliche Sozialethik geht es grundlegend um die nüchterne Analyse der Situation und die Einbeziehung der Perspektive der Betroffenen und Opfer. Die Stimmen der bedrohten Urvölker, der Bauern, die für eine einheimische Landwirtschaft gegen die Agrarmultis kämpfen, der Arbeitssklaven der Dritten Welt, die für einen Hungerlohn für westliche Märkte produzieren, müssen Gehör finden, damit die Globalisierungswalze unter politische Kontrolle kommt.

Der konziliare Prozess für Gerechtigkeit, Frieden und die Bewahrung der Schöpfung, zu dem die 6. Weltvollversammlung des ÖRK 1983 in Vancouver aufgerufen hatte, war eine gute Vorbereitung für die Auseinandersetzung mit der Globalisierung. Er lenkt die Perspektive weg vom Wirtschaftswachstum als einzigem Indikator des Fortschritts zu dem, was in biblischer Tradition mit Fülle des Lebens bezeichnet wird. In diesem Kontext lassen sich Kriterien einer anderen Globalisierung entwickeln.

Die biblische Schöpfungstradition sieht die Erde als Heimat aller Lebewesen, die je in ihren Lebensräumen zu Hause, aber untereinander in einem Beziehungsgeflecht verbunden sind. Sie erinnert an die eine Menschheit, die zur verantwortlichen Weltherrschaft beauftragt ist (Gen 1,26) mit der Doppelperspektive des Bebauens (des Wirtschaftens und Kultivierens) und des Bewahrens der natürlichen Grundlagen für künftige Generationen (Gen 2,15). Im Zeichen von Globalisierung bekommt das bereits im Kontext der ökologischen Krise der 1970er Jahre kritisierte Erbe des biblischen Herrschaftsauftrages („Macht euch die Erde untertan") neue Bedeutung.

Christliche Ethik gründet in der Erfahrung des grundlosen Erbarmens Gottes, die der Mensch in der Rechtfertigung erfährt.[358] Die darin ermöglichte menschliche Barmherzigkeit findet ihr Pendant im säkularen Begriff Solidarität. Solidarität überschreitet den sozialen Nahbereich und eignet sich deshalb als ethischer Leitgriff im globalen Kontext.

---

[356] Vgl. Schwöbel, Christoph: Christlicher Glaube im Pluralismus, Tübingen 2003, 225ff.
[357] Schwöbel, a.a.O., 227.
[358] Dazu Kap. IV.5.

Internetadressen:
http://www.wcc-coe.org/wcc/deutsch.html ;
http://www.theology.de/page9.html ;
http://oekumene.net/

Literatur
- Beck, Ulrich: Was ist Globalisierung? Frankfurt a. M. 1997.
- Becker, Ulrich: Ökumenische Bewegung, in: LexRp Bd. 2, 1439-1443.
- Buber, Martin: Das Dialogische Prinzip. Ich und Du, Heidelberg 1962.
- Casanova, José: Westliche christliche Säkularisierung und Globalisierung, in: Ders.: Europas Angst vor der Religion, Berlin 2009, 83-119.
- Danz, Christian: Theologie der Religionen als Differenzhermeneutik. Ihre religionstheoretischen und systematischen Voraussetzungen, in: Danz, Christian u. Ulrich H.J. Körtner (Hg.): Theologie der Religionen. Positionen und Perspektiven evangelischer Theologie, Neukirchen-Vluyn 2005, 77-103.
- Frieling, Reinhard: Der Weg des ökumenischen Gedankens. Eine Ökumenekunde, Göttingen 1993.
- Graf, Friedrich Wilhelm: Die Wiederkehr der Götter. Religion in der modernen Kultur, München ³2004.
- Hock, Klaus: Interreligiöser Dialog – religionswissenschaftliche und theologische Perspektiven, in: JRP 21 (2005), 218-235.
- Kleinschwärzer-Meister, Brigitta u.a.: Art. Ökumene u. Ökumenische Bewegung, in. RGG⁴, Bd. 5, Sp. 507-534.
- Körtner, Ulrich H.J.: Wiederkehr der Religion? Das Christentum zwischen neuer Spiritualität und Gottvergessenheit, Gütersloh 2006.
- Küng, Hans: Religionsfriede und Weltethos, in: Küng, Hans und Walter Homolka (Hg.): Weltethos aus den Quellen des Judentums, Freiburg i.Brsg. 2008, 195-199.
- Kuschel, Karl-Josef : Streit um Abraham: Was Juden, Christen und Muslime trennt und was sie eint, München 1994; (Neuausgabe 2001).
- Kuschel, Karl-Josef, Alessandro Pinzani, und Martin Zillinger (Hg.): Ein Ethos für eine Welt. Globalisierung als ethische Herausforderung, Frankfurt/Main u. New York 1999.
- Lange, Dietz: Art. Dialog. Ethisch, in: RGG⁴ (1999) Bd. 2, Sp. 819f.
- Ökumenischer Rat: Lima-Papier von 1982. Zusammenwachsen in Taufe, Eucharistie und Amt, in: http://www.theology.de/downloads/limapapier.pdf [Stand: 10.10.2010].
- Pies, Ingo: Globalisierung, in: RGG⁴ Bd. 3, Sp. 1006-1008.
- Raiser, Konrad: Wir stehen noch am Anfang. Ökumene in einer veränderten Welt, Gütersloh 1994.
- Scheliha, Arnulf von: Theorie der Religionen und moderner Synkretismus, in: Danz, Christian u. Ulrich H.J. Körtner (Hg.): Theologie der Religionen. Positionen und Perspektiven evangelischer Theologie, Neukirchen-Vluyn 2005, 43-56.
- Schwöbel, Christoph: Christlicher Glaube im Pluralismus, Tübingen 2003.
- Tillich, Paul: Systematische Theologie Bd. I, Stuttgart 1956.

IV.7. Christlicher Glaube und Bildung

These

„Mit dem Bildungsbegriff ist die Theologie schon bei ihrer Sache: Der Bildungsprozess des Glaubens ist die Herkunft der Rede vom Bildungsprozess überhaupt." [359]

Bildung und Freiheit sind die großen Begriffe des Protestantismus.

Trotz dieses Sachverhalts fällt auf, dass „Bildung" in neueren Einführungen in die Systematische Theologie[360] – von wenigen Ausnahmen abgesehen – entweder gar nicht oder nur randständig thematisiert wird. Das ist umso erstaunlicher, weil der Bildungsbegriff nicht nur durch theologische Denker entscheidend geprägt wurde, sondern der christliche Glaube nicht ohne Bildung gedacht werden kann.[361] Die Verhältnisbestimmung von christlichem Glauben und Bildung basiert auf der theologischen Anthropologie (→ V.6.):

> Gott bildet den Menschen nach seinem Bilde (Gen 1,26f.) und erneuert ihn nach dem Bild Christi (Kol 1,15).

Darin gründet das Verständnis des Menschen als einer unverfügbaren Person. Der „Bildung" Gottes entspricht ein Bildungsprozess, der die Würde des Menschen wahrt und den unabschließbaren Prozess der Subjektwerdung des Menschen als Beziehungswesen fördert.

Seit dem Mittelalter wird das Verhältnis von Mensch als Bildung und Ebenbild Gottes sowie menschlicher Bildung in unterschiedlicher Weise bestimmt.

Im Zusammenhang der Aufklärung wird der Bildungsgedanke zunehmend von seiner religiösen Wurzel abgeschnitten. Zudem werden Erziehungskonzeptionen entwickelt, die vom Bildungsgedanken im Sinne einer umfassenden Bildung des Subjekts abrücken und sich auf das Erlernen von sozial nützlichen und ökonomisch verwertbaren Fähigkeiten beschränken.

Im Unterschied zu neuzeitlichen Bildungstheorien, die Bildung ohne Fundierung in Religion zu denken, ist im Blick auf das Christentum zu betonen, dass Christlicher Glaube und Bildung unlösbar zusammengehören.

Die Verbindung der christlichen Tradition zum Bildungsgedanken impliziert, dass theologische Aspekte immer schon in der allgemeinen Bildungsdebatte enthalten sind. Die Theologie als *Wissenschaft von der Praxis des Glaubens* stößt hier immer auf die Wirkungsgeschichte des Glaubens.

Christlicher Glaube ist nach seinem Selbstverständnis lernender Glaube, der auf Bildung angewiesen ist. Umgekehrt ist Bildung auf die Freiheit des Glaubens angewiesen.

Theologische und säkulare Bildungstheorien entsprechen sich in der normativen Orientierung am Gedanken der Unverfügbarkeit der Person und damit korrespondierend an der Offenheit des Bildungsprozesses.[362]

---

[359] Schwöbel, Christoph:, Christlicher Glaube im Pluralismus, Tübingen 2003, 284.

[360] Anders verhält es sich bei der Praktischen Theologie.

[361] *„Glauben ist selbst ein Bildungsvorgang"*. (Korsch, a.a.O., 26).

[362] Vgl. Biehl, Peter: Erfahrung, Glaube und Bildung. Gütersloh 1991, 126.

IV.7.1. Gottebenbildlichkeit und Bildung – Historische Ansätze

Der Gedanke von der Gottebenbildlichkeit des Menschen hat die Geschichte der Pädagogik wesentlich (mit)bestimmt. Nach heutigem theologischen Verständnis ist damit keine Wesensqualität des Menschen gemeint, sondern die Relation, die Beziehung der Gattung Mensch zu ihrem Schöpfer: Der Mensch (als Gattungswesen) ist zu Gottes Gegenüber geschaffen und hat darin seine Würde. Indem Gott sich zum Menschen in ein Verhältnis setzt, eignet er ihm eine unveräußerliche Würde zu.

Ein kurzer Blick in die Geschichte zeigt, dass und wie der Bildungsgedanke in der deutschen Bildungstradition seine Wurzel und seine unterschiedliche Gestaltung in der theologischen Rede von der Gottebenbildlichkeit (Gen 1,26) hat.

a) Seine erste Ausprägung erhielt der Bildungsgedanke in der Lehre (*Mystik*) des Dominikaners *Meister Eckhart* (1260-1328).[363] Grundlegend ist hier die Vorstellung, dass ein Teil der Seele, der „Seelengrund" göttlich ist und somit Erkenntnis Gottes durch Gebrauch der Vernunft möglich ist. Gott lässt sich in der Seele finden. Bevor Gott in der Seele wahrgenommen werden kann, müssen jedoch die nichtgöttlichen Bilder/Bildungen durch entsprechende Lebensführung „gelöscht" werden. Bildung ist somit der unendliche Prozess, der Bildung Gottes in der Seele Raum zu geben. Wesentliche Intention ist „Gelassenheit".

b) Im 15. Jahrhundert haben ausgehend von Florenz die als *Humanismus und Renaissance* bezeichneten Bewegungen versucht, antike Bildungstradition mit christlicher produktiv zu verbinden. Bildung wird verstanden als Formung des vernunftbegabten Menschen zu seiner wahren Gestalt. Formung der Menschlichkeit geschieht wesentlich durch sprachliche Bildung. Im Anschluss an Aristoteles wird in der Sprachfähigkeit die wesentliche Differenz zwischen Mensch und Tier gesehen. Hinzu kommt die Ausbildung der künstlerisch-schöpferischen Gestaltungsfähigkeit.[364]

c) In Deutschland hat sich besonders der Mitstreiter Luthers, *Philipp Melanchthon* (1497-1560) für die Verbindung von Humanismus und Christentum stark gemacht. Philipp Melanchthon wird als „Praeceptor Germaniae" (Lehrer Deutschlands) bezeichnet, weil er sich um das Bildungssystem auf allen Ebenen verdient gemacht hat. U.a. arbeitete er den Zusammenhang von Frömmigkeit und Bildung heraus und plädierte neben der Bibellektüre für die Lektüre antiker philosophischer Schriften als Zugang zum kulturellen Erbe und zu den Quellen humaner und auf mündige Entscheidung ausgerichteter Bildung. Sein Einfluss auf die Entwicklung des allgemeinbildenden Schulsystems kann nicht hoch genug eingeschätzt werden.[365]

d) *Martin Luther* (1483-1546) hat zwar den Begriff „Bildung" nicht verwendet, ist der Sache nach aber engagiert dafür eingetreten, wenn er etwa gegen das mittelalterliche

---

[363] Vgl. ebd., 126. S.a. Lit.: Langer, Otto: Art. Eckhart, Meister, in RGG⁴ Bd.2, Sp.1048-1051. Flasch, Kurt: Meister Eckhart. Philosoph des Christentums. München 2010.
[364] Exemplarisch: Maffeo Vegio „De educatione liberorum" (1445-1448).
[365] Lit.: Melanchthon, Philipp: Frömmigkeit und Bildung, in: Nipkow, Karl Ernst und Friedrich Schweitzer, (Hg.): Religionspädagogik. Texte zur evangelischen Erziehungs- und Bildungsverantwortung seit der Reformation. Band 2/1: 19. und 20. Jahrhundert. Gütersloh 1994, 93-89. Zum Gesamtwerk: Schweitzer, Friedrich/Lorenz, Sönke/Seidl, Ernst (Hg.): Philipp Melanchthon. Seine Bedeutung für Kirche und Theologie, Bildung und Wissenschaft. Neukirchen-Vluyn, 2010.

Bildungsprivileg Bildung für alle (als Allgemeinbildung) gefordert hat. Die „Gottunmittelbarkeit" jedes Menschen bedarf nach Luther keiner Vermittlung durch Priester, aber sie bedarf der Entwicklung der Fähigkeit, selbst die Botschaft des Evangeliums aus der Bibel als Quelle erschließen zu können.

Nachdem sein Appell an den Adel („An den christlichen Adel deutscher Nation") relativ wirkungslos geblieben war, wendet sich Luther anderen für das öffentliche Wohl Verantwortlichen zu. In einer Schrift an Bürgermeister und Ratsherren setzt sich Luther für umfassende Bildungsbemühungen und den Aufbau eines öffentlichen Bildungssystems ein. Die Obrigkeit, die „der Stadt Bestes" suchen muss, ist hier in besonderem Maße gefordert. Es geht ihm um Allgemeinbildung, Charakterbildung und die Fähigkeit, kompetent die Heilige Schrift zu lesen.[368]

Bildung ist für ihn (im Sinne der Zwei-Regimente-Lehre) die wichtigste Aufgabe des weltlichen Regiments. Es geht um die Sorge für das zeitliche Wohl, nicht für das (ewige) Heil.

Zugleich kommt Bildung aber auch dem Glauben zugute, weil er nicht ohne Bildung sein kann.

e) „Bildung für alle" ist in der Barockzeit auch die Grundforderung

von *Johann Amos Comenius* (1592-1670). Seine Biographie ist von den Unruhen seiner Zeit (Dreißigjähriger Krieg, Schwedisch-Polnischer Krieg) gezeichnet. Er forderte vom christlichen Glauben auf biblischer Grundlage einen (von konfessionellen Kontroversen freien) Beitrag zu einer neuen Friedensordnung. In seinem Hauptwerk legt er ein umfassendes Bildungsprogramm vor. Sein Grundgedanke ist, dass alle Menschen (omnes) die Fähigkeit zur Erkenntnis aller Dinge (omnia) und zur Wahrnehmung der realen, natürlichen Strukturen (omnio) im Sinne eines gottgewollten, vernünftigen Gebrauches fähig sind.

> „Kein Mensch soll von dem Studium der wahren Weisheit und von der Pflege seines Gemütes ausgeschlossen, geschweige denn ferngehalten werden."[369]

Gottebenbildlichkeit war für Comenius keine Anlage des Menschen, sondern ein Beziehungsbegriff. Sie sei „von Gott gewährte Gnade, sodann Aufgabe". Comenius erklärt sein Verständnis von Gottebenbildlichkeit mit der Funktion eines kugelförmig gedachten Spiegels. Der Mensch spiegelt Gott gegenüber der Welt und umgekehrt spiegelt er das Weltganze auf Gott zurück. Der Mensch als Spiegel kann seine Funktion als Ebenbild nur erfüllen, wenn er am richtigen Ort (zwischen Gott und Welt) aufgestellt ist. Bildung ist für Comenius daher „Ortswechsel" im Sinne einer Wiedereinweisung in die Gottebenbildlichkeit.[370] Für Comenius spannte sich die Bildungsaufgabe vom Kind als Mikrokosmos, das auf Begleitung durch Erwachsene angewiesen ist, zum Horizont der Welt. Sie zielt auf Erhaltung und Verbesserung der Welt durch Förderung des Friedens und Verständigung der Nationen und Religionen. Comenius hoffte, durch Bildung die Welt zu einer friedlicheren und humaneren Welt zu verbessern

---

[368] Luther, Martin: An die Bürgermeister und Ratsherren aller Städte in deutschen Landen, dass sie christliche Schulen aufrichten und halten sollen (1524). In: Luther, Martin: Pädagogische Schriften (besorgt von Herrmann Lorenzen), Paderborn 1957, 64-83 (auch WA 15).

[369] Goßmann, Klaus/Schröer, Henning (Hg.): Auf den Spuren des Comenius. Texte und Leben, Werk und Wirkung. Göttingen 1992, 160.

[370] Vgl. Biehl 1991, a.a.O., 142f.

„Wir müssen wünschen, dass Gott sein mit der Erschaffung des Menschen beabsichtigtes Ziel erreicht. Ich meine das Ziel, das Gott selbst, als er den Plan von der Erschaffung des Menschen fasste, in den bekannten Worten ausdrückte: Lasset uns Menschen machen, ein Bild, das uns gleich sei, die da herrschen über das Vieh und über die ganze Erde – 1. Mose 1,26 –. Und als er sie erschaffen hatte, sagte er: Machet euch die Erde untertan und herrschet! – V. 28 –. Daraus geht hervor, dass Gott den Menschen als dieses vernünftige Geschöpf vor allem deshalb erschuf, um außerhalb seiner selbst ein Abbild zu haben, an dem er sich erfreuen könne. […] Wenn irgendein Mensch Gott unähnlich wird, d.h., wenn er es nicht versteht und nicht imstande ist, den Schöpfer zu erfreuen, über die Geschöpfe zu herrschen und sich selbst zu lenken, irrt er vom beabsichtigten Ziele des Schöpfers ab. Und, statt Gott Ehre zu machen, macht er ihm Schande. Wir müssen daher wünschen und danach trachten, dass dies nicht geschehe, und dass Gott seinen Rum, sein mit dem Menschen gesetztes Ziel, nicht verfehle." [369]

f) Das Erziehungskonzept von *August Hermann Francke* (1663-1727), des Gründers der Franckeschen Stiftungen in Halle war durch den Pietisten Philipp Jakob Spener geprägt. Darin spielt „Gottebenbildlichkeit" eine zentrale Rolle. Gottebenbildlichkeit war für ihn Leitbild der Erneuerung des gefallenen Menschen zur Wiedergewinnung seiner Bestimmung. Sein Erziehungskonzept hatte zwei Säulen: Hinführung zu wahrer Gottseligkeit und christlicher Klugheit. Erziehung sollte alles tun, um Bekehrung als Werk des Geistes zu ermöglichen. Dazu gehörte das Gebet, aber auch der heute befremdliche Gedanke, dass der Eigenwille des Kindes gebrochen werden müsse. Die Erziehung zu Klugheit hatte keinen Selbstzweck, sondern galt als Vorbereitung zu gelingender Lebensführung.

„Wann die Kinder zu beständiger Furcht und Liebe des allgegenwärtigen Gottes erweckt werden und ihnen der rechte Adel der menschlichen Seele, so in der Erneuerung zum Ebenbild Gottes besteht, mit lebenden Farben vor Augen gemalt wird, und sie also in der Zucht und Vermahnung zum Herrn (Eph 6) erzogen werden, ist solches hinlänglich genug und viel durchdringender und kräftiger zum Guten als die satanische Vorstellung der Herrlichkeiten dieser Welt […]" [370]

Die Wirkungen von Francke waren beachtlich. Er war als Schulgründer erfolgreich und gab den Anstoß zur Einführung der allgemeinen Schulpflicht in Preußen (1717).
Seine Einbeziehung von Realien (Biologie, Astronomie, Physik, Geschichte) in den Unterricht war Anregung für die Entwicklung von Realschulen. Zudem begann er mit organisierter Seminarausbildung für Lehrer. [371]
An das Erziehungskonzept Franckes lehnt sich *Johann Hinrich Wichern* (1808-1881) an, der Gründer des Rauen Hauses in Hamburg und Initiator der Inneren Mission. [372]

g) In der neuzeitlichen Pädagogik wird Gottebenbildlichkeit mit unterschiedlichen Intentionen verbunden.

---

[369] Comenius: Große Didaktik, zit. nach Großmann/Schroer 1992, 137.
[370] Nipkow, Karl Ernst/Schweitzer, Friedrich (Hg.): Religionspädagogik. Texte zur evangelischen Erziehungs- und Bildungsverantwortung seit der Reformation. Band 1: Von Luther bis Schleiermacher. München 1991, 144.
[371] Gause, Ute: Francke, August Hermann, in LexRP, Bd. 1, 591-593.
Menck, Peter: Die Erziehung der Jugend zur Ehre Gottes und zum Nutzen des Nächsten. Die Pädagogik August Hermann Franckes; Halle an der Saale, Tübingen 2001.
[372] Lit.: Wichern, Johann Hinrich: Der Geist des Glaubens und der Liebe als Grundlage christlicher Erziehung, in: Nipkow, Karl Ernst und Friedrich Schweitzer (Hg.): Religionspädagogik. Texte zur evangelischen Erziehungs- und Bildungsverantwortung seit der Reformation. Band 2/2: 20. Jahrhundert. Gütersloh 1994, 52-57.

Für *Johann Gottfried Herder* (1744-1803) war Gottebenbildlichkeit ein durch Bildung zu verwirklichendes Ideal.

Im Kontext der Aufklärung wird die Selbstverständlichkeit der Zusammengehörigkeit von Religion und Bildung aufgebrochen und ihr Verhältnis neu bestimmt.

So war für *Wilhelm von Humboldt* (1767-1835) Religion im Bildungsprozess eine sinnvolle, aber nicht notwendige Unterstützung moralischer Erziehung.[373] W. v. Humboldt gilt als Begründer der sog. klassischen Bildung. Darunter verstand er eine für alle zugängliche und unabhängig von Nützlichkeit gedachte ideale Ausformung von Individualität durch Begegnung mit klassischen Bildungsgütern. Die in seinem Konzept intendierte Bildung des Subjekts in Abwehr einer Funktionalisierung von Erziehung zu gesellschaftlicher Funktionstüchtigkeit kann als säkulare Analogie zum Gedanken der Bildung auf der Basis der Gottebenbildlichkeit gedeutet werden.[374]

h) Während v. Humboldt die Bedeutung von Religion relativiert, war sie für seinen Zeitgenossen *Friedrich Schleiermacher* (1768-1834) unverzichtbarer Bestandteil von Bildung. In den „Reden über die Religion – an die Gebildeten unter ihren Verächtern" von 1799 begründete er diesen Sachverhalt im Kontext der Aufklärung mit ihrer Tendenz zur Geringschätzung von Religion in gebildeten Kreisen. Er kritisiert die (unromantische) Intention reiner Aufklärung und Erziehung in den Grenzen der auf das bürgerliche Leben bezogenen Zweckdienlichkeiten.

Das Wesen der Religion ist weder Denken (als spezifische Form des Weltverhältnisses) noch moralisch gestütztes Handeln, sondern Anschauung und Gefühl. Religion als „Sinn und Geschmack fürs Unendliche" gehört für Schleiermacher zu den Anlagen des Menschen. Wie andere Anlagen müsse Religion entfaltet und dürfe nicht unterdrückt werden. Unterdrückung der Religion schade auch dem Verstand. Umgekehrt werde der Verstand mächtig, wenn Religion gefördert werde. (→ V. I.2)

i) Im 18. Jh. wurde wohl auch im Anschluss an *Jean-Jacques Rousseau* (1712-1778) die Vorstellung einer von konkreter positiver Religion unabhängigen vernünftigen allgemeinen Religion entwickelt. Auf dieser Basis war *Friedrich Adolph Wilhelm Diesterweg* (1790-1866) ein vehementer Verfechter von Bildung durch eine natürliche, nicht konfessionelle, auf das allgemein-menschliche gerichtete Religion. Im Anschluss an Schleiermacher war religiöse Bildung für ihn Gemütsbildung.

Seine Kritik des konfessionellen Unterrichts war vor dem Hintergrund der pädagogisch defizitären Gestalt des Religionsunterrichts in der ersten Hälfte des 19. Jh.s verständlich. Das Grundproblem dieses Ansatzes liegt in dem Sachverhalt, dass Religion empirisch immer eine konfessionelle Gestalt hat und so etwas wie allgemeine Religion bzw. Religiosität nur als willkürliches Konstrukt denkbar ist.[375]

j) Eine spezifische theologische Bestimmung von Bildung nahm *Karl Barth* (1886-1968) vor. Bildung ist für ihn einerseits Tat Gottes, durch die der Mensch zur Selbstbestim-

---

[373] Vallentin, Rudolf: Wilhelm von Humboldts Bildungs- und Erziehungskonzept, München und Mering 1999, 107ff.
[374] Humboldt, Wilhelm von: Allgemeine Bildung und aufgeklärte Religion- Schulreform am Anfang des 19. Jahrhunderts. In: Nipkow, Karl Ernst und Friedrich Schweitzer, a.a.O., 78-81.
[375] Diesterweg, Friedrich Adolph Wilhelm: Universale religiöse Bildung: das Wahre, das Gute, das Schöne, in: Nipkow, Karl Ernst und Friedrich Schweitzer (Hg.), a.a.O., 88-97.

mung bestimmt ist, andererseits ergreift der Mensch darin seine Bestimmung und realisiert diese in freier Entscheidung.[376]

Barth hat die Grundzüge seiner Bildungslehre in dem Vortrag „Evangelium und Bildung" (1938) beschrieben. Er bestimmt darin die Aufgabe bzw. den Prozess der Bildung als äußere und innere „Gestaltung der menschlichen Existenz im Blick auf deren ursprüngliche, letzte und eigentliche Bestimmung und Möglichkeit."[377]

> „Es geht aber in der Bildung um ein Dreifaches: Dass die Umwelt des Menschen ihn gestalte zu einem, der möglichst reich und tief um sie weiß, sie versteht, an ihr teilnimmt. Dass der Mensch in seiner Begegnung mit der Umwelt sich selbst gestalte zu einem Freien und Verantwortlichen. Und dass er endlich zu einem Gestalter werde in und an seiner Umwelt.
> Immer erst in dieser dreifachen Gestaltung und so, dass keines dieser drei Momente fehlen darf, bekommt der Mensch Züge und Umrisse, wird er zum Bild."[378]

Vom Evangelium her ist Jesus Christus als der „nach dem Bild Gottes [...] „gebildete" Mensch" die „Lösung" des Bildungsproblems.[379]

Der Gedanke der Gottebenbildlichkeit wird christologisch gewendet. Indem sich Gott in Knechtgestalt (Phil 2,6f.) durch Gott und nach Gott zum Menschen bildet, ist Jesus Christus, der gebildete Mensch. An ihm gewinnen wir im Glauben Anteil, indem er uns Bild und „Bildner" wird.[380] Von Christus als vollendetem Ebenbild Gottes her ist Bildung zugleich relativiert und ein Vorgriff auf zukünftige Bestimmung.[381]

Das Problem von Barths Ansatz ist die Unvermittelbarkeit mit einem allgemeinen Bildungsbegriff. Hier wird bereits an der Wurzel die jedem Bildungsbegriff innewohnende Tendenz der Selbsterlösung abgewehrt.[382]

k) Nach gegenwärtigem Verständnis ist „Gottebenbildlichkeit" weder eine Beschreibung des menschlichen Wesens, noch ein Bildungsideal. In diesem Begriff kommt die von Gott dem Menschen zugesprochene Würde zum Ausdruck. „Gottebenbildlichkeit" ist somit eine theologische Deutungskategorie wie „Rechtfertigung". Die Aussage der Gottebenbildlichkeit verweist auf die unverfügbare Würde der Person und ihrer Freiheit (in geschöpflichen Grenzen), die in der Beziehung zu Gott gründet und sich in der Beziehung zum Mitmenschen realisiert. „Rechtfertigung" als Basis des christlichen Freiheitsverständnisses relativiert das Autonomiestreben des Menschen.

IV.7.2. Glaube und Bildung – Neuere Ansätze

a) *Peter Biehl* (1931-2006) hat in mehreren Anläufen die Bildungsthematik aus theologisch-religionspädagogischer Perspektive abgehandelt. Er geht von dem Befund aus, dass der Bildungsbegriff zwar theologische Wurzeln hat, sich die Auseinandersetzungen um den Bildungsbegriff in den Erziehungswissenschaften jedoch davon abgelöst haben. Daher ergibt sich die Aufgabe einer kritischen Vermittlung von theologischen und erziehungswissenschaftlichen Ansätzen.

Biehl entfaltete die These, dass der Gedanke der Gottebenbildlichkeit eine Brückenfunktion zwischen erziehungswissenschaftlichem und theologisch akzentuiertem Bil-

---

376 Vgl. Barth, Karl: KD 1/2, 400.
377 Barth, Karl: Evangelium und Bildung, Zollikon-Zürich ²1947, 3.
378 A.a.O., 3f.
379 A.a.O., 9.
380 Vgl. A.a.O., 14.
381 Vgl. A.a.O., 122.
382 Vgl. Dressler, Bernhard: Unterscheidungen. Religion und Bildung, Leipzig 2006, 67.

dungsverständnis ermöglicht, weil er mit dem säkularem Begriff Menschenwürde korrespondiert.[383] Er sieht in diesem Zuspruch Gottes den Prozess der Bildung zugleich begründet und begrenzt:

> „Im Prozess der Bildung geht es [...] um den *Prozess der Subjektwerdung in der Gesellschaft* als ständiges Freilegen seiner ihm gewährten Möglichkeiten."

Diesem Prozess voraus bleibt das mit der Gottebenbildlichkeit dem Menschen von Gott gewährte und zugesprochene Personsein als Grund menschlicher Freiheit und Selbstbestimmung.

> „Subjekt muss der Mensch im Prozess seiner Bildung erst werden. Person ist er immer schon."[384]

Mit der Unterscheidung von Person und Subjekt nimmt Biehl die Unterscheidung Eberhard Jüngels in Person einerseits und Individuum, Subjekt, Ich des Menschen andererseits auf. Personsein ist von außerhalb (von Gott) begründet, das ist die Basis für das Vermögen, Subjekt sein zu können und zugleich die Verantwortung dieses Vermögen zu realisieren.[385] Person-Identität und Ich-Identität sind unterschieden: Person-Identität ist konstituiert durch die im Glauben ergriffene Beziehung zu Jesus als dem wahren Bild Gottes, dem mit sich identischen Menschen. Diese Vorgabe befreit den Menschen davon, sich durch sein Handeln selbst konstituieren zu müssen. Die Unterscheidung entlastet den Bildungsprozess von überfordernden Vollkommenheitsvorstellungen. Sie ermöglicht Zustimmung zu „fragmentarischer Identität", einem Gedanken, den *Henning Luther* im Anschluss an Dietrich Bonhoeffer entfaltete.

Grundzüge des Bildungsverständnisses von Peter Biehl:

1. „Bildung umfasst den lebenslangen, prinzipiell offenen Prozess der Subjektwerdung des Menschen. Subjektwerdung vollzieht sich in Individualität, Sozialität und Mitkreatürlichkeit."[386]
2. „Das Subjekt gewinnt die Freiheit des Denkens und Handels nur in Auseinandersetzung mit überlieferten und gegenwärtigen Erfahrungs- und Handlungsmodellen, also in der Auseinandersetzung mit einer Inhaltlichkeit, die nicht von ihm selbst stammt."[387]

b) Um ein zugleich vermittelbares und dennoch spezifisch theologisch akzentuiertes Bildungsverständnis geht es *Henning Luther* (1947-1991). Auf der Grundlage eines Gedankens, den Dietrich Bonhoeffer in einem Gefängnisbrief vom Februar 1943 entwickelte, versucht Luther den Begriff des *Fragmentarischen* als einzig angemessene Beschreibung des menschlichen Lebens für einen theologisch akzentuierten Bildungsprozess fruchtbar zu machen. Selbsttranszendenz (nach Panneberg ein anthropologisches Spezifikum) sei nur möglich, wenn Ich-Identität nicht als vollständig oder dauerhaft, sondern fragmentarisch verstanden wird. Da das Ich sich immer nur aus der Begegnung mit anderen bestimmen kann, provoziert jede Begegnung die Selbsttranszendenz und die Rückfrage „Wer bin ich". Zur Begegnung mit anderen gehört auch mit den Leiden

---

[383] Vgl. Biehl, Peter: Erfahrung, Glaube und Bildung. Gütersloh 1991, 128.

[384] Biehl, Peter: Die Gottebenbildlichkeit des Menschen und das Problem der Bildung. Zur Neufassung des Bildungsbegriffs in religionspädagogischer Perspektive. Eine systematische Studie, in: Peter Biehl und Karl-Ernst Nipkow (Hg.): Bildung und Bildungspolitik in theologischer Perspektive, Münster 2003, 40.

[385] Vgl. ebd.

[386] Biehl 1991, 579.

[387] A.a.O., 577.

anderer und mit den Opfern der Geschichte konfrontiert zu werden. Henning Luther fragt, welche Rolle der Glaube in einem solchem Lernprozess spielen könne. Glaube nur als Ermöglichungsgrund eines solchen Lernprozesses ins Spiel zu bringen wäre zu wenig, ebenso darf der Beitrag des Glaubens sich nicht von einer Kritik an Selbstverwirklichungskonzepten leiten lassen, weil auch fragmentarische Identität eine Selbstverwirklichungsdimension enthält. Henning Luther sieht einen Beitrag des christlichen Glaubens darin, „davor zu bewahren, die prinzipielle Fragmentarität von Ich-Identität zu leugnen oder zu verdrängen. Glauben heißt dann, als Fragment zu leben und leben zu können."[388]

Im Zentrum müsse die Anregung und Anstiftung zu einer Lern- und Lebenspraxis stehen, die die Negativität des Daseins und die Erfahrung der Trennung und Zerrissenheit nicht ausspare oder verdränge und Leben als fragmentarisch, über sich hinausweisend verstehe – eine Praxis, die anleitet als Fragmente zu leben und leben zu können. Es gehe um Ich-Stärke in der Zerrissenheit, die nicht überwunden werde, aber sich getragen wisse. In der Deutung der jüdisch-christlichen Tradition verfehlt der Mensch, der Gott und nicht Geschöpf – im Sinne fragmentarischer Existenz – sein will, seine Bestimmung. Diese Verfehlung meint das Wort „Sünde". Jesus hat diese Bestimmung, die im Annehmen des Fragmentarischen besteht, exemplarisch verwirklicht und damit ermöglicht.[389] Im Fragment ist die Totalität gerade als abwesende anwesend.[390]

> Leitvorstellungen einer vom jüdisch-christlichen Erbe bestimmten Bildung können somit „fragmentarische Identität" und „prinzipielle Unabgeschlossenheit des Bildungsprozesses" sein.[391]

Fragmentarische Identität korrespondiert mit dem Moment des Unbestimmten, Offenen und Geheimnisvollen. Zur Gottebenbildlichkeit des Menschen gehört das Bilderverbot: Das impliziert, dass jeder Mensch – wie Gott – für sich und andere ein Geheimnis bleiben darf und muss.

Wichtig ist im Zusammenhang mit einem emphatischen Gottesverständnis, dass Schmerz und Sehnsucht als vergessene oder verdrängte Anteile des Menschseins im offiziellen Curriculum Platz haben und integriert werden.[392] In der religiösen Symbolsprache macht sich die Spannung im Menschsein fest im Schmerz über das verlorene Paradies und in der Hoffnung auf ein neues Jerusalem.

c) *Karl Ernst Nipkow* (1928-2014) fasst die Gemeinsamkeiten und Differenzen von christlichem und säkularem Bildungsverständnis so zusammen:

> „Das biblisch-christliche Menschenbild und der daraus folgende Begriff von Bildung definieren sich aus der Beziehung zum biblisch geoffenbarten und erfahrenen Gott. Diese Erfahrung markiert eine fundamentale Differenz. Zugleich teilen Christen mit anderen dieselben elementaren Beobachtungen und Erfahrungen hinsichtlich der Natur, Kultur und Vernunft. Dies führt zu Konvergenzen. Für Bildung in einer pluralistischen Gesellschaft und weltoffenen Kirche ist das Widerspiel von beidem fruchtbar und notwendig."[393]

---

[388] Luther, Henning: Religion im Alltag. Bausteine zu einer Praktischen Theologie des Subjekts, Stuttgart 1992, 172.

[389] Vgl. a.a.O., 173.

[390] Vgl. a.a.O., 176.

[391] Vgl. a.a.O., 166f.

[392] Vgl. a.a.O., 255.

[393] Nipkow, Karl Ernst: Bildung und Menschenbild – anthropologische Voraussetzungen kirchlicher Bildungsverantwortung in elementarisierender Sicht, in: Lübking, Hans-Martin (Hg.): Kirche braucht Bildung. Für ein Profil in der Pluralität. Bielefeld 1998, 153-161, 161.

Nipkow unterscheidet in der Entwicklung des Bildungsverständnisses vier Ansätze[394], die jeweils einseitig unzureichend sind:

– Bildung als Entfaltung und Entwicklung von Anlagen und Kräften (Entfaltung des natürlich Angelegten) – Natur.
– Bildung als Formung und Prägung nach einem Muster (Formung nach kulturellen Vorgaben) – Kunst.
– Bildung als selbstverantwortliche und selbstbestimmte Selbstbildung (Entwicklung von Selbstreflexion) –Vernunft.
– Bildung als Sprachentwicklung auf dem Hintergrund des Angesprochenwerdens – Sprache.

An den letztgenannten Ansatz schließt das Spezifische von Bildung im Kontext des jüdisch-christlichen Verständnisses vom Menschen an: Bildung in Verantwortung vor Gott. Der Mensch versteht sich als von Gott gebildetes, angesprochenes und verantwortliches Geschöpf in der Gemeinschaft von Mitkreaturen.
Christlicher Glaube und Bildung stehen im gegenwärtigen Kontext vor den Herausforderungen der Globalisierung, gesellschaftlicher Pluralität und ökumenischer Verständigung. Es ist das Verdienst Karl Ernst Nipkows, Pluralität und Pluralismus als umfassenden Horizont der Bildung und als Verständigungsrahmen der religionspädagogischen Diskussion erschlossen zu haben.[395] Dabei ist grundlegend zu bedenken, dass aus der Differenz von Gott und Mensch folgt, dass Bildung aus dieser Perspektive den Umgang mit menschlicher Unvollkommenheit bedeutet.[396]

IV.7.3. Fazit

Aus der Perspektive des christlichen Glaubens versteht sich der Mensch als Geschöpf, dem Gottebenbildlichkeit als eine besondere Würde und Verantwortung zugesprochen wird. Zugleich versteht sich der Mensch als fehlbar und vergebungsbedürftig. Allein Christus wird dem Bild eines Gott entsprechenden Menschen gerecht. Allein Gottes Handeln kann den Menschen nach diesem „Bild" bilden. Nach reformatorischem Verständnis geschieht dies im Rechtfertigungsglauben. Gott konstituiert den Menschen (neu) als beziehungfähige Person. In Analogie zur Bildung Gottes bildet sich der Mensch als beziehungsfähiges Subjekt. In letzterem Sinn ist Bildung nach Luther ein „weltlich Ding".
In Entsprechung zum Bilderverbot gilt für den Menschen, dass Freiheit und Würde der Person *unbedingt* zu schützen sind.
Bildungsprozesse haben die Aufgabe dazu zu befähigen, zugemutete Freiheitsrechte (dazu zählen die Freiheit des Glaubens, des Gewissens, und des Bekenntnisses) als *positive* Freiheitsrechte verantwortlich wahrnehmen zu können. Daher ist der Prozess der Bildung nur als Zumutung von Freiheit denkbar. Er ist umso verletzlicher, je mehr er sich an der Freiheit des anderen orientiert.
Aus theologischer Perspektive muss im Kontext der Bildungsdiskussion immer wieder an die Grenzen der Machbarkeit, die grundlegende Unverfügbarkeit und Begrenztheit des Menschen erinnert werden.

---

[394] Vgl. a.a.O., 157ff.
[395] Nipkow, Karl Ernst: Bildung in einer pluralen Welt. Band 1. Moralpädagogik im Pluralismus. Band 2. Religionspädagogik im Pluralismus, Gütersloh 1998.
[396] Vgl. Schwöbl, a.a.O., 294.

Wenn Bildung Formung nach einem Bild ist, muss immer neu gefragt werden, wer nach welchem Bild wen formt. Versteht sich der Mensch als sein eigener Schöpfer oder wird er Objekt eines fremden Gestaltungswillens? Ein Denken vom Rechtfertigungsgeschehen her leitet einen unabschließbaren Prozess des Unterscheidens an, was Sache Gottes, was Sache des Menschen ist, was lebens- und zukunftsförderlich ist, was dem „Maß des Menschlichen" entspricht, was es überschreitet. Es ermutigt zum Handeln in der Perspektive einer gerechten, friedlichen und bewohnbaren Welt für alle Kreaturen. Hilfreich kann sein, in Anlehnung an Paul Tillich zwischen Autonomie, Hetereonomie und Theonomie zu unterscheiden. Unter theonomer Perspektive kann Bildung „als der Weg der zerbrechlichen Subjektwerdung des Menschen verstanden werden, in dem das in der Tradition der Aufklärung akzentuierte Ziel der Verfügung des Menschen über sich selbst am Gedanken der Unverfügbarkeit des Menschen seine Grenze findet. Als Geschöpf und Ebenbild Gottes, als von Gott gerechtfertigte Person kann sich der Mensch nicht selbst zu seinem eigenen Projekt machen und muss es auch nicht." [397]

Im weitesten Sinne geht es beim Bildungsprozess um die Entwicklung von Handlungsfähigkeit in humanen Grenzen.

Christoph Schwöbel beschreibt Bildung als die Entfaltung menschlichen Lebens unter den Bedingungen seiner Endlichkeit, Geschöpflichkeit und Sterblichkeit:

> „Der christliche Versöhnungsglaube ist Kritik aller Bildungsvorstellungen, die die Fehlbarkeit, ja sogar das Gefallensein des Menschen ignorieren."[398]

Da dem christlichen Glauben entsprechend Gott und nicht der Mensch die Welt vollendet, kann Bildung nicht auf Vervollkommnung orientiert sein.

> „Bildung ist darum nicht der Weg zu menschlicher Vollkommenheit, sondern der Umgang mit menschlicher Unvollkommenheit."[399]

Nach *Hartmut v. Hentig* ist Bildung nicht definierbar. Wohl aber gibt es Kriterien, an denen sich Bildung bewähren muss: Abscheu und Abwehr von Unmenschlichkeit, die Wahrnehmung von Glück, die Fähigkeit und der Wille, sich zu verständigen, ein Bewusstsein von der Geschichtlichkeit der eigenen Existenz, Wachheit für letzte Fragen und die Bereitschaft zur Selbstverantwortung und Verantwortung in der res publica.[400] Bildung aus der Perspektive des christlichen Glaubens leitet an, diesen Kriterien zu entsprechen.[401]

---

[397] Dressler a.a.O., 84f.
[398] Schwöbel a.a.O., 293.
[399] A.a.O., 294.
[400] Vgl. Hentig von, Hartmut: Bildung. Ein Essay, München, Wien 1996, 76-100.
[401] Die Bedeutung von Religion im Prozess der Bildung wird nur von wenigen Erziehungswissenschaftlern reflektiert. Überlegungen über den Zusammnehang von Religion und Bildung aus pädagogischer Perspektive finden sich außer bei Hartmut von Hentig *1925 auch bei Wolfgang Klafki *1927, Helmut Peukert *1934, Dietrich Brenner *1941 (Allgemeine Pädagogik, 1987), und Jürgen Oelkers *1947.

	Epoche	Gottebenbildlichkeit	Bildungsziel
Meister Eckart	Hochmittelalter	Gottebenbildlichkeit als „Einbildung" Gottes in der Seele.	Gott in der Seele Raum geben.
Humanismus	Renaissance	Verbindung von antikem und christlichem Menschenbild.	Einweisung des Menschen in sein humanes Idealbild/Formung seiner humanen Gestalt.
Melanchthon	Reformationszeit	Gottebenbildlichkeit als Gabe und Aufgabe.	Bildung durch Begegnung mit antiken und biblischen Quellen.
Comenius	Barockzeit	Gottebenbildlichkeit als Gnadengabe und Aufgabe.	(Wieder-) Einweisung des Menschen in die Gottebenbildlichkeit (Positionierung des Menschen als „Spiegel" Gottes).
Francke u.a.	Pietismus	Gottebenbildlichkeit als Leitbild der Erneuerung des Menschen.	Erziehung zu Gottseligkeit und Klugheit.
	Aufklärung	Eigenschöpfung vs. Gottebenbildlichkeit.	Bildung zur Autonomie und Mündigkeit., aber auch: Entfaltung der natürlichen Anlagen im Sinne der geschöpflichen Bestimmung des Menschen.
Schleiermacher	19. Jh.	Ausdruck der Vollendung des Menschen.	Religion ist unbedingter Teil von Bildung. Ohne Religion (Leben in Beziehung zum Unbedingten) ist Bildung unvollständig.
Heydorn	20. Jh.	Empirisch nicht ableitbare göttliche Bestimmung des Menschen.	Bildung als Chance der Menschwerdung vs. Erziehung zur Funktionsfähigkeit.
Biehl/Nipkow u.a.		Gottebenbildlichkeit als Neuschöpfung nach dem Bild Christi. Die im Rechtfertigungsgeschehen zugesprochene Personenwürde als Bedingung der Möglichkeit von Bildung.	Unterscheidung von Person und zu bildendem Subjekt; Fragmentarische Identität; „Maß des Menschlichen".

Literatur

– Biehl, Peter: Die Gottebenbildlichkeit des Menschen und das Problem der Bildung. Zur Neufassung des Bildungsbegriffs in religionspädagogischer Perspektive. Eine systematische Studie, in: Peter Biehl und Karl-Ernst Nipkow (Hg.): Bildung und Bildungspolitik in theologischer Perspektive, Münster 2003, 9-110.

– Dressler, Bernhard: Unterscheidungen. Religion und Bildung, Leipzig 2006.

– EKD: Maße des Menschlichen. Evangelische Perspektiven zur Bildung in der Wissens- und Informationsgesellschaft. Eine Denkschrift des Rates der Evangelischen Kirche in Deutschland. Gütersloh 2003.

– Hentig, Hartmut von: Bildung. Ein Essay, München, Wien 1996.

– Korsch, Dieter: Bildung und Glaube. Ist das Christentum eine Bildungsreligion?, in: NZSTh 36, 1994, 190-224.

– Kunstmann, Joachim: Religion und Bildung. Zur ästhetischen Signatur religiöser Bildungsprozesse, Gütersloh und Freiburg 2001.

– Luther, Henning: Religion im Alltag. Bausteine zu einer Praktischen Theologie des Subjekts, Stuttgart 1992.

– Schwöbel, Christoph:, Christlicher Glaube im Pluralismus, Tübingen 2003, 277-295.

V. Erschließung exemplarischer Themen

V.1. Gott zur Sprache bringen, über Gott sprechen

In diesem Kapitel soll auf die wichtigsten Aspekte aufmerksam gemacht werden, die bei der Frage nach einem theologisch sachgemäßen Sprechen über Gott eine Rolle spielen.

„Gott" ist als Wort der Alltagssprache nicht wegzudenken. Der Kalauer „Gott sei Dank bin ich Atheist" macht darauf aufmerksam, dass „Gott" als Wort der Sprache auch da noch präsent ist, wo der Gottesbezug für die Lebensausrichtung abgelehnt wird.

In der Auslegung des Apostolischen Glaubensbekenntnisses wurden die wesentlichen Aspekte der christlichen Gotteslehre skizziert. (→ III.4.3 und III.4.5.) Vom Verständnis Gottes her wird die ganze Wirklichkeit der Welt und des Menschen erschlossen. Gott wird als Schöpfer, Versöhner und Vollender bekannt. In der in der alten Kirche entwickelten Trinitätslehre wird das Verhältnis von Einheit Gottes und Vielfalt seines Wirkens theologisch gedeutet. Für alle christlichen Konfessionen ist die Rede vom dreieinigen Gott fortan kennzeichnend. Die vor allem von Augustin aufgezeigte Verbindung von Gott als Spitze einer von ihm durchdrungenen Seinordnung mit seinem auf universale Liebe ausgerichtetem Willen war bestimmend für die weitere Entwicklung.

Die sog. scholastische Theologie des Mittelalters hat die Gotteslehre auf dieser Basis in einem umfassenden philosophischen und theologischen System dargestellt und begründet. Die reformatorische Theologie reduzierte die Vielfalt der Aspekte unter der Perspektive der *Heilslehre*.

Eine bedeutende Frage blieb die nach der Erkenntnis Gottes. Kann von Gott prinzipiell nur etwas im Nachdenken der Offenbarung erkannt werden oder gibt es einen Zugang zur Wirklichkeit Gottes auch durch vernünftiges Denken?

Kann man Gott denken, ohne Rekurs auf die Offenbarung zu nehmen?

Blaise Pascal (1623–1662) z.B. hat aufgrund seiner Glaubenserfahrung auf eine deutliche Trennung verwiesen: Der Gott Abrahams, Isaaks und Jakobs sei nicht der Gott der Philosophen.

Dagegen versucht die katholische Dogmatik – exemplarisch sei hier auf Joseph Ratzinger Bezug genommen – die Perspektiven zusammenzuhalten:

„Der Logos aller Welt, der schöpferische Urgedanke ist zugleich Liebe."[402]

V.1.1. Kriterien einer theologisch sachgemäßen Thematisierung der Gottesfrage

Folgende Kriterien können zur Klärung eines theologisch sachgemäßen Redens von Gott beitragen:

1. Aus der Perspektive der protestantischen Theologie ist die neuzeitliche Frage „Gibt es Gott?" nicht sinnvoll zu erörtern, wenn nicht vorausgesetzt wird das sich Gott zu

---

[402] Ratzinger, Joseph: Einführung in das Christentum. Vorlesungen über das Apostolische Glaubensbekenntnis, München ²1972, 98.

uns ins Verhältnis setzt, dass das Gottesverhältnis im Glauben von Gott erschlossen wird.

Bonhoeffer hat das pointiert zum Ausdruck gebracht: *„Einen Gott, den ,es gibt', gibt es nicht".*[403] In Spannung dazu steht der Satz: *„Mit der Frage nach der Existenz Gottes steht und fällt die Glaubwürdigkeit des Christentums."*[404]

2. Grundperspektive des christlichen Glaubens ist, dass Gott sich über die Wahrnehmung Christi erschließt.
„Er ist das Ebenbild des unsichtbaren Gottes (Kol 1,15)."

3. Gott und seine Wirklichkeit kann und wird nur narrativ oder metaphorisch zur Sprache gebracht werden. Theologische Aufgabe ist es, den Wirklichkeitsbezug, die Deutungs- und Verstehensdimension der metaphorischen, religiöser Sprache zu klären.[405]

4. In Entsprechung zur Intention des biblischen Bilderverbots ist jeder Versuch abzuwehren, Gott verfügbar zu machen. Das Gebot richtet sich nicht gegen (unvermeidbares) bildliches Reden von Gott, sondern gegen jede Verdinglichung Gottes.

5. Wirklichkeit und Handeln Gottes lassen sich aus der Deutung von „Spuren Gottes" in der Geschichte erschließen.
Die Möglichkeit der Wahrnehmung Gottes im „Hinterherschauen" lehnt sich an Ex 33,23 an.
In einer kirchlichen Verlautbarung zum Religionsunterricht heißt es:

> „Religion bewahrt und beantwortet die Frage nach Gott. Wie in keinem anderen Fach sonst erhalten die Schüler und Schülerinnen im Religionsunterricht die Gelegenheit, über Gott nachzudenken und zu reden. Die angemessene Behandlung dieses einzigartigen ‚Unterrichtsgegenstandes' ist für die Lernenden wie für die Lehrenden die verantwortungsvolle Mitte des Faches."[406]

Was mit „angemessener Behandlung" gemeint ist, muss präzisiert werden.

These
Bei der Gottesfrage geht es nicht um die abstrakte Frage nach der Existenz oder Nichtexistenz Gottes sondern um spezifische Lebensdeutung, die sich mit der Rede von Gott verbindet. Es geht um grundlegende letztgültige Orientierung, bzw. das „woran man sein Herz hängt" (M. Luther).

V.1.2. Hinweise zur Thematisierung der Gottesfrage im Religionsunterricht

In religionspädagogischen Lernprozessen ist die Auskunft, dass die Frage, ob es Gott gibt, nur aus der Perspektive des Glaubens zu klären sei, zunächst wenig hilfreich. Sie steckt dennoch die Grenze sachgemäßer Argumentation ab. Gott lässt sich nicht bewei-

---

[403] DBW 2, 112.
[404] Kemper, Peter/Mentzer, Alf /Sonnenschein, Ulrich (Hg.): Wozu Gott? Religion zwischen Fundamentalismus und Fortschritt, Frankfurt a.M. u. Leipzig 2009, 15.
[405] Dahlferth, a.a.O, 57-81, 70.
[406] Kirchenamt der EKD (Hg.): Identität und Verständigung. Standort und Perspektiven des Religionsunterrichts in der Pluralität, Gütersloh 1994, 30.

sen. Wohl aber kann und will das Wirken Gottes durch biblische Erzählungen oder Zeugnisse des Glaubens so ausgelegt werden, dass anhand von den Lernenden zugänglichen Erfahrungen deutlich wird, welche Einstellung und Hoffnungen das Reden von Gott impliziert.

Folgende Ansätze zur Thematisierung der Gottesfrage sind möglich.

A 1) Auf biblischer Grundlage stehen u.a. folgende Aspekte im Vordergrund:
a) Das Reden <u>zu</u> Gott als Ausdruck von Geborgenheit wahrnehmen (Ps 139).
„Unser Herz ist unruhig, bis es Ruhe findet in Dir" (Augustinus).
b) Das Reden von Gott als Ausdruck von Hoffnung wahrnehmen (Röm 8,18-38).
c) Das Reden von Gott als Ausrichtung auf Barmherzigkeit, Recht und Gerechtigkeit wahrnehmen (Jer 9,22f.).

2) Anleitung zur Unterscheidung von Gott und Gott bzw. Gott und Göttern:
Ihr könnt nicht zwei Herren dienen: Gott und dem Mammon. (Lk 16,13).
Luther hat in seinem Großen Katechismus eine sehr weite „Definition Gottes" gegeben:
„Woran Du dein Herz hängst, das ist dein Gott."

Diese Unterscheidungen eignen sich wegen ihrer relativen Offenheit gut als Impulse für die Auseinandersetzung über das sachgemäße Reden von Gott.

B 1) Allgemein umfasst die Frage nach dem sachgemäßen Gottesverständnis auch die Auseinandersetzung mit den Unterscheidungen Deismus, Theismus, Pantheismus, Polytheismus, Monotheismus und der damit verbundenen Frage nach einem personalen Gottesverständnis:

„Nach meiner Überzeugung [hängt] alles daran, dass wir nicht davon ablassen, diesen Gott als Person zu verstehen."[407]
„Den Menschen kann nichts unbedingt angehen, was nicht personhaft ist."[408]

2) Zu der Auseinandersetzung mit der Gottesfrage gehört auch der Diskurs mit dem neuzeitlichen *Atheismus*. Zwei Aspekte können dabei in den Vordergrund treten: Die Frage, ob die Kritik Elemente enthält, die christliches Denken als Selbstkritik aufnehmen sollte und die Auseinandersetzung mit dem jeweils impliziten Selbst- und Weltverständnis.
Exemplarisch können Auseinandersetzungen mit folgenden „Klassikern" erfolgen:

Ludwig Feuerbach (1804-1872): Er setzte sich von seinem Lehrer Hegel ab und begründet die These, dass die menschliche Vorstellung von Gott eine Projektion seiner Idealvorstellung vom Menschen sei.
Karl Marx (1818-1883): Er sah in der Religionskritik die Grundlage aller Kritik, weil sich in der Religion die verkehrten gesellschaftlichen Verhältnisse spiegeln. Religion hat damit eine Doppelrolle: In ihr drückt sich Protest gegen unmenschliche Verhältnisse

---

[407] Ott, Heinrich: Gott, Stuttgart 1971, 8.
[408] Tillich, Paul: Systematische Theologie Bd. I, Stuttgart ³1956, 283.

aus, aber sie ist auch bedingt durch die falschen Verhältnisse. Wenn die Menschheit unter Führung des entmenschlichten Proletariats befreit ist, wird Religion überflüssig.

Friedrich Nietzsche[409] (1844-1900): Er beklagt in der Rede vom „tollen Menschen" die Tötung Gottes durch den Menschen. Auf der Grundlage des Nihilismus, der Feststellung der Sinnlosigkeit und der Unmöglichkeit, Werte zu bestimmen, muss sich der Mensch selbst überschreiten und neu definieren.[410]

Sigmund Freud[411] (1856-1939): Er war beeinflusst von Feuerbach und seiner Reduktion auf die naturwissenschaftliche Weltsicht. Im Rahmen seiner Psychotherapie stellte er eine Analogie von Religion und kindlicher Zwangsneurose her.

In den Spuren der Freud'schen Religionskritik erschien 1976 eine in Gebetsform gestaltete Anklage des Therapeuten Tilmann Moser an Gott als eine Art selbsttherapeutischer Versuch. Moser wollte mit der Schrift eine von ihm als „Gottesvergiftung" bezeichnete psychische Störung aus früher Kindheit aufarbeiten.[412]

Literatur
- Eine Fülle von anregenden Texten zur Erörterung der Gottesfrage bietet Theißen, Gerd: Glaubenssätze. Ein kritischer Katechismus, Gütersloh 2012, 49-156.
- Eine Anregung zur Auseinandersetzung mit alten und neuen Formen von Atheismus und Religionskritik (u.a. mit Richard Dawkins: Der Gotteswahn) bietet: Schröder, Richard: Abschaffung der Religion. Wissenschaftlicher Fanatismus und die Folgen, Freiburg i.B. 2009.

V.2. Jesus – Jesus Christus (Christologie)[413]

Die Frage nach der Bedeutung Jesu gehört zu den elementaren Anfragen an das Christentum und die religionspädagogische Praxis. In der Dogmatik wird die Frage nach der Bedeutung Jesu unter dem Stichwort Christologie abgehandelt.

Unter Christologie versteht man die in Gestalt von Lehre gefasste *Deutung der Person* des Christus als des Retters (Soter) im Unterschied zur *Soteriologie* als Lehre von der *Rettung*. Alle Christologie gründet in dem frühen Bekenntnissatz: „Jesus (ist der) Christus (Messias)". In diesem wird ein in der jüdischen Tradition verwurzeltes Deutungsmuster aufgenommen. Eine Besonderheit liegt darin, dass mit der Übertragung des Messiastitels auf Jesus von Nazareth, dieser Titel zugleich neu interpretiert wird.

Die urchristliche Theologie knüpft in ihrer Deutung der Person Jesu in mehrfacher Weise an Motive der jüdischen Tradition an und interpretiert sie neu:
- Sie nimmt die Metapher des Gottesknechtes (Deuterojesaja 53 u.a.) in Anspruch.
- Sie schließt an die Menschensohnprädikation[414] (Daniel 7,13) an.

---

[409] Einen guten Überblick über Nietzsches Ansatz gibt: Paprotny, Thorsten: Kurze Geschichte der Philosophie der Gegenwart, Freiburg i. B. 2009, 7-39.
[410] Vgl. Biehl, Peter/Johannsen, Friedrich: Einführung in die Glaubenslehre. Ein religionspädagogisches Arbeitsbuch, Neukirchen-Vluyn 2002, 109-111. Textabdruck:„Der tolle Mensch" und Erschließungshinweise.
[411] Freud, Sigmund: „Der Mann Mose und die monotheistische Religion", 1939.
[412] Moser, Tilmann: Gottesvergiftung. Gebete vor Morgengrauen. Frankfurt am Main ²1980. Vom gleichen Autor: Von der Gottesvergiftung zu einem erträglichen Gott. Psychoanalytische Überlegungen zur Religion, Stuttgart 2003.
[413] In diesem Absatz wurden Teile des Kapitels „Jesus – das Gleichnis Gottes" aufgenommen, aus: Biehl, Peter/Johannsen, Friedrich: Einführung in die Glaubenslehre. Ein religionspädagogisches Arbeitsbuch, Neukirchen-Vluyn 2002, 112-132.

Frage: Was sind die wesentlichen Merkmale der Neuinterpretation?
Bereits in den neutestamentlichen Schriften ist der Rückgriff auf Geschichte und Person Jesu durch unterschiedliche Deutungen gekennzeichnet. Es gibt keine Jesusüberlieferung, der ein authentisches Jesusbild zu entnehmen ist, sondern nur unterschiedliche literarische Skizzen. Markus, Lukas, Matthäus und Johannes „malen" literarisch jeweils ihr eigenes Jesusbild.

Exkurs: Christologie in der Ikonographie

Die Sehnsucht nach einem authentischen Jesusbild fand ihren Ausdruck in der *Veronikalegende*[415].

Nach der vermutlich im 13. Jh. entstandenen Legende war Veronika eine der vielen Frauen, die Jesus nach Lk 23,27 auf seinem Kreuzweg folgten. Als er zusammenbrach, reichte sie ihm ein Schweißtuch, indem sich der Gesichtsausdruck Jesu eingeprägt hatte. Der Name Veronika erschließt sich als vera icona (wahres Bild).
Dieser Abdruck galt dann als Muster für weitere Christusikonen, die daher alle einen ähnlichen Gesichtsausdruck enthalten.

---

[414] Es ist umstritten, ob „Mensch" oder ein Titel gemeint ist.
[415] Bildquellen: Thomas, Denis: a.a.O., 50f.

Diesem Versuch der Standardisierung steht eine Vielfalt von Christusbildern gegenüber. Christus hat „viele Gesichter", so lautet die Botschaft eines Plakats[416].

Bereits die Evangelisten haben zu dieser Vielfalt beigetragen, indem sie literarisch unterschiedliche Gestalten „malten".

Die Verfasser der Evangelien waren keine Geschichtsschreiber im modernen Sinne. Sie hatten Interesse daran, der mit Jesus als dem Christus verbunden Lebensdeutung ihren spezifischen Ausdruck zu geben. Die Theologie spricht von kerygmatischem Interesse.

Das im Frühmittelalter dominierende Christusbild ist der majestätische Christus mit Segensgeste. Er thront auf einem Regenbogen und hält ein Buch in der Hand. Die Darstellungen des Christus sind umgeben von einer Mandorla (Gloriole) von vier Wesen (in Anlehnung an Apk 4,9, Ez 1,10 und Jes 6), den Kennzeichen der vier Evangelisten.[417]

Links: Majestätischer Christus (ca. 870) – Fragment des Sakramentariums von Metz (Bibliotheque nationale de France, Paris)
Rechts: Christus in Majestät (ca. 1095) – Aus der Stavelotbibel (The British Library, London)[418]

---

[416] Bildquelle: http://www.kath-kirche-kaernten.at/regenbogen/produkte/C3433/christus_maria _gott_evangelisten.
[417] Vgl. Stock, Alex: Christusbilder, in: RGG⁴, Bd. 2, Sp.329.
[418] Bildquellen: Thomas, Denis: a.a.O., 56; 52.

Die älteren *Kreuzesdarstellungen* zeigen einen „apathischen" segnenden Christus. Im Hochmittelalter wird das Kreuz zum Sinnbild des Leides.

Die Auseinandersetzung in der alten Kirche konzentriert sich bei der Auslegung der Person Jesu auf die Frage nach der Heilsbedeutung seines Todes und auf sein Verhältnis zum Vater. Im Frühmittelalter überwiegt die Deutung des Christus als kosmischer Herrscher, in dem zugleich der kommende Weltenrichter gesehen wird. In der Gotik verschiebt sich der Akzent der Darstellung auf den leidenden Christus und dient als Anschauung für die Frömmigkeit. In der Kunst der Renaissance und des Barock bekam das Christusbild im Unterschied zur mittelalterlichen Ikonographie mehr individuelle Züge. Exemplarisch kann auf Rembrandt hingewiesen werden, der um 1650 ein Portrait „Christus nach dem Leben" schuf, das sich an der Physiognomie der aus Spanien vertriebenen sefardischen Juden orientierte. Damit rückte zugleich die Menschwerdung Gottes ins Zentrum des Interesses. Die in III.2 dargestellten christologischen Entscheidungen der alten Kirche wurden von den Reformatoren übernommen.

Sie wurden erst im Kontext der Aufklärung problematisiert[419] und die klassischen Dogmen kritisiert. U.a. wurde die Frage nach Jesus als einer historischen Gestalt gestellt, um eine Vergewisserung des Glaubens in der Geschichte zu finden. Dabei ergaben sich die folgenden Einsichten:

1. Es führt kein Weg zurück hinter die Jesusbilder und Jesuserzählungen

Diese Einsicht beschreibt das Ende des Versuchs, hinter den literarischern Jesusbildern der Evangelien ein historisch gesichertes, wahres Bild bzw. die Biographie Jesu aufzudecken. Im Hintergrund steht die Frage, wie sich der verkündigte und geglaubte Christus und der historische Jesus zueinander verhalten. Diese Fragestellung war für die Autoren der neutestamentlichen Schriften – wenn überhaupt – allenfalls von marginaler Bedeutung.

Für die neutestamentlichen Quellen gilt etwas pauschalisiert der Befund, dass das Interesse des Paulus sich ausschließlich auf die Heilsbedeutung von Jesu Tod und Auferstehung konzentriert, während die Evangelisten zwar Szenen aus dem Wirken Jesu überliefern, diese sich jedoch nicht zu einem biografischen Gesamtbild zusammenfügen lassen. Gerade die offenen Stellen – die Lücken in der Biographie Jesu – sind Ansatz immer neuer Spekulation.

2. Die überlieferten Jesusbilder verdanken sich lebensverändernden Begegnungen

Der „christliche Glaube verdankt sich der Verkündigung, dem Wirken und Geschick Jesu von Nazareth"[420], so formuliert Wilfried Härle in seiner Dogmatik. In der Tat konvergieren alle Jesusüberlieferungen in dem Punkt, dass die Begegnung mit der Gestalt Jesu für die Betroffen einen lebenswichtigen, lebensverändernden Charakter hatte und die Überlieferung von Jesus aus diesem Grund in Gang gesetzt wurde: aus als heilsam empfundener Betroffenheit und um anderen an dieser Betroffenheit Anteil zu geben. Die Beobachtung, dass sich der christliche Glaube dem Wort, Wirken und Geschick Jesu von Nazareth verdankt, ist daher dahingehend zu präzisieren, dass am Anfang die Begegnung mit einer konkreten Person stand, die ihren konkreten Ort und konkrete Zeit in der Geschichte hatte. Die typische Kinder- und Schülerfrage „Hat es Jesus wirklich gegeben?" zielt auf eben diese Vergewisserung ab, ob es sich bei der Ursprungserzählung des christlichen Glaubens um einen ungeschichtlichen Mythos, eine Legende oder eine Person handelt, die in Ort und Zeit real existiert hat.

---

[419] S. III 2.6; III 4.4.
[420] Härle, a.a.O., 311.

3. Die Begegnung mit Jesus führt zur Frage: „Wer ist dieser?"

Die Begegnung mit Jesus führte von den ältesten Zeugnissen an zu der Frage *wer dieser ist*. Diese sog. christologische Frage ist ebenso zentral für die Schriften des NT wie für die urchristlichen Schriften und die dogmatischen Auseinandersetzungen der frühen Kirche. Mögen viele Wege und Irrwege der altkirchlichen Lehrauseinandersetzungen heute schwer nachvollziehbar sein, ist doch die Beobachtung von Bedeutung, dass es zentral und primär um das *Verständnis der Person* ging, während die Frage nach dem *Werk* nur davon ausgehend und im engen Zusammenhang damit thematisiert und beschrieben wurde. Die Antwort auf die Frage „wer ist dieser" wird in den Evangelien in verschiedenen Zusammenhängen thematisiert. Die ersten erkennbaren Deutungen der Person schließen an frühjüdische (a) und hellenistische (b) Traditionen an. Die Titel wurden auf Jesus übertragen und damit zugleich neu interpretiert. Sie lauten:

a)
- Gottesknecht
- Menschensohn
- Messias (Christus)

b)
- Heiland/Heilsmittler/Erlöser
  (in Analogie zum Kaiserkult und Erlösungsmythos in Mysterienkulten)
- (Präexistenter) Gottessohn/Kyrios (Herr)

Der Messiastitel wurde mit dem Kyrios-Titel verbunden: Aus Jesus als führende Gestalt der Reich-Gottes-Bewegung wurde Christus der kosmische Weltherrscher und eine Gestalt im kosmischen Drama.[421]

Die Begegnung mit der Person Jesu hat eine Deutungsgeschichte ausgelöst, die den Horizont der theologischen und innerchristlichen Auseinandersetzung aufgesprengt und reichhaltige Spuren in bildender Kunst, Literatur und nicht zuletzt im Film hinterlassen hat.

> Nicht zuletzt die große Zahl immer neuer Jesusbücher belegt das anhaltende Interesse an der Person Jesu weit über den innerkirchlichen Raum hinaus. Beispiele: „Verschlusssache Jesus" (1991), „Die Jesusfälscher" (Dirnbeck 1994), „Der verfälschte Jesus" (Heiligenthal 1997), „Der große Betrug" (Lüdemann 1998), „Wer war Jesus wirklich?" (Berger 1996), „Jesus" (Roloff 2012), „Jesu Christus. Eine Biographie" (Seewald 2011), „Jesus von Nazareth" (3 Bde Ratzinger/Benedikt XVI. 2007-2012).

In der Theologie kam ab Mitte des 18. Jh.s mit der beginnenden historischen Bibelkritik die Frage nach der Rekonstruktion einer „wahren" Jesusbiographie vor dem Hintergrund der Unterschiede in der neutestamentlichen Überlieferung auf. Es folgte eine Fülle einschlägiger Publikationen.

4. Die Leben-Jesu-Forschung ist gescheitert und lebt dennoch immer neu auf

Ein erster Ansatz die Frage nach Jesus von Nazareth als *historischer* Gestalt zurückzufragen geht auf *Reimarus* (1694-1768) zurück. Sie war von der Intention geleitet, die Jesusgestalt vom Ballast der Dogmatik zu befreien und den christlichen Glauben aus seinem Ursprung heraus zu rekonstruieren. Ziel der Suchbewegung war die Religion, die Jesus

---

[421] Zur Christologie im NT s. Becker, Ulrich u.a.: Neutestamentliches Arbeitsbuch für Religionspädagogen, Stuttgart ⁴2013, Kap. 5.

als Mensch und Jude lehrte und lebte, die aber nach seinem Tod durch christologische Lehre verfälscht und ersetzt worden sei.

Es ist vor allem dieser *Verdacht der Verfälschung* und im Gegenzug der Versuch der Befreiung der Gestalt Jesu von Verzeichnungen, der seitdem immer neu öffentliches Interesse weckt. Neben anderen Motiven hält das die Aufklärungstheologie leitende kirchenkritische Interesse an, in der historischen Vergewisserung eine Basis für einen von kirchlicher Bevormundung unabhängigen Glaubensgrund zu finden. Kritik am real existierenden Christentum durch Rückbezug auf Jesus ist nicht nur Motiv wissenschaftlicher Jesusforschung, sondern ebenso journalistischer, künstlerischer u.a. Werke.

Im Zuge der historischen Rückfrage zeichnete sich immer mehr ab, dass mit Mitteln der historischen Forschung kaum ein sicheres Fundament zu erhalten ist. Die Einsicht, dass die Jesusüberlieferung von den Anfängen an *Jesusdeutung* ist, führte u.a. dazu, die Jesustradition auf eine allgemeine überzeitliche *Idee* zu reduzieren. *David Friedrich Strauß* (1808-1874) sah den Ursprung der christlichen Jesuserzählung, die er als Mythenbildung beschreibt, in der Idee der Gottmenschheit. *Albrecht Ritschl* (1822-1889), der als Begründer des sog. Kulturprotestantismus gilt, legte den Akzent auf den bleibenden, sittlichen Gehalt der Persönlichkeit Jesu als Grundlage von Ethik.

Im Rahmen der „Leben-Jesu-Forschung" wurde die bis heute in Grundzügen gültige *Zwei-Quellen-Theorie der Evangelien* entworfen. Je mehr der literarische Charakter der Evangelien wahrgenommen wurde, desto mehr kamen die Grenzen in den Blick, bei der vorfindlichen Quellenlage historisch gesicherte Aussagen über Jesus gewinnen zu können.

Die „Leben-Jesu-Forschung" fand ihr (vorläufiges) Ende durch *Albert Schweitzers* Werk „Geschichte der Leben-Jesu-Forschung" (1906). Schweitzer kam zu der grundlegenden Erkenntnis, dass die Quellen (die Evangelien) aufgrund ihres spezifischen Charakters keine historische Rekonstruktion eines Leben Jesu zuließen und sich alle entsprechenden Versuche als durch die jeweilige Vorannahme der Autoren geprägte Projektionen erwiesen.

Aus der gescheiterten Leben-Jesu-Forschung zog *Rudolf Bultmann*[422] (1884-1976) die Konsequenz, dass der historische Jesus nicht Grund des Glaubens sein könne. Er rechnete sein Leben, Lehre und Werk zu den *Voraussetzungen*, aber nicht Inhalten der (christlichen) Theologie. Im Blick auf den historischen Jesus reiche die Feststellung, „dass" er gelebt habe. Von theologischem Interesse sei allein der verkündigte Christus. Bei diesem Blickwechsel ging das dogmenkritische Interesse der Aufklärungstheologie allerdings nicht verloren. Es wurde jetzt durch die Methode der existenzialen Interpretation auf die Christusdeutung bezogen. Mit diesem Ansatz befreite Bultmann zwar die theologische Interpretation aus der Abhängigkeit von den jeweils wechselnden historischen Jesusbildern, das Problem, das sich nun auftat, war das unvermittelte Nebeneinander vom Wirken des (historischen) Jesus und dem nachösterlichem Christusglauben.

Die Bultmannschüler *Ernst Käsemann* und *Gerhard Bornkamm* (u.a.) versuchten die Trennung zwischen historischem Jesus und verkündigtem Christus zu überwinden, indem sie nicht wie die Aufklärungstheologen nach der Differenz, sondern nach der Kontinuität beider fragten, nach dem, was den Verkündiger, Lehrer und Wundertäter Jesus mit dem verkündigten Christus verbindet. Es blieb jedoch die nicht hinterfragte Annahme, dass die Wirkung der Person nur dadurch zu erklären sei, dass bereits im Werk des historischen Jesus etwas unableitbar einmalig Neues zu finden sein müsse. Aufgrund dieser Annahme wurde in der Überlieferung nach den sog. „echten" Jesusworten ge-

---

[422] Bultmann, Rudolf: Neues Testament und Mythologie, 1941.

sucht. Als Kriterium, mit dem man diesen auf die Spur kommen wollte, galt der Grundsatz, dass Jesusworte dann als „echt" gelten können, wenn man sie weder aus dem zeitgenössischen Judentum noch aus in der Umwelt des NT entfaltetem Gedankengut ableiten könne. Das Kriterium zielt u.a. darauf ab, Jesus im Kontrast zum Judentum wahrzunehmen. Auf die unterschwellige antijudaistische Tendenz dieses so gefassten „Echtheitskriteriums", ist besonders von jüdischen Autoren hingewiesen worden. U.a. *Joseph Klausner, David Flusser, Schalom Ben Chorin* und *Pinchas Lapide* arbeiteten heraus, dass die in den Evangelien überlieferte Lehre Jesu ganz oder fast ganz aus dem Judentum heraus zu erklären sei. Die Möglichkeiten und Grenzen historischer Jesusforschung werden von *Gerd Theißen* und *Annette Merz* gründlich herausgearbeitet.[423] Bereits in früheren Werken hat Theißen der Herauslösung Jesu aus dem Judentum widersprochen, Jesus konsequent im innerjüdischen Rahmen interpretiert und auch die von ihm initiierte Reformbewegung (Jesusbewegung) als Bewegung im Judentum verortet.[424] Zum Charakteristischen dieser frühen Sozialgestalt der Gemeinschaft in der Nachfolge Jesu gehört ihre Beschreibung als Armutsbewegung.

5. Rahmen einer (indirekten) Biographie/Grundzüge der Biographie nach Theißen/Merz
Bleibt nach dem Scheitern der Leben-Jesu-Forschung die unhintergehbare Feststellung, dass eine umfassende Rekonstruktion einer Biografie Jesu unmöglich ist, lassen sich doch aus den Quellen Rahmendaten und Grundzüge des Wirkens und der Lehre Jesu entnehmen.
Zu den Rahmendaten gehören:
– der zeit- und religionsgeschichtliche Hintergrund
– eine relative Chronologie
– der geographische und soziale Rahmen
Die Grundzüge werden in folgender Hinsicht thematisiert:
1. In dem Abschnitt „Jesus als Charismatiker" (Mensch mit ungewöhnlicher Begabung und Ausstrahlung) wird der unkonventionelle Umgang Jesu im sozialen Beziehungsgefüge seiner Zeit thematisiert, mit dem er Freunde faszinierte und Gegner irritierte: Jesus dringt gegen Konventionen zum Menschlichen durch.
2. Unter der Überschrift „Jesus als Prophet" kommt die eschatologische Dimension seines Wirkens in den Blick: Dass und wie Jesus in seinem Wirken, in seinen Bildern und Symbolen das Wirksamwerden der universalen väterlichen Güte Gottes zum Ausdruck brachte.
3. Unter dem Aspekt „Jesus als Heiler" wird die Erinnerung an die Wundertaten und heilsamen Begegnungen bearbeitet.
4. Das Kapitel „Jesus als Dichter" entfaltet die Besonderheit der Gleichnisrede Jesu.
5. Der Abschnitt „Jesus als Lehrer" thematisiert den Umgang Jesu mit der Tora und seine ethischen Weisungen.
Diese Grundzüge geben einerseits den urchristlichen Deutungen der Person ihre Plausibilität, andererseits geben sie immer neue Anstöße für eine aktuelle Begegnung.

---

[423] Theißen, Gerd/Merz, Annette: Der historische Jesus. Ein Lehrbuch, Göttingen ²1997.
[424] Theißen, Gerd: Soziologie der Jesusbewegung. Ein Beitrag zur Entstehungsgeschichte des Urchristentums, München ²1978.

6. Die implizite Christologie Jesu

> „Die dogmatische Bedeutung der Frage nach dem historischen Jesus liegt darin, dass der konkrete Mensch Jesus von Nazareth der Gott entsprechende Mensch und als solcher das Gleichnis Gottes ist, der auch uns zu Gott entsprechenden Menschen machen will."[425]

Aus dem Gleichniserzähler Jesus ist Jesus Christus als Gleichnis Gottes geworden.

Was sich mit historischen Methoden über den irdischen Jesus feststellen lässt, ist eine elementare Unterbrechung des Lebenszusammenhangs seiner Welt durch die Verkündigung der kommenden Gottesherrschaft, die in dem Reden und Tun dessen, der sie ankündigt, bereits da ist. Die von Jesus verkündigte Nähe der Gottesherrschaft wird die Wirklichkeit der Welt radikal verändern. Jetzt geschieht etwas, was so noch nicht vorkam: „Heil den Augen, die sehen, was ihr seht" (Lk 10,23f.). Das Kommen der Gottesherrschaft ist nur als Gleichnis sagbar. Im Gleichnis ist sie aber selbst da. Daher wird die Gegenwart durch die Gottesherrschaft als Heilszeit qualifiziert. Jetzt ist die Zeit der Freude und des Jubels (Lk 10,21 parr. Mt 11,23f.). Deshalb gilt es, nicht zurückzuschauen (Lk 9,62), sondern alles auf eine Karte zu setzen, wie jener Mann im Gleichnis vom Schatz im Acker (Mt 13,44). Dieser Zeitansage „Jetzt ist die Zeit des Heils" entspricht ein Vollmachtsanspruch, für den Jesus keinerlei Begründung gibt. Er existiert aus der Freude der schon mitten unter ihnen (Lk 17,20f.) anwesenden Gottesherrschaft heraus. Günther Bornkamm hat daher die Formulierung „unmittelbare, unableitbare Vollmacht" geprägt. Diese Vollmacht mache das ganze Geheimnis der Person und Wirkung Jesu aus.[426] In dieser Vollmacht liegt eine implizite Messianität verborgen, die erst aufgrund der Ostererfahrungen explizit wird. Jesus hat mit hoher Wahrscheinlichkeit selbst den Messiastitel (Christus) nicht auf sich bezogen, sondern er ging ganz in der Gottesherrschaft auf, die ihn prägte. Im Mittelpunkt der christologischen Reflexion sollte nach Theißen allerdings ein Titel stehen, den Jesus selbst geprägt und zu einem messianischen Titel gemacht hat: Menschensohn. Der „Menschensohn-Titel" bezieht sich einerseits auf einen alltäglichen Menschen; er kann sich aber auch auf eine aus dem Danielbuch überlieferte apokalyptische himmlische Gestalt beziehen. Jesus benutzte den Alltagsausdruck emphatisch und verband ihn mit einer visionären Tradition. Theißen spricht von einer „Human-Christologie".[427]

Die Fixierung auf eine nur historische Betrachtungsweise der Gestalt Jesus ist für das Verständnis des Glaubens defizitär. Für den Glauben ist immer zugleich mit der Rede von Jesus Gott schon im Spiel. Der Gott Jesu ist nur durch den Menschen Jesus zugänglich, und der Mensch Jesus ist nur von seinem Gott her verständlich. Es handelt sich um einen zirkulären Prozess. Die Frage ist nur, wo man in den Prozess einsteigt: bei der historischen Frage nach dem Menschen Jesus, bei der trinitarischen Frage nach der Sendung des Sohnes durch Gott oder bei der pneumatologischen Frage nach der Gegenwart Christi im Geist.

Dass sich als didaktischer Anknüpfungspunkt nur die Menschlichkeit Jesu eignet, hat *Ingo Baldermann* eindrücklich betont. Alles liege daran, die Menschlichkeit Jesu wahrzunehmen: „Zur Darstellung des Menschen Jesus aus Nazareth muss ich nicht noch hinzufügen, was ihn zum Sohn Gottes macht, sondern den Sohn Gottes habe ich nur in diesem wahrhaftigen, leiblichen Menschen oder gar nicht".[428]

---

[425] Jüngel, Eberhard: Zur dogmatischen Bedeutung der Frage nach dem historischen Jesus, in: Ders.: Wertlose Wahrheit, München 1990, 214-242, (242).

[426] Bornkamm, Günther: Jesus von Nazareth, Stuttgart 1956 ([15]1995), 54f.

[427] Theißen/Merz, a.a.O., 488.

[428] Baldermann, Ingo: Einführung in die biblische Didaktik, Darmstadt 1996, 85.

Ingolf U. Dahlfert weist darauf hin, dass im Entwurf des christologischen Dogmas die Auseinandersetzung mit griechischer Mythologie und jüdischem Monotheismus ausgetragen werden musste.

> „Christliche Theologie hatte sich [...] im Rahmen der griechisch-hellenistischen Kultur von Anfang an nach drei Seiten zu profilieren. Sie musste Gott als handelnde Person denken, ohne zur Mythologie zu entarten. Sie musste ihn als Schöpfer und Erhalter des Kosmos denken, ohne ihn auf ein metaphysisches Prinzip zu reduzieren. Und sie musste ihn als eschatologischen Retter denken, der im Christusgeschehen in einer nicht nur für ein bestimmtes Volk, sondern für alle Menschen verbindlichen Weise endgültig und unüberbietbar gehandelt hat." [429]

Das gelang nur, weil sie das Gottesverständnis christologisch entwarf, dass heißt, Kern christlicher Theologie war von Anfang an die Christologie.

Dahlfert charakterisiert die Dogmen von Nicäa und Chalcedon als gleichzeitig konstruktiv und kritisch. In dieser konstruktiv-kritischen Tradition steht auch die 1. These der Barmer Erklärung von 1934. Sie weist pointiert darauf hin, dass „Jesus Christus [...] das eine Wort Gottes [ist]":

> „Jesus Christus, wie er uns in der Heiligen Schrift bezeugt wird, ist das eine Wort Gottes, das wir zu hören, dem wir im Leben und im Sterben zu vertrauen und zu gehorchen haben.
> Wir verwerfen die falsche Lehre, als könne und müsse die Kirche als Quelle ihrer Verkündigung außer und neben diesem einen Worte Gottes auch noch andere Ereignisse und Mächte, Gestalten und Wahrheiten als Gottes Offenbarung anerkennen." [430]

Die Entwicklung der Christologie wurde wesentlich durch den Rückgriff auf Ps 110 geprägt (→ III.4.4) hat die Entwicklung der Christologie wesentlich geprägt. *Frank Crüsemann* vertritt die Ansicht, dass dabei eine einseitige Auslegung des Psalms die dogmatische Ausprägung der Christologie bestimmt hat.[431]

Er macht darauf aufmerksam, dass es insbesondere die Parteinahme für die Armen und Schwachen und der erwartete Untergang der Gott- und lebensfeindlichen Mächte ist, an die bei der Zitation messianischer Weissagungen im NT erinnert wird.

Während es beim Verständnis der „Auferstehung" Jesu um auf der Basis der Schrift gedeutete Erfahrung (Erscheinungen) gehe (vgl. 1Kor 15), geschehe die Deutung der „Erhöhung" allein auf der Basis der Schrift.[432]

„Gott wird Mensch, dir Mensch, zugute" heißt es bei Paul Gerhardt (EG 36, V.2). In Anlehnung an ein Zitat des Limburger Altbischofs Franz Kamphaus wäre hinzuzufügen, dass Gott damit die Bedingung der Möglichkeit für die Menschwerdung des Menschen schafft: „mach's wie Gott, werde Mensch!"

---

[429] Dahlfert, a.a.O., 70.
[430] http://www.ekd.de/glauben/bekenntnisse/barmer_theologische_erklaerung.html [14.02.2013].
[431] Vgl. Crüsemann, Frank: Das Alte Testament als Wahrheitsraum des Neuen. Die neue Sicht der christlichen Bibel, Gütersloh 2011.
[432] Vgl. a.a.O., 234.

Literatur
- Gilg, Arnold: Weg und Bedeutung der altkirchlichen Christologie, München 1989 (1936).
- Koptisch-Orthodoxes Patriarchat; Koptisch-Orthodoxes Zentrum (Hg.): Christologie gemäß dem Verständnis der nicht-chalcedonischen orthodoxen Kirchen, Waldsolms/Kröffelbach ²1989.
- Theißen, Gerd und Annette Merz: Der historische Jesus. Ein Lehrbuch, Göttingen ⁴2011.

V.3. Sola scriptura: Das protestantische Schriftprinzip (Wort Gottes – Bibel)

In diesem Kapitel geht es um die Frage, wie der ausschließliche Bezug auf die Bibel in protestantischer Tradition zu verstehen ist, und welche Funktion der Bezug auf die Bibel für die Systematische Theologie hat.

„Es steht geschrieben." ist in theologischen Auseinandersetzungen ein ebenso häufig angeführter wie missbrauchter Satz. Im NT verwendet ihn auch der Satan als Argumentationsfigur (Mt 4,6 parr).
U.a. zwei Aspekte machen eine Klärung der Bedeutung der Bibel und eine Klärung des Schriftbezugs in der Systematischen Theologie notwendig:
1. Nach fundamentalistischem Bibelverständnis ist das „es steht geschrieben" allein oft schon hinreichender Beleg für theologische Wahrheit.
2. Die historische Bibelkritik zwingt zur Klärung, in welcher Weise der Bezug auf die Bibel bzw. biblische Texte für die Lebensperspektive des Glaubens zur Sprache gebracht werden sollen.

In seiner Bonner Dogmatikvorlesung von 1946 bezeichnet *Karl Barth* die Schrift als Maßstab der kirchlichen Lehre:

> „Dogmatik misst die Verkündigung der Kirche nach dem Maßstab der hl. Schrift Alten und Neuen Testaments. Die hl. Schrift ist das Dokument des Grundes, des innersten Lebens der Kirche, das Dokument der Epiphanie des Wortes Gottes in der Person Jesu Christi."

Barth betont, dass dieser Maßstab sichtbar bleiben müsse und Dogmatik ansonsten unsachlich würde.[433]
Nach *Ritschl* und *Hailer* lassen sich „kirchliche Lehren […] als ,entprivatisierte' theologische Interpretationen mehrerer themenverwandter biblischer *stories* verstehen."[434]

Aufgabe
Versuchen Sie, die beiden Voten am Beispiel eines ausgewählten Lehrsatzes zu verdeutlichen bzw. zu problematisieren.

Hintergrundinformationen
Die Kanonisierung der religiösen Schriften, die die heutige Gestalt der Bibel (mit konfessionellen Differenzen) prägen, beruht auf Entscheidungsprozessen der alten Kirche. Mit der Kanonisierung der alt- und neutestamentlichen Schriften wird diese Textsamm-

---

[433] Barth, Karl: Dogmatik im Grundriss, Zürich ³1947, 13f.
[434] Ritschl, Dietrich und Martin Hailer: Grundkurs christliche Theologie, Neukirchen-Vluyn, ³2010, 32.

207

lung zur Grundlage christlicher Lehre. Die Reformation reduzierte den alttestamentlichen Kanon auf die hebräische Sammlung im Unterschied zur griechischen Septuagintasammlung der alten Kirche, die im Katholizismus weiterhin als normativ gilt. Der Kanon wurde Grundlage und Bezugsgröße christlicher Lehrbildung. Da jedoch eine *Pluralität* von Schriften (z.B. vier Evangelien) kanonisiert wurde (und auch die Sammlungen nach Anlage und Umfang teilweise differieren), führten unterschiedliche Rezeptionen und Exegesen zu unterschiedlichen z.T. kontroversen Lehrentwicklungen. *Ernst Käsemann* formuliert das so, dass der Kanon nicht die Einheit der Kirche erklärt, sondern die Vielfalt der Konfessionen.[435] Es ist daher eine notwendige Aufgabe Systematischer Theologie zu klären, nach welchen Kriterien der Kanon als Quelle der Theologie verwendet wird.

Die *Reformation* hat eine Deutung der Schrift als inspirierte, normative, sich selbst interpretierende Grundlage des Glaubens geprägt. Die *Protestantische Orthodoxie* spitzte den reformatorischen Ansatz zu und identifizierte die Worte der Schrift als Worte des Heiligen Geistes. In diesem Modell entsprechen sich Schriftprinzip und Verbalinspiration. Im Kern ging es hier im Gegensatz zur katholischen Lehre um die Feststellung, dass die Schrift alles enthält, was zum Heil nötig sei. Im Gegenzug zur Bibelkritik der Aufklärung wurden auch historische Daten in die Lehre von der Irrtumslosigkeit der Bibel einbezogen.[436] Nach diesem Verständnis wird die Bibel materaliter mit dem Wort Gottes identifiziert. Davon abgesehen, dass die Lehre von der Bibel als materialem Wort Gottes nur in völliger Konfrontation mit dem Wahrheitsverständnis der Neuzeit entfaltet werden kann, wird aus theologischer Perspektive hier der Glaube an den dreieinigen Gott durch Glaube an die Wahrheit des Bibelbuchstabens pervertiert.

Zu erinnern ist daran, dass in neutestamentlicher Zeit das Christuszeugnis durch Bezug auf die „Schriften" entfaltet wurde, die später als „Altes Testament" bezeichnet wurden. Die unterschiedliche Wahrnehmung und Auslegung der Schriften führte zur Trennung zwischen jüdischen und christlichen Gruppen. Luthers Auslegungsprinzip („*was Christum treibet*") schließt hier an und sieht in der im Christusgeschehen gewirkten Rechtfertigung des gottwidrigen Menschen Mitte und Auslegungsschlüssel der Bibel. Der Rückgriff auf die Bibel war in der Glaubenstradition nie einheitlich. Die Art des Rückgriffs wurde besonders durch die altkirchliche Lehrentwicklung und die in der Reformationszeit entstandenen und angenommenen Bekenntnisschriften[437] kanalisiert. und spezifiziert. Das protestantische Schriftprinzip (*sola scripura*) wurde als Kritik an der katholischen Lehre von den beiden Offenbarungsquellen „Schrift und Tradition" sowie der Kritik am Auslegungsmonopol des Lehramtes entwickelt. Die Entwicklung der historischen Bibelkritik war im Protestantismus verbunden mit einer Krise des Schriftprinzips.

In der klassischen protestantischen Dogmatik wurde die Lehre von der Schrift in den Prolegomena (Vorbemerkungen) behandelt. Unterschieden wurde zwischen dem *Rechtfertigungsartikel als Materialprinzip* und dem *Formalprinzip* Schrift als „normative[m] Beweisgrund für die einzelnen Aussagen der Dogmatik."[438] Anders gesagt: die Prinzipien sola fidei (allein durch Glauben); solus Christus (Christus allein) und das Prinzip sola scriptura (die Schrift allein) erschließen sich wechselseitig. Der Satz „*Es steht geschrieben.*"

---

[435] Käsemann, Ernst: Begründet der neutestamentliche Kanon die Einheit der Kirche? In: Ders.: Exegetische Versuche und Besinnungen, Bd. I, Göttingen [6]1970, 214-223.
[436] Vgl. Steiger, Johann Anselm: Art. „Schriftprinzip", Bd. 7, RGG[4], Sp.1008-1010.
[437] Insbesondere durch die Confessio Augustana von 1530 im Luthertum und durch den reformierten Heidelberger Katechismus von 1563.
[438] Luthardt, Ernst: Kompendium der Dogmatik, Leipzig 1865, [11]1914, 30.

ist allein als Hinweis auf eine theologische Wahrheit unzureichend, wenn er nicht mit rechtfertigendem Glauben und Christusgeschehen in Beziehung gesetzt wird. Das (Miss-) Verständnis von der Bibel als einem allgemeinen Lehrbuch wurde durch die historisch-kritische Forschung destruiert.

Das Schriftprinzip in seiner überlieferten Gestalt wurde im Kontext der historisch-kritischen Forschung zunehmend problematisch. *Schleiermacher* zog vor diesem Hintergrund in seiner Glaubenslehre grundlegende Konsequenzen. Er verlegte die Thematisierung des Schriftbezugs aus den Vorbemerkungen in die Lehre von der Kirche.[439] Als Grundlegung der Dogmatik diente ihm nicht mehr die Lehre der Schrift, sondern die religionsgeschichtlich konstruierte Erlösung durch Jesus von Nazareth. Glaubenslehre wird nun nicht mehr aus der Schrift abgeleitet, sondern umgekehrt wird die Schrift als Buch der Frömmigkeit des Christentums erst durch den Christusglauben in Geltung gesetzt. Danz trifft die Feststellung, dass vor dem Hintergrund der Erkenntnisse der historischen Forschung aus der Bibel als göttlich inspiriertem Buch ein religionsgeschichtliches Dokument wurde und sich damit ihre Funktion für die Theologie änderte.[440] Diese Alternative ist nicht unproblematisch. M.E. muss aus der Perspektive des Glaubens das Verhältnis zwischen einem Verständnis der Bibel als religionsgeschichtlichem und inspiriertem Buch dialektisch verstanden werden.

Ein religionsgeschichtliches Buch ist die Bibel seit ihrer Kanonisierung. Dennoch ist es von Bedeutung, mit welchem Grundverständnis und welchem Interesse sie gelesen bzw. in Gebrauch genommen wird. Aus einer Sammlung von Schriften wurde im nächsten Schritt die Schrift.[441] Bedeutsam ist dabei, dass sowohl die Kanonisierung selbst als der theologisch relevante Aufbau aus der Perspektive des Glaubens mit Blick auf gläubige Rezeption erfolgt ist.[442] Bereits die unterschiedlichen Anordnungen des Kanons intendieren jeweils unterschiedliche Rezeptionen. Daher ist die Unterscheidung bedeutsam, ob die Schrift

- als religionsgeschichtliches Buch gelesen und Aufklärung über die Religionsgeschichte erwartet wird,
- als Teil von Weltliteratur gelesen und Unterhaltung und geistige Anregung erwartet wird,
- als kanonisches Buch gelesen wird und Impulse vom Glauben her zum Glauben hin erwartet werden,
- als heilige Schrift zur Erbauung oder im gottesdienstlichen, liturgischen Zusammenhang gelesen wird.

Dieser sog. hermeneutische Zirkel ist unhintergehbar. Unter postmodernen Aspekten ist kein Leseinteresse per se qualifizierter, es ist aber zu unterscheiden, ob religionsgeschichtliche Aufklärung erwartet wird oder ob anhand der überlieferten in konkreten historischen Zusammenhängen wahrnehmbaren Selbst- und Weltdeutung Impulse für eine neue Wahrnehmung und Deutung des gegenwärtigen Lebens erwartet werden.

Der Kanon hat seinen Grund darin, die Vielfalt der Texte zu begrenzen und zugleich eine Basis für liturgischen Gebrauch und für Auslegungsprozesse zu schaffen. Im theologischen Rückgriff auf rezeptionsästhetische Lesetheorien[443] wird „Inspiration" von

---

[439] Vgl. Danz, Christian: Einführung in die evangelische Dogmatik, Darmstadt 2010, 85.
[440] Vgl. a.a.O., 87
[441] Im Griechischen ist „biblia" ein Plural (Schriften); der lat. Begriff „biblia" ist ein Singular und betont die Einheit (vgl. Körtner, 2010, 67f.).
[442] Vgl. Körtner 2010, 71.
[443] Körtner, Ulrich H.J.: Der inspirierte Leser, Göttingen 1994.

der Textproduktion auf die Textrezeption verschoben. D.h., es wird erwartet, dass der Geist Gottes den Leser biblischer Texte in der Weise inspiriert, dass er zu einem neuen Selbstverständnis gelangt.[444]

„Inspiration" wird in diesem Zusammenhang nicht länger als Zustand verstanden, sondern als ein Vorgang, der sich ereignet, wenn etwas hier und jetzt „Anstehendes" im Rückgriff auf die Bibel, auf Gott hin zur Sprache gebracht wird.[445] Die christliche Gemeinde liest die Schrift nicht als historisches Dokument oder antike Literatur, sondern gewissermaßen als Reflexionsmedium vom Glauben her zum Glauben hin. Der Satz „Es steht geschrieben." ist in diesem Zusammenhang kein abstraktes Wahrheitskriterium, sondern ein heuristischer Hinweis, eine Erinnerung an Vergessenes oder Vernachlässigtes, dessen Geltungsanspruch unter übergreifenden hermeneutischen Kriterien (z.B. „was Christum treibet") immer neu geprüft und erörtert werden muss.

Literatur
- Danz, Christian: Die Schrift als Grundlage der Dogmatik, in: Ders.: Einführung in die evangelische Dogmatik, Darmstadt 2010, 65-88.
- Körtner, Ulrich H.J.: Reformatorische Theologie im 21. Jahrhundert, Zürich 2010, 61-78.
- Leonhardt, Rochus: Grundinformation Dogmatik, Göttingen [4]2009, 179-199.
- Ritschl, Dietrich/Hailer, Martin: Grundkurs christliche Theologie, Neukirchen-Vluyn, [3]2010.
- Steiger, Johann Anselm: Art. Schriftprinzip, in: RGG[4], Sp.1008-1010.
- Surall, Frank: Systematische Theologie, Gütersloh 2009, 37-61.

V.4. Theologische Klärung von Sünde – Schuld – Vergebung

Sünde, Schuld und Vergebung sind Grundworte des Glaubens aber zugleich Worte der Alltagssprache. In diesem Kapitel geht es um die Klärung des Mehrwertes dieser Begriffe in der Lebensdeutung des Glaubens gegenüber ihrer Verwendung im Alltag.

Aufgabe
Stellen Sie Beispiele für den Gebrauch der Worte „Sünde" und „Schuld" in der Alltagssprache zusammen.

Ausgangsthese
In der Unterscheidung von Sünde und Schuld und der Erörterung der Bedingung der Möglichkeit von Vergebung liegt ein spezifischer Beitrag des Glaubens zur Lebensdeutung. Die Säkularisierung der Begriffe Schuld und Vergebung ruiniert ihren theologischen Mehrwert.

Die Rede von der Sünde wird in säkularen Zusammenhängen meist auf kleine Verfehlungen im Alltag (z.B. im Ernährungsbereich) bezogen. Symptomatisch ist die Bemerkung eines Journalisten zum Steuerbetrug eines Prominenten: „Das kann nicht mehr als

---

Huizing, Klaas: Homo Legens. Vom Ursprung der Theologie im Lesen, Berlin u. New York 1996.
[444] Vgl. Körtner 2010, 78.
[445] Vgl. Ritschl, Dieter u. Martin Hailer, 218.

Sünde bezeichnet werden." Nach biblischer Überlieferung ist Sünde eine Verfehlung, die zwischenmenschlich nicht zu vergeben ist.[446]

Zwei Aspekte sind bei der Thematisierung von *Sünde* zu beachten:

1. Es gehört zu den beklagenswerten Erscheinungen einzelner Formen traditioneller christlicher Religiosität, dass die Rede von der Sünde dazu dient, den Menschen mit der Festlegung auf seine sündige Existenz in eine moralische Schwächesituation zu versetzen. Bonhoeffer hat diese Methode scharf kritisiert.[447] Er trat dafür ein, den Menschen nicht bei seinen Schwächen, sondern ihn in seiner Stärke mit Gott zu konfrontieren.

2. Das Schema, den Menschen erst zur Sündenerkenntnis zu führen, um daran die die Erlösungsbedürftigkeit zu verdeutlichen, ist grundlegend zu kritisieren, weil dadurch allenfalls ein moralisches Sündenverständnis bzw. ein juristisch regelbares Schuldverständnis angesprochen wird. So formuliert Bonhoeffer aus theologischer Perspektive den Satz: „Schulderkenntnis gibt es nur aufgrund der Gnade Christi, [...]."[448]

So ist die paradox klingende These theologisch sachgemäß, dass die Selbsterkenntnis als Sünder die Wahrnehmung der Vergebung im rechtfertigen Glauben voraussetzt. Erst unter der Perspektive der grundsätzlichen Annahme als Person kann die Selbsterkenntnis als Sünder erfolgen. Nur dem gerechtfertigten Sünder ist es möglich, seine tiefe Verstrickung in Schuldzusammenhänge wahrzunehmen, ohne daran zu verzweifeln. Das *Sündersein* meint nicht die Summe moralischer Verfehlungen, sondern Existenz im Widerspruch zur gottgewollten Bestimmung. Die umstrittene klassische Bezeichnung *Erbsünde* will dieses radikal nichtmoralische Verständnis von Sünde zum Ausdruck bringen.

Während der Begriff Sünde theologisch nur im Kontext des Gottesverhältnis sinnvoll ist, lässt *Schuld* sich allgemein definieren als Verletzung oder Nichterreichen einer Verhaltensnorm, die mit einer Rechenschaft fordernden Instanz korrespondiert: Schuld bewirkt eine Störung der Gemeinschaftsbeziehung bis hin zur Störung des ökologischen Gleichgewichts. *Vergebung* kann als ein spezifischer Umgang mit Schuld verstanden werden, der sich von Wiedergutmachung, Ignorieren, Vergelten und Nachtragen unterscheidet.[449]

Aufgaben
1. Notieren Sie jeweils die Besonderheiten von Wiedergutmachung, Ignorieren, Vergelten, Nachtragen und Vergeben im Umgang mit Schuld.
2. Stellen Sie Vermutungen über die jeweilige Folge des jeweiligen Umgangs für das künftige Gemeinschaftsverhältnis der betroffenen Parteien an.

V.4.1. Biblische Aspekte

Sünde wird in biblischen Überlieferungen verstanden als Verfehlung der im geoffenbarten Gotteswillen vorgegebenen Lebensbestimmung, als Bestimmung zur Liebe und Gerechtigkeit. *Sünde* als Verfehlung der Lebensbestimmung bezeichnet wesentlich mehr die Erfahrung von Verlorenheit und Scheitern als Ungehorsam oder Aufbegehren

---

[446] Vgl. Körtner, 2010, 45.
[447] Vgl. DBW 8, 510f.
[448] DBW, 6, 126.
[449] Vgl. Härle, a.a.O., 335ff.

gegen Gott.[450] Das erklärt, dass es für biblische Überlieferungen symptomatisch ist, dass *Sünde* im Modus der Klage an Gott vorgetragen wird, und beides, Schuld und Verhängnis umfasst. Paradigmatisch ist die Rede Kains: „Meine Sünde/Schuldfolge /Strafe[451] ist größer als ich tragen kann" (Gen 4,4.13).

Die Gemeinsamkeit der drei im AT verwendeten Begriffe für Sünde (:hata't, awon und paes) bzw. sündigen liegt in dem absichtlichen oder unwissentlichen Verfehlen der Bestimmung, dem Gemeinschaftsverhältnis mit Gott zu entsprechen.[452] Dabei werden Tat und Tatfolge in einem unmittelbaren Zusammenhang gesehen. Die sündige Tat löst die Verstrickung in einen Folgezusammenhang aus, aus dem nur Gott befreien kann, indem er den Folgezusammenhang unterbricht. Paradigmatisch zeigt dies die Erzählung von Kain und Abel (Gen 4). Da nur die barmherzige Gnade Gottes aus dem Folgezusammenhang von Sünde befreien kann, ist die angemessene Reaktion auf die Erfahrung der Macht von Sünde die Klage und Bitte um Befreiung von dieser Macht (vgl. Ps 51).

Konstitutiv für das biblische Denken ist, dass die Schuldgeschichte der Menschheit eine verhängnisvolle Eigendynamik entwickelt. Schuld ist kein moralisches Problem, sondern Grundentscheidung gegen das Gebot eines schöpfungsgemäßen Lebens. Schuldfolge ist somit nicht nur Belastung des Gewissens, sondern zugleich Barriere gegen eine offene Zukunft. Schuld ist Auswirkung von Sünde. In biblischen Texten wird vor allem der Zusammenhang von sündigen Taten und ihren lebensbedrohenden Folgen thematisiert. Der Akzent liegt auf der Bitte um Begrenzung der Schuldfolgen.

Schuldigwerden als Auswirkung der Sünde lässt sich theologisch angemessen nur thematisieren, wenn die Erörterung eingebunden ist in die die Perspektive der Vergebung der Schuld. Nur diese Perspektive macht es möglich, die Heillosigkeit realistisch wahrzunehmen. Die biblische Urgeschichte verweist darauf, dass das, was wir unmenschlich nennen, die Tötung des Bruders, eben nur allzu menschlich ist. Zugleich zeigt sie an der Gestalt des Kain, dass auch der Brudermörder unter Gottes Schutz steht, seine Tötung soll schlimmer geahndet werden als der „normale Mord".

Kann das Kain schützende Gotteswort als Ausdruck von Vergebung verstanden werden? Auf jeden Fall zielt das Gotteswort auf Unterbrechung des Vergeltungszirkels, die dem Leben trotz der Schuld eine neue Chance gibt. Ein sachgemäßer Umgang mit der Sündenerkenntnis ist das Sünden- bzw. Schuldbekenntnis als Ausdruck menschlicher Buße/Umkehrbereitschaft. *Umkehr* bedeutet Öffnung für die (unverdiente) Barmherzigkeit Gottes und ist somit zugleich Ausdruck und Gestalt der Hoffnung.

Die *hebräische Bibel* macht darauf aufmerksam, dass Identität auch, oder gerade auch, über *Erinnerung der Schuld* gewonnen werden kann. Wenn die Wahrheit der eigenen Geschichte ungeschminkt zum Ausdruck gebracht wird, ist die Bedingung der Möglichkeit von Vergebung gegeben und damit eine von der Last der Vergangenheit befreite offene Zukunft.

In der jüdischen Überlieferung nimmt im Blick auf die erinnerte Vergangenheit das Schuldbekenntnis eine zentrale Rolle ein. In der kollektiven Erinnerung der Schuld zeigt sich eine wesentliche Differenz zum Rückgriff auf heroische Erinnerungen als Identitätsstifter, wie sie in den Ursprungsmythen anderer Völker zu finden sind.

---

[450] Vgl. a.a.O., 477f.
[451] Das hebräische Wort „awon" umfasst diese drei Begriffe.
[452] Vgl. Härle, a.a.O., 470f.

Das *Sündenverständnis des NT* (hamartia) ist maßgeblich von Paulus geprägt und verweist auf die Beherrschung durch eine dämonische Macht, die zur Verfehlung des Lebens treibt: „Das Gute, das ich will, das tue ich nicht; sondern das Böse, das ich nicht will, das tue ich (Röm 7,19)". Die biblische Tradition spricht von Verblendung, wenn Unrecht ohne Unrechtsbewusstsein getan wird.

V.4.2. Schuldbekenntnis

In Anlehnung an biblische Sprachformen entstanden in der kirchlichen Praxis kollektive und individuelle Schuldbekenntnisse.
Ein Beispiel für ein biblisches Schuldbekenntnis ist Ps. 106 (Auszug):

> „6 Wir haben gesündigt samt unseren Vätern, haben Unrecht getan, haben gottlos gehandelt. 7 Unsere Väter in Ägypten begriffen nicht deine Wunder, sie gedachten nicht der Menge deiner Gnadenerweise, sie waren widerspenstig am Meer, am Schilfmeer. […]
> 13 Schnell vergaßen sie seine Taten, warteten nicht auf seinen Rat. 14 Sie gierten voller Begierde in der Wüste, versuchten Gott in der Einöde. […]
> 19 Sie machten ein Kalb am Horeb und beugten sich vor einem gegossenen Bild. 20 Sie vertauschten ihre Herrlichkeit mit dem Bild eines Stieres, der Gras frisst. 21 Sie vergaßen Gott, der sie errettete, der große Dinge getan in Ägypten, 22 Wunder im Lande Hams, Furchtbares am Schilfmeer.[…]
> 35 Sie vermischten sich mit den Nationen und lernten ihre Werke. 36 Sie dienten ihren Götzen, die wurden ihnen zum Fallstrick. // 37 Und sie opferten ihre Söhne und ihre Töchter den Dämonen, 38 vergossen unschuldiges Blut, das Blut ihrer Söhne und Töchter, die sie den Götzen Kanaans opferten. So wurde das Land durch die Blutschuld entweiht."[453]

Ein Beispiel für ein neueres christliches Schuldbekenntnis findet sich als Entwurf in Bonhoeffers Ethikfragmenten von 1943. Daraus ein kurzer Auszug:

> „Die Kirche bekennt, ihre Verkündigung von dem einen Gott, der sich in Jesus Christus offenbart hat und der keine anderen Götter neben sich leidet, nicht offen und deutlich genug ausgerichtet zu haben. Sie bekennt ihre Furchtsamkeit, ihr Abweichen, ihre gefährlichen Zugeständnisse. Sie hat ihr Wächteramt und ihr Trostamt oftmals verleugnet. Sie hat dadurch den Ausgestoßenen und Verachteten die schuldige Barmherzigkeit oft verweigert. Sie war stumm, wo sie hätte schreien müssen, weil das Blut der Unschuldigen zum Himmel schrie […]."[454]

Das Beispiel verweist auf die politisch-soziale Dimension von Schuld, an die der Einzelne strukturell Anteil hat. Hierin liegt ein kritischer Impuls gegenüber dem neuzeitlichen Schuldverständnis, das die strukturelle Dimension von Schuldverflechtung ausblendet. In Analogie zur strukturellen Dimension von Schuld wird in befreiungstheologischen Ansätzen[455] der Begriff „strukturelle Sünde" verwendet.
Wichtig ist beim *Schuldbekenntnis* die geschichtliche Konkretisierung, weil ein abstraktes Bekenntnis „wir sind wie alle Menschen Sünder" die Schuld verharmlost. Ein Schuldbekenntnis muss die Opfer benennen und einbeziehen. Nur eine Erinnerung, die Erinnerung des verursachten Leidens ist und Klage und Schmerz zulässt, ist zukunftsfähig, weil Zukunft ansonsten durch Wiederholung der Leiden gefährdet ist.

---

[453] Elberfelder Bibel, 1993.
[454] DBW 6, 129.
[455] Z.B.: Gutiérrez, Gustavo: Theologie der Befreiung, München 1973. Neben der Armut ist die Ökologie ein Beispiel für strukturelle Schuldverflechtung.

V.4.3. Systematische Aspekte

Es gehört zu den Alltagserfahrungen mit dem Phänomen Schuld, dass sie gern verdrängt, verleugnet, auf andere abgeschoben oder auf das juristisch Beweisbare reduziert wird. In der Rechtstradition setzte sich früh der Gedanke der Äquivalenz von Schuld und Sühne durch, der in dem meist falsch interpretierten Satz *„Auge um Auge"* Ausdruck findet. Dieser Rechtssatz zielt darauf, die Sühne auf den Schadensausgleich zu begrenzen und einem Übermaß an Vergeltung entgegenzutreten.

Die eigentliche Problematik des Umgangs mit Schuld fängt da an, wo die Äquivalenz nicht möglich ist. So kann es beim Vergehen gegen das menschliche Leben keinen entsprechenden Ausgleich geben, weil das Leben in Wertmaßstäben nicht messbar ist. Der Äquivalenzgedanke versagt auch, wenn es um soziale, geschichtliche, strukturelle oder ökologische Dimension von Schuld geht. Die moderne Literatur von Kafka über Camus bis Frisch macht deutlich, dass keinem Menschen die Erfahrung von Ohnmacht, Versagen und Schuld erspart bleibt. Jede und jeder ist in eine vielfältige Schuldgeschichte verstrickt, wie die Tragödien des letzten und des begonnen Jh.s erkennen lassen. Während Sühne im modernen Sprachgebrauch auf Ausgleich zielt, bedeutet sie in der Bibel Unterbrechung, Korrektur der verfehlten Ausrichtung, Perspektivwechsel zur Zukunft des Lebens, die von Gerechtigkeit und Schalom bestimmt ist.

Das neuzeitliche Schuldverständnis basiert auf der vom Gewissen geleiteten Verantwortlichkeit des autonomen Subjekts mit der problematischen Annahme, dass das Ich Herr im eigenen Hause sein könne. Im Gegensatz zu dieser individuellen Verengung erinnern die biblischen Texte gleichermaßen an eine überindividuelle Dynamik von Schuld wie an eine Perspektive der Befreiung von dieser Dynamik, die das Subjekt selbst nicht leisten kann. Das moderne subjektive Schuldverständnis steht in Gefahr, diese vom Subjekt nicht beherrschbare Dynamik von Schuld- und Schuldfolge auszublenden.

Es gehört zur Grundunterscheidung zwischen antikem griechischem und christlich-jüdischem Weltbild, dass der Mensch nicht der *Macht des Schicksals* unterworfen ist, wie es in der klassischen Tragödie ihre Ausdrucksform findet. Wohl aber kennt die Bibel das Verhängnis von Schuld und Schuldfolge. Zugleich kennt der Glaube aber die Möglichkeit der Unterbrechung dieses Zusammenhangs, die sich durch „Umkehr" erhoffen lässt.

Die Grunderfahrung des christlichen Glaubens von der Versöhnung schafft nach Dietrich Bonhoeffer die Voraussetzung, der Ambivalenzen der Wirklichkeit und der eigenen Schuldverstrickung realistisch und mutig ins Auge zu sehen. Bonhoeffer hat vor diesem Hintergrund seine Ethik des verantwortlichen Handelns entworfen, zu der der klare Blick auf die eigene Schuldverstrickung ebenso gehört wie die verantwortliche Tat.

Das Spezifikum von Vergebung ist, dass das gemeinschaftsschädigende Verhalten als solches benannt wird. Sie kann die Tat nicht ungeschehen machen, wohl aber die negativen Folgen für die Gemeinschaft aufheben.

Die Vergebungsbitte im Vaterunser setzt voraus, dass der Mensch gegenüber Gott in einem Schuldverhältnis steht, das er selbst nicht lösen kann. Das nachgestellte „wie auch wir vergeben unseren Schuldigern" ist nicht als Bedingung der Vergebung, sondern die Folge.[456]

---

[456] Vgl. Lohse, Eduard: Vater unser. Das Gebet der Christen, Darmstadt 2011, 72.

Literatur
- Danz, Christian: Einführung in die evangelische Dogmatik, Darmstadt 2010.
- Härle, Wilfried: Dogmatik, Berlin/New York ⁴2012.
- Körtner, Ulrich H.J.: Reformatorische Theologie im 21. Jahrhundert, Zürich 2010.

V.5. Deutungen des Kreuzestodes Jesu[457]
Sühne – Versöhnung – Erlösung – Rechtfertigung

In III. 6.3 finden sich allgemeine Beschreibungen zum Verständnis dieser Begriffe.
In diesem Kapitel soll durch Bezug auf theologiegeschichtliche Aspekte das kritische Potential für den Glauben heute erschlossen werden.

V.5.1. Allgemeiner Hintergrund

Im Unterschied zum östlichen Kulturkreis, in dem sich Verfehlungen durch einen Läuterungsprozess im Kreislauf des Lebens und der Wiedergeburten auswirken, kennt die Tradition unseres Kulturkreises als Urbild der ausgleichenden Gerechtigkeit den Gedanken des Endgerichts. Das Endgericht ist der Ort, an dem unabgegoltene Schuld aufgedeckt und geahndet wird. Einen Niederschlag findet dieser Gedanke z.B. in ägyptischen Totenbüchern mit ihrer Bilderwelt, die in Variation auch den jüdisch-christlichen und den islamischen Kulturkreis geprägt hat. Spätmittelalterliche Gerichtsdarstellungen knüpfen an die ägyptischen Modelle an und ersetzen Osiris durch Christus als Richter sowie Anubis (Thot) als Seelenwäger durch den Erzengel Michael.

Ausschnitt aus dem Flügelaltarbild (ca. 1470) von Hans Memling. Zum Thema Seelenwägung s. auch V.10.

---

[457] Einen Überblick über neutestamentliche Deutungen des Todes Jesu gibt das 10. Kapitel des Neutestamentlichen Arbeitsbuches (Becker, Ulrich u.a., Stuttgart ⁴2013).

Erschreckend ist die besonders in der mittelalterlichen Rezeption besonders betonte Perspektive der ewigen Verdammnis, die Luther bis zu seinem sogenannten reformatorischen Durchbruch umgetrieben hat.

Die Rettung des Menschen im Endgericht bzw. durch das Endgericht hindurch ist *das* Thema der frühen Deutungen des Kreuzestodes Jesu.

These
Die Anbindung des Versöhnungshandelns Gottes an den Gewaltakt der Kreuzigung ist im Blick auf neuzeitliches Werte- und Weltverständnis schwer zu vermitteln.
Hinzu kommt, dass nach neuzeitlichem Rechtsverständnis sich ein Mensch bei der Sühne nicht vertreten lassen kann.

Es gehört zu den elementaren Sätzen der Beschreibung christlicher Religion, dass Gott seinen Sohn für unsere Sünden geopfert hat, bzw. Jesus sich für uns geopfert hat. Genau diese Sätze sind oft Anlass für fundamentale Ablehnung des christlichen Glaubens bzw. eine bestimmten Gestalt des Glaubens. Es werde dem Bild eines blutrünstigen grausamen Gottes Vorschub geleistet, die Bestimmung (das Verstehen) Gottes als Liebe bleibe auf der Strecke. Diese These wird auch aus der Innenperspektive des Glaubens vertreten.

Bei der Klärung der traditionellen soteriologischen Begriffe ist jeweils die Beachtung der Zusammenhänge bedeutsam:

- *Rettung bzw. Erlösung* wovon (bzw. aus welcher Situation)?
- *Versöhnung* zwischen welchen Parteien?
- *Rechtfertigung* vor welcher Instanz?

Die Medien geben heute mehr als genug Anschauungsmaterial zur Thematik Erlösung von bösen Mächten, zur Versöhnung auf der Basis eines Endes der Feindschaft, zu Rechtfertigungszwängen und Tribunalen.

Aufgabe
Suchen Sie anschauliche Beispiele für Thematisierungen der Begriffe (Schuld, Sühne, Vergebung, Rechtfertigung) der Gegenwart.

V.5.2. Biblischer Hintergrund

Die früheste Erlösungsvorstellung der nachösterlichen Christusanhänger(innen) war vom Gedanken der baldigen Wiederkehr des Christus und dem Vertrauen auf Rettung durch das damit verbundene Endgericht hindurch bestimmt.

Wenn Paulus in 1Kor 15,3 schreibt, dass Christus für unsere Sünden gestorben ist, wird Erlösung (als Erlösung von der Folge der Sündenschuld) unmittelbar in der Gegenwart wirksam. Entsprechende Bedeutung hat die Beschreibung von der Erlösung aus der Schuldknechtschaft. Grundlegend war der Gedanke von der „Äonenwende", die besagt, dass Christus die Mächte des alten Äons besiegt und damit ein „Neues Sein" begonnen hat, an dem die zu Christus gehörenden Anteil haben. Bei Paulus wie dann auch später bei Luther wird eine Vielzahl von Bildern als Hinweis auf Erlösung und Versöhnung herangezogen, die sich nicht systematisch zusammenfassen lassen. Daneben findet sich in Anlehnung an Jer 31,31-34 der Gedanke des neuen Bundes, der durch Tod und Auferstehung Christi wirklich wurde. In den johanneischen Schriften findet sich zwar für Jesus Christus das Bild vom Lamm Gottes, das die Sünde der Welt trägt (Joh 1,29), insgesamt liegt Erlösung bei Johannes jedoch in der Wahrnehmung seiner Person als Weg, Wahrheit und Leben (Joh 14,6).

Bei der Deutung des Todes Jesu scheiden sich von Anfang an die Geister. In jüdischer Tradition war eine positive Deutung vor dem Hintergrund von Dtn 21,23 problematisch: „Verflucht ist der am Holz stirbt". Für hellenistisch-römische Religiosität ist ein schwacher Gott ein törichter Gedanke. Daher formuliert Paulus in IKor 1,23, dass das Wort vom Kreuz den Juden ein Ärgernis und den Griechen eine Torheit sei.

Alle Überlieferungen vom Tod Jesu sind mit einer theologischen Deutung verbunden, die aus der Perspektive der Auferstehung und des neuen Lebens gestaltet sind. Die Deutung des Todes Jesu im NT geschieht unter Rückgriff auf überlieferte Opfervorstellungen aber auch u.a. im Rückgriff auf Vorstellungen vom Märtyrerpropheten, der seinem Auftrag ohne Rücksicht auf sich entspricht. Eine Deutungshilfe ist der Rückgriff auf den Sühneopferritus (Lev 16). Zentraler Bestandteil ist hier ein Blutritus der Entsühnung wirkt. Die Deutung des Leidens als stellvertretendes Leiden lehnt sich an die Überlieferung vom Gottesknecht (u.a. Jes 53) an. Es ist zu beachten, dass die Anlehnung an „Sühnetodtraditionen" zwar die überwiegende (aber nicht die einzige) Deutungskategorie des Todes Jesu ist.[458] Für eine Alternative zur Deutung von der Sühneopfervorstellung plädieren u.a. Klaus-Peter Jörns, Andrea Bieler und Luise Schottroff (s.u.).

In der alten Kirche wurde das Wirken („Werk") Christi weitgehend als Erlösung von der Macht Todes und lebensfeindlicher Mächte verstanden. Das Ziel der Menschwerdung wurde insbesondere in der Vergöttlichung des Menschen gesehen. Die Anastasis-(Auferstehungs)ikonen der Ostkirche spiegeln diese Vorstellung noch wieder (→ III.4.4.).

V.5.3. Sühneopfer?

In der westlichen Kirche wurde im theologischen Denken des Mittelalters (im Anschluss an Augustin) die mit der (Erb-)Sünde verbundene menschliche Schuldproblematik in den Vordergrund gerückt. Weil die Sünde Gott unendlich beleidigt und seinen Zorn erregt, bedurfte es einer „Satisfaktion", die nur Gott selbst leisten konnte. Der Kreuzestod Jesu Christi wurde in diesem Sinne von *Anselm von Canterbury* als notwendiges und wirksames Versöhnungsgeschehen durch das Sühneopfer Jesu Christi interpretiert. Die Lehrbildung der (westlichen) Kirche hat sich wesentlich an die Sühneopferdeutung angelehnt. Die Sühneopferdeutung klingt in der Erklärung zum 2. Artikel: „Von der Erlösung" in Luthers Kleinem Katechismus ebenso an wie im reformierten Heidelberger Katechismus in *Frage 37* (u.ö.):

> Was verstehst du unter dem Wort »gelitten«?
> Jesus Christus hat an Leib und Seele
> die ganze Zeit seines Lebens auf Erden,
> besonders aber an dessen Ende,
> den Zorn Gottes
> über die Sünde des ganzen
> Menschengeschlechts getragen. (1. Petr 2, 24)
> Mit seinem Leiden (Jes 53, 12 / 1. Joh 2, 2; 4, 10 / Röm 3, 25-26)
> als dem einmaligen Sühnopfer
> hat er unseren Leib und unsere Seele
> von der ewigen Verdammnis erlöst

---

[458] Vgl. Zager, Werner: Der Sühnetod Jesu in der neutestamentlichen Überlieferung, in: Wagner, Andreas (Hg.): Sühne – Opfer – Abendmahl, 37.

und uns Gottes Gnade,
Gerechtigkeit und ewiges Leben erworben.[459]

Die traditionelle Deutung des Luthertums wird in einem streng lutherisch geprägten dogmatischen Lehrbuch des 19. Jh.s wie folgt dargestellt:

> Es gehört zum allgemeinen sittlichen Bewusstsein und hat sich im Opferkult aller Völker niedergeschlagen, dass „die Sünde Strafe als Folge und die Vergebung der Sünde Sühne als Voraussetzung fordert." Dies „hat in Israel einen von Gott geordneten Ausdruck im Sühneopfer gefunden."
>
> Damit hat sich das Vorbild des leidenden Knechts Gottes (Jes 53) in Jesus Christus erfüllt, „der, was die Sünde ihm antat, in seinen Willen aufnahm und zum büßenden und sühnenden Leiden für die Menschheit machte. In diesem Sinn hat dann die apostolische Lehre den Leidensgehorsam und den Kreuzestod Jesu Christi verstanden und gedeutet als das von Gott geordnete und seinem Willen entsprechende, für die sündige Menschheit eintretende und mit Gott versöhnende Sühnopfer des Mittlers."[460]

Während *Luthard* u.a. – trotz der mit der Aufklärung einsetzenden Problematisierung – weitgehend an der traditionellen Gestalt der Sühneopferdeutung des Todes Jesu festhalten, findet sich bei *Friedrich Schleiermacher* eine Relativierung des Sühnegedankens. Er kritisiert die Deutung des stellvertretenden Opfertodes Jesu als für die Menschheit wirksame Sühne und legt den Schwerpunkt nicht auf Versöhnung, sondern auf Erlösung.[461] Diese wird von Schleiermacher nicht am Kreuz, sondern im Gottesbewusstsein Jesu und dessen Wirksamwerden in der Gemeinde verortet.[462] D.h., durch Eintritt in die vom Geist durchdrungene Lebensgemeinschaft der Gemeinde erhält der Gläubige Anteil am Gottesbewusstsein Jesu, das ihn zu einem neuen Selbstverständnis führt.[463] Während die Sühnevorstellung auf Paulus basiert, orientiert sich Schleiermacher mehr an der Christologie des Johannesevangeliums.

Im Anschluss an Schleiermacher rückt *Albert Ritschl* („Rechtfertigung und Versöhnung" 1870) ganz ab vom Modell der göttlichen Strafgerechtigkeit und negiert damit die Notwendigkeit von Sühne und Satisfaktion. Jesu Sendung ist für Ritschl Manifestation der Liebe Gottes. Diese Liebe empfindet Sünde nicht als Anlass zum Zorn. Nicht Gott hat sich vom Menschen, sondern der Mensch hat sich als Folge seiner Sünde ängstlich von Gott abgewendet. Nachdem Christus Gott als (väterliche) Liebe offenbart hat, kann sich der Mensch wieder Gott zuwenden, weil der Gedanke eines strafenden Gottes sich als Irrtum erweist. Jesus hat Gottes Gnade offenbart. In dieser Deutung entfällt der Gedanke des Gerichtes über die Sünde ebenso wie der Gedanke der Stellvertretung.[464]

Rudolf Bultmann (1884-1976) nimmt die grundlegende Kritik von Ritschl auf, setzt aber bei der Deutung des Kreuzes andere Akzente: Bultmann geht es nicht um ein quasi objektives Geschehen der Vergangenheit, sondern um das Wort vom Kreuz, durch das uns *die uns betreffende* „Bedeutung" heute zugesprochen wird. Das Kreuz ist nicht nur Zeichen der Liebe Gottes zu den Sündern, sondern zugleich auch des Gerichtes über die Sünde.[465]

---

[459] Heidelberger Katechismus - Der gesamte Text. Rev. Ausg. 1997; [5]2012:
http://www.heidelberger-katechismus.net/8261-0-227-50.html [23.07.2013].

[460] Luthardt, Christoph Ernst: Kompendium der Dogmatik, Leipzig 1865, [11]1914, 240f.

[461] Nach §11 der Glaubenslehre Schleiermachers ist der Inhalt der Offenbarung auf der das Christentum basiert die durch Jesum von Nazareth vollbrachte Erlösung.

[462] Vgl. Webster, John: Versöhnung, V. Theologiegeschichtlich. In: RGG[4] Bd.8, Sp.1055-1058, 1057.

[463] Vgl. Graß, Hans: Christliche Glaubenslehre I, Stuttgart u.a. 1973, 155f.

[464] Vgl. Joest, a.a.O., 247.

[465] Vgl. a.a.O., 248.

Martin Kähler (1835-1912) orientiert sich in seiner 1907 erschienen Christlichen Lehre „Die Versöhnung durch Christum in ihrer Bedeutung für das christliche Glauben und Leben" wieder stärker an der traditionellen Gestalt der Versöhnungslehre. Allerdings rezipiert er sie mit einer spezifischen Variation, auf die Luthard aufmerksam macht: Im „Werk der Versöhnung [wird] nicht Gott versöhnt, sondern das Verhältn[is] des Menschen zu Gott umgewandelt; aber Gott kann uns nicht mit sich versöhnen, ohne die Schuld der Menschen zur Geltung gebracht u. die Sünde der Welt in ihrer Überführung zugleich im Innersten entmächtigt zu haben. Die Versöhnung aber hat Gott vollzogen in dem Sühnopfer Christi, welches auch ein stellvertretendes Strafleiden in sich fasst."[466]

Karl Barth und in seinen Spuren *Eberhard Jüngel* interpretieren zum einen die Versöhnung am Kreuz als *alle Menschen* betreffendes objektives Geschehen, zum anderen aber als (innertrinitarisches) Geschehen, durch das das Gericht über die Sünde endgültig vollstreckt sei. Das Gottesverständnis ist hier weder vom Gedanken der ausgleichenden Gerechtigkeit bestimmt noch von einer „problemlosen Liebe", der Schuld und Sünde nichts ausmachen.[467] Die durch menschliche Sünde zornige Liebe treibt Gott zum Versöhnungsgeschehen. Gott trägt den tödlichen Streit in sich selbst aus. Er opfert nicht seinen Sohn, sondern im Sohn sich selbst stellvertretend für seine Geschöpfe. Ähnlich hebt *Jürgen Moltmann* hervor, dass das Geschehen trinitarisch gedeutet werden muss. Gott leidet im Sohn und bindet sich an das Todesgeschick des Menschen.[468]
Für *Wilfried Härle* behält das Verständnis des Kreuzestodes Jesu als Sühnopfer seine Bedeutung (nur) als Überwindung der Institution des Opfers.[469]

Paul Tillich grenzt sich deutlich von der traditionellen Deutung ab:

> „Die Versöhnungsbotschaft bedeutet nicht, dass Gott versöhnt werden müsste. Denn wie könnte er versöhnt werden? [...] Seid versöhnt mit Gott, das bedeutet zugleich: seid versöhnt mit den anderen! Nicht aber bedeutet es: versucht, die anderen zu versöhnen, oder versucht, euch mit Gott zu versöhnen, wie es auch nicht bedeutet: versucht, euch mit euch selbst zu versöhnen. Es wird euch misslingen."[470]

Versöhnung geschieht, indem Gott im neuen Sein in Christus die Entfremdung des Menschen von Gott als Grund allen Seins und von sich selbst überwindet. Tillich ordnet Versöhnung der Erlösung unter: Erlösung erfolgt durch die Präsens des mit Christus erschienenen neuen Seins, in dem Versöhnung geschieht.

Aufgaben
1. Versuchen Sie, die Positionen mit eigenen Worten zu beschreiben und zwei bis drei Grundpositionen zuzuordnen. Prüfen Sie, ob sich die folgenden Positionen den bisher genannten zuordnen lassen.
2. Setzen Sie sich mit der Deutung des Todes Jesu als Opfer auseinander und versuchen Sie, eine eigene Position zu formulieren und zu begründen.

---

[466] Luthardt, a.a.O., 265.
[467] Vgl. Joest, a.a.O., 250.
[468] Moltmann, Jürgen: Der gekreuzigte Gott. Das Kreuz Christi als Grund und Kritik christlicher Theologie, München 1972.
[469] Vgl. Härle, a.a.O., 339.
[470] Tillich, Paul: Die neue Wirklichkeit, München 1962, 90 u. 92.

V.5.4. Aspekte der aktuellen Auseinandersetzung zur Sühneopferdeutung

Zwar hat die Sühneopferdeutung die Lehrbildung der (westlichen) Kirche wesentlich geprägt, es darf aber nicht übersehen werden, dass sich im NT auch andere Deutungsmuster finden, auf die auch in der dogmatischen Tradition zurückgegriffen wurde und die in aktuellen Diskursen wieder an Relevanz gewinnen.[471]

Folgende Stichworte beschreiben das Spektrum der Deutungen:

- Sühne
- Stellvertretung
- Loskauf
- Martyrium
- Vorbild

In aktuellen Auseinandersetzungen um die Deutung des Kreuzestodes werden u. a. folgende Positionierungen erkennbar:

Bernd Janowski
Janowski macht darauf aufmerksam, dass es nicht um die äußere Form geht, sondern um die sich darin ausdrückende Frömmigkeit.

> Es kommt „darauf an, verständlich zu machen, dass es im kultischen Opfer um die Begegnung mit dem Heiligen, also etwas Geistiges, […] in den Gegebenheiten von Raum und Zeit geht. Deshalb wäre es falsch, nur der äußeren Form verhaftet zu bleiben und die in ihr sich ausdrückende Frömmigkeit zu übersehen. So wird etwa in Jes 53,7 der leidende Gottesknecht mit einem Schaf verglichen, das zur Schlachtung geführt wird. Dieser Vergleich spricht eine deutliche Sprache, nämlich die Sprache der duldenden Hinnahme von Anfeindung und Gewalt, die den Gottesknecht unbarmherzig treffen. Das Urchristentum sah in dieser Gestalt den gekreuzigten Messias (vgl. Apg 8,32f.), der die Sünden der Welt trägt." (121f.) Vor dem Hintergrund der alttestamentlichen Überlieferung und ihrer Rezeption ist Joh 1,29.36 so zu verstehen, „dass im Geschick des ‚Gotteslamms' Jesus Christus Sühne geschehen ist." (122)[472]

Klaus-Peter Jörns
Jörns sieht in der Abwendung von der Deutung des Todes Jesu als eines Sühneopfers eines „notwendigen Abschied". Er plädiert für einen Rückgriff auf die Vorgaben Jesu, der u.a. zu einer nichtrituellen Sündenvergebung bevollmächtigt habe.[473]

> „Für mich steht fest, dass das Verständnis der Hinrichtung Jesu als (Sühne-)Opfer zur Erlösung der Welt das am meisten problematische Erbe ist, das wir aus der Zeit der sich bildenden christlichen Überlieferungen haben, also aus der Zeit, in der die Jesusüberlieferung von seinen Zeitgenossen theologisch gedeutet worden sind." [474]

---

[471] Sühne (Röm 3,25); Stellvertretung (Jes 53,4f.); Loskauf/ Lösegeld (Mk 10,45); Sterben als Märtyrerprophet (1Thess 2,15); Vorbild (1Petr 2,21).

[472] Janowski, Bernd: Opfer. In: Starke, a.a.O., 119-122. Ausführlich: Ders.: Sühne als Heilsgeschehen, Neukirchen-Vluyn ²2000.

[473] Vgl. Jörns, Klaus-Peter: Notwendige Abschiede. Auf dem Weg zu einem glaubwürdigen Christentum, Gütersloh ³2006; Jörn, Klaus-Peter: Lebensgaben Gottes feiern. Abschied vom Sühnopfermahl. Eine neue Liturgie, Gütersloh 2007, 13f.

[474] Ders.: Lebensgaben, a.a.O. 30.

Im Anschluss daran schreibt *Axel Denecke*:

> „Durch Klaus-Peter Jörns und andere wird jetzt endlich offen gesagt, was ich auch schon
> längst hätte sagen sollen: Die Sühnopfertheorie ist eine mögliche Deutung des Todes
> Jesu, aber sicher nicht die einzige und vor allem nicht die wichtigste."[475]

Denecke nennt vier möglichen Deutungen:
1. Die paulinische Sühneopfertheorie.
2. Die Deutung des Kreuzes als Zeichen des Scheiterns eines religiösen Idealisten, die der Christ sich nicht zueigen machen dürfe.
3. Die Deutung des Kreuzes als Höhepunkt eines Lebens in einzigartigem Gottvertrauen, das Jesus stellvertretend gelebt hat und das wechselseitige Treue zum Ausdruck bringt, die auch der Tod nicht beeinträchtigen kann.
4. Im Anschluss an Bonhoeffer u.a.: Die Deutung des Kreuzes als „Erweis des leidenden und mitleidenden Gottes."[476]

Aus feministisch-theologischer Perspektive plädieren *Andrea Biehler* und *Luise Schottroff* wegen der Verflechtung der Sühneopferdeutung mit der Gewaltgeschichte des Christentums für eine Orientierung an der Märtyrerchristologie (auch in der Abendmahlsliturgie):

> „Jesus war nicht Opfer, sondern Märtyrer. Märtyrer und Märtyrerinnen kämpfen mit
> *Hypomoe*, Ausdauer, gewaltloser Hoffnungskraft. Wo Menschen sich an Märtyrer wie
> Christus erinnern, verwandeln auch sie sich vom Tod zum Leben."[477]

Der Alttestamentler *Manfred Oeming* hält das Festhalten an der Sühneopferdeutung dagegen für unverzichtbar:

> „Das Proprium der neutestamentlichen Aussagen, die sich in der Abendmahlstradition
> verdichten, besteht darin, dass Gott sich selbst in Christus zur Vergebung unserer
> Sünden dahingibt! Das ist der Skandal der Vernunft, gewiss. Aber Theologie darf diesen
> Stein des Anstoßes nicht wegschaffen wollen, sondern hat ihn mit Mitteln des Denkens
> in der Gegenwart neu ins Rollen zu bringen."[478]

Mit der Deutung des Opfertodes Jesu sei das Ende aller Opfer angesagt:

> „Weil aber Gott die Welt durch Christus mit sich selbst versöhnt hat, weil also Gott
> aufgrund seines eigenen Gnadenhandelns eine endgültige Wandlung uns zugute
> geschehen ist, sind Opferkult und Sühneopfer jetzt überflüssig. Die Versöhnung ist
> geschehen, unwiderruflich!"[479]

Diese Aussage sollte nicht zu einer unsachgemäßen Gegenüberstellung von alttestamentlicher Opferreligion und neutestamentlicher Gnadenreligion verleiten. Die Deutung des „Opfers" Jesu als Ende aller Opfer eröffnet eine kritische Perspektive auf alle Opferforderungen, mit welcher Begründung auch immer sie verlangt werden.

---

[475] Denecke, Axel: Die Debatte um das Kreuz, in: EZ 19.2.2012, 24.
[476] Ebd.
[477] Bieler, Andrea und Luise Schottroff: Das Abendmahl. Essen um zu leben, Gütersloh 2007, 215.
[478] Oeming, Manfred: „Fürwahr er trug unsere Schuld." Die Bedeutung der alttestamentlichen Vorstellungen von Sünde und Sündenvergebung für das Verständnis der neutestamentlichen Abendmahlstradition, in: Wagner, Andreas (Hg.): Sühne- Opfer- Abendmahl, Neukirchen-Vluyn 1999, 1-36, 33f.
[479] Oeming, Manfred, a.a.O, 35f.

> **These**
> Den berechtigten kritischen Einwänden zum traditionellen Verständnis des Kreuzes-
> todes Jesu als Sühneopfer kann mit zwei Erklärungen begegnet werden, um den m.
> E. relevanten ideologiekritischen Aspekt des Sühnegedankens zu bewahren.

1. Es ist der exegetische Befund zu beachten, dass Paulus den Kreuzestod *nicht* mit dem traditionellen Sühneopfer identifiziert, sondern ihn in Röm 3,25 vor diesem *Hintergrund* und mit dessen Hilfe deutet. Die Überlieferung vom Sühneopferritual erinnert daran dass die Folgen schuldhaften Tuns nicht nur den oder die Täter betreffen, sondern auch unschuldige Menschen und andere Kreaturen. Darin liegt auch der Grund, warum die Rede von der Sünde theologisch unverzichtbar ist. Da von der Dynamik der Schuldfolge nicht nur der individuelle Täter, sondern immer auch die Gemeinschaf und darüber hinaus die geschöpfliche Welt betroffen ist, verweist die Deutung des Kreuzestodes *nicht als* sondern *aus* der Tradition des Sühneopfers auf die universale Wirkung des Versöhnungsgeschehens. Sie liegt darin, dass die in der menschlichen Sünde wurzelnde Dynamik von menschlicher Schuld- und Schuldfolge mit ihrer Kettenreaktion unterbrochen wird und ein unbelasteter Neuanfang möglich ist.
Dieses Verständnis vermeidet das Ignorieren der Erfahrung von kollektiver Folgewirkung menschlicher Schuld, die im Kontext neuzeitlicher Individualisierungsprozesse zunehmend verdrängt oder ausgeblendet wird.[480]
Die Deutung des Kreuzestodes als Versöhnungsgeschehen tritt an die Stelle des Sühneopfers. Es wir aus dieser Tradition gedeutet, ablöst und überboten.

2. Es ist die theologische Deutung des Todes des Christus als innertrinitarisches Geschehen zu betonen. Ein Bezug auf dieses Verständnis hilft, der Kritik an der Rede vom grausamen Gott zu begegnen, ohne die Grausamkeit der Macht der Sünde zu verharmlosen. Gott hat nicht seinen Sohn geopfert, sondern selbst am Kreuz gelitten. Die Macht der Sünde wird gebrochen, ohne dass Sünde verharmlost wird.

V.5.5. Rechtfertigung[481]

Rechtfertigung ist nach reformatorischem Verständnis das durch das Christusgeschehe gewirkte befreiende Handeln Gottes für den Menschen. Rechtfertigung bewirkt die Konstitution der Person und ihre endgültige Anerkennung vor Gott. Grundlegend ist die Differenz von Person und Werk. Das Werk des Menschen (sein Handeln) kann ihn nicht vor Gott ins Recht setzen. Positiv formuliert: Der Mensch muss sich nicht durc sein Handeln in Recht setzen, weil der gnädige Gott ihn gerecht spricht und damit vom Zwang der Rechtfertigung durch das Handeln befreit. Für die Ethik hat das die Konsequenz, dass die „Rechtfertigung des Sünders [es] verbietet […], die beste Tat aber auch die schlimmste Untat mit dem Ich zu identifizieren, das sie tat.[482]
Hintergrund der Entfaltung des Rechtfertigungsgedankens sowohl bei Paulus als auch bei Luther ist das Bewusstsein von einem kurz bevorstehenden Weltende. In theologi-

---

[480] Zur Deutung: Johannsen, Friedrich: Das Wort vom Kreuz ist eine Torheit, in: Becker, Ulrich u.a.: Neutestamentliches Arbeitsbuch für Religionspädagogen, Stuttgart ⁴2013, Kap. 10.

[481] Luthers reformatorischer Neuansatz wird in III.7 dargestellt.

[482] Jüngel, Eberhard: Das Evangelium von der Rechtfertigung des Gottlosen als Zentrum des christlichen Glaubens. Eine theologische Studie in ökumenischer Absicht, Tübingen 1988, 227.

scher Fachsprache formuliert: Die Lehre wurzelt in einem apokalyptisch-eschatologischen Horizont.

Ist die Rechtfertigungslehre noch aktuell?

Körtner stellt dazu fest, dass diese Ursprungssituation der Lehre heutiges Verständnis erschwert, weil eine Verbindung von Heil und Weltende heute nicht vorstellbar sei.[483] Weiter Anfragen kommen hinzu:

- Ist Luthers Frage nach dem gnädigen Gott nicht ein typisches Produkt des16. Jahrhunderts?
- Ist sie nicht in der kirchlich geförderten Angst vor dem göttlichen Gericht verankert, die im Kontext der Neuzeit zunehmend an Bedeutung verloren hat?
- Wurde diese Frage nicht durch die generelle Frage nach Gott, insbesondere im Zusammenhang mit der Theodizeefrage überholt?

Mit der letztgenannten Frage setzte sich 1963 die Vollversammlung des Lutherischen Weltbundes in Helsinki auseinander. In einer Erklärung wird festgestellt, dass die generelle Frage nach der Existenz Gottes die Frage nach dem gnädigen Gott verdrängt habe. Nun ist die Frage nach der Existenz oder Nichtexistenz Gottes eine sinnlose Frage, wenn nicht geklärt ist, welche Lebensorientierung sich damit verbindet.

Körtner verweist dazu auf eine Äußerung Karl Barths:

> „Es ist […] unter allen oberflächlichen Phrasen unserer Zeit eine der oberflächlichsten die Behauptung: es habe zwar der Mensch des 16. Jahrhundert nach dem gnädigen Gott gefragt, es sei aber der moderne Gott viel radikaler in der Frage nach Gott überhaupt und als solchem begriffen. Als ob es einen Gott überhaupt und als solchen gäbe, als ob das Fragen nach ihm einen Sinn hätte. Als ob Gnade eine Eigenschaft Gottes wäre, die man allenfalls auch einklammern könnte, um unterdessen gemächlich nach seiner Existenz zu fragen! Als ob die christliche Gemeinde und der christliche Glaube an der Existenz oder Nichtexistenz dieses Gottes überhaupt und als solche mir irgendein Interesse hätte!"[484]

Angesichts der aktuellen Fragen ist daran zu erinnern, dass die Besonderheit der reformatorischen Erkenntnis nicht in einer Antwort auf die Frage liegt, wie man einen gnädigen Gott bekommt, sondern in der „Befreiung" von dieser Frage.[485] Die Frage sei insofern überholt, als dass der Mensch rein gar nichts tun könne, um einen gnädigen Gott zu bekommen, aber fest darauf vertrauen kann, dass Gott ihm gnädig ist.

Analog wäre auch gegenwärtig mit der Gottesfrage umzugehen. Es gehe nicht um eine angemessene Antwort auf die Gottesfrage, sondern um die Frage, was die Erfahrung der Wirklichkeit des gnädigen Gottes in der Wirklichkeit der Welt heute behindert.[486]

> Die „vermeintliche Unzeitgemäßheit der christlichen Rechtfertigungslehre [steht] in einem eigentümlichen Widerspruch zum heute allgegenwärtigen Zwang zur öffentlichen Rechtfertigung und Selbstrechtfertigung."[487]

Im Zuge der Säkularisierung wurde zwar die Vorstellung vom Jüngsten Gericht „abgeschafft", dafür sind aber andere Tribunale an seine Stelle getreten. Besonders die Medien wirkten quasi als „oberster Gerichtshof"[488] der permanent Rechtfertigungszwänge evoziere. Hier kann die Rechtfertigungslehre heute eine heuristische Funktion haben,

---

[483] Körtner, Ulrich H.J.: Reformatorische Theologie im 21. Jahrhundert, Zürich 2010, 19 u. 31.
[484] Barth, Karl: KD IV/1, Zürich 1953, 591. Zit. nach Körtner, a.a.O., 38.
[485] Vgl. ebd.
[486] In Anlehnung und Modifikation eines Satzes von W. Mostert (zit. bei Körtner , a.a.O., 39).
[487] Körtner, a.a.O., 34.
[488] Ebd.

die vielfältigen Zwänge zur Selbstkonstitution des Menschen durch Handeln aufzudecken, die den Menschen überfordern.

Eine aktuelle Gestalt der Rechtfertigungslehre entwarf *Paul Tillich*:
Paul Tillich sieht in der Rechtfertigung den wichtigsten Ausdruck des protestantischen Prinzips, dass beinhaltet, dass in der Beziehung Gott-Mensch Gott allein handelt. Er löst in seiner Interpretation von Rechtfertigung diese aus ihrer geschichtlichen Verknüpfung mit dem Gedanken des bevorstehenden Endgerichts. Im Blick auf ein gegenwärtiges Verständnis empfiehlt er, den Begriff Rechtfertigung durch den Begriff „Annahme" im Sinne von Angenommensein zu ersetzen.[489] Rechtfertigung „ist die unmittelbare Folge der Versöhnungslehre und das Herz und Zentrum der Erlösung."[490] Sie ist göttliches Handeln, „in dem Gott den annimmt, der unannehmbar ist".[491] Rechtfertigung ist gebunden an die Kraft des in Christus erschienen neuen Seins, die den Glauben als „Annahme der Annahme durch Gott" möglich macht. Die Formel „Rechtfertigung aus Gnade durch den Glauben" sichert, dass „Glaube" nicht als Werk des Menschen erscheint.[492] Ausgangslage ist für Tillich die veränderte existentielle Grundfrage. Luthers Frage nach dem gnädigen Gott habe sich verlagert auf die Frage nach der Gewissheit der Existenz. In der Spur der Rechtfertigungsbotschaft sei Gewissheit (Mut zum Sein) nicht durch Taten zu sichern, sondern könne nur empfangen werden. Tillich erweitert das Rechtfertigungsprinzip vom Glauben auf das Denken: Gerechtfertigt sei auch der Zweifler, weil hinter dem Zweifel immer schon der Glaube an die Wahrheit liege. Rechtfertigung kommt zum Ausdruck in der Erfahrung des Bejahtseins trotz der Erfahrung der Sinnlosigkeit.[493]

Für *Wilhelm Gräb* leistet die Rechtfertigungslehre die protestantische Profilierung im Gesamtverständnis christlicher Religion. Es gehe um die Ermöglichung der Selbstbehauptung im Kontext ambivalenter Wirklichkeitserfahrung und permanenter Rechtfertigungszwänge. Identität wachse nicht aus der Summe von Lebensleistungen und Verfehlungen, sondern aus der befreienden Zusage Gottes.

> „Die Rechtfertigungslehre spricht den modernen Menschen in seiner Autonomieanmutung an, im Bewusstsein seiner Freiheit. Sie gibt ihm zu verstehen, dass sich diese Freiheit keineswegs von selbst versteht. Individuelle Freiheit muss in der Kraft des Jenseits, aus der selbstbewussten Gründung des Subjekts in der Gottesbeziehung, vollzogen werden. Das geschieht immer im Zweideutigen und Fragmentarischen des endlichen Daseins."[494]

Fazit: In protestantischer Perspektive ist christlicher Glaube Rechtfertigungsglaube. Rechtfertigung ist kein Glaubensartikel neben anderen, sondern der Artikel mit dem der Glaube steht und fällt.
In ökumenischen Bemühungen bleibt die Rechtfertigungslehre trotz vordergründiger Beteuerungen von Gemeinsamkeit ein Problem, das bearbeitet werden muss. „Der ‚Gemeinsamen Erklärung zur Rechtfertigungslehre', die 1999 vom Lutherischen Weltbund und der römisch-katholischen Kirche unterzeichnet wurde zum Trotz erweist sich die Rechtfertigungslehre aller bedeutender Reformatoren bis heute als systemsprengend

---

[489] Vgl. Tillich, Paul: Systematische Theologie, Bd. III, Stuttgart 1966, 258.
[490] Tillich, Systematische Theologie, Bd. II, Stuttgart 1958, 191.
[491] Ebd.
[492] Vgl. a.a.O., 192.
[493] Vgl. a.a.O., 262f.
[494] Gräb, Wilhelm: Sinnfragen, Gütersloh 2006, 86.

und auch hinsichtlich ihrer Konsequenzen für das Kirchen- und Amtsverständnis nicht in den römischen Katholizismus integrierbar."[495]

Literatur

- Beintker, Michael: Rechtfertigung in der modernen Lebenswelt. Theologische Erkundungen, Tübingen 1998.
- Jüngel, Eberhard: Das Evangelium von der Rechtfertigung des Gottlosen als Zentrum des christlichen Glaubens. Eine theologische Studie in ökumenischer Absicht, Tübingen ³1999.
- Körtner, Ulrich H.J.: Reformatorische Theologie im 21. Jahrhundert, Zürich 2010.
- Maurer, Ernstpeter: Rechtfertigung. Konfessionstrennend oder konfessionsverbindend?, Göttingen 1998.
- Sauter, Gerd: Art. Versöhnung, in: EKL 4, Sp. 1165-1169.
- Williams, Rowan: Art. Soteriologie, in: EKL 4, Sp. 292-297.

---

[495] Körtner: Reformatorische Theologie, a.a.O., 21.

V.6. Was ist der Mensch?[496]
Anthropologie aus theologischer Perspektive

Zur Anthropologie (Lehre vom Menschen) tragen heute viele wissenschaftliche Diszi-plinen etwas bei. In diesem Kaptitel geht es um die theologische Perspektive auf den Menschen, um das Verständnis des Menschen als Ebenbild Gottes.

Monreale: Gott und Adam[497]

Beiden Bildern gemeinsam ist die Hervorhe-bung des (männlichen) Menschen[499] und die Andeutung personaler Beziehung durch Sicht-kontakt und Bewegungsgeste. Das unter byzan-tinischem Einfluss erstellte Mosaik aus dem 12./13. Jh. stellt die besondere Beziehung Gott-Mensch in den Vordergrund, bezieht aber in Andeutungen Pflanzen- und Tierwelt ein. Im Renaissance-Gemälde ist die athletische Men-schengestalt hervorgehoben. Michelangelo zielt hier ganz auf die Schönheit und Eleganz des eben Geschaffenen ab.

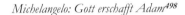

Michelangelo: Gott erschafft Adam[498]

---

[496] Angelehnt an meinen Beitrag Was ist der Mensch? Anthropologische Grundfrage der Gegenwart: jüdisch-christliche Perspektiven, in: Marklein, Steffen und Ursula Rudnick (Hg.): Mensch – Maschine – Gott. Grundfragen der Anthropologie am Beispiel des Golem-Mythos, Rehburg-Loccum 2007, 6-10.

[497] Bildquelle: http://www.orthodoxes-forum.de/viewtopic.php?f=8&t=2694.

[498] Bildquelle: http:// commons.wikimedia.org/wiki/.

[499] Die Darstellungen lehnen sich an Gen 2,7 an. In Gen 1,27 ist von Schaffung von Mann und Frau die Rede.

Was zeichnet das sog. christlich-jüdische Menschenbild aus?

Wenn wir heute nach den Grundgedanken des christlich-jüdischen Menschenbildes
fragen, geschieht das im Kontext einer Debatte, in der die Wahrheit dieser Tradition
fundamental in Frage gestellt wird. Die Speerspitze dieser Destruktion beruft sich auf
Forschungsergebnisse von Neurowissenschaft und Biotechnologie, denen zufolge die
Auflösung dieses Menschenbildes entschieden sei.

> „Die moderne Hirnforschung ist aufregend und bietet uns viele neue Chancen, unser
> Leben zu verbessern. Sie wird aber auch eine größere Veränderung im allgemeinen
> Menschenbild mit sich bringen als jede andere wissenschaftliche Revolution vor ihr."
> Und einige Zeilen weiter heißt es, dass bisher das christliche Menschenbild die
> Alltagsmoral bestimmt habe. „Die neurowissenschaftliche Anthropologie hat dieses
> Menschnbild unwiderruflich aufgelöst."[500]

Was zeichnet dieses Menschenbild aus, das angeblich so unwiederbringlich am Ende
ist? Die Frage nach der „conditio humana", nach dem, was das Menschsein des Menschen ausmacht, ist eine der ältesten Menschheitsfragen.

Die antike Philosophie sah die Besonderheit des Menschen in seiner Vernunftbegabung
als „animal rationale" (vernünftiges Wesen) und in seiner Sozialität als „zoon politikon"
(politisches/soziales Wesen). In religiöser Perspektive wurden die Beseelung und Fähigkeit zum Transzendieren in den Vordergrund gestellt. Die wichtigsten Kennzeichen
des jüdisch-christlichen Menschenbildes, die wirkmächtig auch für das durch die Aufklärung geprägte Menschenbild der Moderne wurden, gehen auf die biblische Texte
Genesis 1-2 und Psalm 8 zurück.

> „Was ist der Mensch?", so fragt der Beter von Psalm 8 in Vers 5. In den Versen 6 und 7
> wird darauf geantwortet, dass der Mensch zu den Kreaturen Gottes gehöre, er aber mit
> besonderer Würde begabt sei, durch die er sich nur wenig von den „Geschöpfen des
> Himmels" unterscheide: „Du machtest ihn wenig geringer als Engel, mit Ehre und
> Hoheit kröntest du ihn." Es folgt dann die Bestimmung der Funktion des Menschen als
> Stellvertreter Gottes auf Erden: „Du setztest ihn zum Herrscher über das Werk deiner
> Hände, alles hast du im unter seine Füße gelegt." Prägend für das Verständnis des
> Menschen als herausgehobenem Geschöpf wurde auch die Bestimmung in Gen 1,26-27:
> „26 Und Gott sprach: Lasset uns Menschen machen, ein Bild, das uns gleich sei, die da
> herrschen über die Fische im Meer und über die Vögel unter dem Himmel und über das
> Vieh und über alle Tiere des Feldes und über alles Gewürm, das auf Erden kriecht.
> 27 Und Gott schuf den Menschen zu seinem Bilde, zum Bilde Gottes schuf er ihn; und
> schuf sie als Mann und Weib.
> 28 Und Gott segnete sie und sprach zu ihnen: Seid fruchtbar und mehret euch und füllet
> die Erde und machet sie euch untertan und herrschet über die Fische im Meer und über
> die Vögel unter dem Himmel und über das Vieh und über alles Getier, das auf Erden
> kriecht."

---

[500] Metzinger, Thomas: Unterwegs zu einem neuen Menschenbild, in: Gehirn Geist 11/2005, 50-54, 54.

In diesen Versen findet sich die Grundlage der für das theologische Verständnis des Menschen konstitutiven Rede von der *Gottebenbildlichkeit*. Der Mensch wird dadurch zum Menschen, dass sich Gott zu ihm in Beziehung setzt und ihm seine Aufgabe zuweist. An erster Stelle steht die Relation Gott-Mensch. Der Mensch gewinnt sein Menschsein nicht durch irgendeine in ihm liegende Qualität, Ausstattung (wie Vernunftbegabung) oder Leistung, sondern allein dadurch, dass Gott sich zu ihm in Beziehung setzt, ihn „anredet". In Ps 139,16 heißt es: „Deine Augen sahen mich, als ich noch nicht bereitet war"; wörtlicher übersetzt: „Meinen Golem sahen deine Augen". Dieser Vers weist darauf hin, dass Gott diese Beziehung bereits wahrgenommen hat, als der Beter des Psalms sich noch in embryonalen, ungeformten Zustand befand.

Die Relation Gott-Mensch ist Grundlage der weiteren Beziehungen des Menschen zu seiner sozialen und natürlichen Mitwelt und zu sich selbst. Kriterium dieser Beziehungen ist die im Gedanken der Gottebenbildlichkeit liegende wechselseitige Verantwortung. Jeder Mensch ist in Analogie und in Beziehung zu Gott geschaffen, der sich einer Definition entzieht: Gott „ist" Sein im Werden – ebenso der Mensch.

Gottebenbildlichkeit hat mehrere Dimensionen. In Verbindung mit altorientalischen Königsideologien verweist Ebenbildlichkeit auf die Funktion eines stellvertretenden Herrschers.[501] Wenn in der Antike das Bild eines Herrschers aufgerichtet wurde, sollte damit zum Ausdruck gebracht werden, wer in einer Region das „Sagen" hat. So repräsentiert der Mensch als Mandatar Gott, den eigentlichen Herrscher über die Erde und ist zur verantwortlichen Haushalterschaft verpflichtet. Die Rede vom Bild Gottes verweist in Verbindung mit dem Bilderverbot zudem darauf, dass das Geheimnis des Menschen ebenso zu bewahren ist wie das Geheimnis Gottes. Schließlich verweist Ebenbildlichkeit auf den Charakter des Menschen als Gemeinschaftswesen. Zugleich widerspricht diese Bestimmung jedem Versuch, eine hierarchische Ordnung der menschlichen Gemeinschaft als gottgewollt zu begründen.

Im Kontext antiken Denkens liegt eine *Besonderheit* der biblischen Darstellung gerade in der undifferenzierten Rede vom Menschen. Konstitutiv sind nicht die Differenzen, weder zwischen Mann und Frau, zwischen Berufsgruppen, zwischen ethnischen Zugehörigkeiten, noch zwischen Herrschern und Beherrschten, Freien und Sklaven. Die Erinnerung an diese unspezifizierte Deutung *des* Menschen hat wirkungsgeschichtlich das Menschenbild der Moderne wesentlich mitgeprägt. Die dem Menschen von Gott zugesprochene Würde wird in säkularer Deutung zur nicht ableitbaren und nicht zur Disposition stehenden Würde jedes Menschen, die im Unterschied zum Wert keine quantifizierbare Größe ist. Auch wenn die philosophische Tradition der Aufklärung an christliche Deutungen anknüpft, muss auf die erkenntnistheoretische Differenz hingewiesen werden: Aus christlich-theologischer Perspektive kann der Mensch die Wahrheit über sich selbst nicht mit seinen Erkenntnismöglichkeiten erschließen. Sie muss ihm gesagt werden.[502]

Die Auslegung von „Gottebenbildlichkeit" ist gemeinsamer Bezugspunkt christlicher und jüdischer Anthropologie.

Im NT (Kol 1,15) wird die Tradition der Gottebenbildlichkeit aufgenommen und auf Christus bezogen: Wenn er als das Bild des unsichtbaren Gottes bezeichnet wird, ist in dieser Formulierung die platonisch geprägte Struktur von Urbild und Abbild erkennbar. Zugleich wird Jesus Christus danach als *das* Bild des Menschen gedeutet, das der göttlichen Bestimmung des Menschseins entspricht.

---

[501] Vgl. Westermann, Claus: Genesis, Kapitel 1-11, Neukirchen-Vluyn ²1976, 211.
[502] Vgl. Barth, Hans-Martin: Dogmatik, a.a.O., 482.

Exkurs: Gottesbild, Menschenbild und Bilderverbot

Rafael: Ezechiels Vision[503]

Auf die Wahrung des Geheimnisses und damit der Unverfügbarkeit Gottes ziet die Bilderlosigkeit im Dekalog. Rafael (1483-1520) „umgeht" wie viele Renaissancekünstler das Bilderverbot, indem er eine biblische Szene, hier eine prophetische Vision zur Darstellung bringt. Im ersten Jahrtausend war dieses Vorgehen undenkbar.

Ezechiel sieht in Ez 1 vier Gestalten: eine hatte ein Menschengesicht, eine ein Löwengesicht, eine weitere das Gesicht eines Stiers und die vierte ein Adlergesicht, jede Gestalt hatte zwei Flügel. (Ez 1,10); außerdem sieht er auf einem Thron eine Gestalt mit dem Aussehen eines Menschen: „Das war das Aussehen der Gestalt der Herrlichkeit des HERRN" (Ez 1,28b).

Vor dem Hintergrund des Bilderverbots (Ex 20,4 u. Dtn 5,8f.) war die Entwicklung religiöser Bilder zurückhaltend und in den folgenden Jahrhunderten mit vielfältigen Konflikten verbunden. Trotz Vorbehalten setzt sich ab dem 4. Jh. das Christusbild durch (→ V. 2.).

Im sog. *byzantinischen Bilderstreit* (8. Jh.) wurden Kultbilder verboten und vielfach zerstört. Unter Anleitung von *Johannes von Damaskus* (ca. 700-753) wurden die Grundlagen der Ikonentheologie der Ostkirche entwickelt. Basis ist Kol 1,26, wonach Christus das Bildnis des unsichtbaren Gottes ist. Die (der Vorschrift entsprechende und geweihte) Ikone ist Transparent des Urbildes, ihre Anschauung und Verehrung dringt zum Urbild durch.[504] Nicht zur Anschauung und Verehrung, sondern zur Erbauung und Belehrung diente dagegen das religiöse Bild in der Westkirche. Bis zum 12. Jh. galt auch hier in Entsprechung zu Kol 1,26 das Christusbild als Gottesbild. Anschließend entstehen Darstellungen von Gottvater, während das Christusbild zunehmend menschliche Züge gewinnt.

Das Gottesbild (alter Mann mit weißem Bart) wurde vom 13.-15. Jh. in der Kunst ohne theologische Einsprüche von Künstlern „erfunden".[505]

Möglicherweise haben antike Zeusdarstellungen Pate gestanden. Eine andere Tradition findet sich in dem Mosaik aus Monreale (11. Jh.). Es zeigt eine Gottesdarstellung, die sich deutlich an das traditionelle Christusbild anlehnt.

Mit der Lehre von Gott (Theologie) verbindet sich das spezifisch christliche Verständnis der Lehre vom Menschen (Anthropologie).

---

[503] Bildquelle: The Yorck Project: 10.000 Meisterwerke der Malerei. DVD-ROM, 2002.

[504] Vgl. Adam, Alfred: Lehrbuch der Dogmengeschichte, Bd. 1: Die Zeit der alten Kirche, Gütersloh 1965, 369ff.

[505] Wagner, Christoph: Der unsichtbare Gott- Ein Thema der italienischen Renaissancemalerei? In: Wagner, Andreas, Hörner, Volker u. Günter Geisthardt (Hg.): Gott im Wort - Gott im Bild. Bilderlosigkeit als Bedingung des Monotheismus, Neukirchen-Vluyn 2005,113-142, 113.

Ein wesentlicher Grund dieser Verknüpfung ist der Gedanke der Gottebenbildlichkeit (Gen 1,26), den ein Mosaik der Kathedrale von Monreale (Sizilien) in Szene setzt (siehe oben).

Aspekte biblischer Anthropologie

a) Der Mensch als Ebenbild Gottes ist nicht als Abbild, sondern als Widerspiegelung Gottes zu verstehen. Er hat Anteil an göttlicher Würde und Freiheit (Weltoffenheit) und ist Vertreter/ Mandatar Gottes auf Erden. Max Frisch hat in seinen Tagebüchern und im Drama „Andorra" die Bedeutung des biblischen Bilderverbotes in der Übertragung auf den Menschen thematisiert. Wenn ein Mensch auf ein Bild festgelegt wird, wird nicht nur Entwicklungsfähigkeit und Freiheit begrenzt, es kann übertragen oder unmittelbar die Lebendigkeit zerstören.

b) Der Mensch ist als Mann-Frau geschaffen. Diese Aussage hat zwei Aspekte. Die beiden Geschlechter sind unterschieden, stehen aber nicht in Hierarchie zueinander und alle weiteren Differenzierungen politisch-sozialer Art sind durch menschliches Handeln bestimmt und können nicht mit dem Verweis auf Gottes Willen legitimiert werden.

c) Schließlich ist Menschsein durch Generationenfolge und die Beziehung Gott-Mensch-Mitmensch bestimmt.

Exkurs: „Gottebenbildlichkeit" in dogmatischer Tradition

Die Darstellung von Gen 1 ist in der Entwicklung des alttestamentlichen Schöpfungsglaubens eine im Kontext des babylonischen Exils konzipierte lehrhafte Erzählung, die in Anknüpfung und Widerspruch zu überlieferten Welt- und Menschenbildern, insbesondere im Blick auf die babylonische Tradition (Enuma Elisch) gestaltet ist. So knüpft die in Gen 1,26ff aufgenommene Vorstellung der *Gottebenbildlichkeit* des Menschen an altorientalische Vorprägungen an, widerspricht ihnen aber darin, dass nicht nur dem König, sondern der Gattung Mensch – als Mann und Frau – diese Würde zukommt. Die Intention mit der der Mensch geschaffen wird, liegt im Gegensatz zum babylonischen Schöpfungsepos nicht in der Bestimmung Arbeit für die Götter zu erledigen, sondern wie ein Hirte im Auftrag Gottes verantwortlich zu herrschen.[506]

> In diesem Zusammenhang ist darauf hinzuweisen, dass für die theologisch geprägte Bildungstradition der Gedanke der Gottebenbildlichkeit in dem Sinne grundlegend wurde, dass das von Gott gewährte unverfügbare Personsein jedes Menschen die Fähigkeit zur Bildung zum verantwortlichen Subjekt impliziert.
> Seit Comenius wird der Gedanke der Gottebenbildlichkeit außerdem dahingehend entfaltet, dass der Mensch als Mitarbeiter Gottes selbst schöpferisch am andauernden Prozess der Schöpfung teilnimmt (→ IV. 9.).

Die Lehre vom Menschen als *Imago Dei* (Abbild Gottes) wurde zentral für die christliche Anthropologie. Westermann macht darauf aufmerksam, dass wohl kaum eine Stelle des AT größeres Interesse in der dogmatischen Tradition gefunden habe.[507] Ausgehend von Irenäus (→ III. 2.2.4.) wird der aus dem AT nicht ableitbare Gedanke vertreten, dass die Gottebenbildlichkeit des Menschen durch den Sündenfall verloren gegangen sei. Die Begründung wurde spekulativ aus der Auslegung der beiden hebräischen Worte

---

[506] Vgl. Zenger, Erich: Gottes Bogen in den Wolken, Stuttgart 1983, 91.
[507] Vgl. Westermann, Genesis 1-11, a.a.O., 204.

(*zelem* und *d'mut*) hergeleitet. Die beiden Worte für „Bild" aus Gen 1,26 werden griechisch mit *eikon* und *homoioma*, lateinisch mit *imago* und *similitudo* wiedergegeben. Die unterschiedliche Auslegung der Begriffe wurde Grundlage der Lehre, dass die übernatürliche Bildhaftigkeit (imago) mit dem Sündenfall verloren gegangen sei, die natürliche Ähnlichkeit (similitudo) aber erhalten geblieben sei.

Ausdruck fand diese Lehre in der Differenzierung zwischen dem *Status integritatis*, dem Urzustand, in dem der Mensch ganz dem Willen Gottes entsprach, und dem *Status corruptionis* nach dem Sündenfall. Außerdem wurde Gottebenbildlichkeit einseitig auf die geistige bzw. leibliche Seite des Menschen bezogen. M. Luther und auch K. Barth haben dagegen betont, dass Gottebenbildlichkeit den ganzen Menschen meint und ihren Ausdruck in der Gottesbeziehung finde.[508]

In der protestantischen Theologie wurde die anthropologische Grundfigur „Gottebenbildlichkeit" verbunden mit dem *Gewissen* als Ort der Rechtfertigung und Verantwortung der Freiheit, zu der der Mensch befreit ist. Rechtfertigung ist als Befreiung vom Zwang zur Selbstkonstitution durch Leistung auszulegen. Darin liegt das Personsein des Menschen begründet. Diese Freiheit der Person ist auf *Bildung* hin angelegt. Durch Bildung wird die Person zum handlungsfähigen Subjekt (→ IV.9.). Im Unterschied zur klassischen aristotelischen Anthropologie ist der Mensch nicht das, was er aus sich macht. Vielmehr bestimmt das schöpferische, befreiende und rechtfertigende Handeln Gottes das Sein des Menschen. Gleichwohl ist der Mensch hinsichtlich seiner Bestimmung immer ein Werdender. Moltmann sieht in der Würde eine eschatologische Bestimmung. Der Mensch wird nicht festgelegt auf das, was er ist, sondern ist durch die Möglichkeit bestimmt, die Gott ihm gibt. Im Unterschied zu einer Vielzahl überkommener Differenzierungsversuche von Geist-Leib-Seele o.a. ist der Mensch nach biblischer Vorstellung eine leib-seelische Einheit.

Wie schon erwähnt wurde, wird Christus im NT als der einzig gottentsprechende Mensch bezeichnet, in dessen Gottebenbildlichkeit die Menschen einbezogen werden.[509] Bildung ist aus theologischer Perspektive daher im Grundsatz Bildung nach dem Bild Christi.

Das neuzeitliche Verständnis von Menschenwürde hat zwei Wurzeln in der Antike. In der Linie der griechischen Tradition liegt der Hauptakzent auf der Selbstachtung des Individuums. Die jüdisch-christliche Tradition ergänzt diese Bezogenheit auf das Individuum um die Akzentuierung des Anderen. Selbstliebe und Nächstenliebe werden aufeinander bezogen. Achtung und Fürsorge gelten so auch denen, die zur Selbstachtung nicht fähig sind.

„Gottebenbildlichkeit" macht auf die *Grenzen der Definitionsmacht* des Menschen aufmerksam und auf das Geheimnis des Menschseins, das sich der Bemächtigung durch exakte Festlegungen entzieht. Die mit diesem Verständnis von Gottebenbildlichkeit korrespondierende Kategorie „Menschenwürde" impliziert darum auch die Unverfügbarkeit des Ursprungs und des Endes. Menschenwürde gilt ohne jede soziale Differenzierung für jeden Menschen. Im Kontext neuzeitlicher Philosophie hat *Immanuel Kant* (1724-1804) *Menschenwürde* als eine zentrale normative Idee entfaltet.

Auch wenn die metaphysische Begründung der Anthropologie mit der Aufklärung wegfiel, hielt Kant am Konstrukt „Menschenwürde" als einer unverfügbaren Grundlage (Axiom) fest. *Würde* ist jeder menschlichen Person zu eigen. Wichtigste Signatur der Würde des Menschen ist seine hervorgehobene Stellung als Vernunftwesen bzw. Träger

---

[508] Vgl. a.a.O., 207f.
[509] Vgl. Jüngel, Eberhard: Die Freiheit eines Christenmenschen, München 1978.

von Geist, Sittlichkeit und Gewissen. Menschenwürde kommt aber unabhängig von seiner Fähigkeit jedem einzelnen Menschen in seiner Individualität zu. Der Mensch ist *Zweck an sich selbst* und muss deshalb vor einer Instrumentalisierung geschützt werden, die dieser Selbstzweckhaftigkeit zuwiderläuft. D.h. der Mensch darf nicht verdinglicht oder als Mittel für andere Zwecke oder fremde Interessen gebraucht werden. Kant hat den Begriff der *Würde* abgegrenzt vom ökonomisch verrechenbaren *Wert*. Der ökonomische Wert lässt sich durch etwas Äquivalentes ersetzen bzw. ausgleichen. Ein Wesen, dem Würde zukommt, kann dagegen weder verrechnet noch ausgetauscht oder ersetzt werden.

Nach diesem Grundverständnis ist die Definitionsmacht über das Daseinsrecht des anderen dem Menschen entzogen. *Würde* ist zudem ein Beziehungsbegriff. D.h., würdeloser Umgang mit der Würde des anderen beschädigt die eigene. In der Tradition abendländischer Ethik wurde die Unantastbarkeit der Menschenwürde zur Grundlage des Grundgesetzes der Bundesrepublik Deutschland. Die verfassungsrechtliche Interpretation der Würde des Menschen gründet im dem Menschen zugeschriebenen Personsein, das dem menschlichen Wirken entzogen ist. Dieser Schutz der menschlichen Würde bezieht sich gerade auf den Schutz der menschlichen Person in ihrer Unvollkommenheit und Unzulänglichkeit. Daher kommen aus dieser Perspektive vor allem das werdende menschliche Leben, wie das zu Ende gehende Leben in den Blick.

Im 20. Jh. wurde die Frage nach der Bestimmung des Menschen aus der Perspektive verschiedener Disziplinen wie Biologie, Medizin, Philosophie und Theologie unterschiedlich, z.T. neu akzentuiert und beantwortet. So stellte *Arnold Gehlen* (1904-1976) aus der Evolutionsperspektive die Nichtanpassung des Menschen an eine spezifische biologische Umwelt in den Vordergrund und definierte den Menschen als „Mängelwesen", das sich aber gerade wegen dieses Mangels durch Weltoffenheit auszeichne, weil es gelernt habe, den Mangel durch kulturelle Gestaltung zu kompensieren. Weltoffenheit wird in vielen Konzepten zur Anthropologie im 20. Jh als entscheidende anthropologische Bestimmung verstanden (so auch bei Max Scheler).

Heute wird die verallgemeinernde anthropologische Frage nach dem Menschen in einer Vielzahl von Perspektiven gestellt: die geschlechtsspezifische, die ethnologische, die der Verhaltensforschung, die soziokulturelle, die biologische etc. Besondere Aktualität haben die oben erwähnten Konsequenzen aus der Hirnforschung. Dazu gehören Fragen nach der Konstitution von Bewusstsein und Selbstbewusstsein, aber auch relevante Definitionen von Beginn und Ende menschlichen Lebens.

Aktuelle Aspekte

Die Auseinandersetzung um die Anthropologie ist gegenwärtig von zwei bedeutsamen Aspekten bestimmt, unter denen die alten Fragen nach Freiheit und Bestimmung des Menschen neu gestellt werden. Im Hintergrund stehen dabei die Entwicklung der Medizintechnik und die Hirnforschung. Mit Ausnahme von „Züchtungsversuchen" des NS-Regimes ist im evolutionären Prozess die Entwicklung der Gattung Mensch bisher dem Zufall überlassen worden. Mit dem Potential der Gentechnik wird die Option einer gezielten Veränderung des menschlichen Erbgutes (Eugenik) zur realistischen Möglichkeit. Während der Einsatz von gentechnischen Methoden zur Heilung *einzelner* Menschen ethisch relativ unproblematisch ist, spitzt sich die Problematik zu, wenn die Möglichkeiten von Eingriffen in die Keimbahn erwogen werden, um z.B. Krankheitsursachen dauerhaft zu begegnen. Jürgen Habermas spricht in diesem Zusammenhang von der Gefahr einer Selbstinstrumentalisierung des Menschen, wenn die Grenze zwischen heilenden und eugenischen Maßnahmen nicht eingehalten werde. Für die Zukunft des Menschseins steht Entscheidendes auf dem Spiel. Die Grundlagen der moralischen Autonomie liegen darin, dass der Ursprung des Menschen unverfügbar ist. Wird der Mensch ein Geschöpf des Menschen, dann kommt nicht nur das Verständnis des Menschen als Geschöpf Gottes, sondern auch das durch die Aufklärung geprägte Menschenbild ins Wanken.

Das durch jüdisch-christliche Tradition geprägte Personverständnis des Menschen impliziert neben der Unverfügbarkeit des Ursprungs ja gerade auch das Recht, für sich und andere ein Geheimnis zu sein. Es ist nicht zu übersehen, dass es in der heutigen wissenschaftlichen Pluralität bei der Erforschung des Menschen aus geistes- und naturwissenschaftlicher Perspektive nicht nur um die Deutungshoheit auf dem Gebiet der Anthropologie geht, sondern auch ökonomische Interessen eine Rolle spielen.

Aus der Perspektive des Glaubens ist festzuhalten, dass Gottebenbildlichkeit und das darauf gründende Menschenbild nicht durch spezifische Eigenschaften, sondern durch die Qualität der Beziehung zu Gott, zu Mitmenschen und zu Mitkreaturen gekennzeichnet ist. Bildhaft gesprochen: Gott schafft den Menschen zu seinem Gegenüber und mutet ihm Freiheit und Verantwortung zu. In säkularer Sprache ist Gottebenbildlichkeit und die damit verbunden Würde des Menschen eine Zuschreibung mit axiomatischem Charakter. Die menschliche Gesellschaft muss entscheiden, was grundlegend gelten soll. Konstitutiv für das Menschenbild des Glaubens bleibt neben der Gottesbeziehung die Differenz zwischen Gott und Mensch. Die das Menschsein von Anbeginn begleitende Versuchung die Differenz zu verwischen und „wie Gott sein zu wollen" (vgl. Gen 23,5), ist nach biblischer Wahrnehmung Ursache und Motor von Gewalt und Gewaltgeschichte.

> Besondere Relevanz hat das Menschenbild als Schnittstelle zwischen Theologie und Erziehungswissenschaften. Die Geschichte der Pädagogik ist wesentlich von dem Menschenbild geprägt, das jeweils als Leitvorstellung bestimmend war. In der neueren Geschichte der Pädagogik wurden die auf Augustin und Rousseau zurückgehenden Menschenbilder zu Antipoden:
> In der Tradition *Augustins* wurde die Vorstellung wirkmächtig, dass die Natur des Menschen als durch den Sündenfall verdorben sei und er entsprechend durch Erziehung domestiziert werden müsse. Der Aufklärer *Jean-Jacques Rousseau* (1712-1778) vertrat dagegen die Überzeugung, dass der Mensch von Natur aus gut sei, aber eine schlechte Gesellschaft ihn schlecht mache. Aufgabe der Erziehung sei es, schädliche Einflüsse zu vermeiden.
> Im Blick auf beide Positionen ist aus theologischer Perspektive zu betonen, dass der Mensch weder schlecht noch gut, sondern vergebungsbedürftig ist. Die Rechtfertigungslehre „definiert" den Menschen von seiner ausstehenden Gestalt. Indem der Mensch aus der Perspektive Gottes gerechtfertigt ist, geht es in Bildung des Menschen um Einübung in verantwortliches Leben vor Gott auf der Grundlage eines befreiten Gewissens.

Exemplarische Unterscheidungen zwischen philosophischer und theologischer Anthropologie

Philosophie	Theologie
Aristoteles: Der Mensch ist, was er aus sich macht.	Der Mensch ist durch Glauben gerechtfertigt; es führt kein Weg vom Tun zum Sein.
Hegel: Der Mensch ist durch sich selbst zur Freiheit bestimmt.	Der Mensch ist zur Freiheit befreit.

Theologische Perspektive	Basisverständnis	Sozial-ethische Perspektive
Rechtfertigung Mensch als befreites Gewissen	Geschöpf unter Mitgeschöpfen (Unterscheidung und Beziehung)	Bewahrung der Freiheit Herrschaftsauftrag (Herrschaftskritik/ Sorge tragen)
unverfügbare Person/Würde	Mensch als Gemeinschafts- und Gattungswesen (vom Menschen geboren.)	Menschenwürde Menschenrecht
Existenz in Beziehung zum Anderen (Gott)	*Mensch als Bild Gottes* = „Spiegel" der Würde Gottes *Nach dem Bild Christi erneuert*	Existenz in sozialer Beziehung Soziale Gestaltung als Gestaltung der Freiheit
Subjektwerdung durch Bildung	Mann und Frau	Recht auf Bildung
Sein im Werden	zur Liebe bestimmt	Offenhalten der Zukunft (Nachhaltigkeit)

Literatur

- Barth, Hans-Martin: Dogmatik. Evangelischer Glaube im Kontext der Weltreligionen. Ein Lehrbuch, Gütersloh 2001, 481-499.
- Biehl, Peter/Johannsen, Friedrich: Der Mensch-Ebenbild Gottes, in: Einführung in die Glaubenslehre. Ein religionspädagogisches Arbeitsbuch, Neukirchen-Vluyn 2002, 133-149.
- Habermas, Jürgen: Die Zukunft der menschlichen Natur. Auf dem Weg zu einer liberalen Eugenik?, Frankfurt a.M. 2001.
- Härle, Wilfried: Zeitgemäße Bildung auf der Grundlage des christlichen Menschenbildes, in: Rudolf Weth (Hg.) Der machbare Mensch. Theologische Anthropologie angesichts der biotechnischen Herausforderungen, Neukirchen-Vluyn 2004, 69-81.
- Moltmann, Jürgen: Menschenbild zwischen Evolution und Schöpfung. In: Altner, G. (Hg.) Ökologische Theologie, Stuttgart 1989.
- Pannenberg, Wolfhart: Was ist der Mensch? Die Anthropologie der Gegenwart im Lichte der Theologie, Göttingen [8]1995 (1962).

- Ritschl, Dietrich/Hailer, Martin: Grundkurs Christliche Theologie. Diesseits und jenseits der Worte, Neukirchen-Vluyn ³2010, 252-265.
- Schoberth, Wolfgang: Einführung in die theologische Anthropologie, Darmstadt 2006.
- Westermann, Claus: Genesis, Kapitel 1-11, Neukirchen-Vluyn ²1976.

V.7. Theologie und Naturwissenschaften (Wiegand Wagner)

Schöpfungstheologie – Selbstverständigung:

Die Schöpfungstheologie ist Auslegung der biblischen Schöpfungserzählungen. Sie führt als Theologie an zentrale Gedanken des Selbstverständnisses christlicher und jüdischer Verständigung in der Summierung und Interpretation dieser Schöpfungsaussagen zu theologischen Konsequenzen im Bekenntnis und in der Selbstwahrnehmung des Glaubens (→ III.4.3.). So beschreiben sich Christen im Bekenntnis und seiner Reflexion als Geschöpfe die in einer Beziehung zum Schöpfer und zu anderen Geschöpfen stehen.

Die Auseinandersetzung mit anderen, außerbiblischen Konzepten ist schon in der sog. priesterschriftlichen Schöpfungserzählung (Gen 1.1-31) spürbar, wo in Kenntnis der konträren babylonischen Weltsicht Sonne, Mond und Sterne nicht als göttliche Kräfte, sondern als geschaffene Dinge in der Schöpfung beschrieben werden. Die Schöpfungserzählungen beziehen sich also durchaus auf vorderorientalische Welterklärungen – nehmen aber in Anspruch, solche Erklärungen in den Rahmen der eigenen Selbstwahrnehmung als Geschöpfe Gottes hineinzunehmen und die Beobachtungen anders zu interpretieren. Der Erzähler von Gen 1 stellt insofern ein Grundmodell des Dialoges zwischen Naturerklärung und unterschiedlichen Selbstwahrnehmungen des Glaubens an Gott vor. Eine systematische Betrachtung dieses Zusammenhangs kann schon hier zeigen, dass „Erklärung" und deutende „Selbst-wahrnehmung" des Glaubens unterschiedliche, aber in einem Bezug stehende „Geistesbeschäftigungen" sind.

Die Entwicklung einer systematischen Schöpfungstheologie hat dieses Gegenüber geklärt und auch deutlich gemacht, dass Schöpfungstheologie keine alternative Welterklärungstheorie gegenüber der modernen Naturwissenschaft sein kann und will, jedenfalls soweit naturwissenschaftliche Theorien und Aussagen auch hinsichtlich ihrer eigenen wissenschaftlichen Logik geklärt sind.

Ein sinnvoller Dialog zwischen Naturwissenschaft und Theologie sollte in diesem Zusammenhang zunächst die gegenwärtigen naturwissenschaftlichen Bemühungen des Weltverständnisses zur Kenntnis nehmen (a), ihren „Erklärungsanspruch" prüfen (b) und die eigenen Aussagen über Schöpfer und Geschöpf im Sinne biblischen Überlieferungen und der leitenden christlichen Axiome[510] klären (c). Keineswegs sollte Theologie sich selbst als Antitheorie gegenüber naturwissenschaftlicher Interpretationen der Weltentstehung (Kosmologie), oder der Veränderungskräfte des physikalischen und biologischen Kosmos (Evolution) entwerfen. Vielleicht ist es eine Hilfe, Theologie als eine andere Sprachmöglichkeit zu verstehen.

---

[510] Ritschl, Dietrich: Logik der Theologie. Kurze Darstellung der Zusammenhänge theologischer Grundgedanken, München 1984. Ders. und Martin Hailer: Christliche Theologie – Diesseits und jenseits der Worte Neukirchen-Vluyn 2010. Besonders: „I 1Biblische Inhalte, Theologie und kirchliche Lehre sind nicht ein und dasselbe", 28-33.

Gottesglaube im Kontext moderner (naturwissenschaftlicher) Weltsicht:
Entscheidend für die zukünftige Dialog- und Anschlussfähigkeit der Theologie und des von ihr reflektierten Glaubens wird sein, ob es gelingt, die biblisch begründete Weitergabe des Glaubens für Menschen verständlich zu machen, die durch naturwissenschaftliche Selbst- und Welterkenntnis geprägt sind.

So sind seit dem Beginn des 20. Jh.s durch die Ergebnisse wissenschaftlichen Nachdenkens einfache Erklärungen der Naturgesetze und einfache Entgegensetzungen von Natur und Mensch oder Natur und Geist nicht mehr angebracht.
In dieser Situation kann und soll sich theologisches Denken darauf einstellen, dass theologische Aussagen und Überlegungen von naturwissenschaftlicher Seite nicht mehr als obsolete Kontra-Behauptungen eines vorwissenschaftlichen Weltbildes betrachtet werden müssen, sondern als Gesprächsbeiträge, deren Plausibilität sich daran messen wird, wieweit sie die gegenwärtigen Erkenntnisse anderer Wissenschaften respektieren und in deren Horizont nachdenken. Grundlegende Fragen an die Theologie lassen sich so formulieren:
Kann theologisches Denken Fremdheiten und Feindbilder in der eigenen Tradition sowie in den bisherigen nichttheologischen oder atheistischen Kritiken des Glaubens sichtbar machen und in ein Gespräch bringen, in dem die naturwissenschaftlich gebildeten Verächter und Befürworter des christlichen Glaubens in der wissenschaftlichen und allgemeinen Öffentlichkeit weiterführende Einsichten gewinnen?
Kann theologisches Denken die eigenen biblischen Grundlagen in Hinsicht auf einen solchen Dialog überprüfen und so reformulieren, dass ihre impliziten Axiome für Menschen mit naturwissenschaftlicher Bildung kenntlich und verstehbar werden?
Kann theologische Argumentation geistige und menschlich relevante Implikationen der modernen Wissenschaft „lesen" lernen und Antworten aus dem gegenwärtigen geistigen und religiösen Leben der Glaubenden suchen und prüfen?[511]

Kommunikation und Korrespondenz zwischen Naturwissenschaft und Theologie:
Beispiel: John Polkinghorne

John Polkinghorne (geboren 1930) ist ein englischer Physiker und Professor. An der physikalischen Kosmologie beeindruckte ihn zunächst die mathematisch erfassbare Schönheit des wissenschaftlich erfahrbaren Kosmos:

> „Wir leben in einer Welt, deren physikalisches Gewebe mit einer transparenten rationalen Schönheit ausgestattet ist. Ich glaube daß die rationale Schönheit des Kosmos tatsächlich den Geist dessen spiegelt, der die Welt am Leben erhält. Die unbegründbare Effektivität der Mathematik beim Erschließen der Strukturen der physikalischen Welt ist ein Hinweis auf die Gegenwart des Schöpfers, den er uns, die wir nach seinem Ebenbild geschaffen sind, schenkt. Ich glaube daß Dirac und Einstein, als sie ihre großen Entdeckungen machten, an einer Begegnung mit dem Göttlichen partizipierten."[512]

---

[511] Ein wichtiges Beispiel für ein solches ‚Lesen' liegt in dem Band vor: Souvignier, Georg u.a. (Hg.): Gottesbilder an der Grenze zwischen Naturwissenschaft und Theologie, Darmstadt 2009. Darin besonders: „Der liebe Gott hinter den Formeln. – Ist Religion glaubwürdig im Zeitalter der Wissenschaft? , 112-124.
[512] Zitiert nach der Webseite http://www.theologie-naturwissenschaften.de/polkinghorne.html; einer Seite der evangelischen Akademie im Rheinland. Diese eignet sich gut als Rechercheansatz für das Thema. Sie enthält eine eigene Seite über John Polkinghorne. Dessen Webseite ist unter http://www.starcourse.org/jcp/ zu finden. Und ermöglicht es, direkt Fragen an Polkinghorne zu stellen.

Nach seiner Pensionierung im Jahr 1979 studierte Polkinghorne Theologie und ließ sich zum Priester der Church of England ausbilden. Zurzeit ist er Canon Theologician der Kathedrale von Liverpool und Priester an der Kathedrale von Canterbury.

Aus der Perspektive beider Fächer ist Polkinghorne zu einem der bedeutendsten Vermittler eines Dialoges zwischen Naturwissenschaften und Theologie geworden. In seinem Buch „Theologie und Naturwissenschaften"[513] stellt er eine Vorlesung vor, die modellhaft vorführt, welche Dialogmöglichkeiten bestehen. Die Vereinbarkeit von naturwissenschaftlicher und theologischer Fachlichkeit ist in der anglikanischen Kirche deutlich selbstverständlicher als in unserer deutschen Wissenschaftsszenerie. Seine Vorlesung führ in die wesentlichen Fragestellungen ein und bietet für naturwissenschaftlich Gebildete auch eine Darstellung der wichtigen mit der Naturwissenschaft gegebenen Aussagen und Probleme der theologischen Tradition. Dabei legt Polkinghorne Wert darauf, dass er als „bottom-up"- Denker auch im Dialog mit der Theologie eher von den Erfahrungen hin zu den Verstehensansätzen und Theorien hin denkt. Seine persönliche Agenda im Dialog zwischen Naturwissenschaft und Theologie fasst er wie folgt zusammen:

- „Wie verstehen wir die natürliche Welt und unser Verhältnis zu ihr? Welche Art des Wissens können wir erreichen? Was ist die Bedeutung des östlichen *maya* – Konzeptes, das man im, Westen oft so versteht, als behaupte es, wir würden in einer Welt leben, die dem Spiel der Illusionen ausgeliefert ist?

- In welchem Verhältnis steht die religiöse Metphysik zur quantentheoretischen Mischung von Struktur und Flexibilität und ihrem Bild eines Netzes untereinander verbundener Ereignisse, welche auch trotz räumlicher Entfernung aufeinander einwirken? Entdecken genuine Anhänger des Hinduismus und Buddhismus dieselbe Konsonanz zwischen der Quantheorie und dem östlichen Denken, wie sie manche im Westen behaupten?

- Wie verhalten sich die kosmische Evolution, die sich über 15 Milliarden Jahre erstreckt, und die biologische Evolution, die sich über vier Milliarden Jahre erstreckt, zu den Schöpfungsgeschichten der Weltreligionen?

- Sind die tiefe Verständlichkeit der physikalischen Welt und die »unbegründete Effektivität der Mathematik« Hinweise auf einen im Kosmos begründeten Plan?

- Verweist die anthropische Feinabstimmung der Naturgesetze in unserem Universum auf eine hinter dem kosmischen Prozess stehende Absicht?

- Wie beeinflussen Einsichten der Neurophysiologie, der Psychologie und der Philosophie unser Verständnis der menschlichen Person? Gibt es ein kohärentes und stabiles Konzept des menschlichen Selbst?

- Welche Bedeutung hat die naturwissenschaftliche Prognose, daß unser Universum einst enden wird?

- Bieten Analogien mit der Gemeinschaft der Naturwissenschaftler irgendwelche Einsichten in die jede Religion prägende Balance von kognitivem Verstehen, expressionistischen Verpflichtungen und einem gemeinschaftlich geführten Leben, die jede Religion prägt?

- Welche Funktion kommt dem bottom-up-Denken , welches, weil es bei der Suche nach Wahrheit von den Phänomenen ausgeht, Naturwissenschaftlern so

---

[513] Polkinghorne, John: Theologie und Naturwissenschaft – Eine Einführung. Gütersloh 2001.

selbstverständlich vorkommt, in der intellektuellen Reflexion religiöser Behauptungen zu?"[514]

In seinem Buch ist Polkinghorne daran gelegen, die religiöse Tradition auch den naturwissenschaftlich Denkenden verständlich zu vermitteln und als eigene, persönlich verantwortete Lösungen zu vertreten. Im Abschlussteil seines Buches Kp. 8 „Die Suche nach Wissen und Weisheit"[515] stellt er seine Überlegungen jedoch in einen weiteren Rahmen:

> „Die Naturwissenschaften sind ebenso Teil der menschlichen Kultur, wie sie umgekehrt eben diese beeinflussen. Aber ihr Bewertungsmaßstab ist allein ihre Begegnung mit der natürlichen Welt. Auch die Theologie ist Teil der menschlichen Kultur. Auch sie wird von der allgemeinen Kultur beeinflußt und übt zugleich einen Einfluss auf diese Kultur aus. Aber ihr Bewertungsmaßstab ist allein ihre Begegnung mit der Wirklichkeit Gottes. Die Suche nach einem wahren Verständnis, ihr Bemühen, Wissen durch begründete Annahmen zu erlangen, verbindet beide Disziplinen. Doch bestehen zwischen ihnen auch zwei auffallende Unterschiede.
>
> Der eine liegt in dem Wesen ihrer Bewertungsmaßstäbe. Menschen transzendieren die natürliche Welt und können sie deshalb experimentellen Versuchen unterwerfen. Gott aber transzendiert die Menschheit und kann deshalb durch die Kreatur keinen Versuchen unterworfen werden. Naturwissenschaft und Theologie liegen an beiden entgegengesetzten Enden des breiten Spektrums der rationalen Erforschung der Wirklichkeit durch den Menschen. Die Naturwissenschaften haben es mit unpersönlichen Erfahrungen, die Theologie hat es mit transpersonalen Erfahrungen zu tun. Dazwischen liegt das weite Reich der Begegnung des Menschen mit der Wirklichkeit, welches in der Ästhetik und Ethik thematisiert wird. Das ganze Spektrum dieser Forschungen macht das reich gestrickte Muster des menschlichen Wissens aus. In ihm werden die vielfältigen Erfahrungen aufbewahrt, die in der Begegnung mit der vielschichtigen Wirklichkeit der einen Welt gewonnen werden. Schließlich werden alle diese Disziplinen, die bestimmte, nicht reduzierbare Einsichten bewahren, sich miteinander versöhnen und ineinander integrieren lassen müssen. Die Diskussion des Verhältnisses von Theologie und Naturwissenschaften ist nur ein Teil dieser Suche nach einem vereinheitlichten Wissen.
>
> Der zweite Unterschied hängt ebenfalls an dem Kontrast einer unpersönlichen und einer transpersönlichen Begegnung mit der Wirklichkeit. Doch betrifft dieser stärker die Konsequenzen der Glaubensannahmen als deren Inhalt. [...] Die Naturwissenschaften sind zweifelsohne in der Lage, Menschen dazu zu ermächtigen, bestimmte Dinge geschehen zu lassen. Ein Nebenprodukt der Naturwissenschaft ist die die Technik. Man hat nur an die Atomenergie, die Informationstechnologie und die Gentechnik zu denken, um zu erkennen, wie sehr die Naturwissenschaften die Möglichkeiten menschlicher Eingriffe in die Natur vermehrt haben. Die Naturwissenschaften schaffen uns Möglichkeiten, aber sie sagen uns nicht, wie wir mit diesen umgehen sollen. Sie vermitteln Wissen, aber nicht Weisheit.
>
> In der Religion dagegen läßt sich der Glaube nicht vom Handeln trennen. Jede religiöse Einsicht impliziert ethische Konsequenzen. Man kann zwar moralisch handeln, ohne religiös zu sein (wie das ethisch integere Verhalten vieler Atheisten verdeutlicht) aber dem religiösen Leben eignet eine unverzichtbare moralische Dimension. „An ihren Früchten sollt ihr sie erkennen", hat Jesus gesagt (Mt 7,20) [...] Ohne Zweifel sind jene, die behaupten, daß Gott Liebe sei, dazu aufgerufen, ein von der Agape geprägtes Leben zu führen. „Wenn jemand spricht: Ich liebe Gott und haßt seinen Bruder, der ist ein Lügner" (1. Joh 4,20) Die Theologie versucht nicht nur Wissen über den göttlichen Willen, sondern auch Weisheit zu vermitteln, die rechten Entscheidungen zu treffen und sein Leben entsprechend Gottes gutem und vollkommenen Willen zu leben."

Es ist deutlich, dass John Polkinghorne einen stimmigen Verständigungsprozess zwischen Theologie und Naturwissenschaft für möglich und für aussichtsreich hält. Insgesamt strebt er eine zusammenhängende Wissenschaftlichkeit an, die es ermöglicht,

[514] Polkinghorne, a.a.O., 169f.
[515] Polkinghorne, a.a.O., 171ff.

grundlegende Verständigungen über die Wirklichkeit der Natur und Gottes zu finden. Deutlich, aber in diesem Buch nicht weiter ausgeführt ist, dass dabei die Formulierungen, die die Theologie finden müsste, eine neue Sichtweise alter mythischer und vorwissenschaftlicher Sprechweisen ermöglichen müsste.

Einen anderen, mühsameren Weg, die Gesprächssituation zwischen Naturwissenschaften und Theologie zu klären geht Ian G. Barbour mit seinem Band „Naturwissenschaft trifft Religion – Gegner, Fremde, Partner?"[516] Die Mühe lohnt sich freilich. Barbour ist Theologe und Physiker und emeritierter Professor in Minnesota. Er hat mit dem Dialog zwischen Naturwissenschaften und Theologie eine lange Erfahrung. Barbour schlägt eine vierfache Typologie vor, in der die Fragen der unterschiedlichen Dialoge dargestellt werden können:

Konflikt   –   Unabhängigkeit   –   Dialog   –   Integration.

In diesen vier Kategorien werden die Grundfragen nacheinander behandelt und die Wissenschaftsgeschichte seit dem 19. Jh. erzählt. Vorangestellt ist eine Reflexion „Vier Ansichten über Naturwissenschaft und Religion." Es entsteht in dieser Darstellungsform das Bild einer Diskussionslandschaft, in der die verschiedensten Positionen aufgezeigt und Lösungswege diskutiert werden. Wissenschaft heißt hier: Getrenntes getrennt lassen und nacheinander bearbeiten. Die Typologie schreitet also von den vorhandenen Konflikten über die Möglichkeit fort, sich als gegenseitig unbetroffen vorzufinden, d.h. Naturwissenschaft und Theologie als grundsätzlich und vollständig getrennte Bereiche oder Perspektiven aufzufassen; es stellt danach die möglichen und stattfindenden Dialoge dar und zeigt auf, wo Integrationen als Übereinstimmungen oder fruchtbare gegenseitige Ergänzungen eintreten könnten oder auch schon eingetreten sind. Das Buch schließt mit einem tiefsinnigen Kommentar zu den Problemen, die zwischen Naturwissenschaft und Theologie immer wieder sich eingestellt haben oder sich erneut einstellen werden:

> „Alle Modelle sind begrenzt und einseitig, und keines liefert ein vollständiges und adäquates Bild der Wirklichkeit. Die Welt ist verschiedenartig, und ein Modell eignet sich besser dazu, bestimmte Aspekte darzustellen als ein anderes. Die Beziehung Gottes zu Personen unterscheidet sich von seiner Beziehung zu unpersönlichen Objekten wie Sternen und Felsen. Das Streben nach Kohärenz muss nicht zur Vernachlässigung von Unterschieden führen. Der Gebrauch verschiedener Modelle kann uns vor der Idolatrie (Bilderverehrung) bewahren, die sich einstellt, wenn wir eine bestimmte Vorstellung von Gott allzu wörtlich nehmen. Nur in der Anbetung erschließt sich das Geheimnis Gottes und zeigt sich zugleich die Anmaßung eines jeden Gedankengebäudes, das beansprucht, den Weg Gottes entschlüsselt zu haben."[517]

Literatur
- Stadelmann, Hans-Rudolf: Im Herzen der Materie – Glaube im Zeitalter der Naturwissenschaften, Darmstadt ⁵2010.
- Polkinghorne, John: Theologie und Naturwissenschaft – Eine Einführung. Gütersloh 2001.
- Souvignier, Georg u.a. (Hg.): Gottesbilder an der Grenze zwischen Naturwissenschaft und Theologie, Darmstadt 2009.
- Babour, Ian G.: Naturwissenschaft trifft Religion – Gegner, Fremde Partner, Göttingen 2010.

---

[516] Babour, Ian G.: Naturwissenschaft trifft Religion – Gegner, Fremde Partner? Göttingen 2010.
[517] A.a.O., 202.

V.8. Freiheit – Freier Wille – Determination
Der protestantische Beitrag zur Freiheitslehre

Die Aussage, dass der Mensch zur Freiheit befreit ist, gehört zur Grundlage des evangelischen Glaubens. Wie verhält sich dazu die Bestreitung des „freien Willens"?

V.8.1. Zur Tradition der Fragestellung

In der theologischen Tradition spielt die Kontroverse um den „freien Willen" des Menschen in zwei Epochen eine bedeutende Rolle:
1.   In der Auseinandersetzung zwischen Augustin und Pelagius im 5. Jh.
2.   In der Auseinandersetzung Luthers mit Erasmus von Rotterdam im 16. Jh.

Die Befürworter des freien Willens vertreten die These, dass nur dann, wenn der Mensch sich frei entscheiden kann, er letztlich auch die Verantwortung für sein Tun tragen könne. Ein gerechter Gott dürfe einem Menschen seine Taten nicht als Schuld anlasten, wenn er sich nicht frei entscheiden könne.
Den Bestreitern geht es um das theologisch sachgemäße Verständnis der Situation des Menschen in der Beziehung zu Gott.

1. Augustin und Pelagius
Augustin (354-430) Bischof von Hippo Regio Nordafrika prägte die sog. Erbsündenlehre, nach der jeder Mensch durch den „Fall Adams" konstitutiv auf sich statt auf Gott bezogen ist. Vor diesem Hintergrund dieser Selbstbezogenheit hat der Mensch im Blick auf die Gottesbeziehung keinen freien Willen.
Pelagius (ca. 350/60 - ca. 420) war britischer Mönch und Asket. Er lebte bis 410 in Rom, dann in Palästina und setzte sich für ein ethisch orientiertes Christentum ein. Gegen Augustins Erbsündenlehre vertrat er die These, dass die Wiederherstellung der die Natur des Menschen bestimmenden Wahlfreiheit zur Auswirkung der Gnade Gottes gehöre. Für Pelagius gehört die Möglichkeit der Sündlosigkeit unverfügbar zum Wesen des Menschen. Der sog. *pelagianische Streit* dauerte von 411-431 (Konzil von Ephesus) und endete mit der Verurteilung der Pelagianer.

2. Erasmus und Luther
Der Humanist *Erasmus v. Rotterdam* (ca. 1466-1536) stand in der Tradition der „devotio moderna", einer Frömmigkeitsbewegung, die den Einzelnen ins Zentrum stellte. Er versuchte, antike Tugendlehre und christliche Ethik (Bergpredigt) produktiv miteinander zu verbinden. Christentum war für ihn vor allem Anleitung zum moralischen Handeln, zu tugendsamen Leben. Willensfreiheit galt ihm als (Gnaden-)Geschenk Gottes.
Freier Wille bestand für ihn in der Möglichkeit, sich der Gnade Gottes zu öffnen oder sich zu versagen. Da die Bibelaussagen zu diesem Thema nicht eindeutig seien, plädierte Erasmus dafür, nicht zu tief in das Thema einzudringen, da das der Frömmigkeit der nicht Gebildeten nicht zuträglich sei.[518]

---

[518] Vgl. Erasmus von Rotterdam: De libero arbitrio. Ausgewählte Schriften Bd.4 (hg. v. W. Welzig) ³2006 Darmstadt, 191ff.

Luther hatte bereits 1516 bei einer Disputation über die Unfreiheit des menschlichen Willens seine Position dargelegt: „Der Wille des Menschen ohne Gnade ist nicht frei, sondern versklavt."[519] 1524 verfasste Erasmus seine Schrift: „De libero arbitrio diatribe" (Über den freien Willen) die Luther 1525 mit „De servo arbitrio" (über den unfreien Willen) beantwortete. Luther zollt Erasmus seinen Respekt, auch weil er mit seiner Schrift den Kern der Kontroverse getroffen habe, greift ihn dann aber heftig an.

V.8.2. Zur Aktualität der Fragestellung

Die alte Frage nach dem freien Willen des Menschen ist in den letzten Jahren durch kontroverse Positionen in den Neurowissenschaften wieder aktuell geworden. Trotz vordergründiger Ähnlichkeiten der Fragestellungen sind die Unterschiede zu beachten.
U.a. Gerhard Roth, Henrik Walter, Wolf Singer, Wolfgang Prinz und Hans Markowitsch vertreten die Ansicht, der freie Wille sei eine Illusion. Nach ihrer Auffassung geht das Wollen neuronalen Prozessen nicht voraus. Das Bewusstsein, frei entschieden zu haben, beruhe auf einer nachträglichen Illusion. Konkret heißt das, dem „willkürlichen" Handeln wird das Empfinden beigemischt, es sei gewollt.
Zusammenfassend gilt der Satz: *„Wir tun nicht, was wir wollen, sondern wir wollen, was wir tun."*

> „Die Idee eines freien menschlichen Willens ist mit wissenschaftlichen Überlegungen prinzipiell nicht zu vereinbaren. Wissenschaft geht davon aus, dass alles, was geschieht, seine Ursachen hat und dass man diese Ursachen finden kann. Für mich ist unverständlich, dass jemand, der empirische Wissenschaft treibt, glauben kann, dass freies, also nicht- determiniertes Handeln, denkbar ist."[520]

> „Die Annahme [...], wir seien voll verantwortlich für das, was wir tun, weil wir es ja auch hätten anders machen können, ist aus neurobiologischer Sicht nicht haltbar."[521]

Beide Zitate problematisieren die Verantwortlichkeit des Menschen für sein Handeln.
Ausgelöst wurde die Debatte um den freien Willen in der Neuro-Biologie durch das sog. Libet-Experiment. Der Initiator Libet u.a. halten es allerdings für unzulässig, aus dem Ergebnis des Experiments den Schluss zu ziehen, es gäbe keinen freien Willen.

Aufgabe
Vergleichen Sie die Argumentation von Erasmus und Luther in den folgenden Textauszügen.

---

(1) Erasmus: „Ich billige die Meinung derjenigen, die dem freien Willen einiges zuschreiben, aber der Gnade das meiste. [...] Warum, wird man sagen, wird dem freien Willen etwas zugestanden? Damit es etwas gibt, was den Gottlosen mit Recht angerechnet wird, die sich freiwillig der Gnade Gottes versagt haben, damit der Vorwurf der Grausamkeit und Ungerechtigkeit von Gott abgewendet werde, und die Sorglosigkeit abgewendet werde, damit wir zum Bemühen angespornt werden. Aus diesen Gründen wird von fast allen der freie Wille behauptet, der aber ohne die ständige Gnade Gottes unwirksam ist, damit wir uns nichts anmaßen. Es könnte jemand sagen: Wozu ist der freie Wille gut, wenn er nichts ausrichtet? Ich antworte: Wozu ist der ganze Mensch

---

[519] Zit. n. Ebeling, Gerhard: Luther. Einführung in sein Denken, Tübingen 1964, 245.
[520] Wolfgang Prinz, In: Pauen, Michael: Illusion Freiheit, mögliche und unmögliche Konsequenzen der Hirnforschung, Frankfurt a.M. 2004, 10.
[521] Wolf Singer, Aus: Wer deutet die Welt? Streitgespräch zwischen Wolf Singer und Lutz Wingert. Die Zeit, 50, 7.12.2000, 43-44.

gut, wenn Gott so an ihm arbeitet, wie der Töpfer am Ton arbeitet und wie er wie an einem Stein hätte arbeiten können?"[522]

(2) Luther: „*Gott oder der Teufel.* Ihr, die ihr euch solche Gedanken macht, als sei der *menschliche Wille* frei im Mittel und stehe auf ihm selbst, habt wohl zu sagen, dass unser Wille auf beide Teile, zum Bösen oder Guten, sich mit seinem Streben wenden könne. Denn ihr denket, dass beide, Gott und der Teufel, weit von uns sind und sehen uns nur zu, auf welche Seite wir uns wenden wollen mit unserem freien Willen. Ihr glaubet aber nicht, dass beide, Gott und der Teufel, welche wie zwei Königreiche ewig wider einander streiten, eine kräftige Wirkung und Antrieb haben im menschlichen Willen, da der menschliche Wille muss *wie ein Knecht* sein. Denn wenn wir nur das glauben, wie es die Schrift klar saget, so stehet aufs allerfesteste unser Beschluss und Meinung, und liegt der freie Wille gestürzt [...] Denn entweder das Reich des Teufels in den Menschen ist nichts und Christi Wort ist nicht wahr; oder, wenn des Teufels Reich etwas ist, wie es Christus anzeiget (Luk 11,18), so ist der freie Wille nichts anderes als ein Pferd, das der Teufel reitet, das nicht kann los werden, es sei denn, dass durch Gottes Finger (wie das Ev. Luk 11 saget) der Teufel werde abgesetzt und ausgetrieben."[523]

Zur Orientierung
Erasmus versuchte, ebenso wie Luther, seine Position mit Hinweisen auf biblische Grundlagen zu belegen, weist aber auch darauf hin, dass die Aussagen der Heiligen Schrift zu diesem Thema mehrdeutig (dunkel) seien.
Luther streitet so vehement, weil für ihn außer Frage steht, dass der Mensch im Blick auf sein Heil ohne die zuvorkommende Gnade Gottes keinen freien Willen habe. Von Natur aus könne der Mensch nicht wollen, dass Gott sei, weil er selbst (wie) Gott sein möchte. Luther bestreitet nicht den empirischen Sachverhalt, dass der Mensch zwischen Möglichkeiten wählen kann und wählt. Noch weniger bestreitet er die Verantwortung des Menschen für sein Tun.
Der Streitpunkt zwischen Luther und Erasmus liegt nicht in der Einschätzung des freien Willens selbst, sondern in der Einschätzung der Frage danach.[524]
Für Erasmus ist es eine spekulative, überflüssige unfromme Frage. Es ist selbstverständlich dass man sich unter der Voraussetzung freier Entscheidungsmöglichkeit um das Sittliche bemüht. Er wirft Luther vor, dass er die Frage überhaupt stellt und wie vehement er dazu Stellung bezieht.
Luther dagegen formuliert:

> „Es ist nicht unfromm, neugierig oder überflüssig, sondern einem Christen vor allem heilsam und notwendig zu wissen, ob der Will irgendetwas oder nichts wirkt in dem, was das Heil betrifft."[525]

Die Frage des freien Willens ist bei Luther im Kontext seines Freiheitsverständnisses zu beantworten.

Luthers Freiheitsverständnis
Sein Freiheitsverständnis hat Luther in seiner Schrift „Von der Freiheit eines Christenmenschen" 1520 dargelegt. Kernsatz ist die These:

---

[522] Rotterdam, Erasmus von, a.a.O., 191
[523] Luther, Martin: Vom unfreien Willen. Münchener Ausgabe 1934, 1. Ergänzungsband, 216.
[524] Vgl. Ebeling, a.a.O., 253.
[525] Zit. n. Ebeling, a.a.O., 254

> „Ein Christenmensch ist ein freier Herr über alle Dinge und niemand untertan; ein Christenmensch ist ein dienstbarer Knecht aller Dinge und jedermann untertan."[526]

Dieser dialektische Satz verbindet Rechtfertigung und Ethik. Gemeint ist nicht teils – teils, sondern dass in der Liebe der Gegensatz zwischen Knecht und Freien aufgebrochen ist. Bei seinem Freiheitsverständnis orientiert sich Luther an Paulus:

> 1 Kor 3,17: Der Herr ist der Geist; wo aber der Herr ist, da ist Freiheit.
> Gal 5,1: Zur Freiheit hat uns Christus befreit! So steht nun fest, und lasst euch nicht wieder das Joch der Knechtschaft auflegen.

Freiheit bezeichnet die Situation des Neuen Seins des Glaubenden, das als Gotteskindschaft zu verstehen ist. Christliche Freiheit ist eine paradoxe Einheit von Herrsein und Dienen, der Widerspruch ist aufgehoben. Diese christliche Freiheit gründet im Knechtwerden Christi (Phil 2) und in der Einheit von Gott und Mensch in der Person Christi. In ihm vollzieht sich der von Luther so genannte „fröhliche Wechsel", die Wende vom alten zum neuen, vom unfreien zum freien Menschen.
Die christliche Freiheit ist voraussetzungslos, aber nicht folgenlos. Folge ist die Übernahme von Verantwortung auf der Grundlage der geschenkten Freiheit. Der Gerechtfertigte ist aus der Fremdstimmung befreit und handelt als Gott entsprechender Mensch. Dienstbarkeit der Liebe kann nur aus dieser Freiheit heraus erfolgen.

Luthers Position zum freien Wille wurde von *Melanchthon* als deterministisch kritisiert. Die weitgehend von Melanchthon entworfene Confessio Augustana (CA) von 1530 bekennt relative Freiheit im Blick auf *iusticia civilis*, aber nicht im Blick auf die Gottesbeziehung.
So heißt es hier:

> CA ARTIKEL 18: VOM FREIEN WILLEN
> „Vom freien Willen wird so gelehrt, dass der Mensch in gewissem Maße einen freien Willen hat, äußerlich ehrbar zu leben und zu wählen unter den Dingen, die die Vernunft begreift. Aber ohne Gnade, Hilfe und Wirkung des Heiligen Geistes kann der Mensch Gott nicht gefallen, Gott nicht von Herzen fürchten oder an ihn glauben oder nicht die angeborenen, bösen Lüste aus dem Herzen werfen, sondern dies geschieht durch den Heiligen Geist, der durch Gottes Wort gegeben wird. Denn so spricht Paulus: „Der natürliche Mensch vernimmt nichts vom Geist Gottes (1 Kor 2,14)". [527]

Freier Wille bei Paul Tillich

Im Blick auf den Umgang mit der Frage in der neueren Systematischen Theologie soll exemplarisch die Position von Paul Tillich skizziert werden.
Paul Tillich (1886-1965) thematisiert die Frage des freien Willens im 2. Bd. seiner Systematischen Theologie.[528] Wichtig ist die Feststellung, dass die Lehre vom geknechteten Willen die Lehre vom freien Willen voraussetze. Dabei ist die Unterscheidung zwischen Wesen (Essenz) und geschichtlichem Sein des Menschen (Existenz) grundlegend. So gibt Tillich Erasmus Recht im Blick auf den essentiellen Menschen, weil die moralische Verantwortung den Menschen zum Menschen mache und von anderen Lebewesen unterscheide. Er gibt Erasmus allerdings Unrecht im Blick auf den existenziellen (geschichtlichen) Menschen, der von seinem Wesen entfremdet ist. Der Mensch ist von sich aus unfähig „durch den Bann seiner Entfremdung durchzubrechen."[529]

---

[526] WA 7, 20.
[527] Gaßmann, Günther (Hg.): Das Augsburger Bekenntnis 1530-1980, Göttingen u. Mainz 1978, 32f.
[528] Vgl. Tillich, Paul: Systematische Theologie Bd. II, Stuttgart 1958, 87ff.
[529] A.a.O., 88.

Folgende Aspekte fassen die Position Tillichs zusammen:

- Die Natur kennt keinen Freien Willen. „Nur der Mensch – weil er endliche Freiheit ist – steht unter den Zwängen existentieller Entfremdung".[530]
- Die Macht der Sünde führt zur Knechtschaft des Willens.
- Erlöst wird der Sünder, dessen Freiheit existentiell geknechtet ist.
- Gnade eint das Entfremdete, schafft aber kein neues Wesen.
- Die Lehre von der Knechtschaft des Willens setzt die Lehre von der Freiheit des Willens voraus.
- Der Mensch kann den Bann seiner Entfremdung nicht aufheben und von sich aus keine Vereinigung mit Gott erreichen. Der freie Wille bleibt beschränkt auf den Bereich der „*justicis civilis*", den Bereich der moralischen Normen. Hier hat der Mensch begrenzte Freiheit.

Die *katholische Theologie* tendiert zu der Lehre, dass es an der freien Entscheidung jedes Einzelnen liege, die Gnadengaben Gottes anzunehmen oder sie abzulehnen (z.B. Karl Rahner). Heutige Moraltheologie erkennt die Einschränkung des freien Willens etwa durch psychische Zwänge u.a. an. Die katholische Kirchenlehre sieht im Falle einer Besessenheit durch Dämonen den freien Willen des Besessenen ebenfalls eingeschränkt oder aufgehoben.

Auch einige *evangelische Freikirchen*, wie die Baptisten gehen von einem freien Willen des Menschen aus. Der überwiegende Teil des Luthertums und des Calvinismus Kirchen stehen zur augustinisch-lutherischen Tradition.

Nach dem Freiheitsverständnis in paulinisch-reformatorischer Tradition hat Freiheit ihren Grund im Rechtfertigungsgeschehen und ist somit als Gabe qualifiziert. Verdankte Freiheit kann und will in Anspruch genommen werden, auch zu Erhaltung und Förderung der Freiheit. Aus der Gabe der Freiheit folgen die Freiheit des Gewissens und die Verpflichtung zum verantwortlichen Handeln. Die Befreiung vom Zwang der Selbstkonstitution ermöglicht Selbstzurücknahme und eine Orientierung am „Maß des Menschlichen" (→ IV.5.).

Literatur
- Jüngel, Eberhard: Zur Freiheit eines Christenmenschen, München 1978.
- Huber, Wolfgang: Folgen christlicher Freiheit, Neukirchen-Vluyn 1983.
- Moltmann, Jürgen: Die ersten Freigelassenen der Schöpfung, München 1971.
- Ulrich, Hans G.: Freiheit im Leben mit Gott. Texte zur Tradition evangelischer Ethik, Gütersloh 1993.

---

[530] Ebd.

V.9. Aspekte des Schöpfungsglaubens[533]

In diesem Kapitel werden im Anschluss und Ergänzung zu III.4.3. die spezifischen Aspekte des Schöpfungsglaubens für Selbst- und Weltdeutung und Lebensorientierung aufgezeigt.

In der christlichen Dogmatik wird Gott als Schöpfer der Welt gelehrt und damit die Welt als Schöpfung, als Werk (des dreieinigen) Gottes verstanden.
Im Kompendium der Dogmatik von Luthardt (Leipzig 1914) ist das Schöpfungskapitel wie folgt überschrieben:
„Die Schöpfung des Menschen und seiner Welt als Anfang der geschichtlichen Verwirklichung des göttlichen Liebeswillens."[534]

Mit dieser Überschrift wird zum Ausdruck gebracht, dass „Schöpfung" der erste Schritt der Heilsgeschichte ist. Hervorgehoben wird die Differenz von Gott und Welt, Gott und Geschöpf. Im Unterschied zum Geschaffenen hat nach kirchlicher Lehre der göttliche Logos (Christus) seinen Ursprung in der „Zeugung", der Geist in der „Hauchung". Einerseits wird in Abgrenzung zu anderen Vorstellungen (z.B. Pantheismus oder Emanation) die Differenz von Gott und Welt betont, zugleich aber auch auf die Bezogenheit verwiesen. Für Karl Barth ist „Schöpfung […] die von Gott in Freiheit gewollte und vollzogene Setzung einer von ihm verschiedenen Wirklichkeit."[535] aber auch der äußere Grund des Bundes Gottes mit den Menschen.

V.9.1. Der Schöpfungsgedanke im Kontext neuzeitlicher Wissenschaft

In der Neuzeit wurde neben der Theodizee-Frage (> III.4.3) vor allem die Verhältnisbestimmung von Schöpfungsglaube und Naturwissenschaft zum Problem.
Während der Schöpfungsgedanke in der Welt des Alten Testaments nicht Sache des Glaubens war, sondern alternativlose Grundlage des Denkens[536], fielen Schöpfungsglaube und naturwissenschaftliche Welterkenntnis im Zeitalter der Aufklärung auseinander.
Ein wesentlicher Grund der Differenz lag darin, dass die biblische Schöpfungsüberlieferung in der kirchlichen Lehre immer mehr auf ein Anfangsgeschehen reduziert worden war. Entsprechend wurden die biblischen Schöpfungstexte als Kosmogonien (Darstellungen vom Werden der Welt) verstanden und als Lehre vom Anfang der Natur und Geschichte entfaltet. Indem dann noch die historisch gewachsenen Strukturen menschlicher Sozialordnungen als Ausdruck des Schöpferwillens verstanden wurden, diente der Schöpfungsglaube zugleich zur Legitimation von Herrschaftsverhältnissen und unveränderlichen sozialen Ordnungen. Als diese Lehre dann in Widerspruch zu naturwissenschaftlichen Weltentstehungstheorien geriet, machte erst die entschlossene Ab-

---

[533] In diesem Kapitel sind Teile meines Beitrags „Schöpfung", in: LexRP Bd. 2, Neukirchener Verlagsgesellschaft, Sp. 1921-1927 überarbeitet aufgenommen worden.
[534] Luthardt, Ernst: Kompendium der Dogmatik, Leipzig 1865, ¹¹1914.
[535] KD III, 1,104.
[536] Vgl. Westermann, Claus: Schöpfung, Stuttgart 1983 (1971), 14.

wendung von dieser Gestalt des Schöpfungsglaubens die Entwicklung der modernen Naturwissenschaft möglich.[535]

Auf vielfältige Weise wurde (und wird noch) versucht, die Schöpfungslehre als Ursprungslehre zu retten, indem der Schöpfungsgedanke jenseits physikalischer Gesetzmäßigkeiten festgemacht oder in Erkenntnislücken (z.B. der Evolutionstheorie) verortet wird. Auch der Versuch, den Widerspruch zwischen biblischer Schöpfungstradition und neuzeitlicher Welterkenntnis durch eine Reduktion des Schöpfungsgedankens auf die Anthropologie zu retten, erwies sich als problematisch. Weil diese Rettungsversuche sich der Dominanz der naturwissenschaftlichen Weltsicht mit ihrem ausschließlich chronologischen Zeitverständnis und Kausaldenken unterwarfen, mussten wesentliche Gehalte des biblischen Schöpfungsgedankens dabei ausgeblendet werden. Karl Barth versuchte in seiner „Kirchlichen Dogmatik" der Lehre von der Schöpfung ohne Bezug zum naturwissenschaftlichen Denken neue Geltung zu verschaffen.

Eine interdisziplinäre Verständigung zwischen theologischem Schöpfungsglauben und naturwissenschaftlicher Weltsicht wurde erst wieder möglich, als innerhalb der Naturwissenschaften das auf Descartes basierende neuzeitliche Erkenntnismodell problematisiert wurde.

Die Problematisierung des neuzeitlichen Erkenntnismodells hat zwei Aspekte:

1. Der Erkenntnisvorgang in der neuzeitlichen Wissenschaft setzt die von Descartes eingeführte Trennung von Erkenntnissubjekt und Erkenntnisobjekt voraus. Indem der Erkenntnisvorgang auf das „Beherrschen" des Erkannten ausgerichtet ist, hat er den Charakter eines Gewalt- bzw. Herrschaftsaktes, bei dem es um Verfügungswissen geht. Dass dieses Erkenntnismodell effizient ist, steht außer Frage. Problematisch sind die sozialen und ökologischen Folgen.

2. Im Zusammenhang der sogenannten Quantentheorie wurde deutlich, dass der Erkenntnisakt nicht äußerlich bleibt, sondern zugleich Wirklichkeit beeinflusst und verändert.[536]

Ein weiter kritischer Aspekt kommt hinzu: Jeder Erkenntnisvorgang ist durch das Interesse, des Erkenntnissuchenden geprägt. Er ist nicht absichtslos. Die Revision des descartschen Erkenntnismodells öffnet die Möglichkeit, die spezifische Erfahrung zur Sprache zu bringen, auf die der biblische Schöpfungsglaube verweist. So verweist er darauf, dass das menschliche Leben Bedingungen hat, die der Mensch nicht selbst setzt. Erfahrung der Welt als Schöpfung ist nicht mit Blick von außen, sondern nur im Akt der Partizipation möglich. Diese Partizipation ignoriert nicht physikalischen Bedingungen und Naturgesetze. Sie erkennt aber, dass das, was sich innerhalb der physikalischen Möglichkeiten wirklich ereignet, nicht determiniert ist. Leben ist keine objektive Wirklichkeit, sondern ein Werdeprozess, der erlebt und erlitten wird.[537] Das Sein der Welt geschieht als Geschichte, die nicht durch Vergangenheit determiniert ist, sondern „aus der Verwirklichung zukünftiger offener Möglichkeiten lebt".[538] Der Mensch erfährt in der Geschichte – von Tag zu Tag – , dass das, was ihn leben lässt, die Unterscheidung zwischen Chaos und Kosmos, ihm ohne Zutun zufällt.[539]

---

[535] Vgl. Liedke, Gerhard: Im Bauch des Fisches, Ökologische Theologie, Stuttgart ²1981, 31.

[536] Vgl. Link, Christian: Die Spur des Namens. Wege zur Erkenntnis Gottes und zur Erfahrung der Schöpfung, Neukirchen 1997, 145.

[537] Vgl. a.a.O., 148.

[538] A.a.O., 65.

[539] Vgl. a.a.O., 165.

V.9.2. Biblische Aspekte zur Schöpfungstheologie

Aufgrund exegetischer Erkenntnisse hat der Alttestamentler Claus Westermann (1909-2000) die in der dogmatischen Tradition übliche Abgrenzung der Kapitel 1-3 der Genesis kritisiert, die zur Engführung der Deutung von Schöpfung als Anfangsgeschehens geführt hat. Er hat darauf aufmerksam gemacht, dass die ersten 11 Kapitel der Genesis zusammenhängen und insgesamt als *Urgeschehen* zu interpretieren sind, weil hier grundlegende Menschheitserfahrungen thematisiert werden, die die menschliche Existenz jeder Zeit betreffen: Schuld und Verhängnis, Gewalt und Gewaltbegrenzung, Fluch und Segen. Den reflektierenden Gestalten des Schöpfungsgedankens gehen poetisch gestaltete Schöpfungshymnen voraus. Darin artikuliert sich das in alltäglichen Erfahrungen wurzelnde *Schöpfungslob* (z.B. die Psalmen 8 und 104). Die in den verschiedenen Sprachformen entfalteten Motive und Sprachbilder reichen in die gemeinorientalische Naturreligiosität und Mythologie zurück, werden in Israel aber in spezifischer Weise mit den geschichtlichen Befreiungserfahrungen verschränkt. Am auffälligsten ist diese Verschränkung beim Exilpropheten Deuterojesaja (Jes 40-55). Himmel und Erde werden als Zeugen angerufen, der Schöpfermacht Gottes in Zeiten des Aufbruchs aus dem Exil zu trauen. Die Erfahrung der sich in der Geschichte neu eröffnenden Zukunft hat Israel veranlasst, den Schöpfungsgedanken in Anknüpfung und Neugestaltung überlieferter Sprachbilder und Mythen als ein *Hoffnungssymbol* zu entfalten und im Blick auf Gewalterfahrung, Arbeit, Herrschaft u.a. auszulegen. Schöpfung ist auch Thema der biblischen Weisheitstradition. Der weisheitliche Zugang zielt auf ein Entdecken von Möglichkeiten, die die Welt selbst preisgibt, wenn man auf ihre Stimme zu hören bereit ist. Erfahrung der Welt rechnet immer mit dem Verborgenen, einem dem menschlichen Erkenntnisdrang entzogenen Grund (Schöpfungsgeheimnis).

V.9.3. „Schöpfung" als erinnerte Zukunft und Hoffnungssymbol

Die Entdeckung, dass es in den biblischen Schöpfungstexten weniger um ein Bild der Vergangenheit als um eine Visionen der von Gott herkommenden Zukunft geht, hat die Lehre von der Schöpfung grundlegend verändert. Der Alttestamentler Jürgen Ebach charakterisiert Schöpfung als Gestalt einer in der Urzeit verorteten erinnerten Zukunft.[540] Gegenüber traditionellen Entfaltungen von Schöpfungslehre, die die ursprüngliche Ordnung (Schöpfungsordnungen) betonen, gewinnt Schöpfung hier die Gestalt eines Hoffnungssymbols. Das Symbol impliziert Protest gegen jede Praxis im Umgang mit der Welt, die der Welt ihre im Schöpfungsgedanken liegenden Möglichkeiten verschließt. So wurde „Schöpfung" im Kontext der Erfahrungen der ökologischen Krise zum Signalbegriff für einen anderen Umgang mit der Welt.[541]

Angesichts konkreter Erfahrungen von Gewalt und Mangel erinnert das Schöpfungssymbol an verlässliche Grundbedingungen und an die Güte des Schöpfers als Hoffnungsgrund. „Schöpfung" macht aufmerksam auf ausstehende Möglichkeiten, ist Wegweisung in die Zukunft Gottes, zugleich aber Protest gegen eine deformierende Wirklichkeit und gegen die Überzeugung, dass die Welt keine Zukunft habe. Im Schöpfungssymbol verdichten sich Erinnerung an eine verlorene Heimat und die Sehnsucht/Hoffnung nach einer gemeinsamen Zukunft aller Kreaturen. Erinnerung an die unverfügbaren Ursprungsbedingungen entwickelt sich angesichts der Erfahrungen der ökologischen Krise zur Mahnung zu ökologischer Vernunft und gibt der menschlichen

---

[540] Vgl. Ebach, Jürgen: Ursprung und Ziel, Neukirchen 1986, 20.
[541] Vgl. Baldermann, Ingo: Der Gott des Friedens und die Götter der Macht, Neukirchen-Vluyn 1983, 15.

Planung ihr Maß und der Ohnmachtserfahrung einen Wendepunkt. Durch eine Relektüre der Schöpfungsüberlieferungen vor dem Hintergrund ökologischer Katastrophen kann eine neue Einsicht in die Verantwortung des Menschen im zugleich konfliktträchtigen wie partnerschaftlichen Verhältnis mit der Natur entdeckt werden.[542] Wie bereits Luther in der Erklärung seines „Kleinen Katechismus" zum Ausdruck bringt, beginnt der Schöpfungsglaube bei der dankbaren Selbstwahrnehmung als geliebtes Geschöpf Gottes. Schöpfungserfahrung korrespondiert mit erfahrener Güte und wird zum Grund von Lobpreis und Hoffnung. Die Fragen nach dem Woher, Wohin und Wozu bekommen eine neue Perspektive.

Etwas irreführend ist vor diesem Hintergrund der in ethischen Diskursen verwendete Satz von der „Bewahrung der Schöpfung". Es geht weniger um Bewahrung als um das das Ringen um angemessene Spielregeln menschlicher Weltgestaltung, die der theologischen Rede von der Welt als Schöpfung entsprechen. Regeln, die die helfen, dass die Bedingungen für eine Zukunft des Lebens nicht verspielt werden. Als Erklärung des Gewordenseins der Welt ist der Schöpfungsgedanke untauglich. Biblische Überlieferung verweist gegenüber Welterklärung auf die Bedingungen theologischer Weltdeutung).[543] Sie gründet darin, dass die Welt aus der schöpferischen Kraft Gottes lebt und für Gottes Zukunft offen ist, weil er am Leben und Leiden der Welt partizipiert.[544]

Literatur

- Biehl, Peter/Johannsen, Friedrich: Einführung in die Glaubenslehre. Ein religionspädagogisches Arbeitsbuch, Neukirchen-Vluyn 2002 [153-168].
- Johannsen, Friedrich: Alttestamentliches Arbeitsbuch für Religionspädagogen, Stuttgart ⁴2010.
- Ders.: Schöpfungsglaube heute. Anregungen und Materialien für die Sekundarstufe II, Gütersloh 1988.
- Ders.: Artikel „Schöpfung", in: LexRP, Bd. 2, Sp. 1921-1927.
- Link Christian, Schöpfung. Schöpfungstheologie angesichts der Herausforderungen des 20. Jahrhunderts, Gütersloh 1991.
- Ders.: Die Spur des Namens. Wege zur Erkenntnis Gottes und zur Erfahrung der Schöpfung, Neukirchen 1997.
- Moltmann, Jürgen: Gott in der Schöpfung. Ökologische Schöpfungslehre, München 1985.
- Sölle, Dorothee: Lieben und Arbeiten. Eine Theologie der Schöpfung, Stuttgart 1985.
- Westermann, Claus: Schöpfung, Stuttgart 1983 (1971).

---

[542] Vgl. Liedke, a.a.O.
[543] Vgl. Link, a.a.O., 188.
[544] Vgl. Moltmann, Jürgen: Gott in der Schöpfung. Ökologische Schöpfungslehre, München 1985, 29.

V.10. Was dürfen wir hoffen?
– Leid und Tod – Eschatologie

In diesem Kapitel werden im Anschluss an III.4.4.5. Aspekte thematisiert, die in der dogmatischen Tradition als „Lehre von den letzten Dingen" abgehandelt werden.

„Was darf ich hoffen?" ist für den großen Philosophen der Aufklärung *Immanuel Kant* (1724-1804) neben „Was kann ich wissen?" und „Was soll ich tun?" die dritte Grundfrage.

> „Was auf das Leben folgt, deckt tiefe Finsternis. Was uns zu tun gebührt, des sind wir nur gewiss. Dem kann, wie Lilienthal, kein Tod die Hoffnung rauben, der glaubt, um recht zu tun, recht tut, um froh zu glauben."[545]

Kant sagte diese Worte anlässlich des Todes des Königsberger Pfarrers Lilienthal und verweist auf die von ihm in seiner Philosophie aufgezeigte Grenze menschlicher Erkenntnismöglichkeit. Kriterien des rechten Tuns sind der Erkenntnis zugänglich. Glaube kann zum rechten Tun motivieren und der Rechtschaffene über den Tod hinaus hoffen.

In der Auslegung des Apostolikums (→ III.4.5.5) wurde darauf hingewiesen, dass das christliche Bekenntnis zur „Auferstehung der Toten" (früher: „Auferstehung des Fleisches") sich deutlich abhebt von der Vorstellung einer „unsterblichen Seele" oder der in asiatischer Religiosität verwurzelten „Reinkarnationslehre".

„Auferstehung" ist eine Antwort auf die Frage, wie die Kontinuität des Gottesverhältnisses angesichts des Todes gedacht werden kann. Das Symbol „Auferstehung" hält an der leib-seelischen Einheit des Menschen fest und gibt die Zukunft des Gottesverhältnisses ganz in Gottes Hand. Nichts vom Menschen bleibt vom Tode verschont. Der Glaube an „Auferstehung" nimmt den Tod ernst und relativiert die Grausamkeit des Todes nicht. Im Unterschied dazu hält der Gedanke des „Ewigen Lebens" die Kontinuität des Lebens fest. Er setzt voraus, dass das Leben des Glaubenden im Diesseits Anteil an der Ewigkeit hat, weil es eingebunden ist in das Leben Gottes. Da Gott in Christus Anteil an der Zeitlichkeit des Lebens genommen hat, umfasst „ewiges Leben" Zeitlichkeit und Ewigkeit, es ist eine Metapher für wahres Leben.

Paul Tillich hat in seiner Systematischen Theologie (Bd. III) die Tragfähigkeit der relevanten Symbole untersucht, die individueller und kollektiver Hoffnung gegen den Tod Ausdruck geben und anhand theologischer Kriterien beurteilt:

Reinkarnation, Ewiges Leben, Reich Gottes, Auferstehung, Unsterblichkeit der Seele, Jüngstes Gericht.[546]

Aufgabe
Fassen Sie die wichtigsten Gedanken und theologischen Bewertungen Tillichs zu diesen Symbolen zusammen.

---

[545] Vorländer, Karl: Immanuel Kant. Der Mann und das Werk, Hamburg 1992, II 378.
[546] Tillich, Paul: Systematische Theologie Bd. III, Stuttgart 1966, 459-473.

V.10.1. Religionsgeschichtlicher Hintergrund

Die christliche Lehre von den letzten Dingen (Eschatologie) wurde in Anlehnung an und in Differenz zu bekannten Vorstellungen entwickelt. Sie lässt sich als eine Komposition aus altägyptischen, griechischen und jüdischen Traditionselementen beschreiben. Die altägyptische Vorstellung von Leben und Tod war verbunden mit dem Osirismythos. Osiris wurde von seiner Schwester Isis nach seiner gewaltsamen Zerstückelung wieder zusammengesetzt und gewann neues Leben aus dem Tod. Als Herrscher der Unterwelt verkörpert er die nächtliche Seite des Sonnengottes Re, der nach dem abendlichen Untergang nachts mit der Barke durch die Unterwelt fährt und morgens aufersteht. Aus dem Tod erwacht neues verjüngtes Leben. Die christliche Deutung hat das Geburtsfest Christi mit dem Geburtsfest des Sonnengottes identifiziert und die Botschaft von der Erneuerung der Schöpfung mit dem Christusgeschehen verbunden.

Aus der griechischen Philosophie wurde über den Hellenismus die platonische Seelenlehre dem antiken Christentum vermittelt. In Platons Phaidon wird an der Sterbeszene des Sokrates die Besonderheit dieser Lehre deutlich. Sokrates begrüßt den Tod, weil er die unsterbliche Seele aus dem körperlichen Gefängnis befreit und ans Ziel der Philosophie bringt, die Wahrheit unmittelbar anzuschauen. Die Vorstellung von der unsterblichen Seele und das Schauen Gottes nach dem Tode haben die frühchristliche Lehre geprägt. Allerdings ist ein Bestandteil dieser Lehre, dass die Seele von der Schlechtigkeit des Leibes affiziert werden kann. Je nach Schwere der Beschädigung der Seele muss sie dann entweder einen Läuterungsprozess (Fegefeuer) durchlaufen oder fällt als nicht heilbar gleich der ewigen Verdammnis anheim.

Für die ältere jüdische Vorstellung ist ein langes erfülltes Leben, das auf heilsamen Fortgang der eigenen Geschichte in Kindern und Enkeln schauen kann, Bedingung dafür, dass im positiven Sinne „alt und lebenssatt" gestorben werden kann. Beängstigend ist die Drohung des vorzeitigen Todes, die als Klage bis zur Anklage an Gott artikuliert wird.[547] Zukünftig erhofft wird die Vernichtung des Todes durch Gott (vgl. Jes 25,8).

Die Vorstellung vom getrösteten Sterben findet sich auch im Neuen Testament. In Lk 2,25-32) bekennt der greise Simeon, dass er friedlich und getröstet sterben kann, weil er mit der Wahrnehmung des Messias erkannt hat, dass Gott seine Verheißung für seine Schöpfung erfüllt. Er kann sich und die Welt loslassen, weil er wahrnehmen durfte, dass Gott Israel und der Welt eine friedvoll Zukunft eröffnet hat.

Das 1. vorchristliche Jh. war geprägt von einer apokalyptischer Zeitdeutung, nach der das Ende der Welt und das Gericht Gottes unmittelbar bevorstehen. Vor dem Hintergrund dieses Zeitverständnisses entwickelte sich die Vorstellung von der Auferweckung bzw. Auferstehung der Toten (vgl. Dan 12,2; 2.Makk 7,9), die auch die neutestamentliche Vorstellungswelt prägt. Die bevorstehende Zeitenwende mobilisiert die Angst der ewigen Vernichtung, des ewigen Todes, der seinen Grund in der Sünde, der Abwendung des Menschen von Gott hat. Besonders Paulus deutete den Kreuzestod Jesu vor dem Hintergrund der erwarteten bevorstehende Wende so, dass der Fluch des Todes als ewige Vernichtung seinen Schrecken verloren hat und die Glaubenden Anteil bekämen an der Auferstehung Jesu zum Leben (vgl. 1.Kor 15,55f.). Der Tod und keine andere Macht könnte die Gottesbeziehung mehr trennen (vgl. Röm 8,38f.).

---

[547] Vgl. Johannsen, Friedrich: Alttestamentliches Arbeitsbuch für Religionspädagogen, Stuttgart ⁴2010, Kap. 11.

Die Angst vor dem Tod als Vernichtungsangst fand im späten Mittelalter Ausdruck in Bildern vom Endgericht. Es erfolgte dabei ein Rückgriff auf altägyptische Darstellungen vom Gericht. Die Richterfunktion wird in diesen Bildern von dem aus dem Tod geretteten Osiris ausgeübt.

In der Wagschale: Das auf der einen Seite das „Herz" des Verstorbenen (Symbol für das Leben), auf der anderen die „Feder der Maat" (Symbol für die Weltordnung). Wer die Probe nicht besteht, wird von der Totenfresserin Ammit/Ammut verschlungen.

Rogier van der Weyden, (1400-1464)
Jüngstes Gericht/Ausschnitt

Christus mit Lilie, Schwert und Nimbus. Auf einem Regenbogen sitzend, die Weltkugel als Fußschemel als Weltenrichter beim Jüngsten Gericht.

Die Auferstehenden werden vom Erzengel Michael gewogen und zum ewigen Leben oder ewiger Verdammnis bestimmt.

Luthers Frage nach dem gnädigen Gott steht in engem Zusammenhang mit der Angst vor der drohenden Vernichtung im Endgericht.

Aufgabe
Vergleichen Sie die den Bildern zugrunde liegende Gerichtsdeutung und stellen Sie Gemeinsamkeiten und Differenzen fest.

Mitte des 19. Jh.s wurde im konservativen Luthertum „Eschatologie" wie folgt definiert:

> „Die Lehre von den letzten Dingen hat zum Inhalt die Vollendung des Einzelnen, der Kirche, und der Welt zum schließlichen Reich Gottes."[548]

Eschatologie als (letzter) Teil christlicher Glaubenslehre verlor gegen Ende des Jahrhunderts zunehmend an Bedeutung. *Ernst Troeltsch* formulierte 1912 im Rückgriff auf das Zitat eines zeitgenössischen Theologen, dass das „eschatologische Büro" heutzutage meist geschlossen sei. Christoph Schwöbl interpretiert diese Feststellung mit dem Satz:

> „Das eschatologische Bureau ist geschlossen, weil die Gedanken, die es begründeten ihre Wurzeln verloren haben."[549]

Im Hintergrund dieser Feststellung steht, dass das mit der eschatologischen Perspektive verbundene Gerichtsdenken im Sinne von Belohnung oder Bestrafung für aufgeklärtes Denken nicht mehr nachzuvollziehen war. 1957 hingegen formuliert Hans Urs von Balthasar, dass das eschatologische Büro nun zwischenzeitlich sogar „Überstunden" mache.[550] Zwischen Troeltsch und Balthasar liegt die Erfahrung zweier Weltkriege, die teilweise als apokalyptische Szenarien wahrgenommen wurden. Zudem aber steht hinter den Zitaten jeweils ein unterschiedliches Verständnis von Eschatologie.[551]

In der klassischen Deutung war der Anbruch des Reiches Gottes ein Ereignis, das erhofft wurde. *Albert Ritschl* hat dagegen im 19. Jh. ein Verständnis des Reich Gottes als sittlicher Aufgabe entwickelt. Diese gründe in der christlichen Offenbarung, die die Kirche auffordere synergetisch am Handlungsziel Gottes mitzuwirken. Damit sei das Reich Gottes kein Ereignis mehr, das erhofft werde, sondern ein Ziel, auf das es hinzuarbeiten gelte.[552] Im 20. Jh. wird Eschatologie zum Zentrum der gesamten Theolgie.[553] Exemplarisch lässt sich das an den Titeln „Theologie der Hoffnung" (Moltmann 1964) und „Theologie und Reich Gottes" (Pannenberg 1979) festmachen.

V.10.2. Theologische Perspektiven

Der christliche Glaube hat seinen Grund im Christusgeschehen und der damit verbundenen Erfahrung des neuen Lebens, dessen Vollendung erhofft wird.

In der Lebensperspektive dieses Glaubens ist der Tod Ende des geschöpflichen Lebens, aber nicht Ende der Gottesbeziehung und nicht Ende der Schöpfermöglichkeiten Gottes. Wenn es heißt, dass die Macht des Todes gebrochen ist, verweist diese Glaubensaussage auf die Hoffnung, dass nicht der Tod, sondern der lebendige Gott, der Gott des Lebens das letzte Wort behält. Wenn in der Perspektive des Glaubens die Macht des Todes gebrochen ist, ist es problematisch, dem Sterben Sinn zuzuschreiben. Die diesem Glauben entsprechende Redeweise ist die Klage: „Mein Gott, warum hast du mich verlassen! " (Ps 22,3; Mk 15,34b), die Bitte um Trost „Du bist mein Gott, der mich tröstet in Angst! " (Ps 22,11) und schließlich die Sprache der Hoffnung: „und der Tod wird nicht mehr sein, noch Leid noch Geschrei noch Schmerz wird mehr sein; denn das Erste ist vergangen"(Apk 21,4bc).

---

[548] Luthardt, Ernst: Kompendium der Dogmatik, Leipzig 1865, [11]1914, 402.
[549] Schwöbel, Christoph: Studien zur Dogmatik, Tübingen 2002, 436, Anm. 1.
[550] Vgl. Schwöbel, a.a.O., 436.
[551] Vgl. ebd.
[552] Vgl. a.a.O. 440.
[553] Ratschow, Carl Heinz: Art. „Eschatologie VIII. Systematisch-theologisch", in TRE 10, 334-363, 349.

Die Klage vor Gott kann auch die Gestalt des Protestes gegen ihn annehmen und schließlich (vielleicht) einmünden in das Einverständnis in ein die menschlichen Denk- und Vorstellungsmöglichkeiten übersteigendes göttliches Wirken.

Dem Glauben entspricht ein Leben, das dem Tode trotzt, das gegen den Anschein nicht an die Macht des Todes glaubt und auf die Verheißung setzt, dass das beschädigte Leben eine Zukunft hat, die mitgestaltet werden kann.

Die Erinnerung des Leidens und des Todes Jesu bezieht Erinnerung und Trauer über Verstorbene und das Gedächtnis ihres Leidens ein. Die Erinnerung des Todes Jesu, der aus der Perspektive des Glaubens die Fesseln des Todes und ein vom Tod bestimmtes Leben hinter sich gelassen und überwunden hat, ermutigt zur Hoffnung auf ein wahres Leben für alle.

Auferstehungshoffnung als Spezifikum der jüdisch-christlichen Tradition relativiert in seiner Wirklichkeitsdeutung die zeitliche Begrenztheit der geschöpflichen Existenz des Menschen weder durch die Vorstellung von einem rituellen Wandel noch durch Besinnung auf einen unsterblichen Kern oder durch Bewährung im Kreislauf der Wiedergeburt.

> „Das Geschick der Menschen gleicht dem Geschick der Tiere, es trifft sie dasselbe Geschick. Jene müssen sterben wie diese, beide haben denselben Lebensgeist, und nichts hat der Mensch dem Tier voraus, denn nichtig und flüchtig sind sie alle. Alle gehen an ein und denselben Ort, aus dem Staub sind alle entstanden, und alle kehren zurück zum Staub. (Koh 3,19-20)"[554].

> „Die angemessene menschliche Reaktion auf Erfahrung von Leid und Tod sind nicht Versuche einer Erklärung oder Sinndeutung, sondern die Klage, die Solidarität mit den Leidenden, die Bitte um Aufrichtung. Die dem christlichen Glauben entsprechende Hoffnung auf Auferstehung ist vor allem dadurch charakterisiert, dass ihm keinerlei Anknüpfungspunkte im Menschen zugrunde liegen. Sie kann nur als Tat Gottes im Sinne einer Neuschöpfung gedacht werden und ist darum so schwer zu verstehen. Auferstehung müsste eigentlich mit ‚Aufstehen lassen' wiedergegeben werden."[555]

Auferstehungshoffnung ist unter zwei Aspekten entfaltet worden, die der klassischen Differenzierung in präsentische und futurische Eschatologie entsprechen und mit der Kurzbezeichnung „schon – und noch nicht" wiedergegeben werden.

Der gegenwartsbezogene Aspekt verweist auf ein Sich-aufrichten-lassen zum neuen Leben durch Gottes Wirken (im rechtfertigenden Handeln) im Hier und Jetzt. Der andere Aspekt richtet sich auf die Zukunftserwartung einer allgemeinen Auferstehung. Mit der Formel von der „Auferstehung des Fleisches" wurde Auferstehung deutlich subversiv gegen die griechische Seelenlehre gefasst. Das Symbol „Auferstehung" wahrt die Vorstellung von der körperlich-seelischen Einheit des Menschen und die Hoffnung auf Zukunft der Gemeinschaft aller Menschen. Sie ist keine Jenseitsvertröstung. In diesem Sinn formulierte Bonhoeffer, dass die Auferstehungshoffnung verschärft auf das Leben auf der Erde verweist.[556]

---

[554] Zürcher Bibel 2007.

[555] Johannsen, Friedrich: Auf der Suche nach dem Sinn von Sterben und Tod. Der Wandel von Deutungs- mustern aus theologischer Perspektive, in: Becker, Ulrich, Klaus Feldmann und Friedrich Johannsen (Hg.): Sterben und Tod in Europa. Wahrnehmungen, Deutungsmuster, Wandlungen Neukirchen 1998, 11-19, 13.

[556] Vgl. DBW 8, 500.

Literatur
- Altner, Günter: Tod, Ewigkeit und Überleben, Heidelberg 1981.
- Fuchs, Ottmar: Das jüngste Gericht, Regensburg ²2009.
- Jüngel, Eberhard: Tod, Stuttgart ⁵1993 (1971).
- Körtner, Ulrich H. J.: Wie lange noch, wie lange? Über das Böse, Leid und Tod, Neukirchen-Vluyn 1998.

V.11. Evangelisch – katholisch – orthodox Gemeinsamkeiten und Differenzen der Konfessionen

In diesem Kapitel werden in Grundzügen die Unterschiede zwischen den großen Konfessionen skizziert.

> „Für die Großzahl der Katholiken und Protestanten bilden die traditionellen Lehrdifferenzen aus dem 16. Jahrhundert – Schrift und Tradition, Sünde und Gnade, Glaube und Werke, Eucharistie und Priestertum, Kirche und Papsttum – keine kirchentrennenden Unterschiede mehr."[557]

Hans Küng vertritt die Ansicht, dass viele Unterschiede unter ökumenischer Perspektive längst aufgearbeitet seien und die verbleibenden Unterschiede keine Kirchenspaltung mehr rechtfertigen.[558] Die Meinungen dazu gehen in allen Konfessionen auseinander. Auf allen Seiten gibt es Befürworter und Gegner einer Kirchengemeinschaft ohne vorherige Klärung der Lehrunterschiede. (→ IV. 7.)

Kirchentrennung begleitet die Geschichte der Kirch(en) seit den ersten Jahrhunderten. Die erste nachhaltige Trennung folgte auf die christologischen Entscheidungen des Konzils von Chalcedon 451: Die *armenische*, die *koptische* Kirche Ägyptens sowie die *syrisch-orthodoxe* Kirche schlossen sich der Entscheidung des Konzils zur Zwei-Naturen-Lehre nicht an und behaupteten ihre Selbstständigkeit gegenüber der Reichskirche. Es folgte das *Schisma* von 1054, die Trennung der griechischen (byzantinischen) im Osten von der lateinischen (römischen) Kirche im Westen. Formal machte sich die Trennung an dem „filioque" als Zusatz zum 3. Artikel des Bekenntnisses fest (→ III. 5.3.-4.). Faktisch war die Trennung Folge der politisch-religiös veränderten Verhältnisse zwischen Byzanz und Rom.

Die *Orthodoxe Kirche* mit ihrem ursprünglichen Zentrum in Byzanz (Ostrom) versteht sich als *die eine christliche Kirche*. Sie gliedert sich in selbstständige Patriarchate. Der Begriff Orthodoxie umfasst nicht nur richtige Lehre, sondern auch richtige Gottesverehrung. Spezifische Kennzeichen sind die göttliche Liturgie und die im Platonismus wurzelnde Ikonenfrömmigkeit.

Die *römisch-katholische Kirche* versteht sich ebenfalls als *die eine christliche Kirche*, deren Kennzeichen die „Katholizität" (die Bezogenheit auf die Allgemeinheit) ist. Wie auch die orthodoxe Kirche ist die Unterscheidung von Geweihten (Priestern) und Laien systemrelevant. Hinzu kommt die *Hierarchie* (heilige Ordnung) des Klerus mit dem Papst an der Spitze, gefolgt von Kardinälen und Bischöfen.

Das katholische Heilsverständnis ist wesentlich geprägt durch den Gedanken der *Partizipation an der Heilsgemeinschaft der Kirche* und ihrer Gadenmittel. Protestantisches Heils-

---

[557] Küng, Hans: Credo, München 1992, 181.
[558] Vgl. a.a.O., 182.

verständnis gründet in der *Annahme des für alle gültigen Rechtfertigungsgeschehens* im Glauben, für die es keiner vermittelnden Instanz bedarf.

Für die katholische Frömmigkeit steht das Anteilnehmen an der Feier der eucharistischen Gemeinschaft im Vordergrund, für die protestantische Frömmigkeit die Antwort auf die Rechtfertigungsbotschaft in Gesang und Gebet.

Die Protestantische Kirche versteht sich als Gemeinschaft auf der Basis eines evangeliumsgemäßen Glaubens. Dieser evangeliumsgemäße Glaube hat folgendes Profil:

Wahrheitserkenntnis aufgrund von „Offenbarung"

Die Möglichkeit, die Wahrheit über sich selbst und die Wirklichkeit der Welt zu erkennen, ist nur aufgrund der biblisch bezeugten Offenbarung aus der Perspektive des Glaubens möglich. Dem „natürlichen" Menschen ist diese Erkenntnis von Wahrheit verschlossen. Hermeneutischer Schlüssel ist das Christusgeschehen (Luther: „was Christum treibet"). Die Erkenntnis des Glaubens sieht den Menschen als Sünder, der sich Gott in sich kreisend verschließt („incurvatus in se"), den Gott dennoch grundlos annimmt. Der angenommene Mensch ist zugleich Gerechter und Sünder („simul iustus et peccator").

Rechtfertigung meint daher Rechtfertigung des Sünders (des gottlosen bzw. gottwidrigen) Menschen, der sich von Gott getrennt und sich damit von sich selbst entfremdet hat. Folge der Entfremdung ist eine verhängnisvolle Gewaltdynamik gegen sich und andere.

Personenverständnis

Für die Reformation wurde die fundamentale Unterscheidung von *Person* und *Werk* grundlegend. Diese Unterscheidung befreit von der Identifizierung des Menschen mit seinem Tun, sei es die beste Tat oder die schlimmste Untat. Die meisten Menschen haben ein Grundgefühl dafür, dass andere ihnen nicht gerecht werden, wenn sie auf ihre Leistungen festgelegt werden oder als Person mit ihrem Versagen identifiziert werden. Erst die Unterscheidung von Person und Werk macht frei für verantwortliches Handeln, da es vom Zwang der Selbstkonstitution durch Handeln absehen kann.

Es gilt: Nicht das Werk schafft die Person, sondern die Person das Werk. Und: Der rechtfertigende Glaube konstituiert die Person.

Kirchenverständnis

Kirche steht unter der Zusage des Wirkens des Geistes Gottes. Ihre Aufgabe ist es, Gottes Zuspruch (Rechtfertigung des Sünders) und Anspruch zu verkündigen: Aufrichtung von Gerechtigkeit in der Schöpfung durch Wort (Zuspruch des Heils und der Ausspruch der Differenz) und Sakrament (zeichenhafte Erfahrung des Heils). Die Rechtfertigungsbotschaft (Angenommensein) kann man sich nur sagen (zusprechen) lassen und im Sakrament erinnern bzw. vergegenwärtigen.

Sakrament ist eine Gestalt der Verkündigung, keine Partizipation am Heiligen.

Kirchliche *Ämter* sind funktional zu verstehen, nicht als Gestalt einer Hierarchie (Heiliger Ordnung).

Zukunftserwartung

Biblisch bezeugter Grundwille Gottes ist die Aufrichtung von Gerechtigkeit im Sinne einer Partizipation aller an der Gemeinschaft seiner Schöpfung. Dem läuft die menschliche Gewaltgeschichte entgegen. Aus der Perspektive des Glaubens unterbricht das Kreuzesgeschehen die Gewaltgeschichte. Partizipation an Kreuz und Auferstehung Jesu eröffnet schöpfungsgemäßes (neues) Leben und den Weg einer heilsamem Zukunft in der Gemeinschaft mit Gott.

Von den Reformatoren betonte *Kriterien* für das Rechtfertigungsgeschehen werden im Folgenden knapp im Vergleich zum katholischen Verständnis dargestellt.

Sola scriptura (die Schrift allein), gegen die Relevanz der Tradition.
Sola gratia (allein die Gnade Gottes), nicht Gnadenmittel oder Gnadenvermittlung durch die Kirche.
Sola fide (der Glaube allein), gegen Mitwirken des Menschen oder einer Institution an seinem Heil.
Solus Christus (Christus allein), gegen jede Mitwirkung anderer Mächte.

Zum Verhältnis von Schrift und Tradition (→ V.4.)
Für den Protestantismus und den Katholizismus ist gleichermaßen die Schrift (in jeweils etwas unterschiedlicher Gestalt) Grundlage christlicher Lehre.
Für die Kanonbildung wird apostolischer Ursprung angenommen. Der Kanon bildet den Referenzrahmen des Glaubens, auf den jede Auslegung des Glaubens zurückzubeziehen ist. Die Reformatoren haben dieses durch das Schriftprinzip „sola scriptua" bekräftigt. Für sie ist der Kanon „nicht das Produkt der Kirche und die Kirche ist also nicht das Subjekt der Kanonbildung."[559]
Das Schriftprinzip wurde im Gegensatz zum Traditionsprinzip der katholischen Kirche formuliert und damit betont, dass nicht Tradition und Lehramt, sondern die Schrift alleinige Norm von Theologie und Verkündigung ist.[560] Nach katholischem Verständnis steht neben der Apostolizität der Schrift eine mündliche Überlieferung, die ebenfalls apostolischen Ursprungs ist. Das Verhältnis von Schrift und Tradition ist nicht eindeutig bestimmt. Beim II. Vatikanischen Konzil war die Tendenz erkennbar, das Lehramt als Dienst an der Schriftauslegung zu verstehen.

Differenzen im Gnadenverständnis
Das protestantische Verständnis, das sich in der Formel „sola gratia" ausdrückt, hebt hervor, dass Rechtfertigung des Sünders allein durch das Gnadenhandeln Gottes geschieht und durch den Heiligen Geist wirksam wird. Auch die katholische Gnadenlehre betont das zuvorkommende Handeln Gottes, erweitert diesen Aspekt aber um den Gedanken der Mitwirkung am Wirksamwerden der Gnade als freie Entscheidung des Menschen.
Wichtig für das Verstehen der Differenzen ist, dass die katholische Gnadenlehre einen ontologischen (seinshaften) Hintergrund hat, und die Gnadenwirkung daher wie die Transsubstantiation in der Eucharistie als reale Umwandlung verstanden wird. Nach protestantischem Verständnis verändert Gnade die Gott-Mensch-Beziehung (relational) und wirkt im Sinne eines veränderten Existenzverständnisses.

Glaube in protestantischer Perspektive ist persönliche Antwort auf die Rechtfertigungsbotschaft und zugleich Wirkung des Heiligen Geistes. Er umfasst mehrere Dimensionen:
    – Zustimmung des gottwidrigen Menschen zur Gnade,

---

[559] Vgl. Körtner 2010, 72.
[560] Vgl. a.a.O., 62.

- Annahme des Rechtfertigungsgeschehens (im Bild der Versöhnung durch Christus) (Röm 3,25),
- Erneuerung durch die Kraft des Geistes (neue Kreatur),
- neuer Blick auf das eschatologische Heil (gerichtet wird nach Werken, aber der Richter ist der barmherzige Christus, der „für mich" das Gesetz erfüllt hat),
- neuer Blick auf die Werke als „Früchte des Glaubens". Das Handeln des Glaubenden ist befreit vom Zwang zur Selbstkonstitution. Es geht um eine der Gnade entsprechende Lebenspraxis, die sich nicht am Buchstaben, sondern am Geist des Gesetzes (Röm 2,29) orientiert.

Für die katholische Lehre ist Glaube umfassende Antwort auf die Offenabrung und rückgekoppelt an die Kirche als Gemeinschaft der Glaubenden.

Während sich die Verlautbarung des II. Vaticanums (Verbum Dei) in der Frage des Glaubens an die protestantische Position angenähert hat, bleiben die konfessionellen Differenzen im Wesentlichen durch unterschiedliches Gnaden- und Kirchenverständnis bestimmt.

Differenzen im Verständnis von Kirche

Die protestantische Theologie hat in der Reformationszeit kein neues Kirchenverständnis entwickelt, sondern Fehlentwicklungen kritisiert. In Artikel 7 der Confessio Augustana (CA)[561] wird die Wirklichkeit der einen heiligen christlichen Kirche bekannt. Vom Evangelium her wird das Verständnis dieser Wirklichkeit nach zwei Seiten kritisch abgegrenzt:

- gegen Fehlentwicklungen der Papstkirche wird die Position vertreten, äußere Ordnung, Hierarchie und Bräuche seien „Adiaphora"[562],
- gegen die sog. Schwärmer wird vertreten, dass Übereinstimmung in Verkündigung und Sakramentengemeinschaft notwendig sei.

CA ARTIKEL 7
Über die Kirche und ihre Einheit
Es wird auch gelehrt, daß allezeit die eine, heilige, christliche Kirche sein und bleiben muß. Sie ist die Versammlung aller Gläubigen, bei denen das Evangelium rein gepredigt und die heiligen Sakramente dem Evangelium gemäß gereicht werden.
Denn das genügt zur wahren Einheit der christlichen Kirche, daß das Evangelium einmütig im rechten Verständnis verkündigt und die Sakramente dem Wort Gottes gemäß gefeiert (urspr.: gereicht) werden. Für die wahre Einheit der christlichen Kirche ist es daher nicht nötig, überall die gleichen, von den Menschen eingesetzten kirchlichen Ordnungen einzuhalten - wie Paulus an die Epheser schreibt: „Ein Leib und ein Geist, wie ihr auch durch eure Berufung zu einer Hoffnung berufen seid; ein Herr, *ein* Glaube, *eine* Taufe" (Eph.4,4f.).
1 Urspr.: Zeremonien. Damit sind gottesdienstliche, rechtliche Ordnungen, religiöse Gebräuche usw. gemeint.[563]

CA ARTIKEL 8
Über die Wirklichkeit der Kirche
Die christliche Kirche ist ihrem Wesen nach nichts anderes als die Versammlung aller Gläubigen und Heiligen. In diesem Leben gibt es aber unter den Frommen viele falsche Christen, Heuchler und auch offenkundige Sünder. Dennoch sind die Sakramente wirksam, auch wenn die Priester, durch die sie gereicht werden, nicht fromm sind.

---

[561] Die von den Protestanten auf dem Reichstag von Augsburg 1530 vorgelegte Bekenntnisschrift.
[562] Als *Adiaphora* werden Dinge bezeichnet, die für den Bekenntnisstreit neutral bzw. gleichgültig sind.
[563] Gaßmann, Günther (Hg.): Das Augsburger Bekenntnis 1530-1980, Göttingen u. Mainz 1978, 26f.

Christus selbst sagt: „Auf dem Stuhl des Mose sitzen die Schriftgelehrten und Pharisäer..." (Matth. 23,2f.).
Darum werden die Donatisten[a] und alle anderen verworfen, die anders lehren.
a) Eine sehr streng eingestellte Gruppe in der afrikanischen Kirche zu Beginn des 4. Jahrhunderts. Sie sprach Bischöfen, die sich in einer Verfolgung als unwürdig erwiesen hatten, ihre Amtsvollmachten ab.[564]

Das protestantische Kirchenverständnis lässt sich in folgenden Punkten zusammenfassen:

1. „Es weiß gottlob ein Kind von sieben Jahren, was die Kirche sei, nämlich die heiligen Gläubigen und die Schäflein, die ihres Hirten Stimme hören."[565]

2. „Die Kirche ist als verborgene pneumatische Wirklichkeit zugleich eine sichtbare, an ihrem spirituellen und diakonischen Diensten erkennbare soziologische Größe."[566]

3. D. h. umkehrt, dass die Kirche nicht bloß eine menschlich-geschichtliche Wirklichkeit ist, die mit rein soziologischen Kategorien zu erfassen wäre.

4. Der Christ glaubt nicht an die Kirche, sondern an den Heiligen Geist, der in der Kirche und durch die Kirche handelt.

5. Wo immer das Wort Gottes verkündigt und ihm geglaubt wird und wo immer die Sakramente evangeliumsgemäß gefeiert werden, da ist Kirche, da ist Gemeinde (communio sanctorum).

6. Weil Gottes Liebe allen Menschen gilt, richten sich Zeugnis und Dienst der Kirche an alle Menschen. Sofern sie diesen Sendungsauftrag wahrnimmt, ist sie in der Kraft des Heiligen Geistes die eine, heilige, katholische (allgemeine) und apostolische Kirche.

Zum Katholischen Kirchenverständnis
Im Konzilsdokument „Lumen Gentium" (Licht der Völker) von 1964 wird eine ausführliche katholische Kirchenlehre entwickelt. Die Kirche wird als umfassendes Sakrament beschrieben, das in Christus Gemeinschaft der Menschen mit Gott und untereinander gewährt. Ein weiteres Kennzeichen der Kirche ist die umfassende Gemeinschaft als „Volk Gottes", aber auch die „Heilige Vollmacht" der Amtsträger, die besondere Rolle des Bischofs von Rom als Papst und das Lehramt. 1971 hat Joseph Ratzinger, der spätere Papst Benedikt XVI., in einer Vorlesung folgende Aspekte der Kirchenlehre betont:
„Die Heiligkeit der Kirche besteht in jener Macht der Heiligung, die Gott in ihr trotz der menschlichen Sündigkeit ausübt."[567] In „dem Wort ‚katholisch' [ist] die bischöfliche Struktur der Kirche und die Notwendigkeit der Einheit der Bischöfe untereinander ausgedrückt".[568]

---

[564] A.a.O., 27.
[565] Luther, Martin: Schmalkaldischer Art. II, 12.
[566] Vgl. Barth, Hans-Martin, a.a.O., 714.
[567] Ratzinger, Joseph, a.a.O., 252.
[568] A.a.O., 256.

Zugleich weist Joseph Ratzinger (1972) darauf hin, dass „Wort und Sakrament" als primärer Inhalt der Einheit der Kirche zu gelten haben und die bischöfliche Verfassung nur Mittel seien, um die Einheit zu verwirklichen.[569]

Differenzen im Verständnis von Amt und Kirchenleitung

Spezielles Priestertum mit der Aufgabe der Mittlerschaft zwischen Gott und Gemeinde hat sich im Mittelalter aus der kirchlichen Ämterstruktur herausgebildet und wurde durch das Sakrament der Priesterweihe gefestigt. Damit findet die Trennung von weltlich (profan) und geistlich (sakral) ihre Entsprechung im Gegenüber von geweihten Klerikern und Laien. Für die kirchenleitenden Ämter gewann der Gedanke der *apostolischen Sukzession* Bedeutung. Der Ritus des Handauflegens bei der Amtseinführung soll eine personale und damit zugleich lehrmäßige Kontinuität zum apostolischen Ursprung herstellen.

Die Reformation bezog sich auf die Lehre vom Priestertum aller Gläubigen und legte sie in dem Sinne aus, dass sie die Trennung von Priestern und Laien und das Konstrukt einer heiligen Ordnung (Hierarchie) verwirft. Die theologische Kritik des Opfercharakters der Messe implizierte, dass für die Feier des Abendmahls kein Priester mehr notwendig war.

Die Entwicklung des Amtsverständnisses in der lutherischen Kirche (Luther hat den Begriff Gemeinde bevorzugt) hat zunächst den Grund, Ordnung in chaotische Zustände zu bringen. Dazu wurden die Landesherren gebeten, hilfsweise die Ordnungsfunktion wahrzunehmen, die vorher den Bischöfen oblag. Aus der Institution der Notbischöfe entwickelte sich dann das landesherrliche Kirchenregiment (*Sumepiskopat*). Als spezifisch kirchliches Amt bildete sich nur das Pastorenamt heraus, das der geordneten Verkündigung und Sakramentenverwaltung dienen soll. Amt ist hier rein funktional zu verstehen. Im Protestantismus entwickelten sich neben dem landesherrlichen Kirchenregiment bei den Lutheranern zum einen die *synodal-presbyteriale Verfassung* der Reformierten, zum anderen der *Kongregationalismus* als freier Zusammenschluss wahrhaft Gläubiger in Ortsgemeinden von Freikirchen.

Die Kennzeichen der Kirche[570]

Wie Luther unterscheidet Härle zunächst zwischen verborgener und sichtbarer Kirche. Er setzt das Wesen der Kirche und ihre äußere Gestalt wie Seele und Körper in Beziehung: Die verborgene Kirche ist das innere Lebensprinzip der Kirche, die sichtbare Kirche ihre leibhafte Gestalt – das eine nicht ohne das andere. Die Kennzeichen beziehen sich auf die Kirche als (verborgene) „Gemeinschaft der Glaubenden":

- – Sie ist eine (einzige) Kirche weil sie durch das eine Evangelium konstituiert wird.
- – Sie ist heilig, weil sie als „Gemeinschaft der Glaubenden" zu Gott gehört.
- – Sie ist katholisch, d.h. allumfassend, weil das Evangelium Menschen aus allen Völkern, Rassen und Religionen beruft.
- – Sie ist apostolisch, weil sie konstituiert ist durch das ursprünglich bezeugte Evangelium der Apostel.

---

[569] Vgl. Ratzinger, ebd.
[570] Nach Härle, Wilfried: Dogmatik, Berlin/New York ⁴2012, 592f.

Literatur
- Frieling, Reinhard: Katholisch und Evangelisch. Informationen über den Glauben, Göttingen [9]2007.
- Meyer-Blanck, Michael und Walter Fürst: Typisch katholisch, Typisch evangelisch, Freiburg i. B. [3]2006.
- Rössler, Andreas: Evangelisch – Katholisch: Grundlagen Gemeinsamkeiten Unterschiede, Gütersloh [5]2008.

V.12. Das Verhältnis des christlichen Glaubens zu den Weltreligionen

In III.9. wird darauf hingewiesen, dass die pluralistische Grundstruktur der modernen Gesellschaft auch eine neue theologische Ortsbestimmung des Verhältnisses zu anderen Religionen herausfordert. Diese neue Ortsbestimmung wird unter dem Begriff „Theologie der Religionen" bearbeitet.

Dass damit auch ein bedeutsamer theologischer Perspektivwechsel im Blick auf nichtchristliche Religionen verbunden ist, mag ein kurzer Blick in die jüngere Geschichte belegen.

> Unter der Überschrift „I. Gottes Ur-Offenbarung und die Welt der Religionen" wird in einem 1961 erschienenen Religionsbuch für die Oberstufe an Gymnasien das Verhältnis von nichtchristlichen Religionen und christlichem Glauben abgehandelt.[571]
> Thematisiert werden: Religionen in der Vorgeschichte, Weltanschauungen und Religionen der Antike sowie nichtchristliche Religionen der Gegenwart.
> Es folgen: II. Gottes vorbereitende Heilsoffenbarung in der Geschichte Israels.
> III. Gottes Heilsoffenbarung in Jesus Christus.
> IV. Die Botschaft von Jesus Christus in Kirche und Welt.

Das Buch entspricht religionspädagogisch der Konzeption der „Evangelischen Unterweisung", theologisch dem Konzept einer „Uroffenbarung" unter Rückgriff auf Röm 1,19f. Danach hat Gott sich den „Heiden" durch die Schöpfung kundgetan, und sie antworten mit Religion. Obwohl die ‚Heiden' durchaus zu tiefen religiösen Einsichten finden, ist ihr Gottesverhältnis ein verkehrtes Verhältnis.

Der von Busch[572] kritisierte Theologe *Ernst Troeltsch* (1865-1923) hatte die kulturelle Differenzierung der Entwicklung von Religionen im Blick und so die Höchstgeltung des Christentums für den europäischen Kulturkreis reklamiert, für den asiatischen Kulturraum z.B. aber andere Prioritäten eingeräumt.[573]

---

[571] Busch, Ernst: Die Botschaft von Jesus Christus. Eine Einführung in das evangelische Verständnis von Hl. Schrift und Kirche, Frankfurt a.M. u.a. 1961.

[572] Vgl. a.a.O., 34.

[573] Diese These von der „Höchstgeltung" vertritt Ernst Troeltsch u.a. in: Die Absolutheit des Christentums 1902.

In den letzten Jahren hat sich ein Grundkonsens herausgebildet, dass es Aufgabe einer „Theologie der Religionen" sei, „das Verhältnis des christlichen Glaubens zu nicht-christlichen Religionen aus der Perspektive des christlichen Glaubens zu thematisieren."[574]

Theologie der Religionen
Schmidt-Leukel formuliert die religionstheologische Aufgabe in einer Doppelfrage:
„Wie versteht und beurteilt das Christentum andere Religionen? Und: Wie versteht und beurteilt sich das Christentum selbst angesichts der anderen Religionen?"[575]
Es geht somit um die Erhebung und das Verstehen der Differenzen und die theoretische Klärung des Selbstverständnisses und des Verständnisses der anderen.
Der Terminus „Theologie der Religionen" knüpft an die ältere Bezeichnung „Theologie der Religionsgeschichte" an und modifiziert diese.[576] Die ersten Entwürfe einer pluralistischen Religionstheologie entstanden im angelsächsischen Raum und wurden von *John Hick* und *Paul F. Knitter* entworfen.[577]
In der Regel werden drei Grundmodelle von „Theologie der Religionen" unterschieden:

1. *Das exklusivistische Modell*
   Es geht auf der Basis der ausschließlichen Wahrheit des geoffenbarten christlichen Glaubens von der Unterscheidung von wahrer und falscher Religion aus. In der klassischen christlichen Dogmatik wird die Differenzerfahrung von Christen gegenüber anderen Religionen mit Hilfe der Unterscheidung von allen Menschen zugänglicher allgemeiner und der besonderen Offenbarung in Jesus Christus begründet. D.h. Gotteserfahrung ist allen Menschen zugänglich, Heilserfahrung nicht.[578]

2. *Das inklusivistische Modell*
   Es rechnet mit Elementen von Wahrheit und Heil in anderen Religionen, sieht die eigentliche Fülle des Heils aber allein in Christus. Diese Position vertritt z.B. die katholische Theologie seit dem 2. Vatikanischen Konzil. Paul Tillich spricht in seiner Systematischer Theologie von einer „latenten Geistgemeinschaft" die überall in der Menschheit zu finden ist.[579]

3. *Das pluralistische Modell*
   Es geht davon aus, dass alle Religionen zugleich subjektiv wahr und objektiv partikular sind.

Eine Modifikation des pluralistischen Modells ist das „Akzeptanzmodell", das einen Vergleich unterschiedlicher Elemente in den Religionen vornimmt und mehr die Differenzen in den Blick nimmt.

---

574 Danz, Christian und Ulrich H.J. Körtner: Theologie der Religionen. Positionen und Perspektiven evangelischer Theologie, Neukirchen-Vluyn 2005, 5.
575 Schmidt-Leukel, Perry: Gott ohne Grenzen. Eine christliche und pluralistische Theologie der Religionen, Gütersloh 2005, 65.
576 Vgl. z.B. die Titel: Benz, Ernst: Ideen zu einer Theologie der Religionsgeschichte, Wiesbaden 1960; Pannenberg, Wolfgang: Erwägungen zu einer Theologie der Religionsgeschichte, in: Ders.: Grundfragen systematischer Theologie. Gesammelte Aufsätze, Göttingen 1967, 252-295.
577 Hick, John und Paul Knitter (ed.): The Myth of Christian Uniqueness. Toward a Pluralistic Theologie of Religions, Maryknoll 1987.
578 Das oben vorgestellte Religionsbuch von Ernst Busch folgt einer Variante des „exkluvistischen Konzepts".
579 Vgl. Tillich, Paul: Systematische Theologie. Bd. III, Stuttgart 1966, 158f.

Körtner kritisiert am pluralistischen Modell, dass es, wie die anderen Modelle auch, „ebenfalls das Anderssein des Anderen in Frage stellt" aber zudem „einer höchst problematischen Relativierung der Wahrheitsfrage Vorschub" leistet.[580] Ohne Klärung der eigenen Position ist keine Auskunft über das spezifisch Christliche im interreligiösen Dialog möglich.

Offenbarung im christlichen Sinn wird erfahren als geistgewirktes Ergriffensein vom Grund menschlicher Existenz (Gott) und der Wahrnehmung der Überwindung der Distanz zu diesem Grund im Christusereignis.

Da Gottes Liebe allen Menschen gelte, sei mit der Wirkung des Geistes auch außerhalb des christlichen Traditionszusammenhanges zu rechnen, ohne dass diesbezügliche konkrete Aussagen möglich seien.[581]

Hans-Martin Barth stellt seine Dogmatik[582] ganz in den Zusammenhang der Religionen:

> „Die eigentliche, dogmatisch relevante Frage besteht darin, ob auf dem Wege z.B. über die nichtchristlichen Religionen der dreieine Gott selbst der Christenheit etwas sagen will."[583]

Der in Basel lehrende Systematische Theologe *Reinhold Bernhardt* geht den Fragen nach, ob es eine spezifische evangelische „Theologie der Religionen" gibt und worin ggf. ihr Spezifikum besteht.[584] Zunächst stellt Bernhardt fest, dass es außer der o.g. Dogmatik von H.-M. Barth wenige profilierte evangelische Beiträge dazu gibt. Dann setzt er sich mit der aus katholischer Perspektive vorliegenden Kritik an Barth auseinander, in der ein Defizit an Ekklesiologie (Lehre von der Bedeutung der Kirche) kritisiert wird. Er stellt dazu fest, dass gerade in der Relativierung der Ekklesiologie zugunsten des Glaubensgrundes, nämlich der Selbstmitteilung Gottes in Christus, ein wichtiger Impuls für eine Theologie der Religionen aus protestantischer Sicht liege.[585] Die Transzendierung aller Glaubensgestalten und Glaubensvollzüge auf diesen Glaubensgrund hin, betrifft für Bernhardt auch klassische reformatorische Absätze von „Theologie der Religionen". Dazu zählt insbesondere die durch Christus *sola gratia* erwirkte und zugerechnete Rechtfertigung. Dieses Evangelium konstituiere allein die wahre Gottesbeziehung und transzendiere und relativiere alle Religion.

Steht hinter dem ersten Ansatz die Unterscheidung von Gesetz und Evangelium, basiert eine weitere damit zusammenhängende protestantische Position von Religion auf der Unterscheidung zwischen dem Welt- und Heilshandeln Gottes in der Tradition der Zwei-Regimente-Lehre Luthers. Danach gehören Religionen zum Welthandeln.

Die dritte protestantische Position zur theologischen Qualifizierung von Religionen basiert auf der Unterscheidung von allgemeiner und spezieller Offenbarung. Mit Bezug auf Röm 1,18-20 und 2,14f. wird gelehrt, dass allen Menschen als Geschöpfen Gottes durch die Schöpfung der Glaube an Gott und seinen Anspruch zugänglich ist, nicht aber die Erkenntnis seines Heilswerkes und seiner Gnade.

---

[580] Körtner, Ulrich H.J.: Theologie der Religionen, in: Ders.: Wiederkehr der Religion? Das Christentum zwischen neuer Spiritualität und Gottvergessenheit, Gütersloh 2006, 124.

[581] Vgl. a.a.O., 70f.

[582] Untertitel: Evangelischer Glaube im Kontext der Weltreligionen. Ein Lehrbuch, Gütersloh 2001.

[583] A.a.O., 49.

[584] Bernhardt, Reinhold: Protestantische Religionstheologie auf trinitätstheologischem Grund, in: Danz, Christian und Ulrich H.J. Körtner (Hg.), a.a.O., 107-120.

[585] Vgl. a.a.O., 108.

Bernhardt kritisiert an diesen Positionen, dass sie die Religionen jeweils auf ein Merkmal festlegen und ihrer Vielfalt nicht gerecht werden, dass sie das jeweils eigene Selbstverständnis der Religionen unbeachtet lassen, – dass sie mit der Fokussierung auf eine Leitunterscheidung die Bereite der christlichen Kriterien nicht ausschöpfen.

Seine eigene These ist, dass das „trinitätstheologische Strukturprinzip des christlichen Glaubens [...] die Grundlegung einer Theologie der Religionen [erlaubt], die dem methodischen Identifikationsmerkmal des Protestantismus – dem permanenten Verweis auf den Glaubensgrund – entspricht".[586] Trinitätstheologisches Denken wird hier nicht als Ausdruck des Glaubens aufgenommen, sondern auf das dynamische Beziehungsgeschehen zwischen Gott und seiner Schöpfung bezogen.

Für Bernhardt sind im Blick auf eine Theologie der Religionen zwei programmatische Strategien zu erkennen:
    a) Erklärungen aus der Binnenperspektive (Inklusivismus, ohne zwangsläufigen Überlegenheitsgestus und Alleingeltungsanspruch), die bewusst auf eine unabhängige Erkenntnisposition verzichten. Nach dieser Position kann es im Dialog Streit um die Wahrheit geben, aber keine Einheitsschau.
    b) Deutung der Religionen auf der Basis einer traditionsübergreifenden, metareligiösen, religionsphilosophischen Ebene (z.B. Hicks Pluralistische Religionstheologie).[587]

Bernhardt versucht, auf der Basis von *Paul Tillichs* trinitätstheologischem Ansatz im Sinne von a) in religionstheologischer Sicht einen Brückenkopf aus eigener Perspektive auszuweisen.

Die trinitarischen Symbole eröffnen von drei Erfahrungen her einen Einblick in die „Tiefen der Gottheit", die die christliche Gotteserfahrung und die Problemstellungen der altkirchlichen Lehre überschreiten:

1. In jeder Manifestation des Unbedingten liegt eine Spannung, eine Polarisierung zwischen Transzendenz und Immanenz.

2. Der göttliche Seinsgrund ist als Dynamik alles Lebendigen zu verstehen, die in einer prozesshaften Dialektik zwischen Identität und Nicht-Identität und Reintegration abläuft.

3. Drei Offenbarungserfahrungen sind zusammenzudenken: Gott als schöpferischer Seinsgrund, der sich in Christus als rettende Liebe offenbart und eine ekstatische Erhebung des menschlichen Geistes zu unzweideutigem Leben bewirkt.[588]

Diese drei Antworten beziehen sich auf religions- und kulturübergreifende Fragen des Menschen: Nach Endlichkeit, nach Entfremdung, nach Zweideutigkeit des Lebens.

Das trinitarische Denken hat für Tillich die Funktion, die „Einheit in der Vielfalt göttlicher Selbst-Manifestationen" zum Ausdruck zu bringen.[589] Die Personen der Trinität sind (realsymbolische) Manifestationen des einen Unbedingten. Tillich unterscheidet zwischen dem Logos als Selbstentäußerung Gottes und seiner Manifestation in Jesus von Nazareth. Für die christliche Tradition stellt die Manifestation des universalen Logos in Jesus als dem Christus den normativen Entdeckungszusammenhang für das

---

[586] A.a.O., 111.
[587] Vgl. a.a.O., 111ff.
[588] Vgl. a.a.O., 114ff.
[589] Tillich, a.a.O., 335.

religions- und kulturübergreifende Geistwirken Gottes dar.[590] Der Geist Gottes ist universaler als die Wirkungsgeschichte des inkarnierten Logos, der göttliche Seinsgrund ist letztlich unerkennbares Geheimnis. Gott geht nicht in seinen Selbstmitteilungen auf. Auf dieser Basis kann die Trinitätslehre eine Rahmentheorie für eine christliche Theologie der Religionen abgeben.

Das trinitätstheologische Modell bringt drei Dimensionen der Beziehung von Transzendenz und Immanenz in Balance:

- Die grundsätzliche Unterschiedenheit Gottes von der Welt,
- seine Mitteilung und Selbsterschließung,
- seine Präsenz in der Welt.

Trinitätstheologie ist spezifisch christlich und keine universale Religionstheologie. Von der Trinitätstheologie her können und müssen die religiösen Traditionen als Ereignisräume der wirksamen Gegenwart Gottes angesehen werden. Aber nicht alles, was spirituell daherkommt, verdient Anerkennung als Manifestation des göttlichen Heilsgrundes. Es sind kritische Maßstäbe zur Unterscheidung nötig. Diese sind aus den Zentren der jeweiligen Religionen zu entwickeln. Für das Christentum manifestiert sich der Heilsgrund im Geist, von dem Jesus erfüllt war und der in der Gegenwart wirkt.

Aufgabe
Was könnten in anderen Religionen solche Brückenköpfe sein, wie die Trinität im Christentum?

Literatur

- Danz, Christian und Ulrich H.J. Körtner: Zur Einführung. Evangelische Positionen und Perspektiven zu einer Theologie der Religionen, in: Dies. (Hg.): Theologie der Religionen. Positionen und Perspektiven evangelischer Theologie, Neukirchen-Vluyn 2005, 1-7(-12).
- Körtner, Ulrich H.J.: Theologie der Religionen, in: Ders.: Wiederkehr der Religion? Das Christentum zwischen neuer Spiritualität und Gottvergessenheit, Gütersloh 2006, 122-130.
- Körtner, Ulrich H.J.: Theologie der Religionen, in: Danz, Christian und Ulrich H.J. Körtner (Hg.): Theologie der Religionen. Positionen und Perspektiven evangelischer Theologie, Neukirchen-Vluyn 2005, 61-76.

Exkurs: Religionsbegriff

Religion als allgemeiner Begriff ist ein Produkt des Diskurses der Moderne, hat also seinen Ort in der Geistesgeschichte des Westens. In der Antike stand Religion (*religio*) für kultisch einwandfreies Verhalten. Dieses Verständnis steht hinter Apg 17,22, wenn der lukanische Paulus den Athenern vorbildliche Religiosität bescheinigt.

Augustin orientiert sich an dem Verständnis von *religare* (zurückbinden). Wahre Religion war für ihn die wahre (erneuerte) Rückbindung der Seele an ihren Ursprung.

In dieser Tradition verstand die Reformation Religio(n) als einen kritischen Begriff, mit dem der wahre Glaube gegen Aberglaube abgegrenzt wurde.

---

[590] Vgl. Bernhardt, a.a.O., 116.

Im Kontext der Aufklärungen entwickelte sich ein Verständnis von *idealer Religion*; einem Konstrukt, von dem her die Defizite der historischen Gestalten von Religion kritisiert wurden. Lessings Schauspiel Nathan der Weise beruht auf diesem Konstrukt.

In der Religionsphänomenologie (*Rudolf Otto 1869-1937*) wird die Kategorie des *Heiligen* Grundlage der Beschreibung von Religion und von religiösen Phänomenen.

Einen Verzicht auf inhaltliche Bestimmungen charakterisiert ein Religionsverständnis, das nach den Funktionen von Religion fragt (*funktionales Religionsverständnis*). Funktionsleistungen von Religion werden etwa im Bereich der Sinnfindung, Bewältigung kontingenter Ereignisse, Krisen und sozialer Integration gesehen (*Émile Durkheim 1858-1917*). Der Systemtheoretiker *Niklas Luhmann* (1927-1998) sah die wesentliche Funktion von Religion darin, durch Reduktion von Komplexität Orientierung zu geben.

Die *systemtheoretische* Sicht versteht Religion als eines der globalen gesellschaftlichen Subsysteme. Es entwickelte sich dadurch, dass das abendländische Paradigma von Religion leitendes Modell für die Konstituierung außereuropäischer Religionen wurde. *Klaus Hock* beschreibt das so, dass es „im Zuge dieses Prozesses [...] zur (Selbst- und Fremd-) Konstruktion von Buddhismus, Hinduismus, Jainismus etc. [kam]"[591]. Nach dieser im Kontext der Globalisierung erfolgten Systembildung könnten sich Religionen im interreligiösen Dialog miteinander in Beziehung setzen.

Diskurstheoretisch orientierte Modelle von Religion untersuchen den Aspekt der Konstruktion kollektiver religiöser Identitäten in Gestalt von Religionen. In Anlehnung etwa an die Foucaultsche Diskurstheorie steht die besondere „Sprechweise" von Religion im Zentrum. Relevant ist hier die Feststellung, dass Religionen keine starren Gebilde sind, sondern sich in Korrelation zu gesellschaftlichen Entwicklungen verändern. Wie in der systemischen Betrachtung ist Religion ein Allgemeinbegriff der Moderne. Der Sache nach lässt sich aber feststellen, dass etliche historische Religionen sich im Verhältnis zu anderen definiert haben (Buddhismus im Gegenüber zum Hinduismus, Christentum im Gegenüber zum Judentum).

Als Grundlage einer Theologie der Religionen und Basis von interreligiösem Dialog werden in der Regel zwei konkurrierende Modelle zur Bestimmung des Verhältnisses der Religionen verwendet:

1. Pluralistische Religionstheologie: Alle Religionen sind Repräsentanten des vom Absoluten (Gott) für die Menschen bestimmten Heilswegs (Vertreter: Paul F. Knitter, John Hick, Perry Schmidt-Leukel).

Obwohl diese Theorie Allgemeingültigkeit postuliert, ist sie ein akademisches Konstrukt und hat einen partikularen und milieugebundenen Ort. Eine religionstheologische Metaperspektive steht nicht zur Verfügung, auch sog. Universaltheorien sind an bestimmte Perspektiven zurückgebunden.

Die differenzhermeneutische Konzeption von Religionstheologie nimmt diesen Sachverhalt konstitutiv auf, indem das religiös Eigene im Unterschied zum religiös Fremden thematisiert wird.

2. Differenztheoretisches Modell: Ziel des Dialogs ist in diesem Modell ein Verständnis für Fremdes und Differentes ohne Transformation der eignen religiösen Identität. Man kann das Modell als weiterentwickelte Form des

---

[591] Hock, Klaus: Einführung in die Religionswissenschaft, Darmstadt ⁴2011 (2002), 225.

Inklusivismus verstehen. (Vertreter sind u.a.: Reinhold Bernhard, Michael von Brück, Jürgen Werbick, Gerhard Gäde).[592]

Theologische Identitätsbestimmung ist eine Selbstbeschreibung, die durch Grenzziehung zwischen dem Eigenen und Fremden zustande kommt. Umgekehrt darf die Beschreibung der anderen Religion nicht im Rückgriff auf Modelle der eigenen Selbstbeschreibung erfolgen (z.B. Trinität/Rechtfertigung). Trotz der Unterschiede liegt die Gemeinsamkeit der differenztheoretischen Modelle darin, dass sie die konstruktiven Alternativen zum religionstheologischen Pluralismus verbinden. Eine Gemeinsamkeit liegt in der Rückbindung der Religionstheorie an eine binnentheologische Beschreibung christlicher Religion.
Nur durch eine neben der Binnenperspektive theologisch zu entwickelnde Außenperspektive ist es möglich, religiöse und kulturelle Traditionen miteinander zu vergleichen.

Der Religionsbegriff ist eine Kategorie zur Bestimmung des je Spezifischen. Das Christentum versteht sich dabei als eine Religion unter anderen geschichtlichen Religionen. Die Anerkennung anderer Religionen im Rahmen von Religionstheorien bedeutet nicht, sie der Kritik zu entheben. Gleichwohl ist der Bezug auf die Anderen zur Selbstbeschreibung in der multireligiösen Gesellschaft unhintergehbar.

---

[592] Vgl. Scheliha, Arnulf von: Theorie der Religionen und moderner Synkretismus, in: Danz, Christian und Ulrich H.J. Körtner: Theologie der Religionen. Positionen und Perspektiven evangelischer Theologie, Neukirchen-Vluyn 2005, 43.

Literatur

Einführungen in die Systematische Theologie/Dogmatik

- Danz, Christian: Einführung in die evangelische Dogmatik, Darmstadt 2010.
- Deuser, Hermann: Kleine Einführung in die Systematische Theologie, Stuttgart 1999.
- Korsch, Dietrich: Dogmatik im Grundriss. Eine Einführung in die christliche Deutung menschlichen Lebens mit Gott, Tübingen 2000.
- Leonhardt, Rochus: Grundinformation Dogmatik, Göttingen [4]2009.
- Link-Wieczorek, Ulrike u.a.: Nach Gott im Leben fragen. Ökumenische Einführung ins Christentum, Gütersloh u. Freiburg 2004.
- Orth, Gottfried: Systematische Theologie, Stuttgart 2001 (Theologie kompakt Bd. 1).
- Ritschl, Dietrich und Martin Hailer: Grundkurs christliche Theologie, Neukirchen-Vluyn, [3]2010.
- Schneider-Flume, Gunda: Grundkurs Dogmatik, Göttingen 2004.
- Sturm, Erdmann: Systematische Theologie/Dogmatik, in: Lachmann, Rainer, Reinhold Mokrosch u. Erdmann Sturm (Hg.): Religionsunterricht – Orientierung für das Lehramt, Göttingen 2006, 211-247.
- Surall, Frank: Systematische Theologie, Gütersloh 2009 (Module der Theologie Bd. 4).
- Zehner, Joachim: Arbeitsbuch Systematische Theologie. Eine Methodenhilfe für Studium und Praxis, Gütersloh 1998.

Literaturauswahl für das Studium

(Spezialliteratur siehe Einzelkapitel)
- Antes, Peter: Das Christentum. Eine Einführung, München 2004.
- Baldermann, Ingo: Ich glaube. Erfahrungen mit dem apostolischen Glaubensbekenntnis, Neukirchen-Vluyn [2]2005 (2004).
- Barth, Hans-Martin: Dogmatik. Evangelischer Glaube im Kontext der Weltreligionen, Gütersloh 2001.
- Biehl, Peter/Johannsen, Friedrich: Einführung in die Glaubenslehre. Ein religionspädagogisches Arbeitsbuch, Neukirchen-Vluyn 2002.
- Biehl, Peter/Johannsen, Friedrich: Einführung in die Ethik. Ein religionspädagogisches Arbeitsbuch, Neukirchen-Vluyn 2003.
- Busch, Eberhard: Credo. Das christliche Glaubensbekenntnis, Göttingen 2003.
- Crüsemann, Frank: Das Alte Testament als Wahrheitsraum des Neuen. Die neue Sicht der christlichen Bibel, Gütersloh 2011.
- Drehsen, Volker/Gräb, Wilhelm/Weyel, Birgit (Hg.): Kompendium Religionstheorie, Göttingen u.a. 2005.
- Ebeling, Gerhard: Das Wesen des christlichen Glaubens, München und Hamburg 1964.
- Fischer, Hermann: Protestantische Theologie im 20. Jahrhundert, Stuttgart 2002.
- Frankemölle, Hubert: Frühjudentum und Urchristentum, Stuttgart 2006.
- Gilg, Arnold: Weg und Bedeutung der altkirchlichen Christologie, München [3]1966.
- Göllner, Reinhard (Hg.): Das Glaubensbekenntnis – Last oder Hilfe, Münster u.a. 2001.

- Gräb, Wilhelm: Sinnfragen. Transformationen des Religiösen in der modernen Kultur, Gütersloh 2006.
- Haas, Hanns-Stephan: Glaube gibt zu denken. Theologie verständlich, Hannover 1999.
- Härle, Wilfried: Dogmatik. New York/Berlin [4]2012.
- Henning, Christian/Lehmkühler, Karsten (Hg.): Systematische Theologie der Gegenwart in Selbstdarstellungen, Tübingen 1998.
- Hock, Klaus: Einführung in die Religionswissenschaft, Darmstadt [4]2011 (2002).
- Huber, Wolfgang: Der christliche Glaube. Eine evangelische Orientierung, Gütersloh, [5]2009.
- Joest, Wilfried: Dogmatik Bd. 2. Der Weg Gottes mit dem Menschen, Göttingen [2]1990
- Joest, Wilfried: Dogmatik. Bd. 1. Die Wirklichkeit Gottes, Göttingen [3]1989.
- Jörns, Klaus-Peter: Lebensgaben Gottes feiern. Abschied vom Sühnopfermahl: Eine neue Liturgie, Gütersloh 2007.
- Körtner, Ulrich H.J.: Reformatorische Theologie im 21. Jahrhundert, Zürich 2010.
- Kühn, Ulrich: Was Christen glauben. Das Glaubensbekenntnis erklärt, Leipzig 2004.
- Küng, Hans: Credo. Das apostolische Glaubensbekenntnis – Zeitgenossen erklärt, München 1992.
- Lachmann, Rainer u.a.: Theologische Schlüsselbegriffe. Biblisch-systematisch-didaktisch, Göttingen 1999.
- Lohff, Wenzel/Walther, Christian (Hg.): Rechtfertigung im neuzeitlichen Lebenszusammenhang. Studien zur Interpretation der Rechtfertigungslehre, Gütersloh 1974.
- Luthardt, Ernst: Kompendium der Dogmatik, Leipzig 1865, [11]1914.
- Nüssel, Friederike: Das traditionelle heilsgeschichtliche Schema der Dogmatik – Leitfaden oder Fessel, in: Deuser, Hermann und Dietrich Korsch (Hg.) Systematische Theologie heute. Zur Selbstverständigung einer Disziplin, Gütersloh 2004, 41-59.
- Ott, Heinrich: Die Antwort des Glaubens. Systematische Theologie in 50 Artikeln, Stuttgart [3]1981.
- Pannenberg, Wolfhart: Das Glaubensbekenntnis ausgelegt und verantwortet vor den Fragen der Gegenwart, Hamburg 1972.
- Ratzinger, Joseph: Einführung in das Christentum, München [2]1972.
- Schäfer, Hans: Die Botschaft von der Rechtfertigung. Eine Einführung in ihr biblisch-reformatorisches Verständnis, Hannover [2]1997.
- Starke, Ekkehard (Hg.): Christsein konkret. 50 wichtige Themen von kompetenten und prominenten Autorinnen und Autoren erklärt, Neukirchen-Vluyn 2005.
- Stolz, Fritz: Christentum, Göttingen 1985.
- Theißen, Gerd: Die Religion der ersten Christen, Gütersloh [3]2003.
- Theißen, Gerd: Glaubenssätze. Ein kritischer Katechismus, Gütersloh 2012.
- Wagner, Andreas (Hg.): Sühne, Opfer, Abendmahl. Vier Zugänge zum Verständnis des Abendmahls, Neukirchen-Vluyn 1999.
- Westermann, Claus (Hg): Arbeitsbuch Religion und Theologie, Stuttgart 1976.
- Zahrnt, Heinz: Die Sache mit Gott, München 1972.

Internetquellen
www.bibelwissenschaft.de/wibilex/
www.ekd.de/EKD-Texte/2013.html
www.velkd.de/informationen_und_publikationen.php
www.reformierter-bund.de/

Trotz eingehender Nachforschungen ist es uns leider nicht in allen Fällen gelungen, die Inhaber von Text- und Bildrechten zu ermitteln. Für entsprechende Hinweise sind die Autoren und der Verlag dankbar.

Personenregister

Begriffsregister